中国近代
思想家文库

◎

龚自珍卷

樊克政 编

中国人民大学出版社
·北京·

《中国近代思想家文库》编纂委员会名单

总 序

对于近代的理解，虽不见得所有人都是一致的，但总的说来，对于近代这个词所涵的基本意义，人们还是有共识的。一个国家、一个民族走入近代，就意味着以工业化为主导的经济取代了以地主经济、领主经济或自然经济为主导的中世纪的经济形态，也还意味着，它不再是孤立的或是封闭与半封闭的，而是以某种形式加入到世界总的发展进程。尤其重要的是，它以某种形式的民主制度取代君主专制或其他不同形式的专制制度。中国是个幅员广大、人口众多、历史悠久的多民族国家，由于长期历史发展是自成一体的，与外界的交往比较有限，其生产方式的代谢迟缓了一些。如果说，世界的近代是从 17 世纪开始的，那么中国的近代则是从 19 世纪中期才开始的。现在国内学界比较一致的认识，是把 1840 年到 1949 年视为中国的近代。

中国的近代起始的标志是 1840 年的鸦片战争。原来相对封闭的国门被拥有近代种种优势的英帝国以军舰、大炮再加上种种卑鄙的欺诈打开了。从此，中国不情愿地加入到世界秩序中，沦为半殖民地。原来独立的大一统的中央集权的君主专制国家，如今独立已经极大地被限制，大一统也逐渐残缺不全，中央集权因列强的侵夺也不完全名实相符了。后来因太平天国运动，地方军政势力崛起，形成内轻外重的形势，也使中央集权被弱化。经历第二次鸦片战争、中法战争、甲午战争、八国联军入侵的战争以及辛亥革命后的多次内外战争，直至日本全面侵略中国的战争，致使中国的经济、政治、教育、文化，都无法顺利走上近代发展的轨道。古今之间，新旧之间，中外之间，混杂、矛盾、冲突。总之，鸦片战争后的中国，既未能成为近代国家，更不能维持原有的统治秩序。而外患内忧咄咄逼人，人们都有某种程度“国将不国”的忧虑。

“天下兴亡，匹夫有责”，读书明理的士大夫，或今所谓知识分子，尤为敏感，在空前的危机与挑战面前，皆思有所献替。于是发生种种救亡图存的思想与主张。有的从所能见及的西方国家发展的经验中借鉴某些东西，形成自己的改革方案；有的从历史回忆中拾取某些智慧，形成某种民族复兴的设想；有的则力图把西方的和中国所固有的一些东西加以调和或结合，形成某种救亡图强的主张。这些方案、设想、主张，从世界上"最先进的"，到"最落后的"，几乎样样都有。就提出这些方案、设想、主张者的初衷而言，绝大多数都含着几分救国的意愿。其先进与落后，是否可行，能否成功，尽可充分讨论，但可不必过为诛心之论。显而易见，既然救国的问题最为紧迫，人们所心营目注者自然是种种与救国的方案直接相关的思想学说，而作为产生这些学说的更基础性的理论，及其他各种知识、思想，则关注者少。

围绕着救国、强国的大议题，知识精英们参考世界上种种思想学说，加以研究、选择，认为其中比较适用的思想学说，拿来向国人宣传，并赢得一部分人的认可。于是互相推引，互相激励，更加发挥，演而成潮。在近代中国，曾经得到比较广泛的传播的思想学说，或者够得上潮的，主要有以下几种：

（一）进化论　近代西方思想较早被引介到中国，而又发生绝大影响的，要属进化论。中国人逐渐相信，进化是宇宙之铁则，不进化就必遭淘汰。以此思想警醒国人，颇曾有助于振作民族精神。但随后不久，社会达尔文主义伴随而来，不免发生一些负面的影响。人们对进化的了解，也存在某些片面性，有时把进化理解为一条简单的直线。辩证法思想帮助人们形成内容更丰富和更加符合实际的发展观念，减少或避免片面性的进化观念的某些负面影响。

（二）民族主义　中国古代的民族主义思想，其核心是"非我族类，其心必异"，所以最重"华夷之辨"。鸦片战争前后一段时期，中国人的民族思想，大体仍是如此。后来渐渐认识到"今之夷狄，非古之夷狄"，"西人治国有法度，不得以古旧之夷狄视之"。但当时中国正遭受西方列强的侵略和掠夺，追求民族独立是民族主义之第一义。20世纪初，中国知识精英开始有了"中华民族"的概念。于是，渐渐形成以建立近代民族国家为核心的近代民族主义。结束清朝君主专制，创立中华民国，是这一思想的初步实现。第一次世界大战爆发，中国加入"协约国"，第一次以主动的姿态参与世界事务，接着俄国十月革命爆发，这两件事对近代中国的发展历程造成绝大影响。同时也将中国人的民族主义提升到一个新的层次，即与国际主义（或世界主义）发生紧密联系。也可以说，中国人更加自觉地用世界的眼光来观察中国的问题。新生的中国共产党和改组后的国民党都是如此。民族主义成为中国的知识精英用来应对近代中国所面临的种种危机和种种挑战的一个重要的思想武器。

（三）社会主义　社会主义作为一种模糊的理想是早在古代就有的，而且不论东方和西方都曾有过。但作为近代思潮，它是于19世纪在批判近代资本主义的基础上产生的。起初仍带有空想的性质，直到马克思和恩格斯才创立起科学社会主义。20世纪初期，社会主义开始传入中国。当时的传播者不太了解科学社会主义与以往的社会主义学说的本质区别。有一部分人，明显地受到无政府主义的强烈影响，更远离科学社会主义。直到五四新文化运动兴起之后，中国人始较严格地引介、宣传科学社会主义。但有一段时间，无政府主义仍是一股很大的思想潮流。中国共产党的成立，从思想上说，是战胜无政府主义的结果。中国共产党把在中国实现社会主义乃至共产主义作为自己的奋斗目标。此后，社会主义者，多次同各种非科学社会主义思想的信仰者进行论争并不断克服种种非科学社会主义思想的影响。

（四）自由主义　自由主义也是从清末就被介绍到中国来，只是信从者一直寥寥。直到五四新文化运动兴起，具有欧美教育背景的知识精英的数量渐渐多起来，自由主义始渐渐形成一股思想潮流。自由主义强调个性解放、意志自由和自己承担责任，在政治上反对一切专制主义。在中国的社会条件下，自由主义缺乏社会基础。在政治激烈动荡的时候，自由主义者很难凝聚成一股有组织的力量；在稍稍平和的时候，他们往往更多沉浸在自己的专业中。所以，在中国近代史上，自由主义不曾有，也不可能有大的作为。

（五）激进主义与保守主义　处于转型期的社会，旧的东西尚未完全退出舞台，新的东西也还未能巩固地树立起来，新旧冲突往往要持续很长的时间，有时甚至达到很激烈的程度。凡助推新东西成长的，人们便视为进步的；凡帮助旧东西排斥新东西的，人们便视为保守的。其实，与保守主义对应的，应是进步主义；与顽固主义相对的则应是激进主义。不过在通常话语环境中人们不太严格加以区分。中国历史悠久，特别是君主专制制度持续两千余年，旧东西积累异常丰富，社会转型极其不易。而世界的发展却进步甚速。中国的一部分精英分子往往特别急切地想改造中国社会，总想找出最厉害的手段，选一条最捷近的路，以最快的速度实现全盘改造。这类思想、主张及其采取的行动，皆属激进主义。在中共党史上，它表现为“左”倾或极左的机会主义。从极端的激进主义到极端的顽固主义，中间有着各种程度的进步与保守的流派。社会的稳定，或社会和平改革的成功，都依赖有一个实力雄厚的中间力量。但因种种原因，中国社会的中间力量一直未能成长到足够的程度。进步主义与保守主义，以及激进主义与顽固主义，不断进行斗争，而实际所获进步不大。

（六）革命与和平改革　中国近代史上，革命运动与和平改革运动交替进行，有时又是平行发展。两者的宗旨都是为改变原有的君主专制制度而代之以某种形式的近代民主制度。有很长一个时期，有两种错误的观念，一是把革命理解为仅仅是指以暴力取得政权的行动，二是与此相关联，把暴力革命与和平改革对立起来，认为革命是推动历史进步的，而改革是维护旧有统治秩序的。这两种论调既无理论根据，也不合历史实际。凡是有助于改变君主专制制度的探索，无论暴力的或和平的改革都是应予肯定的。

中国近代揭幕之时，西方列强正在疯狂地侵略与掠夺殖民地和半殖民地，中国是它们互相争夺的最后一块、也是最大的资源地。而这时的中国，沿袭了两千年的君主专制制度已到了奄奄一息的末日，统治当局腐朽无能，对外不足以御侮，对内不足以言治，其统治的合法性和统治的能力均招致怀疑。革命运动与改革的呼声，以及自发的民变接连不断。国家、民族的命运真的到了千钧一发之际，危机极端紧迫。先觉分子救国之心切，每遇稍具新意义的思想学说便急不可待地学习引介。于是西方思想学说纷纷涌进中国，各阶层、各领域，凡能读书读报者，受其影响，各依其家庭、职业、教育之不同背景而选择自以为不错的一种，接受之，信仰之，传播之。于是西方几百年里相继风行的思想学说，在短时期内纷纷涌进中国。在清末最后的十几年里是这样，五四时期在较高的水准上重复出现这种情况。

这种情况直接造成两个重要的历史现象：一个是中国社会的实际代谢过程（亦即社会转型过程）相对迟缓，而思想的代谢过程却来得格外神速。另一个是在西方原是差不多三百年的历史中渐次出现的各种思想学说，集中在几年或十几年的时间里狂泻而来，人们不及深入研究、审慎抉择，便匆忙引介、传播，引介者、传播者、听闻者，都难免有些消化不良。其实，这种情况在清末，在五四时期，都已有人觉察。我们现在指出这些问题并非苛求前人，而是要引为教训。

同时我们也看到，中国近代思想无比的多样性与复杂性呈现出绚丽多彩的姿态，各种思想持续不断地展开论争，这又构成中国近代思想史的一个突出特点。有些论争为我们留下了非常丰富的思想资料。如兴洋务与反洋务之争，变法与反变法之争，革命与改良之争，共和与立宪之争，东西文化之争，文言与白话之争，新旧伦理之争，科学与人生观之争，中国社会性质的论争，社会史的论争，人权与约法之争，全盘西化与本位文化之争，民主与独裁之争，等等。这些争论都不同程度地关联着一直影响甚至困扰着中国人的几个核心问题，即所谓中西问题、古今问题与心物关系问题。

中国近代思想的光谱虽比较齐全，但各种思想的存在状态及其影响力是很不平衡的。有些思想信从者多，言论著作亦多，且略成系统；有些可能只有很少的人做过介绍或略加研究；有的还可能因种种原因，只存在私人载记中，当时未及面世。然这些思想，其中有很多并不因时间久远而失去其价值。因为就总的情况说，我们还没有完成社会的近代转型，所以先贤们对某些问题的思考，在今天对我们仍有参考借鉴的价值。我们编辑这套《中国近代思想家文库》，希望尽可能全面地、系统地整理出近代中国思想家的思想成果，一则借以保存这份珍贵遗产，再则为研究思想史提供方便，三则为有心于中国思想文化建设者提供参考借鉴的便利。

考虑到中国近代思想的上述诸特点，我们编辑本《文库》时，对于思想家不取太严格的界定，凡在某一学科、某一领域，有其独立思考、提出特别见解和主张者，都尽量收入。虽然其中有些主张与表述有时代和个人的局限，但为反映近代思想发展的轨迹，以供今人参考，我们亦保留其原貌。所以本《文库》实为“中国近代思想集成”。

本《文库》入选的思想家，主要是活跃在1840年至1949年之间的思想人物。但中共领袖人物，因有较为丰富的研究著述，本《文库》则未收入。

编辑如此规模的《文库》，对象范围的确定，材料的搜集，版本的比勘，体例的斟酌，在在皆非易事。限于我们的水平，容有瑕隙，敬请方家指正。

《中国近代思想家文库》编纂委员会

目　录

导　言

龚自珍是我国古代与近代之交的杰出思想家、学问家、文学家与诗人。以他为主要代表人物之一的嘉道时期经世致用思潮，是中国近代维新思潮的序曲。他的思想在中国近代产生过广泛而深入的影响，是中国思想发展史链条中的重要一环，具有承上启下，开一代风气，从而“揭开我国近代思想史第一页”（王元化：《龚自珍思想笔谈》，见《清园论学集》，284 页，上海，上海古籍出版社，1994）的重要历史地位。

一

龚自珍（1792—1841），又名巩祚，字璱人，一字尔玉，号定盦，浙江仁和（今杭州）人。

乾隆五十七年七月初五日（1792 年 8 月 22 日），他出生于杭州东城马坡巷的一户官宦之家。祖父龚敬身，乾隆三十四年（1769）进士，历官内阁中书、礼部郎中、云南楚雄知府等。著有《桂隐山房遗稿》。父亲丽正，于嘉庆元年（1796），亦即龚自珍 5 岁那年中进士，由礼部主事历官至江苏苏松太兵备道。他同时又是一位学者，是著名朴学家、以《说文解字注》一书名世的段玉裁的学术传人之一，著有《三礼图考》、《国语补注》、《楚辞名物考》等。母亲段驯，也熟读诗书，富有才学，著有《绿华吟榭诗草》。出身于这样的书香门第，不言而喻，龚自珍自幼就深受浓郁的学术与文学气氛的熏陶。

嘉庆二年（1797），龚自珍 6 岁那年夏天，随母亲离开南方，入京同父亲一起生活。此后的十五年间，除了因祖父去世，父亲回乡服丧，他也曾有不到两年的时光，一度返回南方以外，其馀时间，都是在京度过的。这段时间里，在得天独厚的家庭教育的引导下，他广泛接触经史、文字、官制、目录、金石等项学问，这些都体现出，身为朴学家的外祖父与父亲的治学路径，对他所产生的深刻影响。然而，他并没有完全沿着这条道路亦步亦趋地走下去。这一方面是因为，他的青少年时代正值清王朝国势由盛转衰的时期。吏治败坏、财政拮据、军备废弛的状况日益严重，社会矛盾渐趋激化，人民群众的反抗斗争此起彼伏。尤其是爆发于他 5 岁那年（嘉庆元年，1796），历时 9 年之久的白莲教农民大起义，明显地透露出清王朝业已江河日下、颓势难挽的信息。与此同时，中国遭受英国等西方资本主义国家入侵的危险也不断加重。进入嘉庆朝后，英国对华的军事威胁逐渐加剧。正是这样的社会环境，使龚自珍很早就萌生出对时代与国家命运的隐忧。另一方面则是因为，在他 16 岁到 18 岁，即嘉庆十二年（1807）至嘉庆十四年（1809）间，他还结识了丁履恒、王昙等忘年交，丁氏“志欲有为于世”（张际亮《丁若士先生墓志铭》，《张亨甫文集》卷四），“尝讲求农田、水利、钱法、盐政、兵刑，皆有论说”（同上）。王氏于国计民生也很留心，“好谈经济，尤喜论兵”（陈文述《王仲瞿墓志》，《碑传集》卷四十七）。龚自珍与他们的交往，对于促进其经世思想的形成，起了重要的作用。

由于上述原因，对有关时政边务、国计民生等问题的思考，在他的头脑里逐渐上升到主导的地位。据他后来回忆，早在嘉庆十四五年（1809—1810），亦即他“十八九”岁时，他便开始“执笔道天下事”（《送歙吴君序》）了。

也就在 19 岁那年秋天，龚自珍参加顺天乡试，考取了副贡生。一年多以后的嘉庆十七年（1812）初，他的父亲在做了多年礼部官员与军机章京后，被外放安徽徽州知府。后调任安庆知府。嘉庆二十一年（1816）春，又升任驻地在上海的江苏苏松太兵备道。这几年，他随父相继辗转于这几处地方。其间，他除了因参加顺天乡试，去过北京以外，也还去过家乡杭州与外祖父居住的苏州。这样，他就得以较为广泛地接触到当时的社会现实。而随父侍任的生活，则还使他得以了解到地方官场的实情。这些都促使他的忧患意识愈加强烈了。

在这样的思想基础上，嘉庆十八年（1813）京畿天理教徒突袭皇宫失败与嘉庆皇帝随之发表《遇变罪己诏》等谕旨以后，龚自珍就写了著名的《明良论》四篇。嘉庆二十年至二十一年（1815—1816）间，又写了《乙丙之际箸（塾）议》多篇。此外，这几年里，他还写过《平均篇》等。他所撰写的这一批属于评议时政、经邦济世性质的文章，无疑意味着，他已踏上了一条与父、祖辈不同的议政道路。

嘉庆二十三年（1818），龚自珍参加浙江乡试，考中举人。此后两年，他先后两次赴京参加会试，但均未考取。于是，嘉庆二十五年（1820）会试后，他捐了一名内阁中书，并于道光元年（1821）正式到内阁就职。

这几年间，在他的人生道路上发生过一件重要的事情。这就是，嘉庆二十四年（1819）他在京期间，曾从著名今文经学家、常州学派的主要代表人物刘逢禄问学，“受《公羊春秋》”（《己亥杂诗》第五九首自注）。《公羊春秋》即《春秋公羊传》，又称《公羊传》，是汉代今文经学的典籍之一。以注重阐发儒家经籍中的所谓“微言大义”，特别是《春秋公羊传》义理为特色，注重“通经致用”（皮锡瑞：《经学历史》，90页，北京，中华书局，1959）的今文经学，作为与古文经学相对峙的一大经学流派，自东汉末年以降，久已沉寂。乾隆时，常州学派创始人庄存与起而重新研究《公羊》义理，开清代今文经学复兴的先河。作为他的外孙的刘逢禄，发扬光大了他的事业。刘氏“尤精《春秋》公羊家言”（金武祥《粟香随笔》卷五），著有《春秋公羊经何氏释例》等书，阐发“张三世”、“通三统”、“大一统”等《公羊》义理。由于他的努力，常州学派这一以推尊《公羊》为显著特征的清代今文经学派（又称公羊学派）得以真正确立。所以，龚自珍从刘逢禄学习《公羊春秋》，显然是他正式师承常州学派公羊学的标志。

不过，龚自珍接受今文经学的影响，并不自嘉庆二十四年始。他在此之前所写的《乙丙之际箸议第九》中，曾借鉴过公羊学的三世说，说明他那时对公羊学就已有了一些了解。而在嘉庆二十四年以后，他所写的阐述其经济改革思想的《农宗》，以及《五经大义终始论》、《古史钩沉论》等多篇文章中，更可看到他对公羊家言的一再引用和发挥。这些文章都无疑是他的经世思想与今文经学相结合的思想结晶。

在龚自珍的学术思想发展历程中，嘉庆二十四年是一个重要的年份。这一年不仅是他正式学习今文经学的肇端之年，也是他撰写学佛习儒手记——《珠镜吉祥龛心课》的起始之年（参见《小莽苍苍斋藏清代学者法书选集·彩色图版·四四　龚自珍行书珠镜吉祥龛心课册》，北京，文物出版社，1995）。嘉庆二十四年至嘉庆二十五年（1819—1820）间，他还写了阐述自己关于西北边政问题见解的两篇重要文章——《上镇守吐鲁番领队大臣宝公书》与《西域置行省议》。此外，也是自嘉庆二十四年前后始，他还着手从事《蒙古图志》的撰写。这是他本人十分看重的一项工作，他的计划是，“为图二十有八，为表十有八，为志十有二，凡三十篇”（《拟进上蒙古图志表文》）。当这部书稿写出十之五六时，道光二年（1822）九月，龚自珍上海家中的书楼突发火灾，“此书稿本之半，及为此书而收聚之档册图志，世所弗恒见者，尽毁”（同上文所附自记），于是他只好“辍业弗为”（同上）。这不仅是他个人学术事业中的一大憾事，也是当时边疆史地之学的一大损失。

尽管如此，通过从事此项工作，毕竟使他对中国北部边疆以及与之相关的西北边疆地区历史、地理的知识素养更加丰富。而正是凭借这种素养，他在道光初年入内阁后，被派充任国史馆校对官期间，还曾上书国史馆总裁等，对正在纂修的全国性地理总志——《嘉庆重修一统志》，如何在涉及中国北部、西部边疆地区的记载方面，填补旧《一统志》（即乾隆《大清一统志》）的遗漏，订正其谬误，并充实新内容等，都提出了富有建设性的意见。

此后，道光三年（1823）秋，他因母亲去世回南方服丧。道光六年（1826）春返京。同年，再次参加会试，仍未考中。直到道光九年（1829），他又一次参加会试，才终于考取进士。其时，他曾被授以知县，经他呈请后，仍任内阁中书。由于这年会试的一年多以前，清政府平定了张格尔在南疆从事的叛乱活动，处理相关善后事宜一直延续到会试当年，所以会试之后紧接着举行的“殿上三试”中，不仅殿试的策问试题，问及历代筹边之策是否有可采之处，而且朝考的题目也有“安边绥远疏”。在为这两次考试所分别撰写的《对策》与《御试安边绥远疏》中，龚自珍又一再就边政问题建言献策，阐发了自己的独到见解。

从道光六年再次到京至道光十八年（1838），龚自珍先后所任的官职有内阁中书、宗人府主事与礼部主事。由于长期担任这类闲职，他得以有较多的时间从事学术创作活动，主要经学成果有：

道光八年（1828），他撰成《大誓答问》一卷，刘逢禄曾为该书作序（四年后，该书初刻于杭州）。同年又撰成《尚书序大义》一卷、《尚书马氏家法》一卷（已佚）。

道光十二年（1832），他撰成《群经写官答问》（已佚）。

道光十三年（1833），他撰成《左氏春秋服杜补义》一卷、《左氏决疣》一卷，又在朱以升协助下，撰成《西汉君臣称春秋之义考》一卷

（均佚）。又撰有《六经正名》与《六经正名答问》五篇。

道光十八年（1838）前后，他撰成《春秋决事比》六卷。该书的撰写历时近三年，内分十篇，第一—十篇所引经传一百二十事已佚，其馀部分，即第六—十篇分别所附的答问共四十事与《春秋决事比自序》、《春秋决事比目录》尚存，被合为一卷，刻入《皇清经解续编》。

此外，道光十七年至十八年（1837—1838）间，他还撰成《吉金款识》十二卷（部分内容以“龚定盦云”、“龚曰”等形式，明确见于吴荣光《筠清馆金石文字》等书）。

在此同时，除了西北边务外，他仍密切关注着事关国计民生的其他问题。面对自19世纪30年代以后，愈来愈严重的鸦片走私与东南海疆的安危问题，他在道光十六年（1836）所写的《送广西巡抚梁公序》与《赠太子太师兵部尚书两广总督谥敏肃涿州卢公神道碑铭》，以及道光十八年十一月二十日（1839年1月5日）前后所写的《送钦差大臣侯官林公序》中，一再明确表达了自己力主禁烟与反抗英国侵略的坚定态度。不仅如此，道光十八年十一月，林则徐受命离京赴粤查禁鸦片临行之前，他还曾致函表示愿相随南下，予以相助。只是由于林则徐考虑到禁烟斗争不会一帆风顺，出于对他的爱护之心，托人代为婉言劝阻，他才未能一同前往。

也是在道光十八年，他因与上司发生龃龉，加之，他自青年时代起，就一再指陈时弊，呼吁改革，因而引起封建权贵的嫉恨，长期“困阨下僚”（《跋某帖后》），备受排斥、压抑，所以决意不再为官，乃以父亲年过七十，需要终养为由，提出辞官之请。不过，此事进行得并不顺利。至迟在同年七月，他的当年返乡计划已经落空。九月末，由于他的叔父龚守正被命署理礼部尚书，成了他的顶头上司。依照清朝的有关规定，他被谕令开缺回避。按理说，他的离京问题缘此已获解决。不过由于“负债京师”（《邓太恭人八旬寿序》），一直拖到次年，才得以成行。

道光十九年（1839）四月二十三日，龚自珍只身踏上了南返故乡的途程。七月上旬，回到杭州。九月中旬，他又北上迎接在京的眷属，于春节前将眷属接回，安顿于江苏昆山。这一年南北往返途中，他一共写作七绝三百十五首，统题《己亥杂诗》。

道光二十年（1840），他曾到苏州、南京一带游历。是年所写词作辑为《庚子雅词》。

道光二十一年（1841）正月，他为了解决生计问题，前往丹阳，主持云阳书院讲席。闰三月，父亲去世后，他又继任其杭州紫阳书院山长一职。

同年七月，侵华英军自香港北上，攻陷厦门，并继续北犯。江浙沿海形势骤然吃紧。这时，龚自珍的故人、刚刚调任江苏巡抚的梁章钜，受命于八月初一日抵达上海，筹办防御事宜。龚自珍闻讯后，认为这是自己投身抗英斗争的大好机会。于是，当即写信给他，“论时事”（梁章钜《师友集》卷六），并与之相约，立即辞去书院教席，前赴上海，加入梁的幕府，以“助筹笔”（同上）。正当梁在上海翘首期盼龚自珍前来，“扫榻以待”（同上）时，他却不幸于八月十二日（1841年9月26日）因病暴卒于丹阳县县署。

二

侯外庐先生曾将龚自珍誉为“时代的号筒”（侯外庐：《论龚自珍思想》，见《侯外庐史学论文选集》下册，244页，北京，人民出版社，1988），堪称对龚自珍思想十分精当的概括。

“时代的号筒”也者，时代的代言人也。当我们把目光转向龚自珍所生活的时代，我们看到，他一生的绝大部分时光，都是在鸦片战争以前，亦即中国行将发生“三千年馀年一大变局”（李鸿章：《筹议制造轮船未可裁撤折》，见《李文忠公全集·奏稿》卷十九）的前夜度过的。正是在这样的历史背景下，龚自珍以他思想家独具的深沉与诗人特有的锐敏，紧扣时代的脉搏，发出了自己强有力的声音。

龚自珍思想最令时人感到发聋振聩的，是他的社会批判论。

与当时充斥朝野的一片粉饰太平、“河清海晏”之声截然相反，他大胆披露出中国封建末世的黑暗现实与严重社会危机。他尖锐地揭示说，这是一个“文类治世，名类治世，声音笑貌类治世”的“衰世”：“黑白杂而五色可废也，似治世之太素；宫羽淆而五声可铄也，似治世之希声；道路荒而畔岸隳也，似治世之荡荡便便；人心混混而无口过也，似治世之不议。”（《乙丙之际箸议第九》）在这个“衰世”中，不仅“左无才相，右无才史，阃无才将，庠序无才士，陇无才民，廛无才工，衢无才商”，而且“巷无才偷……薮泽无才盗”（同上）。一旦有“才士与才民出”，他们就会遭到“督之缚之，以至于戮之。……戮其能忧心、能愤心、能思虑心、能作为心、能有廉耻心、能无渣滓心”（同上）。在如此淋漓尽致地暴露当时社会黑暗的同时，他还进而指出，这是一个民不聊生、危机四伏的时代：“官吏士民，狼艰狈蹶，不士、不农、不工、不商之人，十将五六……自京师始，概乎四方，大抵富户变贫户，贫户变饿者，四民之首，奔走下贱，各省大局，岌岌乎皆不可以支月日，奚暇问年岁?”（《西域置行省议》）他还把当时的中国封建社会比做患了“痺痨之疾”的病人，说它是“将萎之华，惨于槁木”（《乙丙之际箸议第九》），已到了犹如“日之将夕”（《尊隐》），奄奄待毙的境地。并揭露说，沉重的赋税负担已将农民群众逼上“屠牛那不胜栽禾”（《己亥杂诗》第一二三首）的绝路。他由此认为，“乱亦竟不远矣”（《乙丙之际箸议第九》），并在《尊隐》一文中声言：将会有一种所谓“山中之民”的社会力量，掀起“天地为之钟鼓，神人为之波涛”的狂潮。联想到他去世后未及十年所爆发的那场席卷中国半壁河山的太平天国农民大起义，人们不能不感叹他对历史发展趋势具有过人的敏感。

与此同时，他还抨击了封建官僚政治的极端腐败。一方面，他痛斥整个封建官僚集团的庸碌无能，“尽奄然而无有生气”（《明良论三》），并揭露了他们的寡廉鲜耻：“历览近代之士，自其敷奏之日，始进之年，而耻已存者寡矣！官益久，则气愈偷；望愈崇，则谄愈固；地益近，则媚亦益工。”（《明良论二》）并指斥朝中政要将国计民生丢在一边，一味追求享受和逢迎讨好皇帝：“窃窥今政要之官，知车马、服饰、言词捷给而已，外此非所知也。”（同上）另一方面，他还对当时各级政府中，专司“书狱”即办理刑事案件的胥吏，上下串通，勾结官员，行私舞弊的劣迹，作了猛烈的抨击。痛斥他们：“豺踞而鸮视，蔓引而蝇孳”，“挟百执事而颠倒下上”（《乙丙之际塾议三》），从而将封建官僚政治腐败的一个重要侧面，展现于世人。

不仅如此，他还将批判的矛头直指封建君主专制制度。他尖锐指出，这种制度使“天下无巨细，一束之于不可破之例”（《明良论四》）。还大胆指责封建帝王“震荡摧锄天下之廉耻”（《古史钩沉论一》），“仇天下之士，去人之廉，以快号令，去人之耻，以嵩高其身；一人为刚，万夫为柔，以大便其有力强武”（同上），并认为这是造成官僚集团腐败的重要原因之一。

龚自珍思想最能反映其经世之志的，是他的更法改革论。

面对严重的社会危机，龚自珍极力呼吁变法改革。他强调指出：

"一祖之法无不敝"(《乙丙之际箸议第七》),并认为"拘一祖之法,惮千夫之议,听其自陊",势必导致"踵兴者之改图"(同上)。因此,他向封建统治者建言:"奈之何不思更法"(《明良论四》),"与其赠来者以劲改革,孰若自改革?"(《乙丙之际箸议第七》)又说:"自古及今,法无不改,势无不积,事例无不变迁"(《上大学士书》),肯定变法改革是古今社会发展的通则。

由此出发,他还提出了自己的一些具体改革建议:

政治方面,他主张君臣"坐而论道"(《明良论二》),变君臣之间的主仆关系为主宾关系,并改革"用人论资格"的制度。他还强烈呼吁废除以四书文取士的科举制度,说:"今世科场之文,万喙相因,词可猎而取,貌可拟而肖,坊间刻本,如山如海。四书文禄士,五百年矣;士禄于四书文,数万辈矣;既穷既极"(《拟厘正五事书》),建议"改功令,以收真才"(同上)。

经济方面,他认为"千万载治乱兴亡之数"(《平均篇》),取决于社会财富的分配状况,贫富"大不相齐"(《平均篇》)必将导致封建王朝覆亡。所以,他在《平均篇》中,一方面表达了"有天下者,莫高于平之之尚也"的理想;另一方面他所实际提出的主张是,"其犹水,君取盂焉,臣取勺焉,民取卮焉",即君、臣、民对社会财富的占有,应依照封建等级,各取其应得之份,防止"勺者下侵"、"卮者上侵",以避免使之发展到贫富"大不相齐"的地步。后来,他在《农宗》一文中,还提出了依照封建宗法组织授田的具体改革方案——划分出大宗、小宗、群宗、闲民四个等级,重新分配土地:大宗授田百亩;小宗、群宗分别授田二十五亩;闲民不授田,为大宗、小宗、群宗从事耕种——以试图解决当时日趋严重的流民问题。

龚自珍思想最能体现其家国情怀的,是他的安边保疆论。

早在青年时代,他就曾在《明良论二》中表述过,自己对"封疆万万之一有缓急"时,官员们能否真正为国分忧,共赴国难的隐忧,从而表现出,他对国家安危的高度重视。

基于这种认识,他对边务问题一直十分留意。嘉庆末年,他在所撰《西域置行省议》中,明确提出了迁徙"内地无产之民"去新疆从事垦殖,并在新疆设立行省,以巩固西北边防的建议。与此同时,他还致信吐鲁番领队大臣宝兴,强调指出:"天山南路安,而非回之天山北路安"(《上镇守吐鲁番领队大臣宝公书》),即是说,保持天山南路(又称

“回部”，清代新疆天山以南维吾尔族聚居的地区）的安定，事关新疆全境的安定。并建议说：“今之守回城者何如？曰：令回人安益安，信益信而已矣。信，生信；不信，生不信。不以驼羊视回男，不以禽雀待回女。回人皆内地人也”（同上），即希望宝兴等清政府派驻南疆的军事长官，对当地维吾尔族人民与内地人民一视同仁，以促进民族和睦，维护当地安定。后来，他在道光九年所写《御试安边绥远疏》中，还阐述了自己对清政府在平定张格尔叛乱后，如何保持新疆地区局势安定这一问题的见解。对此，他的建议是：必须采取“以边安边”，亦即使该地区“足食足兵”的方针。具体办法是：“开垦则责成南路，训练则责成北路。”即要求天山南路主要搞好农垦事业，要求天山北路主要搞好军事训练。这样，就可以使新疆地区“常则不仰饷于内地十七省，变则不仰兵于东三省”，即正常情况下，无须靠内地供应兵饷，一旦发生紧急事态，也无须远自东三省调兵，从而也就能保证新疆地区的长治久安。

“沉沉心事北南东。”（《夜坐》）龚自珍在为巩固西北边防一再建言献策的同时，也一直密切关注着东南海疆。早在鸦片战争爆发的十七年前，他就曾揭露英国殖民者对中国的侵略威胁：“粤东互市，有大西洋，近惟英夷，实乃巨诈，拒之则扣关，狎之则蠹国。”（《阮尚书年谱第一序》）19 世纪 30 年代以后，由于英国等西方殖民主义国家向中国输入鸦片的罪恶活动日益猖獗，造成了烟毒泛滥于中国的严重局面。在如此严峻的形势下，清政府内部围绕对鸦片是弛禁还是严禁的问题，出现了激烈的争论。对这一争论，龚自珍也旗帜鲜明地表明了自己的观点。道光十六年五月，他在写给离京赴广西就任巡抚的梁章钜的赠序中，就曾叮嘱他，“广西近广东”，“食妖（即鸦片）……易至”，恳切希望他“杜其习”（《送广西巡抚梁公序二》），禁止当地吸食鸦片的恶习。同年夏，他又撰文揭露说，正是由于英国等西方殖民主义国家向中国走私鸦片，才使中国白银大量外流，“丧金万万，食妖大行”（《赠太子太师兵部尚书两广总督谥敏肃涿州卢公神道碑铭》），强调应“诛食妖，以肃津梁”（同上），即禁绝鸦片走私，将沿海有对外贸易的港口整顿好。道光十八年十一月，他在写给行将离京，前往广州查禁鸦片的钦差大臣林则徐的赠序中，又重申了严禁鸦片的观点。与此同时，他还强调，必须做好以武力迎击外国侵略者的准备，具体建议：“宜以重兵自随”（《送钦差大臣侯官林公序》），并“宜讲求”（同上）火器。他还提醒林则徐，“如带广州兵赴澳门，多带巧匠，以便修整军器”（同上），充分做好战备，并批驳了那种借口毋“开边衅”，反对以武力对付外来武装挑衅的言论，指出这是为了“守海口，防我境，不许其入”（同上），是保卫祖国海疆，不容外敌入侵的自卫战争，其正义性不容置疑。

从上述可以看出，龚自珍的思想具有深刻的忧患意识、锐意革新的诉求和强烈的爱国主义精神，并表达出反对封建束缚，“要求个性解放的呼声”（王元化：《龚自珍思想笔谈》，见《清园论学集》，284 页）。

正因为如此，他的思想在中国近代思潮演变史上起了重要的先导作用。后来的资产阶级维新派代表人物康有为、梁启超、谭嗣同等，都受到过他的思想启迪。梁启超所说——“晚清思想之解放，自珍确与有功焉。光绪间所谓新学家者，大率人人皆经过崇拜龚氏之一时期。初读《定盦文集》，若受电然。”（梁启超：《清代学术概论》，67 页，北京，东方出版社，1996）——这些话语就是龚自珍思想曾深刻影响维新派精神进程的最好说明。不仅如此，他的诗文也在中国近代文学史上广受青睐。不论是康有为等人，还是资产阶级革命派中柳亚子、高旭等南社诗人，在诗文创作，特别是诗歌方面，都不同程度地从他的作品汲取过营养。就连中国现代文学的奠基人鲁迅，也“少时喜学定庵诗”（沈尹默：《追怀鲁迅先生六绝句》之一，引自孙文光、王世芸编：《龚自珍研究资料集》，310 页，合肥，黄山书社，1984），受到过他的作品的熏染。

三

龚自珍的著作版本纷繁，其中主要有：道光三年（1823）自刻本《定盦文集》、《定盦馀集·附少作》，道光间自刻本《破戒草》、《破戒草之馀》，道光二十年（1840）羽琌别墅刻本《己亥杂诗》，同治七年（1868）吴煦刻本《定盦文集》、《定盦续集》、《定盦文集补》，光绪十二年（1886）朱之榛初刻本《定盦文集补编》，光绪二十八年（1902）朱之榛二刻本《定盦文集补编》，宣统二年（1910）铅印本《龚定盦别集》、《定盦诗集定本》、《定盦集外未刻诗》（见《风雨楼丛书》），民国十年（1921）铅印本《定盦遗著》（见《娟镜楼丛刻》），民国二十年（1931）中华书局影印本《龚定盦诗文真迹三种》与光绪二十三年（1897）万本书堂刻本《龚定盦全集》、宣统元年（1909）上海时中书局版《定盦全集》（薛凤昌校订）、宣统元年（1909）上海国学扶轮社版《龚定盦全集》（皞皞子编）、民国二十四年（1935）上海国学整理社版

《龚定盦全集》(王文濡编校，该书系国学扶轮社本的增订本，皞皞子即王文濡)、民国二十六年（1937）世界书局版《龚定盦全集类编》(夏田蓝编)、中华书局上海编辑所1959年版（1961年第二次印刷本）《龚自珍全集》(王佩诤校）以及写本——北京大学图书馆藏《定盦文集》(十三卷，存卷一至八，抄本，龚橙编校)、上海图书馆藏《定盦文集》(存卷九至十三，抄本，魏源、龚橙批)、中国国家图书馆藏《定盦龚先生集外文》(不分卷，魏锡曾据谭献抄本重录本)、中国科学院国家科学图书馆藏《龚定盦先生自定文稿》（不分卷，抄本)、中国国家图书馆藏《定盦词》(五卷，抄本，龚橙校并跋）等。

在这些版本中，论影响，首推由王佩诤先生校点的《龚自珍全集》(简称王佩诤校本)。该校本自上世纪五十年代末出版以来，一再重印(上海人民出版社1975年版、上海古籍出版社1999年版《龚自珍全集》，都是该校本1961年第二次印刷本的重印本)，风行海内外五十馀年，不仅被广泛征引，而且是多种龚自珍诗文选注本的底本。之所以能够产生如此大的影响，是因为该校本对在它之前，自清末以来相继面世的多种龚自珍著作版本，首次做了全面、认真的梳理，精心遴选底本，广泛参校他本（包括多种手校本)，并网罗了“诸书引载与海内公私诸家旧藏佚文等”(《龚自珍全集·编例》)，整理编辑，施以新式标点，使之成为前此从未有过的最为完备并利于阅读的龚氏全集本。

然而，毋庸讳言的是，五十馀年岁月的磨洗，在彰显出王佩诤校本出色价值的同时，也愈来愈显露出该校本囿于主客观原因而产生的一些缺点。

一是王先生并未看到过道光三年自刻本《定盦文集》、《定盦馀集·附少作》，并予利用。

该校本《编例》称：“本集以吴、朱刻本、风雨楼本、娟镜楼本、《集外文》稿本、《孝拱手抄词》本为底本，参以自刻本”云云，但种种迹象表明，事情并不完全像王先生所说的那样（顺便说一句，《集外文》并非稿本)。

例一，该校本第83页，《尊史三》(即《太史公书副在京师说》)附有自记一则，并出校注称：“自刻本附此自记，吴刻本删去。兹据增补。”而事实是，自刻本《定盦文集》并无此文并此自记。

例二，该校本第133页，《捕狗蝇蚂蚁蚤蜰蚊虻第三》校注㈠称，此文中“冰一样”之“冰”字，“自刻本作‘水’”。而事实是，自刻本

《定盦文集》并无此文。

例三，该校本第178页，《书果勇侯入觐》校注㊁谓文中“凡宿卫之臣”，“诸本皆作‘凡’，自刻本作‘本朝’。”而事实是，自刻本《定盦文集》并无此文。

例四，该校本第409页，《水仙华赋》所附自记中，于“自记”二字上，补入“甲子”二字，并出校注称，“据自刻本补之”。而事实是，自刻本《定盦馀集·附少作》此文自记中，并无“甲子”二字，“甲子”二字乃题下注。

为什么会这样？

从该校本第240页，《太仓王中堂奏疏书后》校注㊂，述及吴刻本文中“不徒”上，脱一“且”字时，所说“祝心渊手校本据自刻本补‘且’字，兹据补”来看，王先生并未真正看到过自刻本，而只是吸取了他人（如祝心渊）利用自刻本校补吴刻本的成果。

正因如此，该校本提到自刻本之处，难免出错。

不仅如此，正是由于王佩诤校本未能真正参校自刻本《定盦文集》、《定盦馀集·附少作》原本，以致自清末以来，龚自珍著作中某些相沿已久的误字或衍夺，在该校本中依然如故，未能校出。如：

该校本第33页，《明良论三》：“莫如柱外石师子”。查自刻本《定盦馀集·附少作》，其原文实为：“莫如梐外石师子”。（误“梐”为“柱”）

该校本第36页，《明良论四》所附自记：“文气亦何能清妥？”查自刻本《定盦馀集·附少作》，其原文实为：“文气亦尚能清妥。”（误“尚”为“何”）

该校本第52页，《农宗》所附自记：“［自记］曰：宗法立……先王正天下之大分……无贵贱一也。（无关文字未录，下同——笔者）”查自刻本《定盦文集》，其原文实为：“曰：宗法立……先王正天下之分……无贵贱一也。自记。”（“之”下无“大”字，“自记”二字在末尾）

该校本第143页，《资政大夫礼部侍郎武进庄公神道碑铭》所附自记：“总群言而删举此大者以报。”查自刻本《定盦文集》，此句原文实为：“总群言而删举其大者以报公。”（误“其”为“此”，并于“报”下脱“公”字）

该校本第242页，《跋少作》：“龚自珍自编次甲戌以还文章，曰文集者十卷”。查自刻本《定盦馀集·附少作》，其原文实为：“龚自珍自编次甲戌以还文章，曰文集者三卷”。(误“三”为“十”)

此外，该校本文后所附原载自刻本的龚氏师友批语也多有文字错讹。如：

该校本第52页，《农宗》后所附陈奂批语中有“是其注也。近世回部、蒙古有旗分，有族分……又柳子厚《封建论》，亦先有下而渐有上之义”等语，查自刻本《定盦文集》，“是其注也”下脱“是龚氏之言之所酿积融会者也”十三字，“《封建论》”下脱“前半本《楼炭经》”六字。

二是王先生未充分利用写本类龚自珍著作。这也是其校本出现疏失的原因之一。如：

该校本第177页，《书果勇侯入觐》：“其年道光九年，其月四月廿八日乙丑”。此处文字本自吴刻本《定盦续集》。该校本此文校注引祝心渊手校本眉注云：“《果勇年谱》：‘九年入觐，以四月十二日陛辞出都。’此所记日月，恐误。”“又案：己丑四月二十八日，正定公应殿试后朝考时，恐未暇与果勇相见。”说明王先生也认为存在疑问。查中国科学院国家科学图书馆所藏《龚定盦先生自定文稿》(简称《文稿》本)与北京大学图书馆所藏《定盦文集》(抄本，龚橙编校，简称龚橙编校本《文集》)，此处文字均作“其年道光九年，其月四月，其日乙丑”。道光九年四月乙丑即四月初二日，照此校改，祝心渊手校本的两点疑问均可消除。

该校本第238页，《干禄新书自序》末句：“时道光十有四年内阁中书龚自珍谨序。”此处文字亦本自吴刻本《定盦续集》。但据道光十三年夏所刻《缙绅全书、中枢备览》所载，其时龚自珍已任宗人府经历司主事(参见《清代缙绅录集成》第11卷，14页，郑州，大象出版社，2008)可知此处文字有误。查《文稿》本、龚橙编校本《文集》与中国国家图书馆所藏《定盦龚先生集外文》，此句均作“时道光十有四年。”“年”下并无“内阁中书龚自珍谨序”九字。该文此处无疑当据以校改。

三是以该校本与其所据底本对勘，还可以发现该校本的一些疏失。如：

该校本第16页，《壬癸之际胎观第五》：“和人用万物之数”。“和人”，其底本——吴刻本《定盦续集》实作“大人”。

该校本第225页，《阮尚书年谱第一序》：“日月穆耀”。其底本——

吴刻本《定盦续集》实作“日穆月耀”。

该校本第307页，《拟进上蒙古图志表文》：“四卫特拉”。其底本——吴刻本《定盦文集》实作“四卫拉特”。

该校本第403页，《最录禅波罗蜜门》：“章安顶禅师治定为十卷，八九十略”。“卷”下，其底本——《风雨楼丛书》本《龚定盦别集》有“开十大章”四字。王佩诤校本脱漏。

该校本第439页，《吴山人文徵、沈书记锡东饯之虎丘》诗：“落花风里别江南。”“落花风”，其底本——《风雨楼丛书》本《定盦集外未刻诗》实作“落梅风”。

四是该校本所辑入的佚作，文字疏失较多。如：

该校本第242页，《题白石山馆诗》：“仁和同年生龚自珍璱人甫拜识。”“识”下，脱自注“时寓城西之珠巢街。墨笔第一通，朱第二通，句旁、句尾皆无墨。记之”二十六字（据《龚自珍魏源手批简学斋诗》，十五页，上海，上海图书馆，1961年影印本）。

该校本第244页，《最录尚书古文序写定本》题下脱自注“戊子腊月上斜街寄斋作”十字。（据《中国学报》第六期，民国二年四月版）

该校本第257页，《最录邦畿水利图说》文中小标题：“一”、“二”、“三”、“四”、“五”，分别为“卷一”、“卷二”、“卷三”、“卷四”、“卷五”之误（据《邦畿水利集说》[抄本]卷四，龚自珍手跋，中国国家图书馆藏）。题名“最录邦畿水利图说”之“图”字，系“集”字之误（同上书）。

该校本第258页，《最录西藏志》：“取布颜罕、库庠木罕、叶伦罕三奏与彦诺林亲、噶奏两奏，选入《续文断》中，以备盟府副藏。”“库庠木罕”系“库库木罕”之误；“叶伦罕”系“叶楞罕”之误；“噶奏”系“噶毕”之误；“藏”下，脱“仁和龚自珍记之”七字。（据乾隆《西藏志》[抄本]卷尾，龚自珍手跋，中国国家图书馆藏）

该校本第569页，《南乡子》（相见便情长）词尾自注：“今日得紫若扇，取以同置一箧中，故及之。”“之”下，该校本脱“小词一解题奉紫若仁兄，仁和龚自珍倚声。时乙酉夏五”二十二字（据民国二十年中华书局影印本《龚定盦诗文真迹三种》）。

鉴于王佩诤校本所存在的上述不足之处，本书乃以吴刻本《定盦文集》、《定盦续集》、《定盦文集补》与朱之榛二刻本《定盦文集补编》（商务印书馆《四部丛刊初编》本《龚定盦全集》即是此二书的影印本）

为主要底本（二书未收的其他作品，以自刻本《定盦馀集·附少作》，《风雨楼丛书》本《龚定盦别集》、《定盦诗集定本》、《定盦集外未刻诗》，《娟镜楼丛刻》本《定盦遗著》与真迹本等为底本），以自刻本《定盦文集》，自刻本《破戒草》、《破戒草之馀》，羽琌别墅刻本《己亥杂诗》，宣统三年（1911）上海秋星社石印本《龚定盦集外未刻诗》，龚橙手校本《定盦词》与时中书局版《定盦全集》、国学扶轮社版《龚定盦全集》、国学整理社版《龚定盦全集》、世界书局版《龚定盦全集类编》及王佩诤校本等为参校本，并参考龚橙编校本《文集》、《定盦龚先生集外文》、朱之榛初刻本《定盦文集补编》等多种版本，对所选原亦载于王佩诤校本的作品重新作了校勘。所作校注除胪列异文、订正底本疏失外，还订正了该校本文字的讹、脱、衍、倒。原作中的繁体字、异体字，改为通行的简化字（可能引起歧义者除外）；古体字、避讳字径予改正。缺字与难以辨识的字，以□号表示；正文中底本原无的文字（据他本所补缺文与笔者所加的说明文字）及确知系龚橙增补的文字，以［］号标明。

数十年来，刘桂生、孙文光等多位先生与笔者都曾致力于龚自珍佚作的搜集与整理，各有所获。对这些辑佚成果，本书从自身的性质与篇幅考虑，仅吸纳了一部分，其馀只好割爱。

本书的面世，首先要感谢《中国近代思想家文库》编委会与中国人民大学出版社。成书过程中，得到策划编辑王琬莹女士的大力帮助。尤其应当提到的是，本书初选本中有 9 万字都是由她组织人手代为录入的，从而大大减轻了笔者因时间紧迫而造成的工作负担。责任编辑陈丹女士也为此书付出了很大努力与辛劳。在此也一并表示诚挚的谢意。

笔者的妻子付坚女士在为本书搜集资料以及文字录入等方面，也给予笔者许多帮助，为此亦向她致以谢忱。

书中的疏失之处，敬请方家与读者指正。

文选

辩知觉

（1804 年）

嘉庆甲子，自珍从严江宋先生读书。先生问焉曰：“伊尹曰：先知知后知，先觉觉后觉。知与觉何所辩也?”自珍对曰：知，就事而言也；觉，就心而言也。知，有形者也；觉，无形者也。知者，人事也；觉，兼天事言矣。知者，圣人可与凡民共之；觉，则先圣必俟后圣矣。尧治历明时，万世知历法；后稷播五谷，万世知农：此先知之义。古无历法，尧何以忽然知之？古无农，后稷何以忽然知之？此先觉之义。子贡曰：“夫子之文章，可得而闻。”此先知之义。“夫子言性与天道，不可得闻。”此先觉之义。孔子学文、武之道，学周礼，文、武、周公为先知，孔子为后知，此可知者也。孔子不恃杞而知夏，不恃宋而知殷，不乞灵文献而心通禹、汤，此不可知者也。夫可知者，圣人之知也；不可知者，圣人之觉也。

[越二十七年，辛卯岁写定存之，以弁文集之首。自记。]①

——据光绪二十八年朱之榛二刻本《定盦文集补编》

（以下简称朱氏二刻本《定盦文集补编》）卷一

水仙华赋甲子②

（1804 年）

有一仙子兮其居何处？是幻非真兮降于水涯。弹翠为裾，天然妆束；将黄染额，不事铅华。时则艳雪铺峦，懿芳兰其未蕊；玄冰荐月，感雅蒜而先花。花态珑松，花心旖旎。一枝出沐，俊拔无双；半面凝妆，傛华第几？弄明艳其欲仙，写澹情于流水。磁盆露泻，文石苔皴。休疑湘客，禁道洛神。端然如有恨，翩若自超尘。姑射肌肤，多逢小劫；玉清名氏，合是前身。尔乃月到无痕，烟笼小晕。未同汀蓼，去摹

① 《定盦文集》（抄本，龚橙编校，北京大学图书馆藏，以下简称龚橙编校本《文集》）卷五《辩知觉》后附此自记，据补。

② 自刻本该题下原有此自注。

秋水之神；先比海棠，来占春风之分。香霏暮渚，水云何限清愁；冰泮晨洲，环佩一声幽韵。别见盈盈帘际，盎盎座隅。璧白琮黄，色应中西之位；矾红梅素，吟成兄弟之呼。雾幛低徊而欲步，冰绡掩映以疑无。水国偏多，仙台谁是？姿既嫓乎美人，品又齐乎高士。妍佳冷迈，故宜涤笔水[①]瓯者对之。

建德宋先生命作此赋。自记[②]。

——据道光三年自刻本《定盦馀集·附少作》（以下简称自刻本《定盦馀集·附少作》）

说月晷[③]

（1812年—1815年）

徽州人造月晷，系以诗，髹而书之，予读之弗善也。为之图三十，合朔至晦，备矣。又为之子目，各十有二，时加子至加亥，备矣。总为图三百有六十，以楮皮为之仪。我坐北面南，左东右西，以定月之所在，其魄墨之，其明粉之，加金以肖其曜，自以为贤于徽州市之所为。

扬州罗士琳过而大笑之曰："子未知里差。天下一千三百五县，宜每县为三百六十图，当有三十七万九千八百图。子又未知岁差。夫日与月合朔时，所加不同，一千三百五县之三百六十图，月月不同，每月为三十七万九千八百图者十有二，每岁又十二月之，其图无算数。假子神龟之年，不足以役图，与子千里之封以为宫，不足以庋之。"

予乃衋然于不艺不学，忝为士大夫老，与夫市估髹师，同为罔知识之民而已矣。乃再拜求罗子教我以浑天之术，两仪之形，求七政之行之所在。

徽州歌诀云："三辰五巳八午升，初十出未十三申，十五酉时十八戌，二十亥上见光明，二十三日子时出，二十六日丑时行，二十九日寅

① "水"，王佩诤校《龚自珍全集》（中华书局上海编辑所1959年版，1961年第二次印刷本，以下简称王佩诤校本）作"冰"。

② 王佩诤校本于"自记"上，补"甲子"二字，并出校记云："据自刻本补之。"实则，自刻本此文中，"自记"上并无"甲子"二字。

③ 此文见龚橙编校本《文集》卷八，题《记罗士琳》。

时见，晦与朔日卯上并。”附录。

——据同治七年吴煦刻本《定盦续集》（以下简称吴刻本《定盦续集》）卷一

与人笺①

（1812年—1815年）

示与某学士书，称为某官先生，而以其主书院，故自称门生，非礼也。

汉儒自一经相授受外，无师弟子。东京处士喜标榜，然史称会葬者三千人，皆交游，非弟子。师弟子分至严，唐、宋人犹知之。故以韩愈之贤，而李翱、皇甫湜不以门生自居。惟大臣爱士而荐之于朝者，或称门生，范文正公之于晏元献是也。唐、宋科目士有此感恩知己之论，而亦非古道也，特未乖名教。君子生唐、宋以后，则貌而从之。

若夫书院之设，山长之名，南宋始有，不与三代家塾、党庠、州序同制，与提举宫观之祠官并兴。私立名字，号召徒众，人树一帜。至于明季东林、复社之徒，云合雾散，所在响应，有数千人而出一人之门者。明之亡虽不尽系此，此师此门生与有力焉。然犹可言者，曰志私而号则公，学非而名尚正。故其时门生无不归美其师曰：吾师讲学也；或曰崇名节也。今之书院，则又宋、明书院之罪人也，假藉权要，荐之郡县之长，遑问经师人师？忝然拥席坐，实干谒之客耳。然犹可言者，曰致其羔雁，而甲乙其时艺，则亦举业之师也。

若某学士，则又今之书院之罪人也。学士主新安书院三年矣，未尝至徽也，徽之士不识其面，三百人中，无称门生者。古人为师心丧三年，比于君父，民生之义固然。师如是其易且多也，今之士将终身治其

① 此文在朱氏二刻本《定盦文集补编》中，系《与人笺五首》之三；在皡皡子编《龚定盦全集》（宣统元年上海国学扶轮社版，以下简称扶轮社本）、王文濡编校《龚定盦全集》（民国二十四年国学整理社版，以下简称王文濡本）与夏田蓝编《龚定盦全集类编》（民国二十六年世界书局版，以下简称夏田蓝本）中，均系《与人笺》（五首）之三；在邃汉斋（薛凤昌室名）校订本《定盦全集》（宣统元年上海时中书局版，以下简称邃汉斋本）中，则题为《与人笺七》（王佩诤校本题《与人笺［七］》）。又，此文在龚橙编校本《文集》中，曾被改题《与江晋三笺》，后为《与人笺七首》之五。

心丧而不暇也。又今世通例，凡称彼夫子者，自称门生，或称受业；称彼某官、某先生者，自称后学。二者不相溷。足下于某学士既称之某先生矣，而又自乱其例称门生，何也？倘改曰：歙后学某，奉书学士先生左右，则士于大夫礼亦宜然。足下讲古学之日久，故僭商定如此，其他词义皆善。不宣。

——据朱氏二刻本《定盦文集补编》卷三

尊隐①

（1812年—1816年）

将与汝枕高林，藉丰草，去沮洳，即荦确，第四时之荣木，瞩九州之灵②皋，而从我嬉其间，则可谓山中之傲民也已矣。仁心为干，古义为根，九流为枝叶③，百氏为杝藩，枝叶昌洋，不可殚论，而从我嬉其间，则可谓山中之瘁民也已矣。

闻之古史氏矣，君子所大者生也，所大乎生者则时也④。岁⑤有三时：一曰发时，二曰怒时，三曰威时；日有三时，一曰蚤时，二曰午时，三曰昏时。

夫太阳⑥胎于溟涬，浴于东澥⑦，徘徊于华林，轩辕于高闳，照耀人之新沐濯，沧沧凉凉，不炎其光，吸引清气，宜君宜王。丁此也以有国，而君子适生之，入境而问之，天下法宗礼，族归心，鬼归祀，大川归道，百宝⑧万货，人功精英，不翼而飞，府于京师。山林冥冥，但有鄙夫、皂隶所家，虎豹食之，曾不足悲。

日之亭午，乃炎⑨其光，五色文明，吸饮和气，宜君宜王。丁此也

---

① 原题《尊隐一首》。龚橙编校本、《定盦龚先生集外文》（魏锡曾据谭献抄本重录本，中国国家图书馆藏，以下简称《集外文》本）、吴刻本《定盦续集》均题《尊隐》。

② “灵”，吴刻本、王佩诤校本作“神”。

③ “枝叶”，吴刻本、王佩诤校本作“华实”。

④ “大乎生者则时也”，吴刻本、王佩诤校本作“大乎其生者时也”。

⑤ “岁”上，吴刻本、王佩诤校本有“是故”二字。

⑥ “太阳”，吴刻本、王佩诤校本作“日”。

⑦ “澥”，吴刻本、王佩诤校本作“海”。

⑧ “宝”，原作“家”，据龚橙编校本改。

⑨ “炎”下，吴刻本、王佩诤校本有一“炎”字。

以有国，而君子适生之，入境而问之，天下法宗礼，族修心，鬼修祀，大川修道，百宝万货，奔命喘塞，汗车牛如京师①，山林冥冥，但有窒士，天命不犹，俱②草木死。

日之将夕，悲风骤至，人思灯烛，惨惨目光，吸饮暮气，与梦为邻，未即于床。丁此也以有国，而君子适生之；不生王家，不生其元妃、嫔嫱之家，不生所③世豢之家，从山川来，止其④郊。而问之曰：何哉？古先册书，圣智心肝，人功精英，百工魁杰所成，如京师，京师弗受也，非但不受⑤，裂而磔之。丑类呰窳⑥，诈伪不材，是辇是任，是以为生资，则百宝咸怨，怨则返其野矣。贵人故家蒸尝磐石⑦之宗烬，烬则不暇问其先之所予重器⑧；不暇问其先之所予重器⑨，则窭者篡之去⑩，则京师贫；京师贫，则四山实矣。京师之气泄；泄则府于野⑪。古先册书，圣智心肝，不留京师，蒸尝之宗之⑫子孙，见闻媕婀⑬，如此则京师贱⑭；京师贱，则山中之民，有自公侯者矣。如是则豪杰⑮益轻量京师；轻量京师，则山中之势重矣。如是则京师如鼠壤；如鼠壤，则山中之壁垒坚矣。京师苦日短⑯，山中之日长矣。风恶，水泉恶，尘霾恶，山中泊然而和，洌然而清矣。人攘臂失度，啾啾如蝇虻⑰，山中戒而相与修婀靡矣。朝士寡助失亲，则山中之人⑱，一啸百

---

① “奔命喘塞，汗车牛如京师”，吴刻本、王佩诤校本作“奔命涌塞，喘车牛如京师”。

② “俱”，吴刻本、王佩诤校本作“与”。

③ “所”下，吴刻本、王佩诤校本有二“世”字。

④ “其”，吴刻本、王佩诤校本作“于”。

⑤ “受”下，吴刻本、王佩诤校本有“又”字。

⑥ “呰窳”，吴刻本同，王佩诤校本误作“窳呰”。

⑦ “蒸尝”下，吴刻本、王佩诤校本无“磐石”二字。

⑧ “烬，烬则不暇问其先之所予重器”，吴刻本、王佩诤校本作“不乐守先人之所予重器”。

⑨ “不暇问其先之所予重器”，吴刻本、王佩诤校本作“不乐守先人之所予重器”。

⑩ “窭者篡之去”，吴刻本、王佩诤校本作“窭人子篡之”。

⑪ “则京师贫；京师贫，则四山实矣。京师之气泄；泄则府于野”，王佩诤校本作“则京师之气泄，京师之气泄，则府于野矣。如是则京师贫；京师贫，则四山实矣”。

⑫ “之”下，吴刻本无“子”字，王佩诤校本补入。

⑬ “婀”下，吴刻本、王佩诤校本无“如此”二字。

⑭ “贱”下，吴刻本、王佩诤校本无“京师”二字。

⑮ “豪杰”下，吴刻本、王佩诤校本无“益”字。

⑯ “苦日短”，吴刻本作“之日短”，王佩诤校本作“之日［苦］短”。

⑰ “虻”下，吴刻本、王佩诤校本有“则”字。

⑱ “人”，吴刻本、王佩诤校本作“民”。

吟，一呻百问疾矣。朝士僝焉偷活①，侧焉徨徨商去留，则山中之岁月定矣。多暴侯者，过山中者，生钟簴之思矣。童孙叫呼，过山中者，乃祝寿耇之无遽死矣。其祖宗曰：我无馀荣焉，我以汝为殿矣。其山林之神曰：我无馀怒磅礴②，我以汝为殿矣。俄焉寂然，灯烛无光，不闻人③言，但闻鼾声，夜之漫漫，鹖旦不鸣，则山中之民，有大音声起，天地为之钟鼓，神人为之波涛矣。

民④之丑生，一纵一横。旦暮为纵，居处为横，百世为纵，一世为横，横收其实，纵收其名。之民也，壑者欤⑤？垤者欤？避其实者欤？能大其生以宠灵史氏者欤？能⑥大其生以察三时，以宠灵史氏，将不谓之横天地之隐欤？闻之史氏矣，有⑦百媚夫，不如一狂⑧夫也；有百狂夫，不如一悖民也；有百悖民，不如一傲民也；有百傲民，不如一痒民也⑨；有百⑩痒民，不如一之民⑪。则又问⑫之曰：之民也，有待者耶？无待者耶？应之曰：有待。孰待⑬？曰：待后史氏。孰为无待⑭者耶？曰：其声无声，其行无名，大忧无蹊辙，大患无畔涯，大傲若折，大痒若息，居之无形，光景煜爚，捕之杳冥，后史氏欲求之，七返而无⑮睹也⑯。夫如是者，是又谓之纵之隐⑰。

——据《龚定盦诗文真迹三种（以下简称真迹本）·为何绍基书未刊文稿册》，民国二十年中华书局影印本

---

① “僝焉偷活”，吴刻本、王佩诤校本作“偷息，简焉偷活”。

② “乃祝寿耇之无遽死矣”，“祝”上，吴刻本、王佩诤校本无“乃”字；“无”，吴刻本、王佩诤校本作“毋”。“馀怒磅礴”（“礴”原作“薄”），吴刻本、王佩诤校本作“馀怒焉”。

③ “人”，吴刻本、王佩诤校本作“馀”。

④ “民”上，吴刻本、王佩诤校本有“是故”二字。

⑤ “壑者欤”下，吴刻本、王佩诤校本有“丘者欤”三字。

⑥ “能”上，吴刻本、王佩诤校本无“能大其生以宠灵史氏者欤”十一字。

⑦ “有”，吴刻本、王佩诤校本作“曰”。

⑧ “狂”，吴刻本、王佩诤校本作“狷”。

⑨ “有百狂夫，不如一悖民也；有百悖民，不如一傲民；有百傲民，不如一痒民也”，吴刻本、王佩诤校本作“百酣民，不如一痒民也”。

⑩ “百”上，吴刻本、王佩诤校本无“有”字。

⑪ “民”下，吴刻本、王佩诤校本有“也”字。

⑫ “问”下，吴刻本、王佩诤校本无“之”字。

⑬ “孰待”下，吴刻本、王佩诤校本无“曰”字。

⑭ “无待”下，吴刻本、王佩诤校本无“者耶”二字，有“应之”二字。

⑮ “无”下，吴刻本、王佩诤校本有“所”字。

⑯ “睹也”下，吴刻本、王佩诤校本有“悲夫悲夫”四字。

⑰ “夫如是者，是又谓之纵之隐”，吴刻本、王佩诤校本作“夫是以又谓之纵之隐”。

明良论一

（1813年—1814年）

三代以上，大臣、百有司无求富之事，无耻言富之事。贫贱者[①]，天所以限农亩小人；富贵者，天所以待王公大人君子。王公大人之富也，未尝以[②]温饱之私感恩于人主，人主以大臣不富为最可嘉可法之事，尤晚季然也。《洪范》五福，二曰富；《周礼》八枋，一曰富。臣之于君也，急公爱上，出自天性，不忍论施报。人主之遇其臣也，厚以礼，绳以道，亦岂以区区之禄为报？然而禹、箕子、周公然者，王者为天下国家崇气象，养体统，道则然也。孟子曰："无恒产而有恒心，惟士为能。"虽然，此士大夫所以自律则然，非君上所以律士大夫之言也。得财则勤于服役，失财则怫然愠，此诚厮仆之所为，不可以概我士大夫。然而卒无以大异乎此者，殆势然也。士大夫岂尽不古若哉？廉耻岂中绝于士大夫之心哉？

然而古之纤人俗吏少于今者，诚贵有以谋之至亟矣！三代、炎汉勿远论，论唐、宋盛时，其大臣魁儒，大率豪伟而疏闳，其讲官学士，左经右史，鲜有志温饱、察鸡豚之行；其庸下者，亦复优游书画之林，文采酬酢，饮食风雅。今士大夫，无论希风古哲，志所不属，虽下劣如矜翰墨，召觞咏，我知其必不暇为也。今上都通显之聚，未尝道政事，谈文艺也；外吏之宴游，未尝各陈设施，谈利弊也。其言曰：地之腴瘠若何？家具之赢不足若何？车马敝而责券至，朋然以为忧，居平以贫故，失卿大夫体，甚者流为市井之行。崇文门以西，彰义门以东，一日不再食者甚众，安知其无一命再命之家也？远方之士，未尝到京师，担笈数千里而至，乐瞻士大夫之气象丰采，以归语田里。今若此，殆非所以饰四方之观听也！谓外吏富乎？积逋者又十且八九也。

夫士辞乡里，以科名通籍于朝，人情皆愿娱乐其亲，赡其室家；廪告无粟，厩告无刍，索屋租者且至相逐，家人嗷嗷然以[③]呼。当是时，犹有如贾谊所言"国忘家，公忘私"者，则非特立独行[④]、忠诚之士不

① "贱"下，邃汉斋本、扶轮社本、王文濡本、夏田蓝本、王佩诤校本脱"者"字。

② "尝"下，邃汉斋本、扶轮社本、王文濡本、夏田蓝本、王佩诤校本脱"以"字。

③ "然"下，邃汉斋本、扶轮社本、王文濡本、夏田蓝本、王佩诤校本脱"以"字。

④ "行"下，邃汉斋本、扶轮社本、王文濡本、夏田蓝本、王佩诤校本衍"以"字。

能。能以概责之六曹、三院、百有司否也？内外大小之臣，具思全躯保室家，不复有所作为，以负圣天子之知遇，抑岂无心，或者贫累之也。

《鲁论》曰："季氏富于周公。"知周公未尝不富矣。微周然，汉、唐、宋之制俸，皆数倍于近世，史表具在，可按而稽。天子富有四海，天子之下，莫崇于诸侯，内而大学士、六卿，外而总督、巡抚，皆古之莫大诸侯。虽有巨万之赀，岂过制焉？其非俭于制，而又黩货焉，诛之甚有词矣！今久资尚书、侍郎，或无千金之产，则下可知也。诚使内而部院大臣、百执事，外而督、抚、司、道、守、令，皆不必自顾其身与家，则虽有庸下小人，当饱食之暇，亦必以其馀智筹及国之法度、民之疾苦。泰然而无忧，则心必不能以无所寄，亦势然也。而况以素读书、素识大体之士人乎？夫绳古贤者，动曰是真能忘其身家以图其君。由今观之，或亦其身家可忘而忘之尔。内外官吏皆忘其身家以相为谋，则君民上下之交，何事不成？何废不举？汉臣董仲舒曰"被润泽而大丰美"者，此也。朝廷不愈高厚，宇宙不愈清明哉？

——据自刻本《定盦馀集·附少作》

明良论二

（1813年—1814年）

士皆知有耻，则国家永无耻矣；士不知耻，为国之大耻。历览近代之士，自其敷奏之日，始进之年，而耻已存者寡矣！官益久，则气愈偷；望愈崇，则谄愈固；地益近，则媚亦益工。至身为三公，为六卿，非不崇高也，而其于古者大臣巍然岸然师傅自处之风，匪但目未睹，耳未闻，梦寐亦未之及。臣节之盛，扫地尽矣。非由他，由于无以作朝廷之气故也。

何以作之气？曰：以教之耻为先。《礼·中庸》篇曰："敬大臣则不眩。"郭隗说燕王曰："帝者与师处，王者与友处，伯者与臣处，亡者与役处。凭几据①杖，顾盼指使，则徒隶之人至。恣睢奋击，呴籍叱咄，则厮役之人至。"贾谊谏汉文帝曰："主上之遇大臣如遇犬马，彼将犬马自为也。如遇官徒，彼将官徒自为也。"凡兹三训，炳若日星，皆圣哲

---

① "据"，邃汉斋本、扶轮社本、王文濡本、夏田蓝本、王佩诤校本误作"其"。

之危言，古今之至诫也。尝见明初逸史，明太祖训臣之语曰："汝曹辄称尧、舜主，主苟非圣，何敢谀为圣？主已圣矣，臣愿已遂矣，当加之以吁咈，自居皋、契之义。朝见而尧舜之，夕见而尧舜之，为尧舜者，岂不亦厌于听闻乎？"又曰："幸而朕非尧舜耳。朕为尧舜，乌有汝曹之皋、夔、稷、契哉？其不为共工、驩兜，为尧、舜之所流放者几希！"此真英主之言也。坐而论道，谓之三公。唐、宋盛时，大臣讲官，不辍赐茶、赐坐[①]之举，从容乎便殿之下，因得讲论古道，儒硕兴起。及其[②]季也，朝见长跪、夕见长跪之馀，无此事矣。不知此制何为而辍，而殿陛之仪，渐相悬以相绝也？

农工之人、肩荷背负之子则无耻，则辱其身而已；富而无位[③]者，辱其家而已；士无耻，则名之曰辱国；卿大夫无耻，名之曰辱社稷。由庶人贵而为士，由士贵而为小官，为大官，则由始辱其身家，以延及于辱社稷也。厥灾下达上，象似火！大臣无耻，凡百士大夫法则之，以及士庶人法则之，则是有三数辱社稷者，而令合天下之人，举辱国以辱其家，辱其身，混混沄沄，而无所底。厥咎上达下，象似水！上若下胥水火之中也，则何以国？

窃窥今政要之官，知车马、服饰、言词捷给而已，外此非所知也。清暇之官，知作书法、赓诗而已，外此非所问也。堂陛之言，探喜怒以为之节，蒙色笑，获燕闲之赏，则扬扬然以喜，出夸其门生、妻子。小不霁，则头抢地而出，别求夫可以受眷之法，彼其心岂真敬畏哉？问以大臣应如是乎？则其可耻之言曰：我辈只能如是而已。至其居心又可得而言，务车马、捷给者，不甚读书，曰：我早晚直公所，已贤矣，已劳矣。作书、赋诗者，稍读书，莫知大义，以为苟安其位一日，则一日荣；疾病归田里，又以科名长其子孙，志愿毕矣。且愿其子孙世世以退缩为老成，国事我家何知焉？嗟乎哉！如是而封疆万万之一有缓急，则纷纷鸠燕逝而已，伏栋下求俱压焉者鲜矣。

昨者，上谕至，引卧薪尝胆事自况比，其闻之而肃然动于中欤？抑弗敢知！其竟憺然无所动于中欤？抑更弗敢知！然尝遍览人臣之家，有缓急之举，主人忧之，至戚忧之，仆妾之不可去者忧之；至其家求寄食

---

① "赐茶、赐座"，邃汉斋本、扶轮社本、王文濡本、夏田蓝本、王佩诤校本作"赐座、赐茶"。

② "其"，邃汉斋本、扶轮社本、王文濡本、夏田蓝本、王佩诤校本误作"据"。

③ "位"，邃汉斋本、扶轮社本、王文濡本、夏田蓝本、王佩诤校本误作"耻"。

焉之寓公，旅进而旅豢焉之仆从，伺主人喜怒之狎客，试召而诘之，则岂有为主人分一夕之愁苦者哉？

故曰：厉之以礼出乎上，报之以节出乎下。非礼无以劝节，非礼非节无以全耻。古名世才起，不易吾言矣。

外祖金坛段公评曰：四论皆古医方[①]也，而中今病，岂必别制一新方哉？吾且髦[②]，犹见此才而死，吾不恨矣。甲戌秋日。

——据自刻本《定盦馀集·附少作》

明良论三

（1813年—1814年）

敷奏而明试，吾闻之乎唐、虞；书贤而计廉，吾闻之乎成周。累日以为劳，计岁以为阶，前史谓之停年之格，吾不知其始萌芽何帝之世，大都三代以后可知也。今之士进身之日，或年二十至四十不等，依中计之，以三十为断。翰林，至荣之选也，然自庶吉士至尚书，大抵须三十年或三十五年，至大学士又十年而弱。非翰林出身，例不得至大学士。而凡满洲、汉人之仕宦者，大抵由其始宦之日，凡三十五年而至一品，极速亦三十年。贤智者终不得越，而愚不肖者亦得以驯而到。此今日用人论资格之大略也。

夫自三十进身，以至于为宰辅、为一品大臣，其齿发固已老矣，精神固已惫矣，虽有耆寿之德，老成之典型，亦足以示新进；然而因阅历而审顾，因审顾而退葸，因退葸而尸玩，仕久而恋其籍，年高而顾其子孙，傫然终日，不肯自请去。或有故而去矣，而英奇未尽之士，亦卒不得起而相代。此办事者所以日不足之根原也。

城东谚曰："新官忙碌石駮子，旧官快活石师子。"盖言夫资格未深之人，虽勤苦甚至，岂能冀甄拔？而具形相向坐者数百年，莫如桯[③]外石师子，论资当最高也。如是而欲勇往者知劝，玩恋者知惩，中材绝侥

---

① "古医方"，邃汉斋本同，扶轮社本、王文濡本、夏田蓝本、王佩诤校本脱"医"字。

② "吾且髦"，邃汉斋本脱"吾"字，扶轮社本、王文濡本、夏田蓝本、王佩诤校本误作"髦矣"。

③ "桯"，邃汉斋本、扶轮社本、王文濡本、夏田蓝本、王佩诤校本误作"柱"。

幸之心，智勇甦束缚之怨，岂不难矣！至于建大猷，白大事，则宜乎更绝无人也。其资浅者曰："我积俸以俟时，安静以守格，虽有迟疾，苟过中寿，亦冀终得尚书、侍郎。奈何资格未至，而①哓哓然以自丧其官为？"其资深者曰："我既积俸以俟之，安静以守之，久久而危致乎是。奈何忘其积累之苦，而哓哓然以自负其岁月为？"其始也，犹稍稍感慨激昂，思自表见；一限以资格，此士大夫所以尽奄然而无有生气者也。当今之弊，亦或出于此，此不可不为变通者也。

——据自刻本《定盦馀集·附少作》

明良论四

（1813年—1814年）

庖丁之解牛，伯牙之操琴，羿之发羽，僚之弄丸，古之所谓神技也。戒庖丁之刀曰：多一割亦笞汝，少一割亦笞汝；韧伯牙之弦曰：汝今日必志于山，而勿水之思也；矫羿之弓，捉僚之丸曰：东顾勿西逐，西顾勿东逐，则四子者皆病。人有疥癣之疾，则终日抑搔之，其疮痏，则日夜抚摩之，犹惧未艾，手欲勿动不可得；而乃卧之以独木，缚之以长绳，俾四肢不可以屈伸，则虽甚痒且甚痛，而亦冥心息虑以置之耳。何也？无所措术故也。

律令者，吏胥之所守也；政道者，天子与百官之所图也。守律令而不敢变，吏胥之所以侍立而体卑也；行政道而惟吾意所欲为，天子百官之所以南面而权尊也。为天子者，训迪其百官，使之共治吾天下，但责之以治天下之效，不必问其若之何而以为治，故唐、虞三代之天下无不治。治天下之书，莫尚于六经。六经所言，皆举其理、明其意，而一切琐屑牵制之术，无一字之存，可数端瞭也。

约束之，羁縻之，朝廷一二品之大臣，朝见而免冠，夕见而免冠，议处、察议之谕不绝于邸钞。部臣工于综核，吏部之议群臣，都察院之议吏部也，靡月不有。府州县官，左顾则罚俸至，右顾则降级至，左右顾则革职至，大抵逆亿于所未然，而又绝不斠画其所已然。其不罚不议者，例之所得行者，虽亦自有体要，然行之无大损大益。盛世所以期诸

① "至"下，邃汉斋本、扶轮社本、王文濡本、夏田蓝本、王佩诤校本脱"而"字。

臣之意，果尽于是乎？恐后之有识者，谓率天下之大臣群臣，而责之以吏胥之行也。一越乎是，则议处之，察议之，官司之命，且倒悬于吏胥之手。彼上下其手，以处夫群臣之不合乎吏胥者，以为例如是，则虽天子之尊，不能与易，而群臣果相戒以勿为官司之所为矣。夫聚大臣群臣而为吏，又使吏得以操切大臣群臣，虽圣如仲尼，才如管夷吾，直如史鱼，忠如诸葛亮，犹不能以一日善其所为，而况以本无性情、本无学术之侪辈邪？

伏见今督、抚、司、道，虽无大贤之才，然奉公守法畏罪，亦云至矣，蔑以加矣！使奉公守法畏罪而遽可为治，何以今之天下尚有几微之未及于古也？天下无巨细，一束之于不可破之例，则虽以总督之尊，而实不能以行一谋、专一事。夫乾纲贵裁断，不贵端拱无为，亦论之似者也。然圣天子亦总其大端而已矣。至于内外大臣之权，殆亦不可以不重。权不重则气不振，气不振则偷，偷则敝。权不重则民不畏，不畏则狎，狎则变。待其敝且变，而急思所以救之，恐异日之破坏条例，将有甚焉者矣。

古之时，守令皆得以专戮，不告大官，大官得以自除辟吏，此其流弊，虽不可胜言，然而圣智在上，今日虽略仿古法而行之，未至擅威福也。仿古法以行之，正以救今日束缚之病。矫之而不过，且无病，奈之何不思更法，琐琐焉，屑屑焉，惟此之是行而不虞其陊也？圣天子赫然有意千载一时之治，删弃文法，捐除科条，裁损吏议，亲总其大纲大纪，以进退一世，而又命大臣以所当为，端群臣以所当从。内外臣工有大罪，则以乾断诛之，其小故则宥之，而勿苛细以绳其身。将见堂廉之地，所图者大，所议者远，所望者深，使天下后世，谓此盛世君臣之所有为，乃莫非盛德大业，而必非吏胥之私智所得而仰窥。则万万世屹立不败之谋，实定于此。

四论，乃弱岁后所作，文气亦尚①能清妥，弃置故簏中久矣。检视，见第二篇后②外王父段先生加墨矜宠，泫然存之。自记。

——据自刻本《定盦馀集·附少作》

---

① “尚”，邃汉斋本、扶轮社本、王文濡本、夏田蓝本、王佩诤校本误作“何”。

② “见”下，邃汉斋本、扶轮社本、王文濡本、夏田蓝本脱“第二篇后”四字，王佩诤校本已补。

拟上今方言表

（1813年—1816年）

臣自珍言，臣在京师，造《今方言书》，徂江之南，［四］[①] 岁而成。首满洲，尊王也；胪十八行省，大一统也；终流求、高丽、蒙古、喀尔喀，示王者无外也。

民之所异于禽兽也，则声而已矣。人性智愚出于天，声清浊侈弇鸿杀出于地。每省各述总论，述山川气也。气之转无际，际乎气者有际；寸合而尺徙，尺合而咫徙。故府、州、县以渐而变，不敢紊也。董之以事，部之以物，俾可易考也。

天道十年而小变，百年而大变。人亦小天，古今朝市城邑礼俗之变，以有形变者也，声之变，以无形变者也。撢择传记，博及小说，凡古言之存者，疏于下方，知今之不自今始也。及今成书，以今为臬也。

音有自南而北东西者，有自北而南而东西者，孙曾播迁，混混以成，苟有端绪，可以寻究，虽谢神瞽，不敢不聪也。旁采字母翻切之旨，欲撮举一言，可以一行省音贯十八省音，可以纳十八省音于一省也。

臣又言曰：三皇之世，未有文字，但有人声，五帝三王之世，以人声为文字。故传曰："声之精者为言，言之精者为文。"声与言，文字之祖也。文字有形有义，声为其魂，形与义为体魄。魄魂具，而文字始具矣。夫乃外史达之，太史登之，学僮讽之，皆后兴者也。是故造作礼乐，经略宇宙，天地以是灵，日月以是明，江河以是清，百王以是兴，百圣以是有名，审声音之教也。

——据同治七年吴煦刻本《定盦文集》（以下简称吴刻本《定盦文集》）卷下

与徽州府志局纂修诸子书

（1814年11、12月间）

示条例十五纸，谨代达家大人矣。《氏族表发凡》，大人最所佩服，

① "南"下，原作墨钉（同道光三年自刻本《定盦文集》，以下简称自刻本），王佩诤校本据祝心渊手校本补"逾"字。龚橙编校本则作"四"字，据补。

馀名目皆有法。二三君子钩钜理解之符，动合经术，后贤必知之。各传卷帙，视采访局原议，已减十之四。蒙有未安，不识乃缪其恉以发其愚欤？敢贡其一端，而睎通人之择。

府志非史也，尚不得比省志。今法，国史取《大清一统志》，《一统志》取省志，省志取府志，府志特为底本，以储它日之史。君子卑逊之道，直而勿有之义，宜繁不宜简。设等而下之，作县志必应更繁于是，乃中律令，何疑也？蒙知二三君子，必不忍重翦除埋没忠清文学幽贞郁烈之士女，以自试其文章，而特恐有不学苟夫，为不仁之言，以刺侍者之耳，徽人亦惧矣。明宁陵吕氏尝曰："史在天地间，如形之影。"人皆思其高曾也，皆愿睹其景。至于文儒之士，其思书契已降之古人，尽若是已矣。是故良史毋吝为博，多以贻之，以餍足之。良史者，必仁人也，且史家不能逃古今之大势。许叔重解字之文曰：字，孳也，孳生愈多也。今字多于古字，今事赜于古事，是故今史繁于古史。等而下之，百世可知矣。等而上之，自结绳以迄周平王，姓氏其何几？左丘明聚百四十国之书为《春秋》，二百四十年之间，乃七十万言，其事如蚁。岂非周末文胜，万事皆开于古，而又耳目相接，文献具在，不能以已于文，遂创结绳以还未尝有者乎？圣门之徒，无讥其繁者。设令遇近儒，必以唐虞之史法绳之，议其缛而不师古矣。二三君子，他日掌翰林，主国史，走犹思朝上状，夕上状。自上国文籍，至于九州四荒，深海穹峪，僰[①]臣蛮妾，皆代为搜辑而后已，而不忍以简之说进，今事无足疑也。

康熙间，昆山徐尚书主修《一统志》，吏上节妇名多至十馀卷，门下士请核减，公正色曰：国朝风教迈前古，宜备载其盛，矜后世也。呜呼！是公之所见者甚大，抑其词令，可谓有文者矣。如二三君子病蒙之言为狂，或难以塞邦之拘古敢论议者，则请置蒙之狂言勿道。道尚书语为雍容可也。宾馆戒寒，伏承不一一。

附：复札

汪龙、洪饴孙、武穆淳、胡文水顿首。瑟人世兄史席：来札言者是也，不特见识卓越，具仰见广大慈祥之襟抱，他日登史馆，系文献之望，敢在下风，不任佩服之至！龙偶与同局言及《汉文帝本纪》九年，

① "僰"，原误作"僰"，据《龚定盦先生自定文稿》（抄本，中国科学院国家科学图书馆藏，以下简称《文稿》本）、邃汉斋本、王佩诤校本改。

止书春大旱一事，后三年，亦止书二月行幸代一事。假令为《唐书》，则不能矣，降而为《明史》帝纪，益无取矣。刘向、班固录书三十八种，一万三千二百六十九卷。其中秦汉以降之书，倍蓰于三代，风运日开，言行日出，尽为史家所不能废，何尝以孔子删诗书自比？兹龙等依来字告同局诸君，凡传目中应补之人，及《艺文志》应补书名，苟不悖义例者皆羼入。《传》曰："善善欲其长。"亦《春秋》之志也。君子之言，信而有征，能通经史之理，可与征斯言矣。附问近祺。谨希代问尊大人政祉。不具。十一月某日。

——据吴刻本《定盦文集》卷上

保甲正名

（**1814**年冬）

嘉庆十九年冬，奉上谕行保甲法，大吏下其条目于所司，大略云：悬牌于门，书长若幼之姓名、年齿；有习邪教者，准五家首之，无则五家连环具甘结。地方官一岁两次编稽核之，申报上司。

龚自珍曰：此《周礼》相保法也。相保，犹相受、相赒、相宾也，非保甲法。保甲法孰为之？宋臣王安石为之。其条目如何？曰：新法每十家籍二丁，授以弓弩，教之战阵。呜呼！《周礼》固无是矣。三代以上，兵民不分，弓弩战阵，有教之者，而非司徒之事。司徒之官，则无此文。保自保，战自战，不得合为一。《传》曰："家不藏甲。"卿大夫之家，尚不藏甲，编户齐民，何有甲之名？三代以降，兵民分。朝廷既养民以卫民矣，事势画一，民不宜更以武力自卫。民当尊君亲上，问鸡犬、田器而已。宋臣吕祖谦之笺《周礼》曰："五家相保，则奇邪不混迹其中。"王守仁之与父老约：曰孝弟谦和，曰谨门户，曰门牌不实不尽者罪家长。如此而已。夫射虽六艺之一，安得尽天下男子而知射？亦犹书、数居六艺之二，安得尽天下男子而知书、数乎哉？十家环堵宴然，为地几何，何以为演武之地？十家各有生计琐屑，乡饮读法，近世尚以为烦扰不足行，安得讲武之暇？十家各授弓弩，尽东南竹箭，不能给弓弩之材。十家二丁，谓之兵乎？谓之民乎？谓之民，则十家有在官之庶人二，不农不贾以习战，必乱民也；谓之兵乎？则不如明增兵额。是故安石新法竟不行，使不幸真行，则明季以来闽、粤械斗之风，宋世早有之；不但闽、粤，且遍寰中，寰中何能一日安？故曰：王安石之法，非古非今，古今亦无曾试之者。圣世所用，实是《周礼》，而用王安石之名，大不可也，宜改曰五家相保法。

或问曰：王安石［法］①，信如人口讥议者耶？答曰：何为其然？安石心三代之心，学三代之学，欲教训天下之人材，毕成三代之材者也。但其虑疏，其目疏，故集天下之口。

——据吴刻本《定盦续集》卷二

平均篇②

（1814 年—1817 年）

龚子曰：有天下者，莫高于平之之尚也，其邃初乎！降是，安天下而已；又降是，与天下安而已；又降是，食天下而已。最上之世，君民聚醵然。三代之极其犹水。君取盂焉，臣取勺焉，民取卮焉。降是，则勺者下侵矣，卮者上侵矣。又降，则君取一石，民亦欲得一石，故或涸而踣。石而浮，则不平甚；涸而踣，则又不平甚。有天下者曰：吾欲为邃初，则取其浮者而挹之乎？不足者而注之乎？则橥然喙之矣。大略计之，浮不足之数相去愈远，则亡愈速，去稍近，治亦稍速。千万载治乱兴亡之数，直以是券矣。

人心者，世俗之本也；世俗者，王运之本也。人心亡，则世俗坏；世俗坏，则王运中易。王者欲自为计，盍为人心世俗计矣。有如贫相轧，富相耀；贫者阽，富者安；贫者日愈倾，富者日愈壅。或以羡慕，或以愤怨，或以骄汰，或以啬吝，浇漓诡异之俗，百出不可止。至极不祥之气，郁于天地之间，郁之久，乃必发，为兵燧，为疫疠，生民噍类，靡有孑遗，人畜悲痛，鬼神思变置。其始，不过贫富不相齐之为之尔。小不相齐，渐至大不相齐；大不相齐，即至丧天下。呜呼！此贵乎操其本源，与随其时而剂调之。

上有五气，下有五行，民有五丑，物有五才，消焉息焉，渟焉决焉，王心而已矣。是故古者天子之礼：岁终，太师执律而告声；月终，

① “石”下，原作“墨钉”，邃汉斋本补“法”字（王佩诤校本同），据补。

② 龚橙编校本题《平均》。

太史候望而告气。东无陼水，西无陼财，南无陼粟，北无陼土，南无陼民，北无陼风，王心则平，听平乐，百僚受福。其《诗》有之曰："秉心塞渊，騋牝三千。"王心诚深平，畜产且腾跃众多，而况于人乎？又有之曰："皇之池，其马喷沙，皇人威仪。"其次章曰："皇之泽，其马喷玉，皇人受谷。"言物产蕃庶，故人得肆威仪，茹内众善，有善名也。太史告曰：东有陼水，西有陼财，南有陼粟，北有陼土，南有陼民，北有陼风，王心则不平，听倾乐，乘欹车，握偏衡，百僚受戒，相天下之积重轻者而变易之。其《诗》有之曰："相其阴阳，观其流泉。"又曰："度其夕阳。"言营度也。故积财粟之气滞，滞多雾，民声苦，苦伤惠；积民之气淫，淫多雨，民声嚣，嚣伤礼义；积土之气秏，秏多日，民声浊，浊伤智；积水积风，皆以其国瘥昏：官所掌也。

且夫继丧亡者，福禄之主；继福禄者，危迫之主。语百姓曰：尔惧兵燹乎？则将起其高曾于九京而问之。惧荒饥乎？则有农夫在。上之继福禄之盛者难矣哉！龚子曰：可以虑矣！可以虑，可以更，不可以骤。

且夫唐、虞之君，分一官，事一事，如是其谆也，民固未知贸迁，未能相有无，然君已惧矣。曰：后世有道吾民于富者，道吾民于贫者，莫如我自富贫之，犹可以收也。其《诗》曰："不识不知，顺帝之则。"夫尧固甚虑民之识知，莫如使民不识知，则顺我也。水土平矣，男女生矣，三千年以还，何底之有？彼富贵至不急之物，贱贫者犹且筋力以成之，岁月以靡之，舍是则贱贫且无所托命。然而五家之堡必有肆，十家之村必有贾，三十家之城必有商，若服妖之肆，若食妖之肆，若玩好妖之肆，若男子咿唔求爵禄之肆，若盗圣贤市仁义之肆，若女子鬻容之肆。肆有魁，贾有枭，商有贤桀，其心皆欲并十家、五家之财而有之。其智力虽不逮，其号既然矣。然而有天下者更之，则非号令也。有四挹四注：挹之天，挹之地，注之民；挹之民，注之天，注之地；挹之天，注之地；挹之地，注之天。其《诗》曰："挹彼注兹，可以饶馆"；"岂弟君子，民之父母。"有三畏：畏旬、畏月、畏岁。有四不畏：大言不畏，细言不畏，浮言不畏，挟言不畏。而乃试之以至难之法，齐之以至信之刑，统之以至澹之心。龚子曰：有天下者，不十年几于平矣。

[越七年，乃作《农宗》篇，与此篇大指不同，并存之，不追改，

使画一，聊自考也。乙未冬自记。]①

——据吴刻本《定盦文集》卷上

写神思铭

（1814年—1823年）

夫心灵之香，较温于兰蕙；神明之媚，绝嫮乎裙裾。殊呻窈吟，魂舒魄惨，殆有离故实、绝言语者焉。鄙人禀赋实冲，孕愁无竭，投闲簉乏，沉沉不乐。抽豪而吟，莫宣其绪；欹枕内听，莫讼其情。谓怀古也，曾不朕乎诗书；谓感物也，岂能役乎鞶帨。将谓乐也，胡迭至而不和；将谓哀也，抑屡袭而无疢。徒乃漫漫漠漠，幽幽奇奇，览镜忽唏，颜色变矣。是知仁义坐忘，远惭渊子之圣；美意延年，近谢郇生之哲。不可告也，矧可疗也？为铭以写之。铭曰：

熨而不舍，袭予其凉；咽而复存，媚予其长。戒神毋梦，神乃自动。黯黯长空，楼疏万重。楼中有灯，有人亭亭。未通一言，化为春星。其境不测，其神习焉。峨峨云王，清清水仙。我铭代弦，希声不传，千春万年。

——据吴刻本《定盦文集》卷上

释风

（1814年—1823年）

古人之世，倏而为今之世；今人之世，倏而为后之世；旋转簸荡而不已。万状而无状，万形而无形，风之本义也有然。引申焉，假藉焉，为起于苹末之风，为怒于土囊之口之风，为昌阖、不周、明庶之风，非本义矣。

客曰：从虫之义，可得闻乎？曰：不从虫，则余无以知之矣。且吾与子何物？固曰：倮虫。文积虫曰虫。天地至顽也，得倮虫而灵；天地

① 自刻本、吴刻本、邃汉斋本均未附自记，龚橙编校本、扶轮社本、王文濡本、夏田蓝本、王佩诤校本则附有自记。其中“画”字，扶轮社本、王文濡本、夏田蓝本、王佩诤校本作“备”字，龚橙编校本则作“画”字，据改。

至凝也，得倮虫而散；然而天地至老寿也，得倮虫而死；天地犹旋转簸荡于虫，矧虫之自为旋转而簸荡者哉？微夫！可怖夫！

客曰：谓天地之有死，疑者半焉；谓天地古今之续为虫之为，平心察之弗夺矣。许慎曰："风生百虫，故从虫。"庄周曰："夔怜蚿，蚿怜蛇，蛇怜风，风怜目。"二者孰长？告之曰：许之言则倒置者也，庄之言则横行者也。道家者流，又言无形么虫万亿，昼夜啮人肤，肤觉者亿之一耳，是故有老死病。是说也，予亦信之。要皆臣仆吾说。

[道家袭用佛氏八万户虫之说，非始于道家，引其流未引其源也。要之，是本义，胜叔重说。乙未秋自记。][①]

——据吴刻本《定盦文集》卷上

哀忍之华

（1814年—1823年）

有植焉，在天地间，不能以名，强名之曰忍。是能华而香不外出，氲氲沉沉，以返乎其根。为之哀曰：

云猗霞猗，天女所怜猗，而投之人间猗。飘摇猗，悲风扬猗。惨怛猗，阴气戕猗。凄心魂猗，郁猗，坱猗，又孔之飒猗。何以宠之？棘十重猗。春不得抽蕤，夏殒妍猗，蹇以盘猗。毒霾霾猗，蛇虺所蟠猗。心苦猗，不可以传猗。材孔清猗，性孔灵猗，恍不可以名猗。哀此忍树猗，毋久闷汝香猗。行归而乡猗，云霞之乐长猗。

——据吴刻本《定盦文集》卷上

皇朝硕辅颂二十一首存序

（1814年—1823年）

我朝龙飞东海，霆耆中夏。庙谟睿武，先后继承。自尼堪外兰始征以还，萨浒、松山凡数大战，未及百年，传檄区宇，定鼎以后，又百七十年。祖恢九有之勋，宗纪十全之绩。声灵则雷厉风飞，景运则天翌神

① 龚橙编校本《文集》卷五《释风》后附此自记，据补。

赞。其中荡定三藩，亲征漠北。冉駹睢盱之国，台湾澥汗之乡，西戎二万里，部落数百支，乃洪荒所未通，洎累朝而大定。自帝鸿御火灾，共工定水害以来，武功之盛，未有少及本朝者也。

自古平地成天之主，必有文经武纬之臣，指顾中外，驱画山河，捧日月之光华，策风云而后先。天祐圣清，笃生硕辅。朝夕降乎嵩岳，日月下其列星。佐命定中原，建策扬大伐。倚剑昆仑之山，饮马星宿之海。八地九天之奇兵，秘乎豹略；五行十守之正道，挞此龙庭。亦有保奭扬末命，公高亮四世；无开疆之绩，有论道之忠。凡若此者，岂仅营平、龙额增彻侯之户；横海、楼船建将军之号；兰台濡笔，颂封阗颜之山；博士矢歌，美平淮西之绩而已矣？实乃考于诗书，无此伟者；读其姓氏，恍若神人。惧山泽之癯，有不尽知，用敢仰衷国史，作赞二十有一。

若夫璿牒亲藩，瑶图上爵，同姓大功，逾朱虚、东牟之至亲；文子武弟，有周公、康叔之明德。此其地位尊崇，祀典不名，国史乃敢敬书，下士不容僭颂也。又有亡殷事周，相韩归汉，虽亦从旗鼓，著勋绩，恭禀特笔，列于贰臣，兹亦不及之云尔。

——据吴刻本《定盦文集》卷上

定盦七铭

（1814年—1823年）

表所居以辅名字，古未之有也。虽然，古文变而篆，大篆变而小篆，小篆变而隶，则若是已矣。余犹为之，且系以七铭：

枕之铭曰：以蛇而去蛇，安眠者如是耶？

灯之铭曰：如擎油满中，不动无所弃。

砚之铭曰：十二烦恼汝志之，烦恼俾汝志也。

眼镜之铭曰：溃者利逼，心光之则。

盂之铭曰：惜于水，渟于盂，不渟汝智，孰惜汝智之枯？

坐之铭曰：天九万，渊九万，尼汝于一斡①。

---

① “斡”，原作“翰”（扶轮社本、王文濡本、夏田蓝本同），自刻本、邃汉斋本作“斡”（同“看”），据改。

一切处之铭曰：不送汝，刭逆汝，烦恼身，亦委蛇而毕汝。

——据吴刻本《定盦文集》卷下

黄山铭有序

（**1815** 年春、夏间）

予幼有志，欲遍览皇朝舆地，铭颂其名山大川。甲乙间，滞淫古歙州，乃铭黄山。

我浮江南，乃礼黄岳。秀吞阆风，高建杓角。沈沈仙灵，浩浩岩壑。走其一支，南东磅礴。苍松鬐飞，丹朱饭熟。海起山中，云乃海族。云声海声，轩后之乐。千诗难穷，百记徒作。惜哉夏后，樏车未经。惜哉姬王，八骏未登。中原隔绝，版图晦冥。圭升璧瘗，赧岱惭衡。

——据吴刻本《定盦文集》卷上

别辛丈人文

（**1815** 年夏）

新安郡斋古桂，唐时植也。尊之曰“辛丈人”。相依者四年，兹将别去，为文使听之。其词曰：

我来新安，神思窈冥。昼夕何见？丈人青青。我歌其文，丈人常听。我思孔烦，言为心声。伤时感事，怀都恋京。歌不可止，舞亦不停。别有妙词，一家不名。云烟消渺，金玉珑玲。文奇华古，文逸华馨，文幽华邃，文怨华零。有鸾来窥，翔颠自鸣。匪其和余，丈人之灵。山雨春沸，城云暮扃。简而不僵，丈人之形。辛而不煎，丈人之情。逝今去兹，何年再经？华开月满，照吾留铭。

——据吴刻本《定盦文集》卷上

明按察司佥事金君石阙铭[①]

(1815 年)

嘉庆二十一年八月甲辰朔，越一日乙巳[②]，文林郎钱唐金应麟，始使石工某[③]，为明按察[④]司佥事造此石阙，用钱若干缗，役工七十有□[⑤]。

君[⑥]姓金氏[⑦]，讳应奎，字曰封风[⑧]，钱唐[⑨]人也。明嘉靖三十二年[⑩]进士，官吏部文选司主事。禀性刚毅，不媚柄臣，浮湛十年，始循常迁，改河南道御史，出为山东按察佥事。河决东郡，宣防有功，再迁四川按察使[⑪]。中贵冯保，私僮百指，为暴乡里。以[⑫]人疾首，君杖遣之，直声闻于朝。小人道长，义不胜邪，遂坐劾君[⑬]。君[⑭]受劾归，不问世事，恬愉冲夷，沦隐以没，年□十有□[⑮]，实万历三十年[⑯]，葬钱唐之仁寿原[⑰]。

越二百载[⑱]，高岸就坻，樵苏是侵[⑲]，一坯眇焉。应麟衋然[⑳]心伤，爰纠其族，既封既树，立此高阙，峨峨翼翼，以旌遗闻，以播于后昆。铭曰：

---

① 此文亦见金应麟辑《金氏世德记》(《武林掌故丛编》本)卷上(以下简称《世德记》本)，题为《明故按察使司佥事金公石阙铭》；系年据《世德记》本。

② 此句，《世德记》本作“大清嘉庆二十年十月壬子朔，越七日戊午”。

③ “某”，《世德记》本作“蒋司”。

④ “察”下，《世德记》本有“使”字。

⑤ “用钱若干缗，役工七十有□”，《世德记》本作“用缗钱九十万”。

⑥ “君”，《世德记》本作“公”。

⑦ “氏”下，《世德记》本有“厥”字。

⑧ “封风”，《世德记》本作“拱辰”。

⑨ “钱唐”，《世德记》本作“仁和”。

⑩ “三十二年”，原作“二十三年”，据《世德记》本改。

⑪ “使”下，《世德记》本有“降佥事”三字。

⑫ “以”，《世德记》本作“川”字。

⑬ “遂坐劾君”，《世德记》本作“遂至劾公”。

⑭ “君”，《世德记》本作“公”。

⑮ “□十有□”，《世德记》本作“七十有一”。

⑯ “万历三十年”，原作“明隆庆八年”，据《世德记》本改。

⑰ “仁寿原”，《世德记》本作“仁寿山原”。

⑱ “载”，《世德记》本作“年”。

⑲ “侵”，《世德记》本作“游”。

⑳ “衋然”，《世德记》本作“爽焉”。

于惟金君[①]，明允塞渊，江介之光。升于朝右，官[②]亦不遂，曰德之刚。乃吏于东，天险勿翕，是君[③]宣防。东人讴矣，西人求矣，岩岩厥疆。有貙有豻，气使大僚，以役封狼。君暴创之，吏咋而觳，遂褫公章。西人啼呼，朝亦弗[④]谌，以老公于乡。

重曰：瞻仁寿之佳原[⑤]，宅江湖而兆正。考耇德于乡邦[⑥]，剥玄石而失姓。惟世泽之必钟[⑦]，感文孙之哀敬。揽刻辞而无爽隘[⑧]兮，总英灵于家乘。

君配邢[⑨]，子[⑩]□。君弟[⑪]□，陕西西安府同知。西安[⑫]之九世孙[⑬]应麟，嘉庆十五年举人[⑭]，以文学声于时。同郡后学[⑮]龚自珍为文[⑯]刻石。

——据吴刻本《定盦续集》卷四

乙丙之际箸议第一[⑰]

（1815年—1816年）

岁辛酉，近畿大水。越七年戊辰，又水。甲、乙间，东南河工屡灾。客曰：近年财空虚，大吏告民穷，而至尊忧帑匮。金者水之母，母气衰，故子气旺也。一客曰：似也。子亦知物极将返乎？天生物，命官理之，

---

① “君”，《世德记》本作“公”。
② “官”，《世德记》本作“宦”。
③ “是君”，《世德记》本作“恃公”，王佩诤校本作“恃君”。
④ “弗”，《世德记》本作“勿”。
⑤ “原”下，《世德记》本有“兮”字。
⑥ “邦”下，《世德记》本有“兮”字。
⑦ “钟”下，《世德记》本有“兮”字。
⑧ “隘”，《世德记》本作“溢”。
⑨ “邢”下，《世德记》本有“配沈”二字。
⑩ “子”下，《世德记》本有“曰仲旸、仲晓”五字。
⑪ “弟”下，《世德记》本有“贤，官”二字。
⑫ “安”下，《世德记》本有“公”字。
⑬ “孙”下，《世德记》本有“曰”字。
⑭ “人”下，《世德记》本有“官内阁中书”五字。
⑮ “学”下，《世德记》本有“内阁中书”四字。
⑯ “文”下，《世德记》本有“句容冯鸣和”五字。
⑰ 龚橙编校本、光绪十二年朱之榛初刻本《定盦文集补编》题《乙丙之际塾议一》。

有所溃，有所郁，郁之也久，发之也必暴。且吏不能理五行使之和，必将反其正性，以大自泄，乃不利。今百姓日不足，以累圣天子惄然之忧，非金乎？币之金与刃之金同，不十年其惧或烦兵事，赖圣天子维持元气，建本甚厚，亦弗瘵也。越六年癸酉，兖、豫役并起，四越月平。

龚子曰：其溃者，其纵之者咎也；其郁者，其钥之者咎也。是以古之大人，谨持其源而善导之气。

——据吴刻本《定盦文集》卷上

附：乙丙之际塾议一

岁辛酉，直隶大水。越七年戊辰，又水。癸亥讫乙丑[①]，再决南河。吏有食于星者曰：水纬且失度，水气淫于东南，不三十年，水患不究。其食于农官者和之曰：其然。近年金空虚，大吏告民穷，而至尊忧帑匮。金，水之母也，母气衰，子气旺。吏食于市官者笑之曰：其不然乎，其不然乎！天下生齿庶，原之出也不饶，故金之权日尊，权日尊，气益威神，胡谓衰？客为士者谢吏曰：子之义，高义也。虽然，食诚绌，而货之不独盈也又久。不睹伐金者乎？伐者化；不睹挟金市海者乎？市海者溃。有所化，有所溃，有所不反，夫又有所郁也。今金行名尊而实耗，用博而气郁。耗者莫禁于下，郁者莫言于上，皆守眉睫之间，而不见咫尺之外，失金之情者也。欲弗衰，得乎？

于是龚自珍闻之，曰：如客之言，其溃者，其化者，当世事实也，其郁者，非当世事实也。如吏之言，母衰子旺之测，则汉氏之妖言也。然而古之治金行亦必有道矣。道如何？曰：宫府弗分，受其福，不受其权，然后察十等之有无而剂之气。

——据光绪十二年朱之榛初刻本《定盦文集补编》（以下简称朱氏初刻本）卷一

乙丙之际塾议三

（1815年—1816年）

客问龚自珍曰：子之南也，奚所睹？曰：异哉！睹书狱者。狱如

---

① “丑”下，王佩诤校本衍“间”字。

何？曰：古之书狱也以狱，今之书狱也不以狱。微独南，邸抄之狱，狱之衅皆同也。始狡不服皆同也，比其服皆同也，东西南北，男女之口吻神态皆同也，狱者之家，户牖床几器物之位皆同也。吾睹一。

或释褐而得令，视狱自书狱，则府必驳之，府从则司必驳之，司从则部必驳之。视狱不自书狱，府虽驳，司将从，司虽驳，部将从。吾睹二。

视狱自书狱，书狱者之言将不同，曰：臣所学之不同，曰：臣所聪之不同，曰：臣所思虑之不同。学异术，心异脏也。或亢或逊，或简或缛，或成文章，语中律令，或不成文章，语不中律令，曰：臣所业于父兄之弗同。部有所考，以甄核外，上有所察，以甄核下，将在是矣。今十八行省之挂仕籍者，语言文字毕同。吾睹三。

曰：是有书之者，其人语科目京官来者曰：京秩官未知外省事宜，宜听我书。则唯唯。语入赀来者曰：汝未知仕宦，宜听我书。又唯唯。语门荫来者曰：汝父兄且慑我。又唯唯。尤力持以文学名之官曰：汝之学术文义，皆①不中当世用，尤宜听我书。又唯唯。今天下官之种类，尽此数者，既尽驱而师之矣。强之乎？曰：否，既甘之矣。吾睹四。

佐杂书小狱者，必交于州县，佐杂畏此人矣。州县之书狱者，必交于府，州县畏此人矣。府之书狱者，必交于司道，府畏此人矣。司道之书狱者，必交于督抚，司道畏此人矣。督抚之上客，必纳交于部之吏，督抚畏此人矣。吾睹五。

其乡之籍同，亦有师，其教同，亦有弟子，其尊师同，其约齐号令同，十八行省皆有之，豺踞而鸮视，蔓引而蝇孳，亦有爱憎恩仇，其相朋相攻，声音状貌同，官去弗与迁也，吏满弗与徙也，各行省又大抵同。吾睹六。

狎富久，亦自富也。狎贵久，亦自贵也。农夫织女之出，于是乎共之，宫室、车马、衣服、仆妾备。吾睹七。

七者之睹，非忧、非剧、非酲、非疟、非鞭、非箠、非符、非约，析四民而五，附九流而十，挟百执事而颠倒下上。哀哉，谁为之而壹至此极哉！

——据朱氏二刻本《定盦文集补编》卷一

---

① “皆”，原作“眢”（扶轮社本同），邃汉斋本作“皆”（王文濡本、夏田蓝本同），王佩诤校本作“懵”，据邃汉斋本改。

乙丙之际箸议第六[①]

（1815年—1816年）

自周而上，一代之治，即一代之学也；一代之学，皆一代王者开之也。有天下，更正朔，与天下相见，谓之王。佐王者，谓之宰。天下不可以口耳喻也，载之文字，谓之法，即谓之书，谓之礼，其事谓之史。职以其法载之文字而宣之士民者，谓之太史，谓之卿大夫。天下听从其言语，称为本朝、奉租税焉者，谓之民。民之识立法之意者，谓之士。士能推阐本朝之法意以相诫语者，谓之师儒。王之子孙大宗继为王者，谓之后王。后王之世之听言语、奉租税者，谓之后王之民。王、若宰、若大夫、若民相与以有成者，谓之治，谓之道。若士、若师儒法则先王、先冢宰之书以相讲究者，谓之学。师儒所谓学有载之文者，亦谓之书。是道也，是学也，是治也，则一而已矣。

乃若师儒有能兼通前代之法意，亦相诫语焉，则兼综之能也，博闻之资也。上不必陈于其王，中不必采于其冢宰、其太史大夫，下不必信于其民。陈于王，采于宰，信于民，则必以诵本朝之法，读本朝之书为率。

师儒之替也，源一而流百焉，其书又百其流焉，其言又百其书焉。各守所闻，各欲措之当世之君民，则政教之末失也。虽然，亦皆出于其本朝之先王。是故司徒之官之后为儒，史官之后为道家老子氏，清庙之官之后为墨翟氏，行人之官之后为纵横鬼谷子氏，礼官之后为名家邓析子氏、公孙龙氏，理官之后为法家申氏、韩氏。

世之盛也，登于其朝，而习其揖让，闻其钟鼓，行于其野，经于其庠序，而肄其豆笾，契其文字。处则为占毕弦诵，而出则为条教号令，在野则熟其祖宗之遗事，在朝则效忠于其子孙。夫是以齐民不敢与师儒齿，而国家甚赖有士。及其衰也，在朝者自昧其祖宗之遗法，而在庠序者犹得据所肄习以为言，抱残守阙，纂一家之言，犹足以保一邦、善一国。孔子曰："郁郁乎文哉，吾从周。"又曰："吾不复梦见周公。"至于夏礼、商礼，取识遗忘而已。以孔子之为儒而不高语前哲王，恐蔑本朝

① 自刻本正文题《乙丙之际箸议第六篇》，龚橙编校本、朱氏初刻本题《治学》，《集外文》本题《乙丙之际塾议第六》。

以干戾也。

至于周及前汉，皆取前代之德功艺术，立一官以世之，或为立师，自《易》、《书》大训，杂家言，下及造车、为陶、医、卜、星、祝、仓、庾之属，使各食其姓之业，业修其旧。此虽盛天子之用心，然一代之大训不在此也。

后之为师儒不然。重于其君，君所以使民者则不知也；重于其民，民所以事君者则不知也。生不荷耰锄，长不习吏事，故书雅记，十窥三四，昭代功德，瞠目未睹，上不与君处，下不与民处。由是士则别有士之渊薮者，儒则别有儒之林囿者，昧王霸之殊统、文质之异尚。其惑也，则且援古以刺今，嚣然有声气矣。是故道德不一，风教不同，王治不下究，民隐不上达，国有养士之赀，士无报国之日。殆夫，殆夫！终必有受其患者，而非士之谓夫？

——据吴刻本《定盦文集》卷上

乙丙之际箸议第七[①]

（1815年—1816年）

夏之既夷，豫假夫商所以兴，夏不假六百年矣乎？商之既夷，豫假夫周所以兴，商不假八百年矣乎？无八百年不夷之天下，天下有万亿年不夷之道。然而十年而夷，五十年而夷，则以拘一祖之法，惮千夫之议，听其自陊，以俟踵兴者之改图尔。

一祖之法无不敝，千夫之议无不靡，与其赠来者以勍[②]改革，孰若自改革？抑思我祖所以兴，岂非革前代之败耶？前代所以兴，又非革前代之败耶？何莽然其不一姓也？天何必不乐一姓耶？鬼何必不享一姓耶？奋之，奋之！将败则豫师来姓，又将败则豫师来姓。《易》曰："穷则变，变则通，通则久。"非为黄帝以来六七姓括言之也，为一姓劝豫也。

——据吴刻本《定盦文集》卷上

---

① 自刻本正文题《乙丙之际箸议第七篇》，龚橙编校本、朱氏初刻本题《劝豫》，《集外文》本题《乙丙之际塾议第七》。

② "勍"，自刻本同，王佩诤校本作"劲"。

乙丙之际箸议第九[①]

（1815年—1816年）

吾闻深于《春秋》者，其论史也，曰：书契以降，世有三等，三等之世，皆观其才；才之差，治世为一等，乱世为一等，衰世别为一等。

衰世者，文类治世，名类治世，声音笑貌类治世。黑白杂而五色可废也，似治世之太素；宫羽淆而五声可铄也，似治世之希声；道路荒而畔岸隳也，似治世之荡荡便便；人心混混而无口过也，似治世之不议。左无才相，右无才史，阃无才将，庠序无才士，陇无才民，廛无才工，衢无才商；抑巷无才偷，市无才驵，薮泽无才盗：则非但鲜君子也，抑小人甚鲜。

当彼其世也，而才士与才民出，则百不才督之缚之，以至于戮之。戮之非刀，非锯，非水火；文亦戮之，名亦戮之，声音笑貌亦戮之。戮之权不告于君，不告于大夫，不宣于司市，君大夫亦不任受。其法亦不及要领，徒戮其心，戮其能忧心、能愤心、能思虑心、能作为心、能有廉耻心、能无渣滓心。又非一日而戮之，乃以渐，或三岁而戮之，十年而戮之，百年而戮之。才者自度将见戮，则蚤夜号以求治；求治而不得，悖悍者则蚤夜号以求乱。夫悖且悍，且睊然睊然以思世之一便已[②]，才不可问矣，嚮之伦慝有辞矣。然而起视其世，乱亦竟不远矣。

是故智者受三千年史氏之书，则能以良史之忧忧天下，忧不才而庸，如其忧才而悖；忧不才而众怜，如其忧才而众畏。履霜之屩，寒于坚冰；未雨之鸟，戚于飘摇；痺痨之疾，殆于痈疽；将萎之华，惨于槁木。三代神圣，不忍薄谲士勇夫，而厚豢驽羸，探世变也，圣之至也。

——据吴刻本《定盦文集》卷上

① 自刻本正文题《乙丙之际箸议第九篇》，龚橙编校本、朱氏初刻本题《乙丙之际塾议二》，《集外文》本题《乙丙之际塾议第九》。

② “已”，自刻本作“巳”。

乙丙之际塾议第十六[①]

（1815年—1816年）

有匹妇之忧，有城市之忧，有人主之忧。匹妇之忧，货重于食；城市之忧，食货均；人主之忧，食重于货。

夫货，未或绌也，未或毁也。以家计，患其少，以域中计，尚患其多。何哉？

孝者以奉亲，悌者以事长，睦者以恤族，任者以急朋友，侠者以无名，放者以无节，虽千万不钧，其在天地间则钧。埋之土中，取之土中，投之水火，取之水火，不出天地之间。

人主者，会天地之间之大势，居高四呼。博货之原，则山川效之；啬货之流，则官司钥之；重货之权，则名与器视之；货在宫中，鬼神守之；货在朝野，吏民便之。其敝也，贝专车不得一匹麻，有金一斛，不籴掬粟；又其敝也，丐夫手珠玉，道殣抱黄金。知黄金珠玉之必无救也，是故博食之原，啬食之流，重食之权，总四海而忧之，不急一城之急，一市之急，矧乃急匹妇之急矣。

食民者，土也；食于土者，民也。凡以有易无，使市官平之，皆以稻、麦、百谷、竹、木、漆、陶、铁、筐筥、桑柘、葛苎、蔬韭、木实、药草、牛、驴、马、猪、羊、鸡、鱼、蒲苇、盐、酒、笔、楮，使相当；其名田者赋于官亦用是。百家之城，有银百两；十家之市，有钱十缗；三家五家之堡，终身毋□畜泉货可也。畜泉货，取其稍省负荷百物者之力，便怀袵而已，不挈万事之柄。行此三十年，富民所吝惜，非货焉，贫民所歆羡怨叹，非货焉，桀黠心计者，退而役南亩，而天下复奚扰扰贫与富之名为？

请定后王式：曰泉式，其质青铜，其轮周二寸半，其重八铢。银之色理有常，其枚无常，其价赢缩有常，其品二等。

——据吴刻本《定盦续集》卷二

① 龚橙编校本题《乙丙之际塾议四》。

乙丙之际塾议第十七①

（1815年—1816年）

三代之立言也，各有世。世其言，守其法。察天文，刻章蔀，储历，编年月，书日，史氏之世言也；规天矩地，匡貌言，防狂僭，通蒙蔽，顺阴阳，布时令，陈肃圣哲谋，教人主法天，公卿、师保、大臣之世言也；言凶，言祥，言天道，或诠，或否，群史之世言也。群史之法，颇隶太史氏，不见述于孔氏。孔氏上承《尧典》，下因鲁史，修《春秋》，大书日食二十又六事，储万世之历，不言凶灾。

日食为凶灾，孰言之？《小雅》之诗人言之，七十子后学者言之，汉之群臣博士言之。诗人之指，有瞽献曲之义，本群史之支流。又诗者，讽刺诙怪，连犿杂揉，旁寄高吟，未可为典正。七十子以后学者，言君后象日月，适见于天，日月为食，汉臣之所昉也。汉臣采雅记古仪官书，造《周礼》，又颇增益《左氏传》，皆有伐鼓救天之文。众儒哗咎时君，时君或自责，诏求直言，免三公，三公自免。大都君臣藉天象傅②古义，以交相儆也。厥意虽美，不得阑入孔氏家法。

曰：古之公卿、师保、大臣、太史氏，不欲藉天象儆人君欤？曰：立言各有绪，立教各有统，立官各有方，毋相藉矣。大臣者，探本真以奉君，过言有诛，矧旁饰譌言？故慎毋藉言矣。夫恒旸而旱，恒雨而潦，恒燠恒寒而疵疠，妨田功，妖人民，古无步之之术，虽有占诠涂傅之言，取虚象，无准的，无程期，箕子推本狂僭，孔子直书水旱，目为凶灾宜矣。人主不学无艺能，虽藉言以愚其君无所用；人主好学多艺能，必有能自察天文，步历造仪者矣。将诘其臣曰：诚可步也，非凶灾；诚凶灾也，不可以步。藉言者何以对？将大坐诬与谤。于是又有恒旸而旱，恒雨而潦，恒燠恒寒而疵疠，当儆人君，人君反不忌，虽箕子所寒心，孔子所危言，反坐诬与谤。言可以不中法乎哉！言可以不中法乎哉！其慎毋藉言。

后之择言者何守？载笔治历，守《春秋》；言咎征，守箕子。

或③曰：《易》曰："天垂象，见吉凶，圣人则之。"《说文》丌字，

---

① 龚橙编校本题《乙丙之际塾议五》。

② "傅"，原作"传"，据邃汉斋本、扶轮社本、王文濡本、夏田蓝本、王佩诤校本改。

③ "或"下，龚橙编校本有"难之"二字。

谓日月星为下垂之象形也。是日月星有吉凶，非《洪范》之旸雨寒风。应之曰：日月星之见吉凶，殆为日抱珥，月晕成环玦，星移徙，彗孛①，日五色，日月无精光，日月不交而食谓之薄之类。群史所识，有其占诠之书，今也亡之，古也有之，《系辞》所称，亦若是而已矣，而岂谓日月食之可推步者哉？自记。

——据吴刻本《定盦续集》卷二

乙丙之际箸议第十八②

（1815年—1816年）

君不敢于臣，父不敢于子。死于市者，朋友哭之。达官畏鬼，士以水火、盗贼、风雨、歌笑、涕泪、女色饰文章。有闻如雷，曰不祥之大者。以鸟兽治大官，大官以鸟兽治有司。鬼以水火、风雨、盗贼贼士，鸟兽以水火、风雨、盗贼予人国。或以为祥，祥告于堂。不祥讳于床，鬼发其藏。祥而不祥，衰世讳之。不祥之祥，圣者以飨帝。

——据吴刻本《定盦文集》卷上

乙丙之际箸议第十九③

（1815年—1816年）

博矣夫！大圣人之知物也。自珍壬申春出都，近畿小旱。车夫以箠柄击道旁土，幞幞然落，形如箠，讶之。明年入都，又旱。与山东一老父谈，言：吾土粗不受水，受亦即竭，安得南边松泥耶！又三年，发旧邸抄读之，乾隆初，有言东南之土肌理横，故宜水，西北之土肌理直，故不宜水。朱批曰：所奏情形是。于是积数年之疑豁然矣。田夫、野老、驺卒之所习熟，今学士大夫谢之，以为不屑知，自珍获知之，而以

---

① “彗孛”，龚橙编校本作“或彗或孛”。

② 自刻本正文题《乙丙之际箸议第十八篇》，龚橙编校本题《乙丙之际塾议六》，《集外文》本题《乙丙之际塾议第十八》。

③ 龚橙编校本题《乙丙之际塾议七》。

为创闻。岂知先进言焉而毕瞭，圣天子处九重之上，闻焉而毕识，叩焉而毕宣，则岂非睿知天纵，而又宏加之以圣学者耶？

元虞集、明徐孺东、汪应蛟、董应举、左光斗、朱长孺之伦，皆言西北水利，其言甚美。意者西北地大，土理类东南者必有多处，数公其皆亲履而辨之欤？智者定议，能当巨疑，斯亦甚可疑之一也。箸诸简以问之。

——据吴刻本《定盦文集》卷上

乙丙之际塾议第二十[①]

（1815年—1816年）

圣清田赋薄东南，民乐其田。请籍田数：苏、松、太仓一道，名田一千七百万亩有奇；常、镇一道，名田一千二百万亩有奇；杭、嘉、湖一道，名田一千六百万亩有奇。大凡起江滨，尽浙以西，东际海，千里无旷土。

辟草莱，垦土地，似是功臣，而孟轲氏以为民贼。汉臣治水，必遗地让水；乃后世言：乌有弃上腴出租税之土，以德鱼鼋者乎？今之言水利者，譬盗贼大至，而始议塞窦阖门也。兴水利莫如杀水势，杀水势莫如复水道。今问水之故道，皆已为田。问田之为官为私，则历任州县升科，以达于户部矣。问徙此田如何？则非具疏请不可。大吏惮其入告，州县恶其少漕，细民益盘踞而不肯见夺。夫可以悍然夺之、徙之，不听则诛之，而民无乱者，必私田也。今田主争于官曰：我之入赋，自高曾而然。赋且上上。夺而徙之，两不便。湖州七十二溇之亡，松江长泖、斜泖之亡，咎坐此等。且夫沙可涨也，亦可落也，水变化为泥涂，泥涂变化亦为水，官不徙之，水或徙之。

自今江之壖，海之陬，太湖之滨，汐潮之所鼓，茭葑之所烂，凫雁之所息，设有一耦之民，图眉睫之利，不顾冲要，宜勿见勿闻，有诇报及议升科者，罪之。乘无事之年，删无益之漕，徙无漕之众。

——据吴刻本《定盦续集》卷二

① 龚橙编校本题《乙丙之际塾议八》。

乙丙之际塾议第二十五①

（1815年—1816年）

闻之聪古子，聪古子闻之思古子，思古子闻之谛古子：居廊庙而不讲揖让，不如卧穹庐；衣文绣而不闻德音，不如服橐鞬；居民上，正颜色，而患不尊严，不如闭宫庭；有清庐闲馆而不进元儒，不如辟牧薮；荣人之生而不录人之死，不如合客兵；劳人祖父而不问其子孙，不如募客作。载籍，情之府也；宫庙，文之府也；学士大夫，情与文之所钟也。入人国，其士大夫多，则朝廷之文必备矣；其士大夫之家久，则朝廷之情必深矣。豪杰入山泽，责人主之文也；劳人怨士之憔悴，觫人主之情也。故士气申则朝廷益尊，士业世则祖宗益高，士诗书则民听益美。

其言如是，是善觇国哉！

——据吴刻本《定盦续集》卷二

凉燠②

（1815年—1816年）

或问：子之言何数凉而数燠也？告之曰：吾未始欲言也。吾言如治疾，燠疾至，凉之；凉疾至，燠之。亦有不言，则其无疾者也。无疾者贤乎：曰：否！有疾贤。疾浅贤乎？疾深贤乎？曰：疾深者贤。

大人之言，有判有纯；大人之行，有襮有里；行有堂，有门，有室，有阈，有突③。终身与至人居，行至人之行，见其门而已矣，及堂者寡矣。有门之突，亦有突之门，与居者始而昭昭，久而益闷，至人于人何吝哉？自入之而已矣。惟至人能皆由人之突，有勿由，随其门而门也，随其堂而堂也，非弗能由也。至人有言曰：惟吾为能勿惊。人善惊者，弗明也，弗平也，弗定也。言乎至人之侧，显晦至，毕明焉；高下

---

① 龚橙编校本题《乙丙之际塾议九》。

② 龚橙编校本正文原题《乙丙之际箸议第十》，后改《凉燠》，继又改为《凉奥》。

③ “突”、原作“突”，据邃汉斋本、扶轮社本、王文濡本、夏田蓝本、王佩诤校本改。

至，毕平焉；顺逆至，毕定焉。非人之情，则容有弗识之矣，所言天与人之间之情也，则尽识之矣，夫何惊之有？言之则何疑之有？

古之至人，皆未始欲言也。至人之言人情不得已，故虽导原于至人之心，不杂以至人之言。不原于至心则无本，杂以至言则勿用，杂以至言则勿尊，若其至心，则弗欲言已。大言若雨，百木一雨而异长；大言若规，百隅一规而异用。至言无吟叹，至行无反侧，大行无畔涯。行有盗，貌有盗，声有盗。鲁君之宋，呼于垤泽之门，门者弗应。其应者曰：吾君之声也，此声也已。夫甲氏之声，犹夫乙氏之声，夫乙氏之声，犹夫丙氏之声，一呼而不应，则非声，声之盗已。或问不盗，则声至寡，貌至拘，色至壹。曰：声戚自如，声喜自如，声喜戚半自如，至足矣，是壹而万也，何拘寡之有？古人之言之迹，可以信乎？曰：起于意者，心声之而已歧也；起于心者，吻达之而已讹也；起于吻者，笔追之而已遁也。矧古人之言之迹，可信者其几？

龚子请言网摩氏：网摩氏树木，七年而不华，或忧之。智者曰：毋忧！华参于天。胥摩氏亦树木，三日而中柱，其荄也，一日而英，三日而华，七日而华参天，或忧其早成。至人曰：子以、桃、李、柞、柘之爱，爱吾木也，子第以网摩氏之木爱吾木，且犹不可。越十旬，胥摩氏犹屏营而忧木，自忧其不成，其成也，必弗可识已。

龚子请言群神。群神朝于天，帝曰：觞之。帝之司觞，执简记而簿之，三千秋而簿不成。帝问焉，曰：皆有舁之舆者。帝曰：舁者亦簿之。七千秋而簿不成，帝又问焉，乃反于帝曰：舁之舆者，又皆有其舁之者。帝默然而息，不果觞。

——据吴刻本《定盦续集》卷一

宋先生述

（1816年春）

君姓宋氏，讳璠，字鲁珍，浙江严州府建德县人。曾祖载，祖纪勋，父圻安，选拔贡生。自祖以上仕否，及妣氏族，俱未详，弗可述。君幼以孝闻，力于学。其治经也，总群书并进，天旦而起，漏四下而寝，不接宾客，瘁志纂述，大书如棋子，小书如蚊脚，墨书或浓或澹，朱书如桃华，日罄五七十纸。如是者不计年，当可得百馀万言，扃一敝箱中，不知果成书与否，又不知欲成何等书，身后无可问者。嘉庆七年，以选拔贡生来京师，主刑部员外郎戴公家，以戴公荐，来主吾家。训自珍以敬顺父母。举嘉庆九年顺天乡试，十五年岁庚午卒，年三十三。无子。

浙中传君晚年信疑龙家书，迁家兆，手一卷书，督畚锸，有白眚起地中，触君身而死，其诬欤？其有之欤？吾家自宾客群从，逮老仆婢，至今皆称之曰宋先生。嘉庆丙子春，武英殿校录、副榜贡生弟子龚自珍谨述。

——据吴刻本《定盦文集》卷下

冷石轩记

（1816年）

嘉庆乙亥，内阁中书仁和金君既新其九世族祖明佥事对峰先生之墓，已属其同年生里人龚自珍为之铭矣。其明年，又得公退休之室曰冷石轩者，因其址葺之，既成，复属自珍为之记。自珍作而言曰：

噫嘻！是非吾乡先辈投闲托傲，息景韬光，扬东海之清波，式西泠之后躅者乎？何其长也！当夫尸臣虎视，巷职鸱张，谏草无闻。冥飞独远，公卿脱略，池馆萧闲。《诗》曰："人之云亡，邦国殄瘁。"瘁斯甚矣，惄亦有然。不知宦海怵于惊涛，勇夫瘖于囚土，守节之士叠迹于圜扉，抗疏之俦骈肩于东市。斯则沐猴舞座，次公失欢于许伯；鹓鹙构难，郑明奏记于萧生。二者之祸，实曰兼有。自公之归，其胡以国？公之不归，岂公之福哉？使公谢挂冠之洁，伸指佞之忠，不为谈隐之清流，不作呈身之御史，京国车尘，染衣不素，故乡山色，入梦能青。池鱼羁鸟，达者未悔其昨非；青松白云，山灵被檄而失色。何似拓此衡茅，招之桐石，近揖孤山之鹤，远继香山之龛。

《易》曰："天地闭，贤人隐。"时哉，时哉，夫何瞢之有也！自古图书尽于兵燹，庐墓讹于志乘。向子期之邻家，空闻残笛；庾兰成之故宅，别属诗人。下走有言：奇节异烈之士，不藉贤子孙传实，则难之至也。德门未改，后起仍贤。沉沉乔木，知是百年之家；蔼蔼馀庆，岂徒五世之泽。若公之有中书君，斯以异矣！今朝授简，书子真遗宅之碑；他日登堂，下米客旬参之拜。同里后学龚自珍。

——据金应麟辑《金氏世德记》卷上，《武林掌故丛编》本

致陈奂书[①]

（1816 年—1818 年）

家大人命弟代问经义一条于硕甫先生，乞手书二三百字，言其大略见示，至感至感！弟亦叨教益于无既。

“哀公问社于宰我。”“社”字有作“主”字解者，出何文？陆《释文》有作“主”之语否？又有“社主”、“庙主”二说之不同，皆出何文？又闻有公羊家之说，在公羊何经何传之下？抑在何休注？均求示知。此渎不具。硕甫先生经席。

弟龚自珍叩　六月初九日

日内赐覆。

——据吴昌绶《定盦先生年谱》所附《定盦先生年谱后记》，光绪三十四年刻本

叙嘉定七生

（1816 年—1818 年）

嘉定七生，龚自珍获交其一焉，曰恬生。恬生言：某之乡有六生，与某相引以为重。其执业均也，笙诗鼓簧，而镈人应于堂也；其相侈以名声也，如草木之感风露而芳香也。图形以传之，又愿长言以宣之。

自珍曰：美矣臧矣！丽矣堂矣！毋相忘矣！愿有以献。江以南与西北异，水土浅酾，嚣外窳中，蝇聚而蚋散。士之相为友，年齿若则以为友，家世若则以为友，科第若则以为友，匪性情之是友，匪气谊之是友。始则假藉牵引，真相惇厚，声名出己右，憎不相左，死呶呶诟不止。吾愿之七生者之七而一也。

自珍又曰：年齿若则以为友，科第若则以为友，家世若则以为

① 原题《与陈硕甫札》。陈奂（1786—1863），字硕甫，号师竹，晚号南园老人，江苏长洲（今吴县）人。诸生。咸丰元年（1851）举孝廉方正。曾先后受学于江沅、段玉裁。

友，谑浪诡随，媚肤脆骨，捷如䴁狖。一夫摇唇，百夫褰唾，记称剿说雷同，晏子以告齐君，而《商书》谓之恶德。又有中年所业垂成，就见它人所嗜好称说，必强同之。华山旋其面目东向，太室厌其中处，以求同于岱宗而止，是造物者混混失面目也。吾又愿之七生之一而七也。

自珍少游燕、并之市，之南方，求科名，北南宾客之辱者，十于七乎？百于七乎？他日复之燕、并求科名，宾客之辱者，十于七乎？百于七乎？不飞不鸣，人犹以为倾；不鼓不考，人犹以为媚。默默吾颜，了了吾行。抱秋树之晨华，指太阴以宵盟。盖知夫时之不我与，又知夫区区之未可以骤明也，故恒潜于幽而块于处。

恬生曰：子之言文，愿传语六生而纳交焉，书之。遂书之。六生者某某，恬生名瑑，姓陈氏。

——据吴刻本《定盦续集》卷三

送歙吴君序[①]

（1816年—1819年）

十八九读古书，执笔道天下事。有执予裾而讯者曰：世固无人，慎勿为若言。则怒喙之曰：不！奈何无人？入世五六年，窥当路议论颜色，车敝敝周乎国门。又有执予裾而讯者曰：世尚有人，安用若？则又怒而喙之曰：不！奈何有人？始之否也，不知其无也；继之否也，不信其有也。

东西南北以为客，游海，然而心茫洋，目迷澌，乘孤舟洄乎大漩之中，飓浪讧作，魂魄皆涣散，怪鸟悲鸣，日暮冥冥，求所谓奇虬、巨鲸、大珠、空青卒无有。已矣！退而归于垤。心已定矣，睫已合矣，槁乎其如息，傫乎其不任负载。然而有叩吾门，贡吾以奇虬、巨鲸、大珠、空青之异者，疑十而信一。疑十而信一，则是志已忘也，志忘则欲其惊也难。且劝复往，则必色色恐矣。求凉而饮冰，求热而炽炭，求绝交而寂寞，求得朋而奋起，不亦顺乎？何居，吴子之以炭

① 吴刻本此文，正文题《送吴君序》，卷首《定盦文集目录》则题《送歙吴君序》（同自刻本）。龚橙编校本题《送吴山人序》。

投我于冰之辰也？意者造物使予不平，凡所求焉，无一而使之平，始之否也则缪矣！继之否也又缪矣！吴子来，是造物者杂以冰炭投于余之心也。

吴子请行，其复之于海乎？倘见有少年孤舟独行者，邮以眂予，予请复往。

——据吴刻本《定盦文集》卷上

与番舶求日本佚书书

（1816 年—1819 年）

昔在乾隆之年，皇侃《论语疏》至；迩者，《佚存丛书》至；所著《七经孟子考文》亦至。海东礼乐之邦，文献彬蔚，天朝上自文渊著录，下逮魁儒硕生，无不欢喜。翘首东望，见云物之鲜新。侧闻海东禁令，以唐以后书入境者罪之。中朝一士，愿因贸易之便，附宣鄙陋，蛟龙有灵，不攫吾言。

吾贱士也，禄位无籍，名声不表于当时。班固云：“摅怀旧之畜念，发思古之幽情。”我则居之。窃谓唐以后之学，造物者开之，开则变师，师变则书夺，夺则亡。东国力守旧而遏新，虽异乎大《易》“穷则变，变则通”之义，抑所以慰巷士之思慕者，情甚幽，义甚高，力甚巨。不敢以汛及，不敢以远征，谨愿求先儒诂经之遗文，及文章家汉、魏间作者。附上隋唐两朝史家簿录之言，计两册。苟迹介存亡之间，而可以求之万一者，各加一红规于其目上，凡七十规；又别纸疏其亡佚之年，希覆加考核。如有存者，愿以家藏三代钟彝吉金之打本易，亦约七十事。往来之邮，质剂之平，有长年在。如曰大夫无域外之交，则鲁仲尼何为问官于郯子乎？吾知贵国通儒大夫，若山君井鼎、藤君信笃其人者流，必有以教之。

削札扃函，赍此拳拳，梦魂有灵，以为先驱。

——据朱氏二刻本《定盦文集补编》卷三

致江凤彝书[①]

（1816年—1820年）

家严自吴门归，示及雅意勤拳，并读赐札，知先生匪但宏才硕学，倾倒一时，实乃性情真笃之古君子也，敬佩敬佩。前传闻之讹，已可置勿论。贱子一札，既未尘览，亦不足复道。

前蒙赠婴桃转瓦文一种，却从彼处交来者。兹又得见赠安阳各种，鲁王石人题字、刘韬碣、竹邑侯张君碑计七种。又郃阳黄初残字一种，共九种。拜登之下，如获百朋，感且跃也。不揣冒昧，欲遂与大雅订为金石之交。愿将所藏全目抄示一通，具有重复者，便注一“复”字于下方；亦以积年敝帚之享，缮一清单呈览，其复者亦注一字。各以所有，易其所无，两家各增种数，未审许我否？希裁示为幸。

孙夫人碑，家严已题看款于册尾，奉缴。奉研铭二纸，尘清玩，虽不古而颇珍贵香艳，倘得一诗以记之，尤感。但系天潢贵派，语勿涉亵为佳。附戋戋之敬一函，为侍者佐稚拓之费，乞莞存。闻吴中旧家有旧物出市，想能物色之也。专此奉闻。

矩香先生起居不赐

世侍生龚自珍敏　腊月十四冲

又曾奉托觅“方青蕃萌”、“兰池宫当”两瓦文，未识尊藏有复者否耶？又闻玉照壹徐家颇收旧拓，曾往观之否？赵晋翁云。

——录自《安徽师大学报》1984年第4期，原件藏上海博物馆

徐尚书代言集序[②]

（1816年—1820年）

昆山徐家鼒，裒其先所著述曰《徐尚书代言集》者若干卷，其曰文

① 原题《致江矩香札》。江凤彝，字矩香（一作秬香），晚号盥道老人，浙江钱塘人。嘉庆三年（1798）举人。官景宁教谕。年老寓居苏州。

② 吴刻本此文，正文题《徐尚书代言集序》，卷首《定盦文集目录》则题《昆山徐尚书代言集序》（同自刻本）。

集者又若干卷，其总曰三徐文者又若干卷。墨者雕，泐者新，而授浙人龚自珍序其旨。自珍爰大书于《代言集》之首曰：

上帝息其精英之气，闷之百数十年，眷世而生天子，眷天子而生大臣，有厉剑执槊，定一代大难之大臣，有开一代文教之大臣。生是世也，熏然而酡，烂然而光，芬然而大吉祥，岂惟德之滂流与政之肃？亦文事也。

明自中叶以还，洎乎孱亡，华质凋丧，蛙吠庙堂，螉及四方，纤儿仄竖，争相怒颃。我世祖章皇帝一统海宇，首开甲乙科，圣祖仁皇帝昌进科目，纯用方闻士。数十年间，云升露降，植效连理，动呈肉角，山川发鲜英，云物变颢清，在人为学士大夫。学士大夫之魁然而秀于一门者，为江南三徐公：曰元文者季，顺治己亥殿试第一，至太子太傅、内宏文院大学士者也；曰秉义者仲，康熙甲辰殿试第三，至吏部侍郎者也；曰乾学者伯，康熙庚戌殿试第三，至太子少傅、刑部尚书者也，实鼐高祖。国朝之以科第大其门，世有一品官者，曰桐城张氏、常熟蒋氏、海昌陈氏，虽金坛于氏、钱塘徐氏、德清蔡氏、诸城刘氏，不得比。而徐氏喤然导其先声，撰著宏富，皆康熙中大典故。康熙中文学传人，大半门下士，子孙渊雅，名氏有述，家乘之存，与册府相表里，可谓玮矣。谨读二公之文，规矩肃澹，学副厥遇，而尚书公尤所称以经术文章施无穷者也。

《代言集》者，尚书代诏制之文，舜声尧容，羲情轩思，大声发于天地之间，而用以懿告乎万代。十读四叹，云三色而为霱也，五色而为庆也；露结采而成文也，结味而成甘也。自大小牙门百执事，以及寰海吏士农民，熙熙然如图画见于幅上，引吾之神，化吾之情，而游之乎羲、炎、尧、舜之世。呜呼！公之斯文，于是不专为公之文之盛矣。

自珍又曰：本朝博学宏词科始发自公，将以收拾明季遗逸之士，集中恭拟谕旨三通是。自珍又曰：仁皇帝撤三藩之谋，公之季预参赞之。公科新而官卑，所传恭拟癸丑科殿试策问一道，乃宏文作，非公也，家乘中语恐非是。自珍又告家鼐曰：王鸿绪之修《明史》，亦主公；王于徐为娅，亦文献家也。今天子谘古姓，录旧典，必不遗之矣。吾子盍之华亭王氏咨焉？自珍又曰：康熙中，有议政王大臣，而无军机大臣，大事关大臣，群事关内阁，撰拟谕旨，则关南书房；南书房之选，与雍正以来军机房等。是集，公直南书房时笔也。

——据吴刻本《定盦文集》卷上

松江两京官

（1816 年—1820 年）

御史某与侍郎某相惇也。御史公得大学士和珅阴事，欲劾之，谋于侍郎。侍郎曰：大善。比日上不怿，事不成，徒沽直名；诚恤国体者，迟十日可乎？御史诺：缓急待子而行。

上幸木兰热河，留京王大臣晨入直，有急报自行在至，发之，和珅答侍郎书。大略云：和珅顿首谢，种种有处置矣。月馀报至，亦和珅与侍郎书，辞甚啴，谓君给我。侍郎惭，急诣御史曰：可矣。御史方饮酒，劾竟上。是月以弊典罢官，亦无祸。

浙后进曰：御史颓放人也，安虑天下有阱己者哉？欲明不欺，成其狱，虽易地以计，乌可已？乌可已？顾负忼直之意，侦主喜愠，乃一发声，留隙俟处置以败，信道可不笃耶？设少年悍者击之，中矣。

——据吴刻本《定盦续集》卷四

书叶机

（1816 年—1821 年）

鄞人叶机者，可谓异材者也。

嘉庆六年，举行辛酉科乡试，机以廪贡生治试具，凡竹篮、泥炉、油纸之属悉备。忽得巡抚檄曰：贡生某毋与试。机大诧！

初蔡牵、朱濆两盗，为海巨痈，所至劫掠户口以百数，岁必再三至，海滨诸将怵息。俟其去，或扬帆施枪炮空中送之，寇反追，衄不以闻，故为患且十年。巡抚者，仪征阮公也。素闻机名，知沿海人信官不如信机；又知海寇畏乡勇胜畏官兵；又知乡勇非机不能将。

八月，寇［舶］① 定海，将犯鄞。机得檄，号于众曰：我一贫贡生，吮墨执三寸管，将试于有司，售则试京师，不售归耳。今中丞过听，檄我将乡里与海寇战，毋乃哈乎？虽然，不可已，愿诸君助我。众曰：盍请银于文官？不可。盍假炮于武官？不可。事亟矣，何以助君？

---

① “寇”下，原无“舶”字，据王佩诤校本补。

叶君则揎臂大呼，且誓曰：用官库中一枚钱，藉官营中一秤火药而成功者，非男子也。飞书募健足，至行省，假所知豪士万金，假县中豪士万金。遂浓墨署一纸曰：少年失乡曲欢致冻饿者，有拳力绝人者，渔于海者，父子兄弟有曾戕于寇者，与无此数端而愿从我者，皆画诺。夜半，赍纸者返，城中、村中，画诺者几三千人。天明，簿旗帜若干，火器若干[①]，粮若干。机曰：乌用众？以九舟出，馀听命。是日也，潮大至，神风发于海上，一枪之发抵巨炮，一橹之势抵艅艎，杀贼四百馀人。

九月，又败之于岸。十月，又逐之于海中。明年正月，又逐之于岛。浙半壁平。

出军时，樯中有红心蓝边旗，机之旗也。自署曰代山，其村名也。朱濆舰中或争轧，诅［于］[②] 神，必曰遇代山旗。

阮公闻于朝，奉旨以知县用。今为江南[③]知县，为龚自珍道其事。

——据吴刻本《定盦续集》卷四

段氏说文解字注题记

（1816年—1821年）

［段氏《说文解字注》龚定盦父子批校本，目后定盦跋云］自丙子冬十月起，辛巳春二月止。或加朱墨，或加朱，或加墨；或未加者，目治不手治也，皆有年月纪之。　　共读三周毕，其误字则以紫笔钀之。（下有“自珍读过”朱文方印。）

［第六篇上，定盦注云］此篇系阮尚书先刻，故有读。

［第十篇上，卷首题云］王怀祖先生比之段先生丘壑少，勤勤恳恳之意亦少，不仅逊其大义而已。［卷尾又题云］吾今而昀然知王怀祖之远不如段先生也。知之焯，信之真，远不如，远不如也。噫！难言哉。癸未四月杪记。大抵王无段之汁桨。

［卷末记云］外孙龚自珍读三过，始于丙子，卒业于辛巳，凡六年，并记。

---

① “火器若干”下，王佩诤校本补“船若干”三字。

② “诅”下，原无“于”字，据王佩诤校本补。

③ “江南”下，王佩诤校本补“高邮”二字。

[江沅后序，又记云] 假藉之枢，又在声音，未有声不类而可假藉者也。故王氏怀祖、伯申说经，皆以声说之，是也。伯申，自珍师也。[末句又以墨笔涂去，改如下] 自珍撰《段氏说文注发凡》一卷，凡十五则，拟附刻此序后。

——据《叶景葵杂著》第235—236页《卷盦札记》，上海古籍出版社1986年版

送夏进士序

（**1817**年春）

乾隆中，大吏有不悦其属员者，上询之，以书生对。上曰：是胡害？朕亦一书生也。大吏悚服。呜呼！大哉斯言！是其炳六籍，训万祀矣。

嘉庆二十二年春，吾杭夏进士之京师，将铨县令，纡道别余海上，相与语，益进。睟然愉，谡然清，论三千年史事，意见或合或否，辄咍然以欢。予曰：是书生，非俗吏。海上之人，以及乡之人，皆曰非俗吏。之京师，京师贵人长者识予者，皆识进士，亦必曰非俗吏也。

虽然，固微窥君，君若惧人之訾其书生者，又若有所讳夫书[生]① 者，暴于声音笑貌焉。天下事，舍书生无可属，真书生又寡，有一于是，而惧人之訾己而讳之耶？且如君者，虽百人訾之，万人訾之，啮指而自誓不为书生，以喙自卫，哓哓然力辩其非书生，其终能肖俗吏之所为也哉？为之而不肖，愈见其拙，回护其拙，势必书生与俗吏两无所据而后已。噫！以书生之声音笑貌加之以拙，济之以回护，终之以失所据。果尔，则进士之为政也病矣。

新妇三日，知其所自育；新官三日，知其所与。予识进士十年，既庆其禄之及于吾里有光，而又恐其信道之不笃，行且一前而一却也。于其行，恭述圣训，以附古者朋友赠行之义。

——据吴刻本《定盦文集》卷上

① "书"下，原脱"生"字（自刻本同），据王佩诤校本补。

太仓王中堂奏疏书后

（1817 年夏）

皇清故太子太保、文渊阁大学士太仓王公掞，字藻儒，《奏疏》一卷。

我①圣朝受天大命，以圣传圣，家法相诒，不立皇太子。纯皇帝尝申命曰：万世子孙之朝，有奏请册立太子者，斩毋赦。以数大圣人之用心持识，敻然前后千万岁，不但汉、唐、宋诸朝不足以为例，即羲、炎、顼、喾以来，统祚之正，气运之隆，岂有伦比！

掞区区抱蝼蚁之忠，逞隙穴之窥，于康熙五十六年、五十九年、六十年，奏请册立皇太子，疏前后十馀上。圣祖始优容不报，掞疏不止，自撄震怒，然犹扩天地之量，垂日月之鉴，愍其愚忠，怜其髦昏，廷议以远戍上。其子奕清请代父往，竟曲从之，革职，有旨不开缺。元旦行大贺，章上。谕内阁：王掞何故不列名？诸臣以革职对。有旨令列名大学士次中，如在任时。以世宗即位之二年，薨于京师，年已八十有六。呜呼！为人臣子如掞，遭遇君父如我圣祖、世宗，可以观矣，可以观矣。

恭读圣祖谕曰："王掞敢将国家最大之事妄行陈奏。"又曰："朕心深为愤懑。"又曰："王奕清代父谴戍，伊等既自命为君为国之人，著即前往西陲军前效力。"是故君父之慈臣子，无所不容，教诲委曲，至夫斯极。王氏世世万子孙，宜何如感泣高厚，以塞罪过者哉！

高宗皇帝临御六十年，如尧倦勤，乃兢兢付托，为百神择主，为先圣择后圣，为兆民择父母。诞以我皇帝册立皇太子，明年行授受礼，尧坐于上，舜听于下，重光叠照者且四年，[且]② 不徒如前史册太子事。则固出于一人之断，而岂待夫奏请之者？可见至大至深之计，圣明天纵之主，又自能运于一心而成之，固不必区区儒生，抱蝼蚁之忠，逞隙穴之窥，自命忠孝，始克赞夫景烈与鸿祚也。

惟是夷考掞上疏之年，亦恭值仁皇帝倦勤之际，与高宗六十年时，时埒事均，又值废太子理密亲王锁禁后。老臣衰惫，其愚忠近似于不得已者。意者纯皇帝读实录之暇，俯见掞之私忧过计，默思仁皇帝不加罪

① "圣朝"上，王佩诤校本脱"我"字。

② "不"上，原脱"且"字（作"墨钉"），据自刻本补。

之故，翻然以泰山而取尘，以东海而受勺，故卒有是至大至深之显休命耶？未可知也。信若斯，公虽一时触忤君父，而其言且大用于七八十年之后，为神圣师，公顾不荣也哉！

［此嘉庆丁丑夏在海上作，越七年癸未，始理箧存之。自记。］①

——据吴刻本《定盦文集》卷上

王仲瞿墓表铭

（**1817** 年秋）

乾隆末，左都御史某公，与大学士和珅有连，然非阍于机者，窥和珅且败，不能决然舍去，不得已，乃托于骙颠。川、楚匪起，疏军事，则荐其门生王昙能作掌中雷，落万夫胆。自珅之诛也，新政肃然，比珅者皆诏狱缘坐。某公既先以言事骙避官，保躬林泉，而王君从此不齿于士列。掌中雷者，神宝君说洞神下乘法，所谓役令之事，即以道家书论，亦其支流之不足诘者。王君少从大剌麻章佳胡图克图者游，习其游戏法，时时演之，不意卒以此败。

君既以此获不白名，中朝士大夫颇致毒君。礼部试同考官揣某卷似浙王某，必不荐；考官揣某卷似浙王某，必不中式；大挑虽二等不获上。君亦自问已矣，乃益放纵。每会谈，大声叫呼，如百千鬼神，奇禽怪兽，挟风雨、水火、雷电而下上，座客逡巡引去，其一二留者，伪隐几，君犹手足舞不止。以故大江之南，大河之北，南至闽、粤，北至山海关、热河，贩夫驺卒，皆知王举人。言王举人，或齿相击，如谭龙蛇，说虎豹。

矮道人者，居京师之李铁拐斜街，或曰年三百有馀岁矣，色如孩，臂能掉千钧。王君走访之，道人无言，君不敢坐，跽良久，再请，道人乃言曰：京师有奇士，非汝所谓奇也。夜有光，如六等星，青霞绕之，青霞之下，当为奇士庐，盍求之？王君知非真，笑曰：如师言哉？己巳春，见龚自珍于门楼胡同西首寓斋。是日也，大风漠漠，多尘沙。时自珍年十有八矣，君忽叹息起，自语曰：师乎，师乎！殆以我托若人乎？遂与自珍订忘年交。初，君以稚年往来诸老辈间，狂名犹未起，老辈皆

① 自刻本文后有此自记，据补。

礼之。至是，老者尽死，同列者尽绝，君无聊甚，故频频与少年往来。微道人，亦得君也。

越八年，走访龚自珍东海上，留海上一月，明年遂死，则为丁丑岁。自珍于是助其葬，又为之掇其大要，而志其墓曰：

君姓王氏，名昙，又名良士，字仲瞿，浙之秀水人。乾隆五十九年举人也。其为人也，中身，沉沉芳逸，怀思恻悱；其为文也，一往三复，情繁而声长；其为学也，溺于史，人所不经意，累累心口间；其为文也，喜胪史；其为人也，幽如闭如，寒夜屏人语，絮絮如老妪，匪但平易近人而已。其一切奇怪不可迩之状，皆贫病怨恨，不得已诈而遁焉者也。卒年五十有八，有集如干卷。祖某。父某。妻金，能画与诗，先卒。子一，善才。墓在苏州虎丘山南。铭曰：

生昙者天也，宥昙者帝也，仇昙者海内士，识昙者四百岁之道人，十八龄之童子。昙来！昙来！魂芳魄香，思幽名长，山青而土黄，瘗汝于是。噫！

——据吴刻本《定盦续集》卷四

与江子屏笺

（1817年12月22日）

大著读竟。其曰《国朝汉学师承记》，名目有十不安焉，改为《国朝经学师承记》。敢贡其说：

夫读书者实事求是，千古同之，此虽汉人语，非汉人所能专。一不安也。本朝自有学，非汉学，有汉人稍开门径，而近加邃密者，有汉人未开之门径，谓之汉学，不甚甘心。不安二也。琐碎饾饤，不可谓非学，不得为汉学。三也。汉人与汉人不同，家各一经，经各一师，孰为汉学乎？四也。若以汉与宋为对峙，尤非大方之言；汉人何尝不谈性道？五也。宋人何尝不谈名物训诂？不足概服宋儒之心。六也。近有一类人，以名物训诂为尽圣人之道，经师收之，人师摈之，不忍深论，以诬汉人，汉人不受。七也。汉人有一种风气，与经无与，而附于经，谬以禅灶、梓慎之言为经，因以汩陈五行，矫诬上帝为说经，《大易》、《洪范》，身无完肤，虽刘向亦不免，以及东京内学，本朝何尝有此恶习？本朝人又不受矣。八也。本朝别有绝特之士，涵咏白文，创获于经，非汉非宋，亦惟其是而已矣，方且为门户之见者所摈。九也。国初之学，与乾隆初年以来之学不同，国初人即不专立汉学门户，大旨欠区别。十也。

有此十者，改其名目，则浑浑圜无一切语弊矣。自珍顿首。丁丑冬至日。

——据朱氏二刻本《定盦文集补编》卷三

江子屏所著书序

（1817年）

嘉庆中，扬州有雄骏君子，曰江先生。以布衣为掌故宗，且二十年。使仁和龚自珍条其撰述大旨，以诏来世。自珍径求之，纵横侧求之，又求其有所不言者，而皆中律令。其杀也，为《易》也；其详也，则中《春秋》恩父、恩王父之义。

海陬小生，瞪目哆颐，敢问九流最目之言夥矣！子胡张江先生之[为][①] 书？且子所谓律令，谁之为之也？作而告之曰：圣人之所为也。《传》不云乎？三王之道若循环，圣者因其所生据之世而有作。是故《易》废《连山》、《归藏》；诵《诗》三百，而周《诗》十九；《春秋》质文异家；《礼》从周：皆是义也。孔子没，儒者之宗孔氏；治六经术，其术亦如循环。孔门之道，尊德性，道问学，二大端而已矣。二端之初，不相非而相用，祈同所归；识其初，又总其归，代不数人，或数代一人，其馀则规世运为法。入我朝，儒术博矣，然其运实为道问学。自乾隆初元来，儒术而不道问学。所服习非问学，所讨论非问学，比之生文家而为质家之言，非律令。

小生改容为闲，敢问问学优于尊德性乎？曰：否否。是有文无质也，是因迭起而欲偏绝也。圣人之道，有制度名物以为之表，有穷理尽性以为之里，有诂训实事以为之迹，有知来藏往以为之神，谓学尽于是，是圣人有博无约，有文章而无性与天道也。端木子之言谓之何？曰：然则胡为其特张问学，得无子之徇于运欤？曰：否否。始卒具举，圣者之事也，馀则问学以为之阶。夫性道可以骤闻欤？抑可以空楬悬揣

① “为”，原作“墨钉”，据王文濡本、王佩诤校本补。

而谓之有闻欤？欲闻性道，自文章始。有后哲大人起，建万石之钟，击之以大椎，必两进之，两退之，南面而挥之，褫之予之。不以文家废质家，不用质家废文家，长悌其序，胪以听命，谓之存三统之律令，江先生布衣，非其任矣。

曰：江先生之为书，与其甄综之才何如？曰：能进之，能退之，如南面而挥之，如褫之予之。

曰：请言江先生平生。曰：生于典籍之区，少为方闻士，乾隆朝，佐当道治四库、七阁之事，于乾隆名公卿老师宿儒，毕下上龁龁，万闻千睹。既老，勒成是书，窥气运之大原，孤神明以宎往，义显，故可以纵横而侧求；词高，故可以无文字而求。今夫海，不有万怪不能以一波；今夫岳，不有万怪不能以一石。饮海之一蠡，涉华之一石，如见全海岳焉。砖瓦之所积，墍茨之所饰，风雨乍至，尺青寸红，纷然流离，才破碎也。江先生异是。

曰：敬闻教矣。古之学圣人者，著书中律令，吾子所谓代不数人，数代一人，敢问谁氏也？曰：汉司马子长氏、刘子政氏。江先生书，曰《国朝经学师承记》者如干卷，迁之例；其曰《国朝经师经义目录》如干卷，向之例。小生降阶曰：有是夫！虽瘽也，犹得搴裳中原，于我乎亲命之。

——据吴刻本《定盦续集》卷三

钱吏部遗集序

（1817 年）

钱吏部枚卒且八年，遗诗始写定，是为辛未岁。越丁丑，钱廷烺走访龚自珍海上，属之曰：先人诗出又七年，未有最录之言，将惟天下善言文章之情者是属。自珍悄然不能辞，乃涤笔而称曰：

今天子始亲政之岁，举己未科会试，主者大兴朱文正公。榜出，省贡士之邃于经、雄于辞者，雅治一艺者毕在，可八九十人，而吾浙二十一人。其以文采妙当世者，哗哗以十数，嫭矣哉！先若后未之闻也！君实以是科成进士，气文而身颀，黝然黑，谡然清，仿佛如有思。诸君先后跻九万里之上，君意善感慨，又清贫甚，浮湛卒。文正惋叹，杭州以为失方闻士。

诗十卷，无嚣浊俚窳傲诡之言，如坐杭州山水间，重山二湖，孔翠鸾之属，往来鸣叹，天清日沉，风起卉木，泠泠乎琴筑语而竽笙鸣，是其可状者也。小乐府一卷，幽窅而情深，言古今所难言，疑涩于口而声音益飞，殆不可状。前哲有言，古今情之至者，乐器不能传，文士不能状，意者然乎？嗟嗟！感前修之易沦，眷华士而踵起，名满天下，才啬于命，情又啬于才。是集也，宜吾微吟焉，寂听焉，低徊独抱焉，弗可已矣！

——据吴刻本《定盦续集》卷三

江南安庆府知府何公墓表铭

（1817 年）

嘉庆二十年，龚自珍娶于山阴何氏，实知府裕均从女孙。明年夏，知府公卒。又明年，丧归山阴，其孤盐大使镶、通判衔籛以行状来乞铭。状繁不次，次其要。

公姓何氏，讳裕均，浙江山阴人。祖经文，官知府，赠荣禄大夫、河南巡抚。父炌，官知府，妣吕恭人。公之仕，始通判湖南宝庆府，同知江南徽州府，遂知山东莱州府。黜，复起，知江西临江府，又知江南池州府，卒于江南安庆府任，年六十七。历六郡，完密平和，善管守，属县无亏蚀。其处家也，以友兄弟闻。凡兄弟之子若孙皆育之，其女善嫁之，远兄弟皆赡之，犹子、诸甥侍左右，肃然立，见者知为礼法故家也。卒之日，无寸椽一瓦。配陈恭人，侧室韦，子二，韦出。

自珍以婚姻之故，习其门内，习其乡，征于余妇，状皆信，乃铭。铭曰：

是孝友有政声者之阡，越之君子，尚封树之可也。

——据朱氏二刻本《定盦文集补编》卷四

识某大令集尾

（1817 年）

某大令，我不暇与之言佛儒之异同矣，言大令。

大令为儒，非能躬行实践，平易质直也。以文章议论笼罩从游士，士慑然。聪明旁溢，姑读佛书，以炫博览。于是假三藏之汪洋恣肆，以沛其文章，文章益自喜。此其第一重心。

然而渐闻佛氏之精微，似不尽乎此，恧焉，怯焉，退焉，阻焉，悔焉。此其第二重心。

名渐成，齿渐高，从游之士之貌而言儒与貌而言佛者，益附之矣。则益傲慢告人曰：佛未可厚非。若以佛氏蒙其鉴赏者然，若以其赞佛为佛教增重者然。此其第三重心。

有聊窃其旁文剩义，以诂儒书，颇有合者。于是谤儒之平易质直、躬行实践者，曰：聪明莫我及。又深没其语言文字，讳其所自出，以求他年孔庑之特豚。此其第四重心。

如之何而可以讳之也？莫如反攻之，乃猖狂而谤佛。其谤佛也，无以自解其读佛也，于是效宋、明诸儒之言曰：不入虎穴，焉得虎子？我昔者读佛，正为今者之辟佛。于是并其少年之初心而自诬自谤。此其第五重心。

见儒之魁硕而尊严者，则惮而谢之曰：我之始大不正，不敢卒讳，与前说又歧异。所遇强弱异，故卑亢异。然而又谤儒书，所谤何等也？孔子、孟子之言穷理尽性以至于命之事，《易》、《诗》、《书》、《中庸》之精微，凡与佛似，则谤之曰：儒之言绝不近佛，儒自儒，佛自佛。如此立言，庶几深没其迹矣。此其第六重心。

儒之平易者受谤，儒之精微者又受谤，读儒谤儒，读佛谤佛，两不见收，覆载无可容，其军败，其居失，其口咿嘎，其神沮丧，其名不立，其踝旁皇，如婴儿之号于路，丐夫之僵于野。老矣，理故业，仍以文章家自遁。遁之何如？东云一鳞焉，西云一爪焉，使后世求之而皆在，或皆不在。此其第七重心。

或告之曰：文章虽小道，达可矣，立其诚可矣。又告之曰：孔子之听讼，无情者不得尽其辞。今子之情何如？又不应。乃言曰：我优也，言无邮。竟效优施之言，以迄于今死。

[大令为恽敬，阳湖人，以文鸣一时。文笔精悍，非无取，唯好名，无信根，甘为佛法外道。故大人书以示戒。亹尹记。]①

——据吴刻本《定盦续集》卷三

---

① 龚橙编校本《文集》卷七《识某大令集尾》后，有此附记，据补。“文笔”下，扶轮社本、王文濡本、夏田蓝本脱“精悍”二字。“亹尹记”，扶轮社本、王文濡本、夏田蓝本作“橙记”（“亹尹”为龚橙别字）。

金孺人画山水叙

（1817年后）

尝以后世一切之言皆出于经，独至穷山川之幽灵，嗟叹草木之华实，文人思女，或名其家，或以寄其不齐乎凡民之心，至一往而不可止，是不知其所出。尝以叩吾客。客曰：是出于老、庄耳。老、庄以逍遥虚无为宗，以养神气为用，故一变而为山水草木家言。昔者刘勰论魏、晋、宋三朝之文，亦几几见及是，或者神理然耶？

吾友王昙仲瞿，有妇曰金，字曰五云，能属文，又能为画。其文皆言好山水也；其所画有曰《山居图》，极命物态。仲瞿实未甘即隐逸，以从鱼鸟之游。五云飨笔研而祝之曰：必得山水如斯画之美而偕隐焉。昙曰：诺。吁！曩者同时之士，固尝拟仲瞿似晋、宋间民，不闻其有奇妇。

余窥其能事与其用心，虽未知所慕学何等，要真不类乎凡之民矣。抑又闻老、庄之言，或歧而为神仙，或歧而为此类。将毋此类之能事与其用心，其亦去去有仙者思欤？大夫学宗，尚其思之！庶嫔百媛，尚其慕之！叹息不足，从而缘之辞。

——据吴刻本《定盦续集》卷三

释魂魄

（1817年—1818年）

有浑言之义，有析言之义。浑言之，人死曰鬼，鬼谓之魂魄；析言之，魂有知者也，魄无知者也。质言之，犹曰神形矣。

《易》曰："精气为物。"此言圣智之魂之情状。曰："游魂为变。"此言凡民之魂之情状。诗曰："文王在上，於昭于天。"此颂文王之精气，能不与魄俱死。孔子告子游曰："体魄则降。"此言圣智与凡民所同者。曰："知气在上。"此言圣智所不与民同者。凡民之魂，不能上升乎天，或东、西、北、南以游。招魂之礼，升屋而号，告曰：皋某复。必仰而求之上者，何也？不敢以凡民待其亲也。屈原、宋玉之词，则求之上，求之下，求之东、西、北、南，夫亦善知凡民之情状者也。

月之生曰明，其死曰魂，假藉之义也。魂有知，故礼有招魂，楚巫有礼魂；魄无知，故周礼不墓祭，墨氏薄葬。道家者流言以魂属善，以魄属不善，求之孔、墨，具无其义。小说家言人遇鬼于墟墓，然则魂有恋魄而悲死者矣。孰达孰悲？吾弗知。

[此亦丁丑、戊寅间所作，似亦无背于道，虽无精言，姑存之。甲午夏自记。]①

——据朱氏二刻本《定盦文集补编》卷一

宥情

（1817年—1820年）

甲、乙、丙、丁、戊相与言。

甲曰："有士于此，其于哀乐也，沉沉然，言之而不厌，是何若？"

乙曰："是媟嫚之民也。许慎曰：'情，人之阴气有欲者也。'圣人不然，清明而强毅，无畔援，无歆羡，以其旦阳之气，上达于天。阴气有欲，岂美谈耶？"

丙请辨之："西方之志曰：欲有三种，情欲为上。西方圣人，不以情为鄙夷，子言非是。"

丁曰："乙以情隶欲，无以处夫哀乐之正而非欲者，且人之所以异于铁牛、土狗、木寓龙者安在？乙非是。丙以欲隶情，将使万物有欲，毕诡于情，而情且为秽墟，为罪薮，丙又非是。是以不如析言之也，西方之志，盖善乎其析言之矣。"

戊请辨之，曰："西方之志又有之：纯想即飞，纯情即坠，若是乎其概而诃之也，不得言情或贬或无贬，汝言皆非是。"

龚子闲居，阴气沉沉而来袭心，不知何病，以谛江沅。江沅曰："我尝闲居，阴气沉沉而来袭心，不知何病。"龚子则自求病于其心，心有脉，脉有见童年。见童年侍母侧，见母，见一灯荧然，见一砚、一几，见一仆妪，见一猫，见如是，见巳，而吾病得矣。

龚子又尝取钱枚长短言一卷，使江沅读。沅曰："异哉！其心朗朗

---

① 龚橙编校本《文集》卷五《释魂魄》后附此自记，据补。

乎无滓，可以逸尘埃而登青天，惜其声音浏然，如击秋玉，予始魂魄近之而哀，远之而益哀，莫或沉之，若或坠之。”龚子又内自鞫也，状何如？曰：予童时逃塾就母时，一灯荧然，一砚、一几时，依一妪、抱一猫时，一切境未起时，一切哀乐未中时，一切语言未造时，当彼之时，亦尝阴气沉沉而来袭心，如今闲居时。如是鞫已，则不知此方圣人所诃欤？西方圣人所诃欤？甲、乙、丙、丁、戊五氏者，孰党我欤？孰诟我欤？姑自宥也，以待夫覆鞫之者。作《宥情》。

——据吴刻本《定盦续集》卷一

曰既富矣又何加焉曰教之浙江乡试卷

（1818年9月）

议治于既富，亦保其富而已。夫视富为无加，所以不恒富也。子曰教之，亦犹保庶以富云尔。且三代之兴也，不易民，或谓抚强盛斯易为功，或谓继丰亨愈难为理，皆非也。治无升降，怙地利者卑，俗无污隆，帅人伦者化，说在冉有与夫子论政于既富后也。未富而讳言利，是谓迂图，顾往往救时之相，功在厚生，而名世黜其书，以为治功仅得半者，何也？未富而耻言财，允为过计，顾往往杂霸之主，才能裕国，而儒生议其后，窃谓经术未尝闻者，何也？则请设既富之形，审既富之势。

开大利者防大患，天地日滋生，山川日吐纳，挽数百年凋残之气，而偿以太平，蚩蚩者不知其至难遇也。造物之力已倦，而寰区歌舞之俗，日出而方新，吾君吾相，其遂将以此民贻孙子哉？利百世者忧万世，士则有旧德，农则有先畴，积十数传丝粟之馀，而饷兹乐利，昧昧者不知其不足恃也。先民之矩已遐，而乡里逸谚之夫，不材而自恣，乃祖乃父，宁不以此民望神圣哉？又何加焉！冉子所以问也。子曰：不教之不足为富，犹不富之不足为庶也。保庶莫如富，保富莫如教。

法制者，教之具也，粲以陈之，其秀而文者，升于国学乡学，其①朴而鲁者，亦约束于律令，而勿使来奇衺之氓。三物以兴，六行以劝，八刑以纠，永无坠此既富之规橅而已矣。纲常者，教之原也，明以导

① “其”，王佩净校本误作“而”。

之，其驯而愿者，蔚为孝子顺孙，其勇而悍者，亦爱惜其声名，而不至入禽兽之路。父语其子，兄诏其弟，妇勉其夫，胥无负此既富之日月而已矣。

教之一言，为教民者计，抑仍为富民者计也。尚何加哉！尚何加哉！

——据吴昌绶《定盦先生年谱》嘉庆二十三年谱

阐告子

（1818 年）

龚氏之言性也，则宗无善无不善而已矣，善恶皆后起者。夫无善也，则可以为桀矣；无不善也，则可以为尧矣。知尧之本不异桀，荀卿氏之言起矣；知桀之本不异尧，孟氏之辩兴矣。为尧矣，性不加菀；为桀矣，性不加枯。为尧矣，性之桀不亡走；为桀矣，性之尧不亡走。不加菀，不加枯，亦不亡以走，是故尧与桀互为主客，互相伏也，而莫相偏绝。

古圣帝明王，立五礼，制五刑，敝敝然欲民之背不善而向善。攻劘彼为不善者耳，曾不能攻劘性；崇为善者耳，曾不能崇性；治人耳，曾不治人之性；有功于教耳，无功于性；进退卑亢百姓万邦之丑类，曾不能进退卑亢性。

告子曰："性无善无不善也。"又曰："性，杞柳也；仁义，杯棬也；以性为仁义，以杞柳为杯棬。"阐之曰：浸假而以杞柳为门户、藩杝，浸假而以杞柳为桎梏，浸假而以杞柳为虎子、威俞，杞柳何知焉？又阐之曰：以杞柳为杯棬，无救于其为虎子、威俞；以杞柳为威俞，无伤乎其为杯棬；杞柳又何知焉？是故性不可以名，可以勉强名；不可似，可以形容似也。扬雄不能引而申之，乃勉强名之曰："善恶混。"雄也窃言，未湮其原；盗言者雄，未离其宗。告子知性，发端未竟。

予年二十七，著此篇。越十五年，年四十二矣，始读天台宗书，喜少作之闇合乎道，乃削剔芜蔓存之。自珍自记。癸巳冬。

——据朱氏二刻本《定盦文集补编》卷一

跋十三行白玉本

（1818 年）

雍正庚戌，渔人得此于西湖葛林园，所谓白玉本有篙痕者也，不及碧玉本之肥古，而白以神采胜。渔人以归童氏，童氏以归制府李公，李公进之于朝。版在童氏才十日，在制府五日，人间拓本，皆此十五日幸而留者也。其石历三朝，至嘉庆三年，乾清宫灾，石毁。此前水后火之中，吾浙一小小掌故也。故记之。予蓄此本凡二，皆当什袭矣。①

——录自《中国学报》第二册，《定盦题跋辑》，民国五年二月版

上镇守吐鲁番领队大臣宝公书

（1819 年春、夏间）

不誉颜色已八年，自珍至京师之前一月，始闻西命。吾师禁近大官，出万里之碛，统甲一旅，同朝者惜公，门下士争慰公。自珍谓内廷少吾师一人，天子未阙于侍从。汉大臣得罪者，或削职归田里，吾师犹冠三品冠，以大臣印行；且翰林多不更于政，部阁又不足以老公之才，吾师感激报效，翻在今日。故于庚午同年之公邮而西也，附区区所欲言者，以讯于队下之吏。

吐鲁番故无领队将也，自辟展移驻后，遂与四大城踠尾而五。自素赉璊袭爵后，南路无事，遂五十年矣。南路之民，与准部异，性情懦直，一异；面貌平正似内地，两异；其文字声音易通晓，三异。故天心之待之，亦大与准夷异。我高宗皇帝岂乐于穷武以炫史乘哉？我国家坐食数千城，何贪于准夷哉？实以准夷迫逐回人，北徙而南，天愍回人之无辜，故开高宗皇帝，起之鄙邑，隶之天廷，出之幽谷，暴之白日。准夷又积狡为叛，其性恶，自祖先而然；气感于天，而怒触于帝。高宗，

① 文尾原注："定盦《学海谈龙》之一则。"

一天也，是故准噶尔故壤，若库尔喀喇乌苏，若塔尔巴噶台，若巴尔库勒，若乌鲁木齐，若伊犁东路西路，无一庐一帐，是阿鲁台故种者。观天之不慈不佑于准部，即知其不绝佑于回部。巨物不两立，亦不两仆；回部多古民，从从虱虱，汉世三十六城之孽裔，尚有存者。天存之，高宗存之也。高宗，一天也。自波罗泥都、霍集占助逆背德，高宗始用兵于回；乌什之叛，乃再用兵于回。然而两和卓木之罪，视准夷之达瓦齐、阿睦尔萨纳为杀；乌什之酋长罪，视两和卓木为又杀。微大和卓木之杀阿敏道一事，地虽大，高宗不欲取，民虽富，高宗不欲臣。洎乎臣之取之，回国亡而种姓不亡，或一姓亡而群姓不亡，阿浑伯克得翎顶以从满州世臣之后；甚至如乌什之灭，圣天子且未尝如搜捕准夷例。故曰：高宗一天也。

今之守回城者何如？曰：天天而已矣；天高宗而已矣。邻国者，国之鉴也。吾师亦知乌什往事乎？素诚者，旗下役也，叨窃重寄，为领队大臣，占回之妇女无算，笞杀其男亦无算，夺男女之金银、衣服亦无算，乌什杀素诚以叛；乌什之叛，高宗且挞伐，且怜哀，圣谕以用素诚自引咎。御制诗，时以激变为言，谓素诚死有馀罪。纳世通卞塔海之诛也，非以失机也，以平日扰回也。明将军、阿将军之出也，非为素诚报仇也，以警群回也。至圣至明，未尝稍有偏护及好杀之意。嗣后各城相顾，自疑自怖。数十年来，上赖朝廷德厚，下赖贤将军、贤大臣等明示胸肝，告以天朝虽疆回地，断无喜杀回人意，大臣皆奉公法。屯说户演，赖以无事。

今之守回城者何如？曰：令回人安益安，信益信而已矣。信，生信；不信，生不信。不以驼羊视回男，不以禽雀待回女。回人皆内地人也，皆世仆也，回人老于祸福最老久，祭天而祈，拜佛而誓，写氍而记之，刻刀而铭之，以乌什为恐。吐鲁番为南路建首地，一王岿然，有仆三千户，皆以吐鲁番为望。恐之言曰：莫更为乌什矣。望之言曰：安得如吐鲁番矣？故吐鲁番安，而四大城皆安；四大城安，而天山南路举安；天山南路安，而非回之天山北路安；天山北路安，而安西南路北路举安。伊犁将军无内顾之忧，兰州总督无外顾之忧，如此则回部之红铜常贡于法局，回部之大头羊常充于天厨，吾师乃不愧为高宗皇帝之臣仆。夫高宗皇帝之臣仆，回长之所敬也，回民之所爱也。郭勒之神，达巴之灵，亦必福吾师矣。

且吾师亦知准噶尔部之所由屠灭无遗种乎？珍又有说：始噶尔丹入

居喀尔喀赛因诺颜部，超勇亲王未称赛因诺颜汗时。不过北陲一嗜肉之兽，不但东南不近札萨克，东不近牧厂；而且以西论，并不有后来准部全地。亡何，渐念贪，渐念忿，入寇赤臣、土谢两汗，两汗亦有边境细夫，不胜而入控圣祖；我圣祖乃奋天威，三起而三逐之。每一次之入，必深于前次；圣祖之创惩之，亦严于前次；卒至噶尔丹弃地西走而死，谓可以集矣。不幸而其兄子能收旧人，又不幸而其族收其西境地，又不幸而辗转强大，不北噬而西嗥也，逐回部，扰青海，直西藏，邻俄罗斯。我朝一祖二宗，三世西顾，龙颜焦劳，幸而其国篡弑相继，幸而三策凌来归，幸而阿睦尔萨纳来归，谓可以集矣。讵知幸者皆不幸之伏，不幸者又幸之伏，幸不幸凡几相迸激，而遂致我高宗皇帝之大怒。帝怒于上，将帅怒于下，自天而下，自地而上。大蹂大膊，千里一赤，睢盱之鬼，浴血之魂，万亿成群，泰岱不箓，天帝不直，何为而至是哉？彼回部者，亦有经卷，亦谈因果，试召阿浑而问之，因何其细？果何其大？抑造因之时，能豫知果之至如是哉？

是故今日守回之大臣，惟当敬谨率属，以导回王、回民，刻刻念念，知忠知孝，爱惜翎顶，爱惜衣食，唪诵经典。耕者毋出屯以垦，牧者毋越圈而刈，上毋虐下，下毋藐上，防乱于极微，积福于无形，则可谓仰体上天好生之德，乃亦毋负高宗用兵之意者哉！

若夫议迁议设，撤屯编户，尽地力以剂中国之民，自珍别有《西域置行省议》一卷，用厚白纸写上尘览。珍受恩最深，受恩最早，故敢越分而多言。惶悚！

——据吴刻本《定盦文集》卷中

宋拓孤本汉娄寿碑跋尾［一］

（1819年11月18日—12月16日）

此是宋拓孤本，又经诸老辈鉴赏，其为人间墨宝，何待拟议？但隶法非汉人最瑰玮之制。其事其人亦与史家无大关系，故是赏鉴家物耳。

嘉庆二十有四年，岁在己卯，阳月，仁和龚自珍识于吴门陆①氏之

① “陆”，王佩诤校本误作“吴”。

宋松书屋。同观者：同里何元锡梦华及吴县江沅铁君。牵连记。

——录自日本《书苑》第四卷第二号，《宋拓汉娄寿碑》影印本，1940 年版

书金伶

（**1819** 年冬）

金伶德辉，以字行，逸其名矣。吴人。

乾隆中，吴中叶先生以善为声，老海内。海内多新声，叶刌而律之，纳于吭。大凡江左歌者有二：一曰清曲，一曰剧曲。清曲为雅宴，剧为狎游，至严不相犯。叶之艺，能知雅乐、俗乐之关键，分别铢忽，而通于本，自称宋后一人而已。叶之死，吾友洞庭钮非石传其秘，为第一弟子。德辉故剧弟子也，隶某部，部最无名。顾解书，以书质钮，而不以歌。一夕歌，钮刌而律之，纳于吭，则大不服。钮曰："毋曰吾不知剧，若吾所知，殆非汝所知也。即欲论剧，则歌某声，当中腰支某尺寸，手容当中某寸，足容当中某步。"金始骇，就求其术。钮曰："若不为剧，寒饿必我从，三年，艺成矣。"曰："诺。"江左言歌，自叶先生之死，必曰钮生；而德辉以伶工厕其间，奋志孤进，不三年，名几与钮抗。

乾隆甲辰，上六旬，江南尚衣、鹾使争聘名班。班[①]之某色人，艺绝矣，而某色人颇绌；或某某色皆艺矣，而笛师、鼓员、琵琶员不具；或皆具而有声无容，不合。驾且至，颇窘，客荐金德辉。德辉上策曰："小人请以重金，号召各部，而总进退其所短长，合苏、杭、扬三郡数百部，必得一部矣。"鹾使喜，以属金，金部署定其目，录琵琶员曰苏州某，笛师曰昆山某，鼓员曰江都某，各色曰杭州某，曰江都某，而德辉自署则曰正旦色吴县某。队既成，比乐作，天颜大喜。内府传温旨，灯火中下珍馐酝、玉器、宫囊不绝。又有旨询班名，鹾使奏：江南本无此班，此集腋成裘也。驾既行，部不复[②]析，而宠其名曰"集成班"，

① "班"下，王佩诤校本无"班"字。

② "复"，王佩诤校本作"得"。

后更曰“集秀班”。

德辉既以称旨重江左，遂傲睨不业。钮生屏人戒之曰：“汝名成矣，艺未也，当授汝哀秘之声。”明日来，授以某曲。每度一字，德辉以为神。曲终，满座烛尽灭，德辉窃谱其声而不能肖。其年秋，大商延客，召集秀。乾隆时，贵僚贤公子，喜结欢名布衣。当佳晨冶夕，笙箫四座，被服靓耀，姚冶跌逖，时则必有一人，敝衣冠，面目不可喜，而清丑入图画者，视之如古铜古玉，娑娑然权奇杂厕于其间以为常。其人未必天下奇士也，要之能上识贵人、长者、大官走声誉，下能觅[1]名僧、羽士、名倡、怪优、剑侠、奇巧善工之伦，以故非非石不能致德辉。而德辉试技之日，主人以德辉所自荐也，非石为上座。既就夕，主客哗，惟恐金之不先奏声。既引吭，则触感其往夕所得于钮者，试之忽肖，脱吭而哀，坐客茫然不省，始犹俗者省，雅者喜，稍稍引去。俄而德辉如醉、如瘺、如倦、如倚、如眩瞀，声细而谲，如天空之晴丝，缠绵惨阁，一字作数十折[2]，愈孤引不自已，忽放吭作云际老鹳叫声，曲遂破，而座客散已尽矣。明日，钮视之而病。钮悔曰：“技之上者，不可习也。吾误子，子幸韬之，而习其中。”德辉亦悔，徐扶起，烧其谱，故其谱竟不传。而德辉获以富，且美誉终。

德辉卒时，年约八十馀。无子。有弟子曰双鸾，非高弟也，能约略传其声，贫甚，走南东，至托予[3]。嘉庆己卯冬，非石在予座上，予[4]谓之曰：“双鸾早出世十年，走公卿矣。”

龚自珍曰：非石今傫然在酒间，为予道苏、扬此类事甚夥。金德辉事，自甲辰起，大约迄癸丑、甲寅间。噫！江东才墨之薮，楼池船楫之观，灯酒之娱，春晨秋夕之游，美人公子，怜才好色，姚冶跌逖之乐，当我生之初，颇有存焉者矣。

——据吴刻本《定盦续集》卷四

① “觅”，原作“觋”（同“觅”），王文濡本作“视”，王佩诤校本谓：“‘觋’应作‘觇’”。

② “折”，原作“拆”，误，据王文濡本、王佩诤校本改。

③ “托予”，原作“北子”，误，据王文濡本、王佩诤校本改。

④ “予”，原作“字”，误，据王文濡本、王佩诤校本改。

批宋翔凤汉学今文古文考[①]

（1819年后）

文气和平，读之延年。

——据宋翔凤《朴学斋文录》卷三，
《续修四库全书》本

致宋翔凤书[②]

（1819年后）

《书·考灵耀》之言天体与《周髀》合。究近今文家、近古文家其言历与刘歆是否同？其系《三统》乎？《四分》乎？示知，以巸六纬不离今文之说。

附：复札

《月令正义》引《考灵耀》云："主春［者］[③]，鸟星昏中"；"主夏者，心星昏中"；"主秋者，虚星昏中"；"主冬者，昴星昏中。"与《书》今文伏生说合，与《三统历》不同。言天体者，以盖天为最古，《考灵耀》与《周髀》并言盖天。王仲任据盖天之说以驳浑仪，按《论衡》亦为今文家言。

后汉《志》云："《考灵曜》、《命历序》皆有甲寅元。其所起在四分庚申元后百一十四岁，朔差却二日。"则四分法与《考灵曜》仅小差。后汉《志》又云："《四分历》本起图谶，最得其正。"则《四分》与纬

① 该批语附于宋翔凤《朴学斋文录》四卷本（即《续修四库全书》本）卷三《汉学今文古文考》后。《朴学斋文录》三卷本中未收《汉学今文古文考》及其批语。

② 此信及宋翔凤复札均见宋翔凤《朴学斋文录》（四卷本）卷三《汉学今文古文考》后附录。宋翔凤（1777—1860），字于庭，长洲人。嘉庆五年（1800）举人。历官江苏泰州学正、安徽旌德训导、湖南新宁知县等。

③ 据《十三经注疏（中华书局1980年版，以下简称中华书局本）·礼记正义》卷十四《月令第六》补。

候合也。又《志》载：尚书令忠奏："向子歆［欲］[1] 以合《春秋》，横断年数，损夏益周，考之表纪，差谬数百。"今按《易乾凿度》曰："入天元二百七十五万九千二百七十五岁，昌以西伯受命入戊午部，二十九年，伐崇侯，作灵台，改正朔，布王号于天下，受箓应河图。"李尚之推刘歆说周公六年始入戊午部，与《乾凿度》不同，尚书□期援《易是类谋》□□同《乾凿度》。是《三统》不合纬候也。

要之，汉人星历之学别有专门，五经诸儒难尽征矣。

如纬言明堂五府之法，与《小戴记》合，《周礼》无明堂之祭，此古文不合六纬之一证。

——据宋翔凤《朴学斋文录》卷三，
《续修四库全书》本

最录易纬是类谋遗文

（**1819** 年后）

《易》纬最无用，独卦气法或出于古史氏，而纬家传之。

何以疑其出于古史氏？曰：古者颁时月日之历，与三易之法，皆出于王者，掌于史氏，故伪为时月日者有诛焉，伪为卜筮之书者有诛焉，其大原一也。春分之日与秋分之日同，占一卦爻又同，其吉凶必殊矣。冬至之日与夏至之日同，占一卦爻又同，其吉凶必殊矣。推而至于三百六十六日，设日日遇卦同，爻又同，其吉凶必日日殊矣。是故震、兑、坎、离之主二十四气，馀六十卦之各主六日八十分日之七，此必古法，必古宪令也。

《易》纬《通卦验》、《乾元序制记》、《是类谋》，皆载此法。《是类谋》最详，故录一通，以为今筮家言值日者之祖。

——据朱氏二刻本《定盦文集补编》卷二

---

① 据《后汉书》（中华书局 1965 年版）卷十二《律历志》补。

最录尚书考灵耀遗文

（1819 年后）

似张衡《灵宪》之支流，尚不及衡密，矧揆诸今日所实测者乎？其言天地之距、七曜之度，咨胸臆而吴言之，殆无一言之近事实者。独地与星辰四游之义，或者有征。过而录之，俟司天采择。

——据朱氏二刻本《定盦文集补编》卷二

最录春秋元命苞遗文

（1819 年后）

《春秋》纬于七纬中，最遇古义矣。《元命苞》尤数与董仲舒、何休相出入。凡张三世，存三统，新周故宋，以春秋当兴王，而托王于鲁，诸大义往往而在；虽亦好言五行灾异，则汉氏之恒疾，不足砭也。凡予录纬三家，用闽赵在翰本。

——据朱氏二刻本《定盦文集补编》卷二

尊命

（1819 年后）

儒家之言，以天为宗，以命为极，以事父事君为践履。君有父之严，有天之威；有可知，有弗可知，而范围乎我之生。君之言，唐、虞谓之命；周亦谓之命，龙所官，仲山甫所职，君子顾其名，䌷绎其义焉。

夫天，寒、暑、风、雨、露、雷必信，则天不高矣；寒、暑、风、雨、露、雷必不信，则天又不高矣。传曰："山川而能语，葬师食无所；肺腑而能语，医师色如土。"后之儒者，视其君，曾不如葬者之尊山川，病者之尊其肺腑。其于君也，有等夷之心，有吾欲云云之志。曰："吾欲吾君之通古今之故"，实欲以自售其学；"欲吾君之烛万物之隐"，实欲以自通其情；"欲君之赏罚予夺，不爽于毫发"，实欲以自偿其功。其于君也，欲昭昭爆爆，如贸易者之执券而适于市，亵君嫚君孰甚！夏道尊命，孔子罕言天道，若臣岂未闻？意若曰：君之尊不至此极也。儒者平日多言安命矣，平日尊数过于尊理远矣，何以出而视君，如理不如数？

若臣曰："夏暑雨，冬祈寒，天府怨，君不可以受怨。"应之曰：寒暑有怨，天之所以多憾，天之所以大也。汝将使匹妇无憾而为君，大君将日日就国之人而弭其怨，君其替哉！若臣又曰："子之术，赵高之术也，以未兆为朕。"应之曰：赵高匿其君以为尊君，吾之术，使君无日不与天下相见以尊君。天命曰流行，君命曰出内，不得诋我以赵高。是故若飞若蛰，闷闷默默，应其不可测，如鱼泳于川，惟大气之所盘旋，如木之听荣枯于四时，蠢蠢傀傀，安其不可知。

——据吴刻本《定盦续集》卷一

尊命二

（**1819** 年后）

夫六经之称命罕矣，独《诗》屡称命，皆言妃匹之际，帷房之故者也。

文王取有莘氏之女姒氏，生九男，夫妇并圣。唯此神圣，克券灵命，命以莫不正。诗人庄言之，又夷易言之曰："有命自天，命此文王，于周于京，缵女维莘。"南国之夫人，有不妒忌之德，使众妾以礼进御于君；众妾则微言之，又稍稍感慨而言之，曰："肃肃宵征，夙夜在公，实命不同。"曰："抱衾与裯，实命不犹。"此命之无如何，而不失为正命者也，乃有无如何而不受命者矣，不受命而卒无如何者矣。诗人则刺之曰："乃如之人也，怀昏姻也，大无信也，不知命也。"其言有嫉焉，有懑焉，抑亦有欷歔焉，抑亦似有憾于无如何之命而卒不敢悍然以怨焉！

之三诗者，可以尽天下万世妃匹之际，帷房之故之若正若不正。汉司马迁引而申之，于其序外戚也，言命者四，言之皆累欷。善乎迁之能读三百篇，阐幽微，告万世也。

三百篇之世暨迁之世，天竺法未东，命之正，命之无如何，又各有其本，因是已，缘是已，宿生是已，诗人、司马迁，惜乎其皆未闻之。

未闻之而不能不立一说，使正者受，不正者亦受，无如何者亦受，强名之曰命。总人事之千变万化，而强诿之曰命，虽不及天竺书，要之儒者之立言，觉世而牖民，莫善于此，莫善于此！

或问之曰：传曰："发乎情，止乎礼义。"其言何若？应之曰：子庄言之，我姑诞言之；子质言之，我姑迂言之。夫我也，则发于情，止于命而已矣。

——据朱氏二刻本《定盦文集补编》卷一

西域置行省议

（1819 年—1820 年）

天下有大物，浑员曰海，四边见之曰四海。四海之国无算数，莫大于我大清。大清国，尧以来所谓中国也。其实居地之东，东南临海，西北不临海，书契所能言，无有言西北海状者。今西极徼，至爱乌罕而止；北极徼，至乌梁海总管治而止。若干路，若水路，若大山小山，大川小川，若平地，皆非盛京、山东、闽、粤版图尽处即是海比。西域者，释典以为地中央，而古近谓之为西域矣。

我大清肇祖以来，宅长白之山，天以东海界大清最先。世祖入关，尽有唐、尧以来南海、东南西北，设行省者十有八，方计二万里，积二百万里。古之有天下者，号称有天下，尚不能以有一海。博闻之士，言廓恢者摈勿信，于北则小阚，望见之；于西北正西则大阚，望而不见。今圣朝既全有东、南二海，又控制蒙古喀尔喀部落，于北不可谓阚。高宗皇帝又应天运而生，应天运而用武，则遂能以承祖宗之兵力，兼用东南北之众，开拓西边，远者距京师一万七千里，西藩属国尚不预，则是天遂将通西海乎？未可测矣。然而用帑数千万，不可谓费；然而积两朝西顾之焦劳，军书百尺，不可谓劳；八旗子弟，绿旗疏贱，感遇而捐躯，不可谓折。然而微夫天章圣训之示不得已，浅见愚儒，下里鄙生，几几以耗中事边，疑上之智；翦人之国，灭人之嗣，赤地千里，疑上之仁。否否。

有天下之道，则贵乎因之而已矣。假如鄙儒言，劳者不可复息，费者不可复收，灭者不可复续，绝者不可复苏，则亦莫如以因之以为功，况乎断非如鄙儒言。因功而加续之，所凭者益厚，所藉者益大，所加者益密，则岂非天之志与高宗之志所必欲遂者哉？欲因功而续加之，则莫如酌损益之道。何谓损益之道？曰：人则损中益西，财则损西益中，两言而已矣。

今中国生齿日益繁，气象日益隘，黄河日益为患，大官非不忧，主上非不谘，而不外乎开捐例、加赋、加盐价之议。譬如割臀以肥脑，自啖自肉，无受代者。自乾隆末年以来，官吏士民，狼艰狈蹶，不士、不农、不工、不商之人，十将五六；又或飧烟草，习邪教，取诛戮，或冻馁以死；终不肯治一寸之丝、一粒之饭以益人。承乾隆六十载太平之盛，人心惯于泰侈，风俗习于游荡，京师其尤甚者。自京师始，概乎四方，大抵富户变贫户，贫户变饿者，四民之首，奔走下贱，各省大局，岌岌乎皆不可以支月日，奚暇问年岁？嘉峪关以外，镇将如此其相望也，戍卒如此其夥也，燧堡如此其密也。地纵数千里，部落数十支，除沙碛外，屯田总计，北才二十三万八千六百三十二亩，南才四万九千四百七十六亩，合计才二十八万八千一百零八亩；田丁，南北合计才十万三千九百零五名，加遣犯有名无实者，二百零四名。若云以西域治西域，则言之胡易易？今内地贵州一省，每岁广东、四川，皆解饷以给。贵州无重兵，官糈兵粮，人不偿出，每岁国家赔出五六万两至八九万两不等，未尝食贵州之利。内地如此，新疆尚何论耶？

应请大募京师游食非土著之民，及直隶、山东、河南之民，陕西、甘肃之民，令西徙。除大江而南，筋力柔弱，道路险远，易以生怨，毋庸议。云南、贵州、两湖、两广，相距亦远，四川地广人希，不宜再徙。山西号称海内最富，土著者不愿徙，毋庸议；虽毋庸议，而愿往者皆往。其馀若江南省凤、颍、淮、徐之民，及山西大同、朔平之民，亦皆性情强武，敢于行路，未骄惯于食稻衣蚕，地尚不绝远，募之往，必愿往。江西、福建两省，种烟草之奸民最多，大为害中国，宜尽行之无遗类。与其为内地无产之民，孰若为西边有产之民，以耕以牧，得长其子孙哉！当行者，官给每户盘费若干，每丁盘费若干。议闻。

又各省驻防旗人，生齿日繁，南漕不给，大率买米而食，买缎而衣，若遣令回旗，京师内城不能容，若再生育数年，本省费又无所底。驻防者，所以卫天朝也。八旗子弟受恩久，忠义其所性成，苟有利于天朝者，必无异心，无异议也。各将军议酌，每大省行若干丁，中、下省行若干丁，盘费宜视民人加重，以示优厚。议闻。

其迁政，暂设大臣料理之，七年停止。议闻。先期斩危崖，划仄岭，引淙泉，泻漫壑；到西，分插南北两路后，官给蒙古帐房一间，牛犁具，籽种备，先给大户如干丈，中户如干丈，下户如干丈，不得自占。旗民同例。除沙碛不报垦外，每年，一奏开垦之数，十年，再奏总数，二十年，汇查大数。每年粟面稞蔬，皆入其十分之一，贮于本地仓，以给粮俸；其地丁钱赋，应暂行免纳，俟二十年后，再如内地交谷外，另有丁赋例。有丁赋后，再定解部额。现在交粟面，暂勿折收银钱，亦俟二十年后，再如内地折银钱例。

设兵部尚书、右都御史、准回等处地方总督一员，兵部侍郎、右副都御史、准回等处地方巡抚一员，或如直隶、四川例，以督兼抚，不立抚，似亦可。布政使一员，按察使一员，巡道三员，提督一员，总兵官三员，知府十一员，知直隶州三员，知州二员，知县四十员。府州之目十有四：曰伊东府，曰伊西府，伊犁东西路也；曰库州府，库尔喀喇乌苏也；曰迪化府，乌鲁木齐也；原设州。曰镇西府，巴尔库勒也；原设。曰瓜州府，哈密也；曰塔州直隶州，塔尔巴噶台也。以上北路。曰辟州府，辟展也；曰沙州府，哈拉沙拉及库车、沙雅尔也；曰苏州府，阿克苏及赛喇木也；曰羌州府，叶尔羌也；曰和州府，和阗也；曰吐蕃直隶州，乌什也；曰砖房直隶州，喀什噶尔也。以上南路。伊东府设县四：以府城为伊东县；以乌哈尔里克为绥定县；以博罗塔拉为博县；以干珠罕为珠县。四至核议。伊西府设县四：以府城为伊西县；以库尔图为图县；以古尔班萨里为絜县；以烘郭尔鄂笼为鄂县。四至核议。库州府设县三：以府为库县；以乌里雅苏图为旧营县；以晶河为丰润县。四至核议。瓜州府设县四：以府城为瓜县；以苏木哈喇垓为旧堡县；以赛巴什达里雅为湖县；以塔勒纳沁为土城县。四至核议。塔州设县二：以州为塔县；以雅尔为肇丰县。四至核议。其镇西、迪化两府，现在章程已善，毋庸改议。南路辟州府设六县①：以府城为辟县；以纳呼为东辟县；以洪城为洪县；以鲁克察克为柳中县；以哈喇和卓为高昌县；以吐尔番为安乐县。四至核议。沙州府设州一县四：以府为沙县；以库车为龟兹县；以硕尔楚克为旧城县；以托和鼐为鼐县；以沙雅尔为沙城县。四至核议。苏州府设州一县五：以府为苏县；以赛喇木为毗罗州；以帕尔满为帕县；以托克三为四村县；以拜城为拜县；以库什塔木为小城县。四至核议。羌州府设五县②：以府为羌县；以巴尔楚克为新迁县；

① “六县”，自刻本同，王佩诤校本作“县六”。

② “五县”，自刻本同，王佩诤校本作“县五”。

以呼拉玛为玛平县；以哈喇古哲什为哲县；以裕勒里雅克为西夜县。四至核议。和州府设四县①：以府城为球县；以皮什雅为琳县；以玉陇哈什为琅县；以博罗齐为玕县。四至核议。吐蕃州设县二：以州为明定县；以森尼木为森县。砖房州设县三：以州为砖房县；以塞尔门为塞门县；以英噶萨尔为依耐县。四至核议。武官副将以下，文官同知以下，应如干员，另议。总督驻扎伊东府，巡抚驻扎迪化府，提督驻扎迪化府。分巡安西北兵备道一员，分镇安西北镇总兵官一员，同驻扎镇西府；分巡天山北兵备道一员，驻扎伊东府；分镇天山北镇总兵官一员，驻扎塔州；分巡天山南兵备道一员，驻羌州府；分镇天山南镇总兵官一员，驻吐蕃州。非辟州属之安乐县。督抚必皆驻北路者，北可制南，南不可制北。昔者回部未隶天朝，无不甘心为准夷役者，亦国势然也。

设采办红铜事务监督一员，用内务府人员，三年更调，驻扎吐蕃州。其甘肃省嘉峪关设监督一员，专司内地往准、回贩易之税。除稻米、盐茶、大黄、布绸外，一切中国奇淫之物，不许出关，以厚其俗；除皮货、西瓜外，不许入关，以丰其聚。铜务关务，皆所以剂官俸，给兵糈也。其哈密、辟展两郡王，皆赏给协办府事官名号，朔望祭祀，及大礼排班，在道府之下，同知之上；各回城伯克中，皆遴选一员，赏给协办县事名号，朔望祭祀，及大礼排班，在知县之下，县丞之上。甘肃省以安西南路为尽境，准、回省以安西北路为首境，立界石。新迁人等，及旗人、回人等，未能知书，应请于三十年后，立学宫，设生员，举乡试，现在毋庸议；其镇西、迪化，现已设立，姑仍旧交巡抚考试。戈壁无水草处，地方官踏看，有可簸采金屑之地，酌立条规奏闻。官缺在北路者，及临戈壁者，设风沙边缺，如内地烟瘴边缺之例，速其升调。凡近碛之郊，处处设立风神祠、泉神祠，岁时致祭，仰祝上帝，地出其泉，风息于天，以宜蔬宜稞，颁祝文焉。大郭勒之在祀典者应几处，核议；大达巴之在祀典者应几处，核议。文移官事，往来经戈壁，皆带泉水，应颁制西洋奇器，物小受多利行者；又宜颁设高广护风之具，田中可用者，详萧山民人王锡议。令仿造。

夫然而屯田可尽撤矣。屯田者，有屯之名，不尽田之力。三代既远，欲兵与农之合，欲以私力治公田，盖其难也。应将见在屯田二十八

---

① “四县”，自刻本同，王佩诤校本作“县四”。

万亩零，即给与见在之屯丁十万馀人，作为世业，公田变为私田，客丁变为编户，戍边变为土著；其遣犯毋庸释回，亦量予瘠地，一体耕种交纳。既撤绿旗之屯，当撤八旗之戍。中国驻防旗人，往者别立册籍，以别于民户、回户，既有旗户名目，与回民有田籍者同，故撤之而不患无所归也，应请将将军、副都统、办事大臣、领队大臣、印房章京等一概裁撤。其驻防之满洲、索伦、锡伯、蒙古弁丁等，戍安西北路者，作为安西北路旗户；在天山北路者，作为天山北路旗户；南路者，作为南路旗户。伊犁将军所领兵最多，伊东、伊西地亦最大，出之行陈，散之原野，势便令顺，无不给之患，应与自内地驻防旗人新移到者，一体归地方官管辖。但有事不得受知县以下杖责，交纳时，应比民户、回户，酌减十分之二，以偿世仆之劳。

如是，则又虑其单也，应请设立办事大臣一员，驻南路极边羌、和二州之地，统领满洲兵九百名，蒙古、索伦兵七百名，锡伯兵四十名，绿旗兵六百名，共计二千二百四十名，以控藩部之布鲁特、哈萨克、那木千、爱乌罕各国。掌各国之朝贡之务，铸总统西边办事大臣印一，敕文一，秩正二品，受准、回总督节制，与提督、巡抚互相节制。布政使以下，具申文，总兵官以下，带刀见，以昭威重。其驻防兵丁，于现在议裁彻者，遴留至锐者，其军装、器械、月饷，应照内地江宁、荆州例。岁一阅，三岁总督一阅，十岁请旨派威重大臣来西一大阅。布鲁特、哈萨克之人咸侍，是为天朝中外大疆界处。

以上各议，现在所费极厚，所建极繁，所更张极大，所收之效在二十年以后，利且万倍。夫二十年，非朝廷必不肯待之事，又非四海臣民望治者不及待之事，然则一损一益之道，一出一入之政，国运盛益盛，国基固益固，民生风俗厚益厚，官事办益办，必由是也，无其次也。其非顺天心，究祖烈，剂大造之力，以统利夫东、西、南、北四海之民，不在此议。谨议。

[此议自珍筹之两年而成，恐尚有小疏略及小窒碍处，刻之以呈教于当代大人长者，幸随句签驳为感。自记。]①

——据吴刻本《定盦文集》卷中

① 自刻本文后附此自记，据补。

北路安插议

（1819年—1820年）

土尔扈特之归也，自乾隆三十六年，后于库尔喀喇乌苏、塔尔巴哈台两处，有赐渥巴锡等游牧地。如立行省后，不可使与民户、旗户无区别，宜各建一大城居其酋，听出城外旧有水草处数区，仍令安牧。岁时酌令入牲畜于布政司，则蠲其例贡，一切封爵翎顶如故。谨议。

——据朱氏二刻本《定盦文集补编》卷一

评澄怀堂诗潇湘夜雨篇

（1819年—1820年）

孟楷名满江左，一时诸大老激赏备至。余欲更誉孟楷，不足为孟楷重，徒见余喜复沓附和而已。兹于名作如林中，独赏是篇凄动心脾。又《闻蝉》绝句清绝尘表。此定庵一时意见，不能服诸评者之心。要亦如戴金谿观察手录《流萤词》两章，叹赏欲绝，李绣子太史以《白秋海棠》诗为神来之笔，遂呼为“陈海棠”也。

——据陈裴之《澄怀堂诗外》卷一《潇湘夜雨篇》附录，嘉庆二十五年刻本

最录神不灭论

（1819年—1820年）

神不灭者，敢问谁氏之言欤？精气游魂，吾闻之大《易》；于昭在上，又闻之《诗》；魂生魄降，又闻之《礼》。儒家者流，莫不肄《易》，莫不肄《诗》，莫不肄《礼》。顾儒者曰：神不灭，佛之言也。吾儒不然，此身存即存，此身灭即灭，则吾壹不知儒之于《易》、于《诗》、于《礼》，尽若是其莽莽耶？尽若是其墨墨耶？尽若是其孰视如无睹耶？抑违中之佞耶？

《神不灭论》一卷，设四难四答，三千名有奇，郑鲜之撰。鲜之不

知何代人也？此宋椠本，杨杰序，苏州江沅藏。其词旨与颜之推相似，必南北朝人也。江沅曰："此读佛书之初阶，可以种信根。"亟写副墨一通。自珍曰：此亦读《易》、《诗》、《礼》者之所必欲知也。亟写副墨一通，人间遂有第三本。

——据朱氏二刻本《定盦文集补编》卷二

蒙古像教志序

（1819年—1822年）

夫染衣出家，沙弥之律也；肉食不净，大慧之闻也；诸肉勿食，泥洹之训也。赞叹毁戒，波旬之徒也。然其生于边地，不生地谷，以畜牧为耕作，以血肉为饔饩。宗教既黄，相沿已久，有乖坏色之训，聊别白衣之俦，戒或遮之，教必谅之。

蒙古五十一旗及喀尔喀四部皆宗黄教。黄教之祖曰宗喀巴，若具云者租乌鞥卡巴罗阿阿鄂补匝阿昂查阿克巴阿也。自称文殊师利之瑚必勒罕，生于额纳特珂克地，而唐古特、库车淖尔四卫拉特之地遍相宗祖。其法嗣之派，繁衍难备述。述两大支：曰在藏坐床者；曰到蒙古住持者。

在藏坐床者，又分两支：宗喀巴第一弟子曰根敦珠巴，实第五十四辈之达赖喇嘛，是为舍位出家之第一辈，递传至七辈噶尔藏加莫磋①。当准噶尔扰藏时，圣祖救其乱，噶尔藏加莫磋②避至青海坐床。圣祖送之，俾归于藏，至今传付不绝，皆以其呼必勒罕为之。此一支也。第二弟子号为班禅额尔德尼，名曰刻珠尼曲结，若具云者刻珠尼马曲结嘉勒布格尔也。至第四辈，名罗卜藏曲结嘉勒灿者，始与蒙古通。自蒙古至盛京，受我太宗皇帝册封归。死后，其瑚必勒罕遂有喀木之地，又九传矣，此一支也。两支外，又有两小支。一曰红帽噶玛巴，一曰黑帽沙玛纳，皆称呼图克图，避达赖、班禅位号。沙玛纳呼图克图之后日就衰灭。噶玛巴之后，近世有林沁班珠尔者，称沙布咙于库车淖尔，为库车淖尔察罕诺门之属僧，则并不敢号呼图克图矣。

---

①② "磋"，自刻本同，王佩诤校本误作"嵯"。

其来蒙古住持者，又分三支。最先者曰帕克巴巴喇密特，是其道北行之始，凡六传，至元顺帝时，阿难达玛第喇嘛与帝争政事，怒而归于唐古忒，中绝凡八九十年，而索诺木札木苏重至，又十馀传，至迈达哩止，为一支。宗喀巴有第三传嫡嗣，曰苏尔第，其瑚毕勒罕托生喀尔喀地方，称哲卜尊丹巴呼图克图，又两传，进丹舒克于世祖朝，至今凡十六次瑚必勒罕，号位亚于西藏之达赖，而几与班禅埒，又一支也。康熙间，有喇嘛章佳胡图克图，自藏来朝，其人乃是第六辈达赖罗卜藏札木苏之支嗣，圣祖优礼之，命其住持于多伦诺尔之汇宗寺；其第二次瑚必勒罕，世宗优礼之，命其住持多伦诺尔之善因寺；其第三次瑚必勒罕，赐对高宗朝，大加奖异，命其来京，更定大藏经咒应真名号，乃取自后汉至唐各译主所译，悉以今藏语更校成，又以其国《首楞严》已亡，藉此土本四译而归；又佐庄亲王办理《同文韵统》，于四十一年，趺逝京师。今又再瑚必勒罕矣，是最盛而最后出，又一支也。

五支之徒，其论轮回因果报应，与古德《神不灭论》合；其论劫初形状，天地众生日月，种种成立，种种出生次序，与《楼炭经》合；其书与符印明合，其念咒与声明合。自汉以来，译经之例，例不翻咒，疏抄之例，亦不妄释①。咒是密语，咒是秘印。佛无秘密义，有秘密语，既不译不疏，徒恃音准；音若不准，妙陀罗尼虽诚求之，亦恐迂窎矣。今按自《修多罗》至《优波提舍》各有神咒，小者取用禁制神鬼，作诸幻术；大乘之咒，三世诸佛，由此出兴，不可思议，具如《首楞严》说。且凡外道六师，亦能幻出宫殿、天龙、女乐、大火、大水，乃至幻一日演成极长，幻长日促成刹那境界，种种灵怪，咒声灵故，符佛口故。又凡人世所求，年命五欲，诵咒皆得。咒声灵故，符佛口故。

以上之事，天竺神僧生于拉撒，视为固然；即蒙古道高喇嘛，尚能近似。而此震旦耳根非劣，耳识非殊，虽有高僧，不臻神悟，故撰《象教志》，专以推尊因明门中声明一门，而非赞叹夫食肉衣黄，堕邪师见也。

——据吴刻本《定盦文集》卷中

---

① “释”下，王佩诤校本衍一“咒”字。

蒙古水地志序

（1819年—1822年）

河西来，受者三部：曰乌喇忒，曰鄂尔多斯，曰归化城土默特；群水南来，受者七部：曰喀喇沁，曰土默特，曰敖汉，曰奈曼，曰翁牛特，曰巴林，曰喀尔喀左翼；水东行，入黑龙江，未至，旬经大川四：曰潢河，曰大辽河，曰诺尼江，曰混同江；水北行，入色楞格河，未至，旬经大川三：曰爱毕哈河，曰土喇河，曰鄂尔浑河。黑龙江入东海，色楞格河径俄罗斯入北海。

东以黑龙江为主，其目四，又其目曰受某部某某水。北以色楞格河为主，其目三，又其目曰受某部某某水。具如志。以西塞小水，附黄河流入中国者，别为卷。

——据吴刻本《定盦文集》卷中

蒙古台卡志序

（1819年—1822年）

惟皇地祇，为主山川，不能自辨自位，是故古昔书有八索，以政其人民。周之诸侯史氏率不能读，其名存者有戎索，有周索。以侯以公，以郡县，以城郭，以行国，皆将于是乎东，于是乎西，于是乎南，于是乎北。我国家君蒙古五十一旗、喀尔喀四部地，且二百年，一吏不妄行，一马不妄刍，一兔一鹿不妄趯走，是亦有政。

撰《台卡志》，志邮，志新邮，志喀尔喀自备邮，志鄂博，志察哈尔牧厂鄂博，志卡伦，志围场卡伦，志柳子边。

邮：旬康熙三十一年，议自古北口至于乌朱穆秦置台九；又自独石口至于蒿齐忒置台六；又自张家口至于四子部落置台五；又自张家口至于归化城置台六；又自杀虎口至于吴喇忒置台九；又自归化城至于鄂尔多斯置台八；又自喜峰口至于札赖特置台十有六。

新邮：旬乾隆三十四年，议喜峰口路，札赖特尽处起，置邮十有四；古北口路，乌朱穆秦尽处起，置台六；杀虎口路，乌喇忒大路外，置台七；张家口路，自四子部落尽处起，置台十有六；穆哈哩喀逊为起处，哈拉尼敦为住处。

喀尔喀自备邮：句东路首站曰尼尔得尼拖罗海，曰他尔衮柴木达；后路首站曰肯特山；西路首站曰哈拉尼敦；三音诺颜首站曰博罗布尔哈苏。凡册汗、册王、册妃、册格格、赐赙、赐祭天使至，皆设之，汗王贝勒公等自备夫马，警晨夜，伺畜牧，过则彻焉。

鄂博：句以山为鄂博，以河为鄂博，以垒为鄂博，二十五部落如其境。

察哈尔牧厂鄂博：句以山为鄂博，以河为鄂博，以垒为鄂博，八旗如其境。

卡伦：句以山为卡伦，以河为卡伦，以楼望为卡伦，二十五部四喀尔喀如其境。

围场卡伦：句规高以为之卡伦，句于陊，于阪，于螽，于隙，山之隙，川之隙。

东，句柳于崖口。句西，柳于济尔哈朗图。句北，句柳于塞堪达巴汉色钦，又柳于阿鲁色呼，又柳于阿鲁呼鲁，又柳于英格，又柳于拜牲图；乃西，柳于库尔陀罗海，又柳于纳喇苏图和硕，又柳于沙勒当，又柳于锡喇札巴色钦。绝南，句柳于木垒喀喇沁，又柳于古都古尔，又柳于察罕札巴，又柳于汗特穆尔，又柳于纳喇苏图；乃西，柳于噶海图，又柳于卓索，又柳于什巴尔台，又柳于麻巴图，又柳于博多克遂。西，柳于珠尔噶岱，又柳于苏克苏尔台，又柳于卜克，又柳于燕子窝，又柳于卓索沟。绝西，句柳于察罕布尔台，又柳于阿尔散朗，又柳于［麻］①尼图，又柳于齐呼拉台，又柳于布哈浑尔；又南，柳于海拉苏台，又柳于姜家营，又柳于西燕子窝，又柳于郭拜，又柳于和罗博尔奇。东，柳于巴伦克得伊，又柳于乌喇台，又柳于锡喇诺海，又柳于纳林，又柳于格尔齐老。

柳在外，卡伦在里。故地：句周陆之中，若为翁牛特故地，若为喀喇沁故地，敖汉故地，奈曼故地，土默特故地，巴林故地，喀尔喀左翼故地。

兹事严武，既丽既博，号令散见，未有总述。于古之世，帝朔未或讫也，王教未或经也。由今之年，文符武节，所以旌也，舜迹禹踵，所以步也，按籍受成，里史之书欤？

---

① “于”下，原脱“麻”字，据自刻本补（王佩诤校本亦作“麻”字）。

［文体出太仆盘铭。自记。］①

——据吴刻本《定盦文集》卷中

蒙古寄爵表序

（**1819** 年—**1822** 年）

赛音部之有两厄鲁特，犹青海部之有贺兰山厄鲁特与额济纳土尔扈特也，皆各有爵，疆域则统之，如古附庸国。赛音西壤，茂有水草。其始也，皆居推河矣；其继也，皆居乌兰乌苏矣。今阿刺布坦裔，见旗一爵一；丹济兰裔，见爵一旗一：爵皆贝子，地皆削推河之称。官书纪载，或赘或歧，故考档宜慎也。

——据朱氏二刻本《定盦文集补编》卷二

蒙古字类表序

（**1819** 年—**1822** 年）

蒙古文字为国书之祖。大海乌巴什未奉诏时，国初所用，所谓无圈点档案者也。又为准部托忒之祖，托忒十五头，皆略仿蒙古无圈点，而末笔直下，波磔方阔者也。国书有联字一体，佛典谓之满字，蒙古无之，乃皆单行，佛家谓之半字，准部亦无之也。然则蒙古之字曷可不勒成一书以备外史？

今以波磔多寡为次序，不以天地人物为类。钦定三合音《清文鉴》之载蒙古字，以明声也。《西域同文志》之附载蒙古书，撮举天地人物相比，乃藉蒙古字形以明西字形也。是表之作，乃明以专形也。若夫蒙古喇嘛所讽唐古忒诸经，有见于今中国《大藏》本者，如《大涅槃》之△字，又∴△字，隋章安顶师强音之以伊字。又《华严经》实叉难陀本有四画相，如髻形、柞形、华形等，又各经皆有卐字、卍字等，居然符合。今故标撮一二，聊资考证。

---

① 自刻本文后有此自记，据补。“出”，王佩诤校本误作“仿”；“仆”，王佩诤校本误作“媄”。

此方僧言：声在空中，是无常法，未久则变；形在实处，其变尚迟。又言：有有声而无形者，此土空圈记是也；有有形而无声者，室利靺瑳相之属是也。洵智者之论矣。

——据同治七年吴煦刻本《定盦文集补·续录》
（以下简称吴刻本《定盦文集补·续录》）

蒙古氏族表及在京氏族表总序

（1819 年—1822 年）

浩繁乎钦吉思汗之子孙！恭读高宗皇帝上谕有之曰："三代而降，惟元系至今未绝。"御制文辨史家称奇渥温氏误也。验以蒙古语，定帝姓为博尔吉吉特氏。《元史》各姓氏皆验以今蒙古语，定为瓜尔佳、赫舍哩、鄂通等如干氏。古今声转，实则一也。其未见《元史》者，在蒙古最显著，则有喀喇沁、土默特之为乌梁海氏；在厄鲁特最显著，则有杜尔伯特、准噶尔之为绰罗斯氏；馀如部氏，其四卫拉特三有氏，惟土尔扈特无有。盖三姓之先，皆以地为氏，今钩索群书，定为恭博必塔氏，外至额济内河[①]土尔扈特亦同氏。

洪惟太祖、太宗统有诸部，大小君长，先后络附。天聪九年，始议定设蒙古固山额真八员，如满洲都统；蒙古梅勒章京八员，如满州副都统。顺治元年，诸部扈驾入关，百七十年来，按旗界处，郁为功宗。其官至一品爵至民公者，登进士科者，列于表，而以某氏原出某部，分疏其下。八旗各一表。

——据吴刻本《定盦文集补·续录》

蒙古册降表序

（1819 年—1822 年）

康熙二年，始诏礼官查国朝公主之下嫁外藩者，给予谥号。于是追谥太宗文皇帝朝噶尔思所尚主曰端献长公主，追谥世祖章皇帝朝噶尔玛

① "河"下，王佩净校本衍"之"字。

索诺所尚主曰端顺长公主。礼臣定例，阅十二年，凡外藩王妃郡主未册封者，理藩院会礼部具题，遣使册封，皆以三四五品满员往。

夷考前史，汉、唐有国之年，降主远嫁，谓之和婚；其外藩遣子入侍，则曰盛事。此皆孱弱，不洽于远。我圣朝以中外为一家，四十九旗中，匪但开国佐命之勋，媲于内臣，亦且世世有甥舅之戚，宿卫内庭，宴赉如诸王。其额驸专爵，班次在民公下，侯伯上。而京师府第，城中相望，或别赐海淀宅。内务府掌汤沐，礼官考仪品，工部司制造。出则奉暖轿朱轮车，皆金黄云绮之盖，红云绮之帏，垂金黄云绮之幨，引之以绛绣曲柄之盖，宝相华之伞，黑云绮角之纛，孔雀之扇，行朱髦七尺香草之仗，缀珠龙首之立爪。《易》称帝妹，《诗》美王姬，綦威严矣。

今以国朝公主之适外藩者，谨依玉牒诠次其谥号，而以外藩福晋郡主之荷册封者，貂冠毳袜之伦，缀于后为一表，曰哈屯者视福晋，曰格格者视郡主也。

——据吴刻本《定盦文集补·续录》

青海志序

(1819 年—1822 年)

青海在甘肃西宁府边外，唐吐谷浑之分也。三十九族，奉佛而好兵，会盟之事弗与，故文移甚少。其地，始尽番子有也，三十九族之人，尽后徙也。瓦剌与蒙古实一而二，始元、明间，为蒙古属国，视蒙古微贱。和硕特之得姓博尔吉吉特氏，当是冒贵种，未必本姓，然弗可考也。

今依钦定世系表，以和硕特之顾实汗为首，巨细之故，咸诠次于下。雍正后，顾实裔亡，而和硕特不尽亡，存者如干族，其事次焉①；其徙往以实地者，有喀尔喀、辉特、土尔扈特各部，其事又次焉。其关界以镇海堡为首，其地形以河为领，具如志。

——据朱氏二刻本《定盦文集补编》卷二

① “焉”，王佩诤校本作“矣”。

乌梁海表序

（1819年—1822年）

皇舆极北境也，其人与明阿特同祖，喀尔喀四部轻之，盖微种也。颇役附北厄鲁特、噶尔丹，不能自通。康熙三十六年，漠北平；五十四年，乌梁海来贡貂，有诏隶札萨克图汗部。乾隆三十九年，始与木兰之围，命与乌兰乌苏厄鲁特、杜尔伯特、青海为一队，谓之四别队。嗣是进年班矣。其部落以在唐努山者为大支；以牧阿勒坦山、牧阿勒坦淖尔者为属国：实一种而三国。有总管大头目一员。今钩考唐努山世系，自和罗尔迈以下，列于表。

——据朱氏二刻本《定盦文集补编》卷二

与人笺[①]

（1819年—1823年）

客言：足下始工于文词，近习考订。仆岂愿通人受此名哉！又云：足下既习考订，亦兼文词。又岂愿通人受此名哉！足下示吾近［作］[②]，勇去口吻之冶俊，为汪洋郁栗冲夷，是文章之祥也，而颇喜杂陈枚举夫一二琐故，以新名其家，则累矣累矣。

古人文学，同驱并进，于一物一名之中，能言其大本大原，而究其所终极；综百氏之所谈，而知其义例，遍入其门径，我从而管钥之，百物为我隶用。苟树一义，若浑浑圜矣，则文儒之总也。

——据吴刻本《定盦文集》卷上

---

① 原题《与人笺一》（自刻本、邃汉斋本、扶轮社本、王文濡本、夏田蓝本、王佩诤校本同），龚橙编校本题《与魏默深笺》。

② “近”下，原脱“作”字（自刻本、邃汉斋本、扶轮社本同），据王文濡本、夏田蓝本、王佩诤校本补。“足下示吾近作”，龚橙编校本作“所示近篇”。

与人笺[1]

(1819 年—1823 年)

少习名家言，亦有用。居亭主犷犷嗜利，论事则好为狠刻以取胜，中实无主。野火之发，无司燧者，百里易灭也。某公端端，醉后见疏狂，殆真狂者。某君藉疏狂以行其世故，某君效为骇稚以行其老诈。某一席之义前后不相属，能剿说而无线索贯之，虑不寿。朝士方贵，亦作牢骚言，政是酬应我曹耳。善忌人者术最多，品最杂；最工者，乃藉风劝忠厚，以济锄而行伐，使受者伤心，而外不得直。骛名之士如某君，孤进宜悯谅也。某童子妍黠万状，志卖长者，奸而不雄，死而谥愍悼者哉！

——据吴刻本《定盦文集》卷上

与人笺[2]

(1819 年—1823 年)

吾子改之！夷坦酣嬉于人，人以机械至，吾子觉。大恨，屡受侮。吾子必改之！道无畦者，事有阈也。中无险者，貌有畔也。与之为无滓无择，又不制于外，吾子必受侮矣。言难则听者重，步难则与游者重，爱憎难则受者重，重则不予侮，乃全吾爱。《书》曰："刚而无虐，简而无傲。"《论语》曰："君子敬而无失，与人恭而有礼，四海之内，皆兄弟也。"从吾子之行，必且曰：恭敬为伪薄，胡不与人坦夷而酣嬉？市人之兄弟，异乎士大夫之所闻。纤夫佻人当吾前，而不有忌惮，君子深耻之！曰：我之不足忌，彼窥之矣。

——据吴刻本《定盦文集》卷上

---

① 原题《与人笺二》(自刻本、邃汉斋本、扶轮社本、王文濡本、夏田蓝本、王佩诤校本同)，龚橙编校本原录有此信，后删去。

② 原题《与人笺三》(自刻本、邃汉斋本、扶轮社本、王文濡本、夏田蓝本、王佩诤校本同)，龚橙编校本为《与人笺七首》之三。

与人笺[①]

（1819 年—1823 年）

手教至，引拙集《知归子赞》无不随也相诘，随之义，自与前札无刺谬。足下之疏轻而酣嬉，屡受侮，慎毋以吾随藉口；善交友而无受侮，如吾《箴》中言，是亦随而已矣；因其当恭敬而恭敬之，是亦随而已矣。吾子何所见之偏侧哉！引《庄子》益缪！《庄子》曰："吾虚而与之委蛇。"委蛇耳，而与之乎骋驰，而与之乎沉溺，而与之乎上九天，绝九渊，真吾子所谓随矣。必[②]夺其中矣，乌能虚？

——据吴刻本《定盦文集》卷上

知归子赞[③]

（1819 年—1823 年）

怀归子曰：震旦之学于佛者，未有全于我知归子者也。

佛之徒吾能言之，大都夙生所造，纠缠至[④]烦重。其生也，必抱民生绝幽苦之一境[⑤]，所苦不同，要皆今古无比例，语言文字所穷，以为其根本，于以束其灵异智慧之心，而不得试于外，则尚不知有佛也，乃遁而之于惝恍、曲屈、凄异、幽灵、孤谲之一境。语言文字所穷，以为其径窦，久久而自知其不得以试于世，乃姑蓄之而佯与世谋。于是食万斤之牛，建摩天之旗，以号于天下曰：吾当即世谋。自羲、炎以来文字，无不受也；日星河海之行，帝王、妃后、臣宰、农工、徒隶之法，无不籀也；当世人民、鸟兽、龙鱼、蚰虫之情状，无不随也；身命色力，毕耗于是，久久而自思其何所返？且求诸外，且索诸内，皆不厌吾意。于斯时也，猝焉而与其向者灵异智慧之心遇；遇而不逝，乃决定其

---

① 原题《与人笺四》（自刻本、邃汉斋本、扶轮社本、王文濡本、夏田蓝本、王佩诤校本同），龚橙编校本为《与人笺七首》之四。

② "必"，自刻本、邃汉斋本同，扶轮社本、王文濡本、夏田蓝本、王佩诤校本作"心"。

③ 《风雨楼丛书》本《龚定盦别集》（以下简称风雨楼本）中，此文改题《知归子赞序》。

④ "至"，风雨楼本作"绝"。

⑤ "必抱民生绝幽苦之一境"，风雨楼本作"其所独知者绝幽苦"。

心，盖三累三折之势，知有佛矣。之人也，设震旦之人，从而尸祝之，则徒能见其中央而已矣。其学于佛也，又以其十之四习密部，以祈其灾而澹其忧，其为第一大事谋，十之六耳。

惟知归子不然，初亦不然，中亦不然，终乃愈全，岂非大菩萨度世示现者哉？合十翘诚而制赞曰：

有美一人不可测，色究竟天三昧出，示来震旦往净域。眷属如意名闻昌，众生大福一身当，之人尚然思故乡，汝何人斯恋一方？

重曰：有美一人兮，青莲之华，美人思我兮，无以为家。呜呼！我如肯思兮，亦既有家。①

——据吴刻本《定盦文集》卷下

发大心文

（1819年—1823年）

震旦苦恼众生某，稽首尽十方三世诸佛前：伏以人身难得，佛法难闻，我今得少善力，得生人中，正像云遐，末法现在，欲报大恩，须发大愿。依经论说，行是车船，愿是马楫，有船无楫，难可到也。我自诸劫以来，佛加被我，佛教诲我，佛忆念我；我有眼根不见，耳根不闻，意根不觉，流转生死，旋出旋没，至于今生，今生更迟，何生可待？父母生我，善友教我，一切有情，咸加被我，况自诸劫来，若父若母若眷属，或生天中，或生人中，或生畜生中、地狱中；我若不以今生坐大愿船，自鼓愿楫，尽诸后身，终成蹉忽，负恩无极，是谓枉得人身，虚闻佛法。是故欲修檀者，发心为先；欲修羼提，发心为先；欲修尸罗，发心为先；欲修毗黎耶，发心为先；欲修禅那，发心为先；欲修般若，发心为先。

我今先愿断种种心。何谓种种心？瞋心差别有三：曰嫉恶心，曰怨懟心，曰难忍辱心。贪心差别有三：曰乐世法心，曰羡慕心，曰忆世法心。痴心差别有五：曰善感心，曰缠绵心，曰疑法心，曰疑因果心，曰惛沉心。有境相应行心，有非境不相应行心；若广分别言，则有八万四千尘劳，皆起一心。我今誓发大心，凡生人伦，受种种恼，大心菩萨深

① 风雨楼本删此赞。

知因果，各各有故，略可设说。脱令我今世适发善念，欲入正受，即有魔事，不得成就，便当知前生善根微浅，娆善友故。脱令我今世出诚实言，而以诉人，人反讥笑，便当知我前世信根微浅，不听它言故。脱令我今生多受浮言，无情浅夫，或用见成言说而成谤论，便须知我前世处境亨泰，但能坐议，不察人世一切真实烦恼故。脱令我今世于人有礼，人见凌侮，便须知我前生忍辱根浅，或加报复，或喜我慢，今回报故。脱令我今生如孩如提，纯取真初而以待人，人相机诈，受种种恼，便须知我前生阅历太深，厚貌深中，今受报故。脱令我今世既招谤议，复值嫌疑，难可解说，便须知我前生坐于堂上，身为理官，但据形迹故。脱令我今世自细及巨，万事万状，不得择术直行，如头欲前而足欲后，便当知我前生直截如意，平生处置，数言可了，不知它苦故。脱令我今世进身坎轲，横见贬抑，便须知我前生侥取荣利，贪赂罔法，不畏人王，不耻姗笑故。脱令我今世种种处置，虽竭仁智，终无善局，便须知我前生害他眷属，累其一生故。脱令我今生于世间爱乐，百求无遂，凡所施作，垂成忽败，便须知我前生于它若有仇若无仇，一切破坏故。脱令我今生遇有恶缘，未可明言，便须知我前生误作媒翳害它人故。脱令我今世受无量冤谗，无量忧泣，不可明言，便须知我前生顺遂享福过故。脱令今生遇凶人暴辱，如豺虎行，便须知我前生无礼以凌人故。

复次：诸佛，我若后身仍生人伦，或生此世界，或生馀世界，依杂华普贤说，东南西北世界，东西南北四角世界，上方下方世界，乃至尽毗卢遮那海世界，皆当发心而正思惟。如遇它横逆，应正思惟，生安受心；遇它机械，应正思惟，生怜他心；遇他作恶，应正思惟，生度他心；遇他冥顽，不忠不孝，不存血性，于家于国，漠然无情，应正思惟，生感动他心；遇他遏抑我，噬负我，皆正思惟，而生怜他心；遇他顽痴，应正思惟，生敬他心；遇它妒忌，生让它心；遇它丑恶，应正思惟，生爱它心；乃至见他十恶五逆，亦将我心置他胸臆，而替他想，生种种怜他心，宥他心，度他心，乃至一切施不如愿于我，我皆如是思惟，此我夙业，今生幸已受报，已偿已讫，生自庆幸心。

复次：诸佛，我若后身仍生天伦，若日天子，若月天子，若星辰天子，或生忉利天，或生须焰摩天，或生四天王天，或生它化自在天，乃至生诸梵天，乃至生五不还天，生色究竟天，皆当发心，忆见众生，照见众生。我生天上，入于内院，值补处佛，佛已降时，最先请佛说法，佛涅槃时，受我最后法供，如纯陀事，佛佑第一，当念世人不值佛世，或又遭遇灭法人王，我皆衍佛法绪而以度之。我生天上，身有千头，头有千舌，舌有千义，气足音宏，辩才第一，当念众生冤枉蹇涩，若忠臣，若孝子，若贤妇、孝女、奴仆，种种屈曲缭戾，千幽万隐，我皆化身替他分说而以度之。我生天上，威德自在，尊严第一，当念众生贱苦而以度之。我生天上，寂然安隐，得诸三昧，陀罗尼门定慧第一，当念众生或困色阴，或困想阴，种种颠倒，我施安隐而以度之。我生天上，寿命第一，当念众生朝有夕无，哭泣相续，我施寿命而以度之。我生天上，安居第一，当念众生或涉大水而困涛波，或从高山跌落，不得至地，心怖神飞，我当化身空中，为其接住而以度之。我生天上，调适第一，当念众生生恶毒疮，种种苦病，或遇刀刃，或落半头时，或断手脚时，或刳肠胃及两眼时，求死未死时，我皆分身而以度之。我生天上，洁净第一，当念众生在于地狱，既受无量痛苦，仍在沸屎，受无量秽，我皆不惮亲往而以度之。我生天上，慧照天人，多闻第一，当念众生少见寡闻，于一切处自疑自骇，我当令其到心皆平，而以度之。我生天上，久远超出因明、内外五明，神明第一，当念众生小聪小辨，世法多闻，或困名身，或困句身，或困文身，颠倒日夜，我先化身令其成就，然后解脱而以度之。我生天上，春吐栴檀气，夏吐芬陀利气，秋吐兰气，冬吐须曼那气，身长由延，端正第一，当念众生现富单那形，鸠槃荼形，夜迦形，或人生中粗弊如畜，福力轻微，或生疣赘，五官不全，同伦讥厌，已亦厌苦，我当巧术而以度之。我生天上，八万四千微妙侍女，来相亲娱，著微妙衣，出微妙声，或以携手为极乐，或以相笑为极乐，当念众生困于粗重淫欲，不知厌苦，复有慧根男女，想阴炽盛，生诸疾病，种种粗细境界，我皆化作色身，为其成就如愿，然后解脱而以度之。我生天上，供养第一，当念贫穷众生，我以法力取龙宫宝贝，或美衣食，而以度之。

复次：诸佛，我若度人，当发大愿心，先度此生父身、母身、眷属身，再度旷劫以来，不可说、不可说、父身、母身、眷属身；又当度此世一切知识我之身，又当度旷劫以来，不可说、不可说、识知我之身，又当度旷劫以来至于此世，与我有仇、有怨之身，乃至遍度旷劫以来，至于今世，若因缘，若增上缘，若等无间缘，若所缘缘，若有情而作缘，若无情而作缘，人所不见天眼乃见之身，依《首楞》说，十二类生，各各入其类中，而说法要而化导之。虽有化导化身劳苦，我实寂然，不出于定，安坐本所，不离三昧，身心如故。凡此所愿，我实誓发，无虚诳心，所愿佛加被我，佛证知我，佛提撕我，佛成就我，使我尽此一形，乃至千形万形无量形，尽诸后有。无凡夫障，无小乘障，无中乘障，无外道障，无魔民障，无魔王障。正念相续，正愿相续，正知相续，正见相续，正行相续，我尽诸身，若毛发，若肝脑，若头目，而以作供，不作为报。我虽化身，横尽虚空，竖尽来劫，作其尘沙，一一沙中，有一一舌，一一舌中，出一一音，而以赞佛，不能尽也。又以化身，竖尽来劫，横尽虚空，作其尘沙，沙中一一舌，舌中一一音，而以劝人赞佛，不能尽也。世界无尽，佛力无尽，众生无尽，一世法无尽，我愿亦无尽。

[癸未夏，余编《初集》二百二十篇竟，其正集九十又八篇，以此文竟。过是以往语言文字为《定庵二集》。自记。]①

——据吴刻本《定盦文集》卷下

附：定盦初集总目

(1823 年 7 月)

文集上卷道光癸未六月开雕廿六篇　文集中卷开雕十二篇　文集下卷开雕八篇　馀集上卷未刻　馀集中卷未刻　馀集下卷未刻　馀集附少作一卷开雕五篇　诗上卷未刻　诗中卷未刻　诗下卷未刻　梦草一卷未刻　馀集上卷未刻　馀集中卷未刻　馀集下卷未刻　附少作诗一卷未刻　定盦别集第一卷开雕　别集第二卷开雕　别集第三卷开雕　别集第四卷开雕

以上大凡十有九卷。道光癸未六月，定盦记之。

——据自刻本《定盦文集》卷首

跋夫椒山馆诗稿

(**1820** 年 **6** 月下旬—**7** 月初)

[周仪昧《夫椒山馆诗》(稿本)第四(卷)之尾，龚自珍手跋云]定盦圈大如狗颔下铃，墨迹惨澹者是也，以为识别，弗与海内名流之圈

① 自刻本文后有此自记，据补。

点相混。庚辰五月，袁浦舟中事。

［同上书第五（卷）之尾，龚自珍手跋云］定庵头陀读过。时嘉庆庚辰也。

［同上书第十一（卷）之尾，龚自珍手跋云］气韵渊雅，当与《蚕尾》一集并传。龚自珍。

——据周仪暐《夫椒山馆诗》（稿本），苏州市图书馆藏

慈云楼藏书志序

（1820年7月10日）

目录之学，始于刘向。嗣是而降，约分三支：一曰朝廷官簿，荀勖《中经簿》，宋《崇文总目》、《馆阁书目》类是也；一曰私家著录，晁公武《郡斋读书志》、陈振孙《书录解题》类是也；一曰史家著录，则班史《艺文志》、《隋书·经籍志》以下是也。三者体例不同，实相资为用，故不能以[①]偏废。三者之中，体例又二：史家著录，惟载卷数；其他则一[②]载卷数，一则条书旨。其最详者，则又胪注某抄本、某椠本，旁及行款、印记、题跋。兹事虽细，抑专家之业至于是而始可谓备，则亦未易言矣。

我朝右文之治，夐绝千古。纯皇帝开四库、建七阁后，海内之士，臻于斯路，承平日久，士夫风气渊雅。好事有力者，不侈声色之娱，好聚图籍，夥者甲其[③]县，东南数行省往往有之。予以嘉庆丙子，侍任东海上，海上言文献旧家，皆推李氏。李君有园亭花竹，数招集名士为文酒之乐。兹以所编《藏书志》□卷属为序。

予览之，书凡六千种，议论[④]胪注凡□万言，一以《四库提要》为宗法，折衷无遗憾。窃惟往者明中叶以后，言藏庋者，屈指十馀家，岂无富于是、秘于是者？兵燹风雨之馀，梗概尚可见。惜明人学术芜陋，荆楛珠玉，杂然并陈，至于论议之际，罕所发明。予故不惟叹[⑤]李君之

① “能”下，王佩诤校本脱“以”字。
② “则一”，王佩诤校本误作“一则”。
③ “其”下，王佩诤校本衍“郡”字。
④ “议论”，王佩诤校本作“论议”。
⑤ “叹”，王佩诤校本误作“欲”。

勤，而又幸其遭际承平，涵泳于累朝右文之泽长也。

或谓李君生稍晚，不遇纯庙开局时，献书于朝，遭逢睿奖，如鄞范氏、歙汪氏、吾杭吴氏、鲍氏比。不知我朝右文之盛，绳绳未有极，天下名山石壁，日出其藏，番舶或往往携异书至，为乾隆四库诸臣所未见。尚书阮公抚吾浙时，岁进四库未录书十馀种，共得百二十馀种，是生稍晚未为不幸也。况李君甚好学，行将遍咨中原士大夫，博收而精辨之。吾①知他日谈本朝目录之学者，必曰：四库七阁既为《七略》以来未有之盛，而在野诸家，如上海李氏，亦足以备上都之副墨而资考镜者也。顾不伟②欤？是为序。嘉庆二十五年六月朔，仁和龚自珍。

——据罗振常《善本书所见录·附录》所载周子美《慈云楼藏书志考》，商务印书馆 1958 年版

附：上海李氏藏书志序

（1826 年 7 月 5 日—8 月 3 日）

龚自珍曰：目录之学，始刘子政氏。嗣是而降，有三支：一曰朝廷官簿，荀勖《中经簿》，宋《崇文总目》、《馆阁书目》，明《国史经籍志》是也；一曰私家著录，晁公武《郡斋读书志》、陈振孙《书录解题》以下是也；一曰史家著录，则汉《艺文志》、隋《经籍志》以下皆是也。三者其例不同，颇相资为用，不能以偏废。三者之中，其例又二：或惟载卷数，或兼条最书旨。近世好事者，则又胪注某抄本，某椠本，某家藏本。兹事殊细，抑专门之业，必至于是，而始可谓备，则亦未易言矣。

纯皇帝开四库，建七阁，海内之士，毕睹官簿。大江以南，士大夫风气渊雅，则因官簿而踵为之，往往瑰特，与中朝之藏有出入者。而上海李氏，乃藏书至四千七百种，论议胪注至三十九万言。承平之风烈，与鄞范氏、歙汪氏、杭州吴氏、鲍氏相辉映于八九十年之间。李君犹且恨生晚，不获遇纯皇帝朝亲献书。顾异日数本朝目录，必不遗李氏。吾生平话江左俊游宾从之美，则极不忘李氏，东南顾倚倚踞天半矣哉！李君名筠嘉，议叙光禄属官衔，不仕。

---

① “吾”，王佩诤校本误作“我”。

② “伟”，王佩诤校本误作“玮”。

道光六年丙戌六月，龚自珍在京师寄此序。

——据吴刻本《定盦续集》卷三

跋北齐兰陵王碑

（1820年11月6日—12月5日）

此碑未见诸家著录。即赵氏《金石录》，于北齐搜采略备，亦未及之。一本作“此独遗焉”。藏钱唐何梦华家，庚辰孟冬，举以相赠。隶法苍郁怒遒，一本作“苍而郁，遒而劲”。［绝］[①] 类蔡中郎《夏承碑》，又类《赵圉令碑》，百金之字[②]，宝之！定庵道人跋。

——据扶轮社本《全集·定盦文拾遗》

徽州府志氏族表序

（1820年）

龚自珍始为徽州府表氏族也。

先王以人道序天下，故氏族肇焉。我大清文物备布[③]，山川穆清，濒海而东，置行省者一十有八，其县一千三百有奇，县之民籍皆亿万。民皆能言所姓，而姓以世德家行，及勋贵之迹有述者，谓之大。自珍所至县多矣，皆诹而记之。夫以大姓雄于县而诎于府者，有之矣；以大姓雄于府而诎于一行省者，又有之矣；以大姓雄于一行省，而诎于总知天下掌故之宗所记闻者，又有之矣。

曩者家大人知徽日，命自珍任征讨文献之役。徽之大姓，则固甲天下，粲然散著，靡有专纪，是故削竹而为之表。其义例曰：载大宗，次子以下不载，夫宗法立而人道备矣。次子之子孙，官至三品则书，不以宗废贵贵也。其有立言明道，名满天下则书，不以宗废贤贤也。自今兹

① “类”上，王佩净校本据民国十年铅印本《娟镜楼丛刻·定盦遗著》（以下简称娟镜楼本《定盦遗著》）补“绝”字，从之。

② “字”，王佩净校本同，娟镜楼本作“宝”。

③ “布”，王佩净校本误作“亿”。

嘉庆之世，推而上之，得三十世以上者，为甲族；得三十世者，为乙族；得二十世者，为丙族。义何所尚？尚于恭旧。遂著录洪氏、吴氏、程氏、金氏、鲍氏、方氏、汪氏、戴氏、曹氏、江氏、孙氏、毕氏、胡氏、朱氏、巴氏，凡十有五族，其馀群姓附见焉，弗漏弗滥。

书既成，阅六年，嘉庆庚辰之岁，则开箧而最录之如此。若夫齐、梁之浮谭，江左之虚风，侈心膏粱之名，诡言氏族之学，朝之失政，野之失德，作者何师焉？

——据朱氏二刻本《定盦文集补编》卷二

农宗

（1820 年—1823 年）

龚子渊渊夜思，思所以撢简经术，通古近，定民生，而未达其目也。曰：古者未有后王君公，始有之而人不骇者何？古者未有礼乐刑法与礼乐刑法之差，始有之而人不疑惧者何？古者君若父若兄同亲者何？君若父若兄同尊者何？尊亲能长久者何？古之为有家与其为天下，一以贯之者何？古之为天下，恒视为有家者何？

生民之故，上哉远矣。天谷没，地谷茁，始贵智贵力。有能以尺土出谷者，以为尺土主；有能以倍尺若十尺、伯尺出谷者，以为倍尺、十尺、伯尺主；号次主曰伯。帝若皇，其初尽农也，则周之主伯欤？古之辅相大臣尽农也，则周之庸次比耦之亚旅欤？土广而谷众，足以芘其子，力能有文质祭享报本之事，力能致其下之称名，名之曰礼，曰乐，曰刑法。儒者失其情，不究其本，乃曰天下之大分，自上而下。吾则曰：先有下，而渐有上。下上以推之，而卒神其说于天，是故本其所自推也，夫何骇？本其所自名也，夫何疑何惧？

儒者曰：天子有宗，卿大夫公侯有宗，惟庶人不足与有宗。吾则曰：礼莫初于宗，惟农为初有宗。上古不讳私，百亩之主，必子其子；其没也，百亩之亚旅，必臣其子；馀子必尊其兄，兄必养其馀子。父不私子则不慈，子不业父则不孝，馀子不尊长子则不悌，长子不赡馀子则不义。长子与馀子不别，则百亩分；数分则不长久，不能以百亩长久则不智。农之始，仁孝悌义之极，礼之备，智之所自出，宗之为也。百亩之农有男子二，甲为大宗，乙为小宗。小宗者，帝王之上藩，实农之馀夫也。有小宗之馀夫，有群宗之馀夫。小宗有男子二，甲为小宗，乙为群宗。群宗者，帝王之群藩也。馀夫之长子为馀夫。大宗有子三、四人，若五人，丙、丁为群宗，戊闲民，小宗馀夫有子三人，丙闲民。群宗馀夫有子二人，乙闲民。闲民使为佃。闲民之为佃，帝王宗室群臣也。古者无文，用撢稽而可知也。

请定后王法：

百亩之田，不能以独治，役佃五；馀夫二十五亩，亦不能以独治，役佃一。大凡大宗一，小宗若群宗四，为田二百亩，则养天下无田者九人。然而天子有田十万亩，则天下无田亦不饥为盗者，四千有五百人。大县田四十万，则农为天子养民万八千人。十一之赋尚不与。非以德君也，以德而族；非以德族也，以食有力者。佃非仰食吾宗也，以为天下出谷。然而有天下之主，受是宗之福矣。

百亩之宗，以十一为宅，以十一出租税奉上。宅不十一，则不足以容鱼菽之祭，不足以容舂揄；税不十一，则不足以为天子养官属及选举之士。以十一食族之佃，佃不食十一，则无以戚期功。以十一奉上，谊亦薄矣。以十一戚期功，恩亦杀矣。圣者立法，以中下齐民，不以上齐民。

大宗有十口，实食三十亩。桑苎、木棉、竹漆、果蓏十亩，粜三十亩。以三十亩之粜治家具。家具始于缚帚，缚箨以为帚，冶泥以为釜，厥价陶三之，机杼四之，灯五之，祭豆七之。米斗直葛布匹，绢三之，木棉之布视绢，皆不得以澮泉货。百家之城，有货百两，十家之市，有泉十绳，裁取流通而已。则衣食之权重，则泉货之权不重，则天下之本不浊。本清而法峻，诛种艺食妖辣[①]地膏者，枭其头于陇，没其三族为奴。

宗为馀夫请田，则关大吏。佃同姓不足，取诸异姓，为变法，关群吏。丰凶、肥硗、寡庶易不易，法不尽同，关群吏。国有大事以宗徙，徙政关大吏。

馀夫家五口，宅五亩，实食十亩，以二亩半税，以二亩半食佃，以二亩半治蔬苎，以二亩半粜。自实食之外，宅、税、圃、粜、佃五者，毋或一废。

凡农之仕为品官大夫者，则有禄田。大官之家，父有少疾瘯、寒

---

① “辣”，自刻本作“辣”。

暑、湿干，不以使其子，山川鬼神则使之；子有少疾瘯、寒暑、湿干，不以诉其父，祟有家也。田一品者四世，二、三品三世，四品二世，五品一世，皆勿税，勿予俸；六品以下予之俸。婢妾之养不备，则不世；祠祭弗如式，不世；不辨菽粟，亦不世；食妖、服妖，不世；同姓讼，亦不世：督有家也。家受田、归田于天子，皆关大吏。稽其世数，关群吏。

本百亩者进而仕，谓之贵政之农；本仕者退而守百亩，谓之释政之农；本不百亩者进而仕，谓之亢宗之农；本仕者退而不百亩，谓之复宗之农。仕世绝，本大宗者复为［大］[①] 宗，本小宗者复为小宗，本群宗者复为群宗，本闲民复为闲民。贵不夺宗祭，不以朝政乱田政。

自大宗以至于闲民，四等也。四等之农，与其进扞而国也，姑将退保于宗；与其进保而宗也，姑将退修于宅。是故筹一农身，身不七尺，人伦五品、本末源流具矣！筹一农家，家不十步，古今帝王，为天下大纲，细目备矣！木无二本，川无二源，贵贱无二人，人无二治，治无二法。请使农之有一田一宅，如天子之有万国天下。姑试之一州。州蓬跣之子，言必称祖宗，学必世谱谍。宗能收族，族能敬宗，农宗与是州长久，泰厉空虚，野无夭札，鬼知恋公上，亦百福[②]之主也。

［江铁君曰：商之衰，农不知宗，故公刘立之。周之衰，农不知宗，故管夷吾立之。周之盛也，周公、康叔以宗封。其衰也，周平王以宗徙，翼顷父、嘉父、戎蛮子皆以宗降。汉之实陵邑，以六国巨宗徙，国以农徙也。农之主伯徙，则亚旅尽徙。若无宗法，上安能族徙而族封？有司之令梗塞，国安恃此散无友纪之百姓哉？神尧亦弗能平章已。

陈硕甫曰：《礼运》曰："天子有田以处其子孙。"不曰有天下国家。《周礼》"九两系邦国之民"。一曰"宗""以族得民"。民之宗如何？《左传》："师服曰：士有隶子弟，庶人工商，各有分亲，皆有等衰。"是其注也，是龚氏之言之所酿积融会者也。近世回部、蒙古有旗分，有族分，或以族降，或以族徙，或以族开垦，其叛者亦以族。盖世酋无析产之俗，故世世富足，令群支仰赖以活，而苗裔能言其先派，有至数十世之多者，此文之旁证也。又柳子厚《封建论》、前半本《楼炭经》，亦先有下而渐有上之义，亦此文旁证。

或曰：宗法立，专隆大宗，以士庶而为强干弱枝之谋，仁欤？应之

① "宗"上，原无"大"字（自刻本同），据王佩诤校本补。

② "福"，自刻本同，王佩诤校本误作"幅"。

曰：子之言，知《鸤鸠》诗人均平之小义，而不知《大易》长子主器之为福也。先王正天下之分，分定而心安，义即仁也，无贵贱一也。自记。]①

附：图一 大宗图

大宗

子甲 袭大宗百亩，父六十而袭。

子乙 立为小宗，别请田二十五亩，即馀夫也；馀夫不见经，惟见《孟子》及何休《公羊传注》，正可证吾宗法。

子丙

丁 皆立为群宗，皆请田二十五亩，皆馀夫也。孟子、何休皆不言馀夫是何等民，故以宗法定其目焉。

戊 为闲民。若依古制，每夫百亩，田何以给？故立四等之目以差。

图二 小宗图

小宗

子甲 袭小宗之二十五亩，父六十而袭。父母老，必养于宗子之家。故大宗以十口率，小宗以五口率，虽过是，亦足食。

子乙 立为群宗，别请田二十五亩。

子丙 闲民。

图三 群宗图

群宗

子甲 袭②群宗之二十五亩，父六十而袭。

子乙 闲民。虽尧、舜不能无闲民，安得尽男子而百亩哉？周之农必有宗法，何疑？

——据吴刻本《定盦文集》卷上

---

① 自刻本有魏源、汪能肃、江沅、陈奂批语与自记，吴刻本一并删去。扶轮社本、王文濡本均将江、陈批语误为自记（未录魏、汪批语）。兹据自刻本补入江、陈批语与自记。又，王佩诤校本所补江沅批语，“族徙”之“族”误作“旅”，“弗能”之“能”误作“得”，“平章已”之“已”误作“矣”；所补陈奂批语，于“近世”上脱“是龚氏之言之所酿积融会者也”十三字，“《封建论》”下脱“前半本《楼炭经》”六字；所补自记，于“曰”上误补“自记”二字，“正天下之分”之“分”字上，衍“大”字。

② “群”上，王佩诤校本脱“袭”字。

农宗答问第一①

（1820 年—1823 年）

问：百亩之法，限田之法也，古也然乎？

答：否否。吾书姑举百亩以起例，古岂有限田法哉？贫富之不齐，众寡之不齐，或十伯，或千万，上古而然。汉以后末富，三代本富，汉以后以财货相倍蓰相十伯相千万，三代以田相十伯千万。相百也故曰陌，相千也故曰阡。一本作“陌也、阡也，义由是朕”。大抵视其人之德，有德此有人，有人此有土矣。天且不得而限之，王者乌得而限之？且夫后世之末富，以财货相十伯千万，世宗莫得而限之，三代乌能限田？三代之季，化家为国之主，由广田以起也。

农宗答问第二②

（1820 年—1823 年）

问：汉代众建诸侯而少其力，其义何若？

答：此为汉主谋诸侯王之善，非诸侯王自谋之善，王子侯而诸王竟不振。贾谊、主父偃，汉之忠臣，其汉诸侯王之忠臣耶？

农宗答问第三③

（1820 年—1823 年）

问：宋张氏九世同居，流俗以为美谈，何必有大宗？

答：鲁以相忍为国，非姬周太平之鲁可知。况以相忍为家，生人之乐尽矣，岂美谈耶？一本作“忍其能久乎”。

---

① 龚橙编校本正文题《农宗答问一》（《目录》则将《农宗答问》一至五统题《农宗答问》）。

② 龚橙编校本正文题《农宗答问二》。

③ 龚橙编校本正文题《农宗答问三》。

农宗答问第四[①]

（1820年—1823年）

问：既立农宗，又不限田，如此天下将乱。恐天下豪杰，以族叛，以族徙，以族降敌[②]，则如何？

答：此亡国之所惧，兴王之所资也。孟子曰："为政不难，不得罪于巨室。巨室之所慕，一国慕之，一国之所慕，天下慕之。沛然德教，溢乎四海。"孟子筹之至熟矣。如此一代之祖，可省十年用兵。

农宗答问第五[③]

（1820年—1823年）

问：天下已定，独天下诸有田之大宗，不内租税，奈何？内租税而近京师，患其藏甲逼宗室，又奈何？

答：此视兴王之德与[④]力矣。全德不恃力，莫肯[⑤]不服，其次用力。力有二[⑥]等：诛之、徙之。诛其大宗，放流其群宗，取其田以食兴王之宗室、亚旅、比耦也。不能，姑徙之。汉初徙楚之诸屈，齐之诸田、昭氏、景氏以实陵邑，力之次也。力又不能徙之，则楚以三户亡秦。

——据扶轮社本《全集·定盦文拾遗》

跋白石神君碑旧拓本

（1821年2月初—3月初）

道光辛巳正月，探梅邓尉舟中，携此展观，并携《隶释》一部。此

---

① 龚橙编校本正文题《农宗答问四》。

② "敌"，原作"散"，据光绪三十四年成都官书局刻本《龚定盦全集》（以下简称成都官书局本）改。

③ 龚橙编校本正文题《农宗答问五》。

④ "与"下，成都官书局本有"其"字。

⑤ "莫"下，成都官书局本无"肯"字。

⑥ "二"，原作"三"，据成都官书局本改。

本小漫患处注于旁。洪氏颇不喜此书，疑不类汉，予亦谓然。持《三公山石刻》相比，气味龝别者。曩见孙退谷家宋本，今在翁阁学家。阁学殁后，不知今在谁氏。此亦是百年前旧拓本。书毕而舟抵木渎口矣。定公。

同舟者顾君涧薲。舟中以舟师鸡毛笔书此。

——录自《求索》1985 年第 1 期，原件为邓以蛰旧藏

珠镜吉祥龛心课[①]（选录）

（1821 年 10 月 12 日—11 月 5 日）

珠镜吉祥龛心课一卷。苦恼众生饔并题。己卯岁撰，庚辰岁续。

道光元年九月甲子日，未正二刻奉行起，大吉祥，有如三宝，定公。

二十日丁卯，入律。是日诵《初发心功德品》讫，有如所诵。定公。

二十一日戊辰，发大勇猛心，持律。定公。

九月二十五日午初一刻，诵《明法品》，生欢喜奉持心。定公记于定龛中。

十月十一日午初书，定公。一切无能破我法者；一切时无不可证入法界者。是时，诵《升兜率天品》竟，以此为界为证。（下钤白文篆书“大心凡夫顶礼”方印。）是日競柴米，此勿算，以明日算起。

——据《小莽苍苍斋藏清代学者法书选集·彩色图版·四四 龚自珍行书珠镜吉祥龛心课册》，文物出版社 1995 年版，原件藏中国历史博物馆

① 《珠镜吉祥龛心课》（一卷）系龚自珍手稿，原为田家英小莽苍苍斋所藏。据《小莽苍苍斋藏清代学者法书选集·图版说明·四四 龚自珍行书珠镜吉祥龛心课册》编者说明云：“此册正文十八开，后附龚橙录词、杨葆光跋一开，全册共十九开，今选第一开。封面有朱书‘珠镜吉祥龛心课一卷，定龛主人题签’。自第一开起为自珍学佛习儒手记。上卷全录楞严、大悲二咒，下卷摘录经典语录、诸子先儒名言及师友至言，附以自箴。”本篇节录自其所选第一开。

拟进上蒙古图志表文

（1821年11月25日）

臣伏处下士之列，纵观史册之盛，翘首昭代之迹，游心官书之府，仰天章之有烂，测地舆之至赜。我朝之盛，乃自羲、炎、尧、禹以降，文儒武臣，目所不能殚，耳所不能闻，帝者号令所不能逮，史官文章所不能记。有一臣于此，遭遇隆代，明聪特达，能通文学，能见官书，能考官书，能见档册，能考档册，能钩稽补缀，能远游，能度形势，能通语言文字，能访问，能强记，能思虑，能属词比事，信或有之，其福甚大，求之先士，无有伦比者也。

臣珍梼昧，乃非其伦。窃见国朝自西域荡平后，有《钦定西域图志》五十卷，专纪准部、回部山川种系声音文字，及于国朝所施设政事，著录文渊阁，副墨在杭州、镇江、扬州，既富既巨，永永不朽。臣考前史，动称四海，西北两海，并曰盖阙。我朝之有天下，声教号令，由回部以达于葱岭，岭外属国之爱乌罕、那木干以迄于西海；由蒙古喀尔喀四部，以达于北方属国之鄂罗斯，以迄于北海。回部为西海内卫，喀尔喀为北海内卫。今葱岭以内，古城郭之国，既有成书，而蒙古独灵丹呼图图灭为牧厂，其馀五十一旗，及喀尔喀四大部，纵横万馀里，臣妾二百年，其间所施设，英文巨武，与其高山异川，细大之事，未有志。遂敢伸管削简，䚡理其迹，阖辖其文，作为《蒙古图志》，为图二十有八，为表十有八，为志十有二，凡三十篇。私家著述，所得疏漏，不敢仰与官修各件絜短长于万一。顾见钦定《四库书目》，著录文渊者，于下士私述，间蒙俯采，不遗其勤，凡若干种。窃愿是书，他日附官书以传，得著录《四库》之末简，则无其才也，而福与之并矣。述曰：

圣祖高宗，文冠古后，剸而比之，武文咸富。述《天章志》第一。

满洲祭天，则有礼书，茂彼北裔，亦考厥图。述《礼志》第二。

古舞侏儒，庙门之下，号嘈者何？以侑诈马。述《乐志》第三。

人戴北斗，中言匪西，出地入地，测之用圭。述《晷度志》第四。

内四十九，如康田功，附土默特，西旗既同。述《旗分志》第五。

如古康侯，盟用刑牛，画社为六，理藩所区。述《会盟志》第六。

有哲卜尊，北方大师，如宗喀巴，宏于西陲。述《象教志》第七。

摩腾演汉，章佳赞圣，彼褊此宏，本师所印。述《译经志》第八。

小东大东，漭漭乌龙，亦有北海，厥受则同。述《水地志》第九。

古兀落素，今也卡伦，匪爱其兽，以陆人民。述《台卡志》第十。

贡用九白，始自崇德，王会征之，如典属国。述《职贡志》第十一。

教骁攻驹，诂儒失传，北方大政，以牧代佃。述《马政志》第十二。

斯者托忒，不资豪毛，国书因之，落叶龙艘。述《字类表》第十三。

民生哑哑，后立文字，声在形先，我聪厥际。述《声类表》第十四。

天子命舆，地则必书，曰讨曰巡，请詹起居。述《临莅表》第十五。

粲粲中原，有削有吞，浩彼诸藩，岂无革沿？述《沿革表》第十六。

林丹既夷，旁支具安，如鄂承丕，云礽磐磐。述《氏族表》第十七。

收其大人，扈入居庸，固山梅勒，辖是功宗。述《在旗氏族表》第十八。

爱猷之逊，隔三百年，天聪以前，系阙弗全。述《世系表》第十九。

古称封建，圣不得已，因乎自然，匪我锡祀。述《封爵表》第二十。

硕矣天姬，为之哈屯，礼官择言，匪古和婚。述《厘降表》第二十一。

准有鄂拓，蒙古之旗，如我京城，参佐所治。述《旗职表》第二十二。

推河二族，今则乌兰，名曰寄牧，牛羊宴然。述《寄爵表》第二十三。

济浓岱青，其汗其王，漠南视之，以为朔方。述《喀尔喀总表》第二十四。

帝姒天姬，再世降灵，匪戚伊勋，笾于庙庭。述《赛因诺颜总表》

第二十五。

民贵见几，智者全生，四卫拉特[①]，尔安尔荣。述《新迁之杜尔伯特表》第二十六。

昔也五族，今也二存，督之县之，臣有瑰文。述《四卫拉特总表》第二十七。

唐努之山，为北属国，臣请上言，置札萨克。述《乌梁海表》第二十八。

帝平罗刹，尝用其人，海西漠北，厥居屡迁。述《巴尔虎表》第二十九。

藐吐谷浑，五部无统，和硕少文，台吉之总。述《青海蒙古表》第三十。

曩钦吉思，逐苏勒坦，何如今朝？玉兹奉版。附述哈萨克为一表。

抱羊乞钱，西东奉藩，偕哈萨克，拱我天山。附述布鲁特为一表。以上二表用前编修徐松所述。

道光元年十一月朔，内阁中书龚自珍撰表。

[是书成者十之五六，拟俟其成而别行。道光壬午九月二十八日，吾家书楼灾。此书稿本之半，及为此书而收聚之档册图志，世所弗恒见者，尽毁焉。遂辍业弗为。以总表文及序文若干篇，附存文集中，非初心矣。自记。][②]

——据吴刻本《定盦文集》卷中

致秦恩复书[③]

（1821 年后）

士大夫多瞻仰前辈一日，则胸中长一分丘壑；长一分丘壑，则去一部[④]鄙陋。潜移默化，将来或出或处，所以益人邦家[⑤]与移人风俗不

① “卫拉特”，王佩诤校本误作“卫特拉”。

② 自刻本文后附此自记，据补。“毁”下，王佩诤校本脱“焉”字。

③ 王佩诤校本题《与秦敦夫书》。秦恩复（1760—1843），字近光，号敦夫，一字澹生，江苏江都人。乾隆五十二年（1787）进士。官翰林院编修。

④ “部”，王佩诤校本作“分”。

⑤ “邦家”，王佩诤校本作“家邦”。

少矣。

——据《今传是楼诗话》，民国二十二年大公报社出版部版

陈硕甫所著书序

（1821 年—1822 年）

孔子曰："吾道一以贯之。"故《记》曰："黄帝正名百物，以明民共财。"告仲由曰："名不正，则言不顺；言不顺，则事不成；礼乐不兴；刑罚不中。"子游曰："有始有卒者，其惟圣人乎！"古者八岁入小学，教之数与方名，与其洒扫进退之节，保氏掌国子之教，有书有数，六书九数，皆谓之小学。由是十五入大学，乃与之言正心诚意，以推极于家国天下。壮而为卿大夫、公侯，天下国家名实本末皆治。

后世小学废，专有大学。童子入塾，所受即治天下之道，不则穷理尽性幽远之言。六书九数，白首未之闻。其言曰：学当务精者巨者。凡小学家言不足治，治之为细儒。

于是君子有忧之。忧上达之无本，忧逃其难者之非正。不由其始者，终不得究物之命。于是黜空谈之聪明，守钝朴之迂回，物物而名名，不使有遁。其所陈说艰难，算师畴人，则积数十年之功，始立一术。书师则繁称千言，始晓一形一声之故。求之五经、三传、子、史之文而毕合，乃宣于楮帛。而且一户牖必求其异向也，一脯醢必求其异器与时也，一衣裳必求其异尺寸也。有高语大言者，拱手避谢，极言非所当。于是二千载将坠之法，虽不尽复，十存三四。愚瘁之士，寻之有门径，绎之有端绪，盖整齐而比之之力，至苦劳矣。

陈硕甫曰：是苦且劳者，有所甚企待于后。后孰当之？则乃所称闻性道与治天下者也。乃言曰：使黄帝正名，而不以致上世之理，孔子之正名，而终不能以兴礼而齐刑，则六艺为无用，而古之儒之见诟，与诟古之儒者齐类。彼陟颠而弃本，此循本而忘颠，庸愈乎！且吾不能生整齐之之后，既省吾力，而重负企待者。于是始以六书九数之术，及条礼家曲节碎文如干事推之，欲遂以通于治天下。大凡某书如干篇，如干卷，某书如干卷，都如干卷，如目录。

兵部主事姚先生曰："今天下得十数陈硕甫，分置各行省，授行省学弟子，天下得百十巨弟子，分教小弟子，国家进士，必于是乎取，则

至教不躐等，且性与天道之要，或基之闻矣。”中书胡先生曰：“使硕甫自信所推毕无阂，请从姚先生之言；所推犹有阂，则姑舍是言。整齐益整齐，企待益企待，总之，必不为虚待，无歧谬。”是二言者，龚自珍皆闻之，因最录书指意皆识之。

——据吴刻本《定盦文集》卷中

上国史馆总裁提调总纂书

（1821年—1823年8月初）

内阁中书、本馆校对官龚自珍上书各中堂、各大人、各先生阁下：本馆现在续修《大清一统志》，自乾隆三十九年书成后，伏遇今日重修，欣贺无量。续者纂其所未载，修者订其所已成。自珍与校对之役，职校雠耳。书之详略得失，非所闻，亦非所职。虽然，窃观古今之列言者矣，有士言于大夫，后进言于先进之言，有僚属言于长官之言。僚属言于长官，则自珍职校雠而陈续修事宜，言之为僭、为召毁，士言于大夫也，后进言于先进也，则虽其言之舛，先进固犹辱诲之。自珍于西北两塞外部落，世系风俗形势，原流合分，曾少役心力，不敢自秘，愿以供纂修、协修之采纳，而仍不敢臆决其是否，恃中堂以下之必辱诲之也。不得以官牍请，为书一通，如干条，如后方：

一、钦定《西域图志》，及《皇朝文献通考四裔考》，皆于西边新疆外胪属国一卷；西边有布鲁特、哈萨克、爱乌罕、纳木干、安集延、痕都斯坦诸类，旧志约略开载。窃谓西有西属国，北有北属国，北属国之情形，与西属[①]尤不同。北属往往错处喀尔喀、伊犁之间，东北则错蒙古、黑龙江之间。天朝亦往往用其兵力，如乌梁海，则圣祖平漠北用之，高宗平准噶尔用之；巴尔虎，则圣祖平罗刹用之。科布多七旗，则以贸市至，无虚月。皆见忠悃，非安集延等孤悬葱岭者可比。是故钦定《蒙古王公表传》，则尝取科布多之扎哈沁一旗，考其世系，书其功绩，以壮盟府之藏。而乌梁海一国，三支分处，自讨噶尔丹招降后，和罗尔迈遣使贡貂，至今年班不绝。在唐努山者，则有和罗尔迈，见档册；在阿勒坦淖尔者，则有特勒伯克、札尔纳克，皆见档册；于功不为鲜矣，

① “西属”，原作“西国”（王佩诤校本同），误，据自刻本改。

于恩不为杀矣。旧《一统志》于新旧藩服外，一字不及之，疑于无此属部者然。今开馆续修志，似宜行文理藩院，征档册，将三处乌梁海头目宰桑各部落界送馆，以便增补。

一、本馆现存贮圣祖圣训及《平定罗刹方略》一书。《方略》为文渊阁未著录之书，内各有巴彦虎事迹数条，各官书[①]于巴彦虎皆不及之，但称巴彦虎现有藉牧呼伦贝尔一事。按巴尔虎旧牧，当在尼布楚、雅克萨城之间，与内藩之乌珠穆秦地势正相直，宜檄理藩院行文黑龙江将军，将其头目迁徙年月部落界，移送到馆，本馆以圣训、《方略》核对之，即可纂补。

一、扎哈沁族类虽细，已蒙钦定表传胪入，宜将杩木特一旗，现在牧科布多之何所，补入北属国，如补乌梁海、巴尔虎之例。

一、北之有科布多，犹西之有青海也。青海为部五，而科布多为部七。考现在档案，其不与商民通市者二部，曰土尔扈特，曰和硕特；其与商民交易者五部，曰杜尔伯特，曰额鲁特，曰明阿特，曰札哈沁，曰乌梁海。此七者，惟札哈沁得上见于表传，六部无闻。表传原为纪功绩而作，无功者不书。《一统志》，地书也，焉得而削之？考科布多地界，在喀尔喀之西北，伊犁东路之东南，宜行文参赞大臣，将札哈沁及六旗土界旗分，一一移覆本馆开载。又此处乌梁海之与唐努山、三乌梁海同异合分之故，迁徙之年月，可一并移覆，藉略见焉。按此在科布多与哈萨克接壤之处，距唐努山三支太远，故疑非同类。

一、北厄鲁特者，本准噶尔、绰罗斯同族，阿逆未叛时，首先来归，诏隶三音诺颜部。据理藩院档册称：现在附盟于齐齐尔里克地方，见旗二，爵二，贝子二人。一称厄鲁特旗，一称厄鲁特前旗者是，与《皇朝文献通考》合。旧《会典》称：一旗先驻达拉尔河，一旗先驻喀尔喀河，《文献通考》袭是语。按《钦定王公传》，称阿喇布坦一族，先牧喀尔喀河，后牧推河，后乃徙牧乌兰乌苏。丹济兰一族，先牧喀尔喀河，后牧西舍穆棱，后又牧推河，后乃徙牧乌兰乌苏。年月皆在，始皆当称推河厄鲁特也，继皆当称乌兰乌苏厄鲁特也，何有曾牧达拉尔河之文？旧典一歧矣。于乌兰乌苏外，别出推河厄鲁特之号，似乎以阿喇布坦族为乌兰乌苏，以丹济兰为推河者然，两歧矣。细绎《王公传》，推河始立六旗，一旗是辉特，一旗是贺兰山之分支，与此无涉，此共四

---

① “各官书”，自刻本同，王佩诤校本脱“书”字。

旗；茂海一旗，叛亡亦弗数，阿喇布坦之两旗，后并两札萨克为一，兄终弟及，兄无嗣，故其一旗则丹济兰子也。旧《会典》系乾隆二十六年所修，此并旗年月，亦难臆断，大约与典不甚相先后。典乃称乌兰乌苏为两旗，而不连所谓推河者数，若曰从其朔，则朔当是五旗，何但二乎？三歧矣。旧典外，珍①所藏戊戌内版《搢绅》书与典同。又《王公传》、《王公表》皆称丹济兰先封贝子，其子先封公，后封贝子，并无先封台吉语，旧典及戊戌内板《搢绅》，皆于乌兰、乌苏则注曰两旗，贝子二人，于推河则注曰一旗，台吉一人，四歧矣。官书处处不合。再四考订，惟有敬遵《钦定王公表传》为的，馀书盘戾纠纱，而旧《一统志》遂一字弗及之，无可考。

一、所贵乎重修者，谓将纠旧误，补旧阙，亮非抄袭沿承而已。旧《一统志》于两附牧地，既不道及矣，而于西套贺兰山厄鲁特之下，忽注云一旗系阿喇布坦裔，一旗系丹济拉裔。贺兰山在青海之东，乌兰乌苏在沙碛之北，相去将六千里。一系绰罗斯族，一系和硕特族，今置和罗理名氏于不问，以北人之祖先，移赠于西，亦岂舛之细者矣？纠而正之，诸公岂有意乎？

一、旧《志》于青海下，奋书云：青海为四卫拉特之一，于西套下又注云：四卫拉特中，北厄鲁特居其一。考四卫拉特皆在天山北路准噶尔地，一绰罗斯，二杜尔伯特，三和硕特，四土尔扈特，后土尔扈特逃往俄罗斯，乃补入辉特，见于高宗皇帝御制文，及种种官书，种种档册，无弗合。青海是地名，非部落名，非种族名，其地则和硕特族居之，后辉特有居者，后土尔扈特种有居者，后绰罗斯种有居者，后北方之喀尔喀种有居者，又番僧察罕诺们汉之属僧，亦编旗而处之，将合此六者，而指为四之一乎？北厄鲁特乃绰罗斯之一支，以北为四之一，将置其全部于何称？今之修官书者阅至此，其谓之何？

一、西套厄鲁特两支，一和硕特，一土尔扈特，皆与青海近。戊戌内板《搢绅》，胪序青海之后，不误。旧《会典》乃于两支中，夹叙一乌兰乌苏，失之矣。旧《一统志》仅开载贺兰山之厄鲁特，而不载额济内河之土尔扈特，应补。

一、地名半以种族而得名，人皆知之。至地有以人徙者，无城郭之民类然，如明时兀良哈三卫，福馀卫是嫡酋所居，出口即是，泰宁

① “珍”，原作“余”（王佩净校本同），误，据自刻本改。

卫出关即是，始则地因人得名，继且挟地名而徙，今之乌梁海，遂为皇朝极北境矣。和硕特有藉牧科布多者，尝见科布多大臣章奏，遂称其一区为和硕特矣。札哈沁本西域汛卒之称，自安放科布多后，北方遂增一部落称呼矣。旧地名，新地名，类此者极多，考沿革者，宜略知此。

一、修书宜略知钩稽法，如四卫拉特，三有姓，独土尔扈特无姓。由后言之，虽谓土尔扈特即是姓可也，谓和硕特即姓和硕特，无不可也。由前言之，固皆以地名为姓，敢据《撒辰萨囊书》，称其出恭博地方，定土尔扈特为恭博姓。

一、卫拉特是五族公共之称，各种官书，独于绰罗斯一族则单称厄鲁特，不知始于何例。然如西套贺兰山及青海之厄鲁特廿有一旗者，细考实非绰罗斯，乃和硕特也，与它处又不画一。今宜定一例，连姓称绰罗斯厄鲁特，而西套青海皆改书和硕特。

一、青海四部，为旗二十有九，此外实尚有绰罗斯遗民一类，于乾隆二十九年前移徙，而无编旗明文，历来只数四大部而遗其一，旧志因仍。宜一面行文贵德、循化办事大臣查覆，一面恭检钦定《平定准噶尔方略续编》开载。

一、各处里差经纬度数，旧典颇多舛，如阿霸垓、阿霸哈纳尔，皆左翼有之，右翼无之，左、右翼里差，断乎弗同。又如科尔沁六旗，只详一旗；鄂尔多斯七旗，只详一旗；宜行咨钦天监考补。

一、引书用旧说，宜加排比，各具体裁。官书中如《三通》，大抵沿旧文，少所发挥。如撰《七音略》，取之钦定《同文韵统》；撰《六书略》，取之钦定《西域同文志》。夫《西域同文志》，专为译西而作，故于国书下，先注明西域书，乃次各种书，而所胪仅西域地名、人名、山川名，若以皇朝全代全舆论，西域亦一隅之一隅，自宜分类博征，备详训诂，以《清文鉴》为主，以满、汉官名、地名举例，不得以西域山川举例，是撰皇朝《六书略》，而独以西域为主矣。《三通》为本馆朝夕编摩取材之书，故特发其凡，以劝慎重。

一、旧志驿站下云：自独石口至蒿齐忒九百馀里为一路，置驿九。考理藩院档册称，实六百里，置邮六。又志于古北口、喜峰口外，载乾隆三十六年之新邮，而张家口外，亦有新邮，自穆哈哩喀逊为新站起处，哈拉尼敦为住处，凡十六站，何以失载？又喀尔喀汗自备之邮站，亦宜略志一二，俾往来天使，知厥隘略。

一、回部风俗，亦佛教之支流，其人祖曰阿旦，其教祖曰默赫尔默特，其师曰阿浑，其同种曰穆哩斯玛奈，其学问曰二令，戒邪淫，戒杀，戒妄语，戒酒，戒盗；其字头，始爱里普；其历元，亦不拘至朔同日分杪无馀之法，而自成章蔀，不置闰，大约为西洋新法历书之所祖，或云颇近授时术①也。其教实与西洋耶苏教大异。唐时流行中国之景教，《水经注》之祆祠，自是耶苏教，非默赫尔默特教，皆佛典所称九十六种旁门之一。要之比于准部之黄教食肉衣黄之制，不犹未远佛意哉？自珍另有《内典旁师考》一篇，呈览。窃按在西洋则为耶苏教，在蒙古准部则为宗喀巴教，在回部则为默赫尔默特二令教。风俗一门，宜区以详焉，以彰兼收并畜之赜且盛。[皈依回教曰以玛纳底，斋期则旨玛督阿勒黑勒正月也，勒比欧十月也。撮记之。]②

一、西域属国，如布鲁特之在南部，哈萨克之在北部，向于天朝恭谨，各官书只记大概。今中书徐松在西域时，曾钩稽两部世系地界沿革成两表，当代奇作，此可以沿用者。

一、西藏亦有属国，犹喀尔喀之附见巴尔虎、乌梁海、科布多，回部之附见布鲁特、安集延、痕都斯坦，准部附见哈萨克之例。曰廓尔喀实最大；其次曰作木朗，曰布鲁克巴，曰哲孟雄，曰落敏汤，皆宜附见。廓尔喀本名巴勒布。国初，巴勒布三罕，曰叶楞罕，曰布颜罕，曰库库木罕，于雍正九年，各奏金叶文，递哈达，译出词旨甚恭顺，命以玻璃磁器赏之。后三罕合为一。故巴勒布益强大，戊申、辛亥两用兵，亦皇朝巨事实也。风俗形势，宜备载。

以上都一十八条，皆举其炳炳显显者，馀小事，头绪尚多，未易罄宣。惧循袭而不改，阙略而不补，颠舛而不问，苟简而不具，弃置而不道，回护而不变，有重修之费，有重修之名，将使后之专门者，靡所镜也。中华文献，夥有通人，无甲第名位，弗敢妄议；惟此类语言文字，求之亲到其地者，尚或懵昧，答不中问，可知从事铅椠之难。珍虽非绝诣，自是孤学，倘蒙垂择，致为荣幸，而于己非有利焉。不胜悚惶待教之至！

——据吴刻本《定盦文集》卷中

① “术”，原作“历”（王佩诤校本同），误，据自刻本改。

② “盛”下，原脱此自注，据自刻本补。

上海张青琱文集序

（1822年1月23日—2月21日）

嘉庆二十一年，治河方略馆移内阁，藉顺治朝及康熙初红本备考核，馆不戒于火，红本毁，嗣是内阁求顺治典故难。二十五年，龚自珍筮仕，得内阁中书，求顺治前辈文章于江南上海县李家，得张宸所为文集三十卷，《中书述》一篇。其所述与今大异，其高论今日益难施行。内阁应官文章三十馀篇，其哀册文一类，甚哀异。杂事记五篇，述所见当日仪官未定之事，可以广异闻。其他文章，出于陈子龙、吴伟业之间。同时三吴以东，跨娄越泖，至海滨而止，甚多文士。君之为，未大异乎诸君之为之也。自珍喜而写其副，以如京师。《职方述》一篇，代大臣马思哈。《北征日记》一篇，则兵部郎中程同文就自珍舍写副以归，京师遂有两本。道光壬午正月，内阁后进仁和龚自珍序于城南圆通观。

——据吴刻本《定盦续集》卷三

最录西藏志

（1822年春）

道光壬午春日，从春庐先生廷尉家藉录一通，取布颜罕、库库①木罕、叶楞②罕三奏与彦诺林亲、噶毕③两奏，选入《续文断》中，以备盟府副藏。仁和龚自珍记之④。

此书无作者名氏，取和泰庵、松湘浦两尚书之书合⑤观之，百馀年来，西事备矣。珍又识⑥。

——据乾隆《西藏志》（抄本）卷尾，

龚自珍手跋，中国国家图书馆藏

---

① “库库”，王佩诤校本误作“库庠”。

② “楞”，王佩诤校本误作“伦”。

③ “毕”，王佩诤校本误作“奏”。

④ “藏”下，王佩诤校本脱“仁和龚自珍记之”七字。

⑤ “观”上，王佩诤校本脱“合”字。

⑥ “矣”下，王佩诤校本脱“珍又识”三字。

拟厘正五事书①

（1822年4月22日）

蒙左右咨访，愿得刍荛之言，上禆太平之盛德，下增文臣之奏议。方今圣朝，岂有阙遗？渊渊夜思，其为今日易施行之言，又为虽不施行而言不骇众之言，又为阁下用文学起家分所得言之言，又为自珍所得言于阁下而绝非自珍平日之狂言，才得五事，条而箸之：

一事，历代皆有石经，本朝尚无石经。乾隆中，江南蒋衡献所书十三经，赏给举人，刻石国子监，其事甚细，此不得为本朝石经。本朝经师，驾汉氏而上之，岂可不谌正文字，为皇朝之定本，昭示来许，岂仅如唐开成、宋绍兴之所为而已乎？夫定石经，必改流俗。改流俗，大指有四：一曰改伪经，东晋伪《尚书》，宜遂削之，其妄析之篇，宜遂复并之。一也。一曰改写官，秦汉以来，书体屡变，历代历书之官，展转讹夺，其的然可知为讹夺者，宜改之。二也。一曰改刻工，孟蜀以来，椠本繁兴，有功于经固然②，罪亦有之，展转讹夺，流布浸广，不如未有椠本时雌黄之易，其的然可知为讹夺者，宜改之。三也。一曰改妄改，唐、宋君臣，往往有妄改经籍者，如卫包受诏改《尚书》之类；宋、元浅学，尤多恣改，以不误为误，今宜改之如旧。四也。其似可改而不可改，大指亦有四：周末汉初，不著竹帛，经师异字，不能择于一以定，此不可改也。汉世今文古文异家法，则异字不能择于一以定，此又不可改也。经籍假藉之字，由来已久，不能必依本字，此又不可改也。疑为写官之误，刻工之误，而无左证，思之诚是一适，改之恐召众口，此又未可改也。何不上书乞开石经馆？前四者旌校雠之功，后四者俟考文之圣。

二事，故和硕礼亲王讳昭梿。尝教自珍曰：史例随代变迁，因时而创。国朝满洲人名易同难辟，其以国语为名者，如那丹珠、穆克登布、瑚图礼、札拉芬、色卜星额、福珠灵阿之类，相袭以万计；其以汉语为名者，则取诸福德吉祥之字，不过数十字而止，其相袭以十万计。贤不

---

① 朱氏二刻本此文，正文中为总题《与人笺五首》之第四首，卷首《目录》则题为《与人笺四》（王佩诤校本题《与人笺》）。邃汉斋本改题《拟厘正五事书》，从之。

② “然”，邃汉斋本作“巨”，扶轮社本、王文濡本、夏田蓝本、王佩诤校本作“丕”。

肖智愚贵贱显晦，后世疑不能明，此读国史一难也。宜创一例，使各附其始祖之传，合为一篇，则《汉书·楚元王传》例也，而可以代《魏书·官氏志》，可以代《唐书·宰相世系表》，兼古史之众长，亦因亦创。为此语时，礼部尚书侯恭阿拉讣至，王云：即如此公，钮祜禄氏也，宜在《额宜都传》下矣。自珍怖服。王于天聪、崇德以降，琐事丕事，皆说其年月不误；每一事辄言其原流正变分合，作数十重问答不倦。自珍所交贤不贤，识掌故者，自程大理同文而外，莫如王也。王没矣，无以报王。执事在史馆，谨述绪言，代王质之执事。

三事，前辱问国朝名臣奏议。国朝奏议，私家敢当抄，不敢当选，其体裁大略，则固知之，尝役抄故也。大抵国朝奏议，自雍正以后，始和平谨质，得臣子之体矣。自乾隆三十年以后，始圆美得臣子之例矣。追而上之，颇犹粗悍，或纷披扶疏，沿明臣习。甚矣！风气之变之必以渐也。自珍所抄康熙以前一册，不足储百一，雍正至乾隆三十年一册，不足储五十分之一，近今六十年，尚未动手。若役心力搜罗，益非私家所能任，何不上书，乞开馆选定？

四事，圣圣相承，皆有故事。此次恩诏条款，皆依嘉庆元年条款，推恩如故事。惟嘉庆元年，有贤良后裔一款，大略云：凡入祀贤良祠大臣后裔，倘本支无在仕版者，著各督抚据家谱咨礼部，礼部奏请赏给举人一名。此条情文斐亹，寔圣朝之美谭。此次诏书遗漏此事，故家中落，赐书之不保，似所宜言。

五事，今世科场之文，万喙相因，词可猎而取，貌可拟而肖，坊间刻本，如山如海。四书文禄士，五百年矣；士禄于四书文，数万辈矣；既穷既极，阁下何不及今天子大有为之初，上书乞改功令，以收真才。馀不儩。道光二年闰三月朔自珍再拜。

——据朱氏二刻本《定盦文集补编》卷三

最录邦畿水利集[①]说

（1822年4月22日—5月20日）

卷[②]一、运河。子牙河。滹沱河。滏阳河。南北二泊。

---

① “集”，王佩诤校本误作“图”（原书题为《邦畿水利集说》）。

② “一”上，王佩诤校本脱“卷”字。

卷[①]二、东西两淀。

卷[②]三、永定河。唐河。漳河。卫河。以上皆京师西南之水。

卷[③]四、京东诸水附总论、急工缓工。

卷[④]五、《九十九淀考》。

仁和后学龚自珍敬读数过，时道光壬午闰三月。

——据《邦畿水利集说》（抄本）卷四，
龚自珍手跋，中国国家图书馆藏

题白石山馆诗

（1822年9月29日）

道光二年中秋，秋舫殿撰见眎诗卷，盥读已，辄取朱墨各加一通，无所究[⑤]宣发挥，甚辱见谘之盛心。敬识年月，为异时覆视痕迹。仁和同年生龚自珍瑟人甫拜识。时寓城西之珠巢街。墨笔第一通，朱第二通，句旁、句尾皆无墨。记之。[⑥]

——据《龚自珍魏源手批简学斋诗》第十五页，
上海图书馆1961年影印本（下同）

白石山馆诗手批

（1822年9月29日）

［陈沆《简学斋诗（初名《白石山馆诗》）·雪中家伯愚谷先生过燕支山赋呈二首》第二首下方（针对诗中“虚怀发高论，独许吾知音。”等语），龚自珍墨笔批云］此种稍滑，惧开赝体。　珍。

——据《龚自珍魏源手批简学斋诗》第十九页

---

① “二”上，王佩诤校本脱“卷”字。

② “三”上，王佩诤校本脱“卷”字。

③ “四”上，王佩诤校本脱“卷”字。

④ “五”上，王佩诤校本脱“卷”字。

⑤ “究”，王佩诤校本误作“容”。

⑥ “拜识”下，王佩诤校本脱此自注。

［同上书《项师竹张馥亭自麻城来访欣然有作》上方，龚自珍朱笔批云］诵之盎然而和，其和在神。

——据《龚自珍魏源手批简学斋诗》第十九页

［同上书《送唐竟海太史归省》上方（针对前六句——“终岁与君处，寻常无殊异。坐我明镜中，自然呈浮伪。能使妄者心，照之发深愧。”），龚自珍朱笔批云］诗不当避道学，固也。但诗自有①气体，即如此诗起六语，意则佳绝，但作二句疏通②，毋③乃伤格乎！古人五字赅括矣，即多亦十字。鄙④见道学不当与诗歧视，而⑤语录则不入诗，似⑥持平之论也。

——据《龚自珍魏源手批简学斋诗》第二十页

［同上书《送唐竟海太史归省》“自然呈浮伪。能使妄者心”旁（针对其中之“自然”、“能使”），龚自珍朱笔批云］汉、魏至初唐，罕见此等□字。

——据《龚自珍魏源手批简学斋诗》第二十页

［同上书《送唐竟海太史归省》“恒惧君所弃”句旁，龚自珍朱笔批云］此可。

——据《龚自珍魏源手批简学斋诗》第二十页

［同上书《寄答竟海四首》第四首上方（针对“知在见君时，还相许与否?”），龚自珍朱笔批云］“许与”二字拟易之，以其稍⑦腐。

——据《龚自珍魏源手批简学斋诗》第二十三页

［同上书《丁丑十一月默深留长沙相聚旬馀得诗四首》第四首上方（针对前四句——“热士趋势要，冷士趣林幽，所趋异楚越，各抱无涯

① “自”下，王佩诤校本脱“有”字。
② “通”，王佩诤校本误作“还”。
③ “毋”，王佩诤校本误作“此”。
④ “鄙”，王佩诤校本误作“足”。
⑤ “而”，王佩诤校本误作“也”。
⑥ “似”，王佩诤校本误作“此”。
⑦ “稍”，王佩诤校本误作“弱”。

忧。”），龚自珍墨笔批云］起四语即庄生臧、谷亡羊之旨。

——据《龚自珍魏源手批简学斋诗》第二十五页

［同上书《丁丑十一月默深留长沙相聚旬馀得诗四首》第四首下方，龚自珍墨笔批云］此章嫌起四语陈义太高，而申以常语，为不相应。珍。　辞语亦率。

——据《龚自珍魏源手批简学斋诗》第二十五页

［同上书《丁丑十一月默深留长沙相聚旬馀得诗四首》第四首左上方（针对末四句——“君看出山云，崇朝几沉浮？真山久不动，兹焉庶堪俦。”），龚自珍墨笔批云］云自沉浮，山自不动，所谓千军万马中本无一事。如果实证实悟到此地位，则势要可也，林幽亦可也，无涯之忧，总是忧道，非为冷热忧矣。此诗大指，似[①]是如此，惜中幅多芜词累之耳。　珍。

——据《龚自珍魏源手批简学斋诗》第二十五页

［同上书《大观亭迟汪均之兄弟》左下方（针对第四句——“苍然元气中”、第十句——“使我久支筇”等），龚自珍墨笔批云］当去其滑处。　珍。　　如第四、第十等句，包所点出者是也。使夫效之者貌焉而几焉，则非诗之至者也。　珍。

——据《龚自珍魏源手批简学斋诗》第二十六页

［同上书《入小龙山拜稼门师墓与均之时均之久病新愈》第一首下方（针对诗题），龚自珍墨笔批云］“时均之……”七字可删。　珍。

——据《龚自珍魏源手批简学斋诗》第二十六页

［同上书《入小龙山拜稼门师墓与均之时均之久病新愈》第一首诗末下方，龚自珍朱笔批云］吾闻之江铁君亦云然，知先生良史，非溢辞[②]也。

——据《龚自珍魏源手批简学斋诗》第二十六页

［同上书《小除日景州道中感赋》诗末上方（针对末句“星霜夜憀

① “似”，王佩诤校本误作“此”。
② “溢辞”，王佩诤校本误作“嗌象”。

粟”），龚自珍墨笔批云］此诗是倒装章[1]法，惟星霜憀栗之际，乃生骨肉之感也，不得反讥末语。　珍。

——据《龚自珍魏源手批简学斋诗》第二十九页

［同上书《由广州至南雄舟行杂诗》第六首下方（针对诗中“晚饭带玉堂”句），龚自珍朱笔批云］带玉堂疑是地名，何疵之有？

——据《龚自珍魏源手批简学斋诗》第三十四页

［同上书《刘贞女行》下方（针对该诗题下包世臣手批：“奇语直逼古乐府，而长短伸缩处，尚未恰好。”），龚自珍墨笔批云］包此评极是，然未尽也。

——据《龚自珍魏源手批简学斋诗》第三十八页

［同上书《刘贞女行》诗末左下方，龚自珍墨笔批云］破坏文体之作，此本朝江西派，胡为效之？甚不愿先生集中见此种。　珍。

——据《龚自珍魏源手批简学斋诗》第四十一页

［同上书《到湘阴哭张一峰姊婿》第二首上方，龚自珍朱笔批云］其拙颓之句，墨所点出者，是也，然正不可及。

——据《龚自珍魏源手批简学斋诗》第四十四页

［同上书《潜江道中》下方（针对结语“晚来风更好，无奈泊船时。”），龚自珍墨笔批云］结语中有史事。　珍。

——据《龚自珍魏源手批简学斋诗》第四十五页

［同上书《放船》下方（针对三、四句——“顺逆天何意？穷通我自疑。”），龚自珍墨笔批云］三、四[2]实不工，不如比兴之为愈也。　珍。

——据《龚自珍魏源手批简学斋诗》第四十七页

［同上书《曲江闻刘芙初前辈死耗哭之以诗》第二首下方，龚自珍墨笔批云］诗之瘠而露筋者，终非合作。　珍。

——据《龚自珍魏源手批简学斋诗》第四十八页

---

① “章”，王佩诤校本误作“笔”。

② “实”上，王佩诤校本脱“三、四”二字。

［同上书《送默深归邵阳》下方，龚自珍墨笔批云］二律乏神味，语语促节，其脂颇枯。　珍。

——据《龚自珍魏源手批简学斋诗》第四十九页

［同上书《扬州城楼》题下，龚自珍朱笔批云］裂笛之作。

——据《龚自珍魏源手批简学斋诗》第五十页

［同上书《扬州城楼》上方，龚自珍朱笔批云］□体此压卷。

——据《龚自珍魏源手批简学斋诗》第五十页

［同上书《扬州城楼》下方（针对第五句——“穷商日夜荒歌舞”句与第七句——“道谊既轻功利重”），龚自珍墨笔批云］“穷”字不好。第七语亦露筋。　珍。

——据《龚自珍魏源手批简学斋诗》第五十页

刘礼部庚辰大礼记注长编序

（1822 年秋）

庚辰秋七月，仁宗睿皇帝木兰热河大行，问至京师，礼部堂官奔赴热河者二人，司员奔赴者满二人，汉一人，留署职大丧档案者汉一人，则礼部主事武进刘君逢禄实任之。起嘉庆二十五年七月二十七日，军机大臣、受顾命大臣，飞寄留京办事王大臣信，留京王大臣传知百官成服，汔道光元年三月二十六日奉安昌陵，礼成。又恭载四月初六日常雩圜丘升配事，而全档子告成，所征者凡十类：一上谕，二随旨，三题奏本折，四礼部咨各衙门文移，五各衙门咨礼部文移，六礼部颁各直省及五十一旗蒙古、八十七旗喀尔喀文移，七朝鲜国王咨礼部文移，八礼部存记清、汉字档子，九内阁恭拟祭文，十翰林院恭拟祭文，而朝鲜国王祭文附焉，敬手勒成六卷。

丧纪为礼之极，大丧为国家万事之根本，恭读遗诏有之曰：书有陟方之文。古帝王崩于巡狩，盖有之矣，则是不得以为变礼。今所记注，皆经常也，敬以告儒臣之纂官书及后世考礼仪者。

呜呼！我朝列祖列宗大慈、大孝、大法、大守之原，至尊至重，礼官不能详也，礼官所能记载，迹焉而已。道光二年秋，内阁中书仁和龚自珍序。

——据朱氏二刻本《定盦文集补编》卷二

致邓传密书[①]

（1822年11月中旬—12月中旬）

守之仁弟足下：望吾弟之车尘，至于不可复见而后反。归来恍若有亡。转一念曰：吾平生好奇，然未一出塞。足下乃从名将至长城，书剑磊落，又足羡也。古来诗人文人之为记室参军者多，然几人有此英遇耶？重以公子之贤贤而好客，遥想两君高谭驶辩，倾出心肠，足令塞禽惊舞矣！

兄枯寂本惯，足下及默深去后，更可缄舌裹脚，杜绝诸缘。待明年春杪，两君并辔归时，兄尔时当出定，一话塞上风景耳。见在终日坐佛香潦绕中，翻经写字，以遣残年，亦无不乐也。

足下处一切人，无论何时何地，总须晓得它好处，使其心委曲以受异，量之善，虽其非善也，而胸中自有安放它处，则足下之福矣！负其门风之高，与其天姿之不俗，空腹高睨，唇吻触处皆訾謷，兄前所云能清不能浊，能室而不能市者，危之道也。心所谓危，不得不以告也。

《汉官仪》仅抄十分之二，必不乾没。默深所允寄还物，乞促之，促之。

兄

——录自《故宫博物院院刊》1980年第1期，
原件藏故宫博物院

海门先啬陈君祠堂碑文

（1822年12月中旬前）

开国以降，奇杰之士，达节之民，挺瑰怪之姿，躬淳古之行，生而魁于凡民，没而当祭于社者，不有文事，其无称乎？

---

① 邓传密（1795—1870），原名尚玺，字守之，号少白，安徽休宁人。邓石如之子。

先啬陈君，厥讳朝玉，字曰璞完，江南某①县人也。幼有异禀，肤色黝漆，脐洼若臼。环腰有白文，其圜中规，相人者言，是为玉带围，当奇异。稍长，衎然魁颀。故其乡之人，尝已疑其神。年十三，让产伯兄，鸿骞凤逝，去之无迹。

是时皇政熙清，后祇效灵，海之君王，来献土壤，以福吾黎元。通州、常熟间东地，望洋无极，潮退沙见，豁然划然亘二百里，君履其侧，四无居人，苍芒独览曰："吾当屋于是。"率妻来迁，创草屋，斫木为耜，冶釜为犁，夫任半耦，妇任半耦，一耦之力，旬有五日，水咸者立甘，沙疏者立坚，沙肤窳者立厚。秸苗既成，龟鱼大上，不封不爵，乐衎自保。于是远近之民闻之，佥曰神哉！稚请于长，长请②于老，莫不削薪以为之耜，投刀以为之犁，卖骡以求牛，怀穜稑，储瓶缶，挈大男，袵幼女，效君而归君，愿为海农，洋洋载道。于是稚请于长，长请于老，老谒于正，正谒于吏，吏白于大吏，天子籍其地以为海门厅。不十年，群姓益众，皆造瓦屋，炊烟起如海云。国家岁入地丁漕米，累千近万，为江海大聚。

君生康熙某年，卒乾隆某年，年七十四。妇刘，年九十。君之屋于海也，几六十年，不蓄墨楮，结绳而治。岁终，夫妇解绳之纷以计事，纤芥无忘失，寿考以为常。

君卒将百年，君之曾孙贡生奂，以经明闻于时；玄孙翰林院编修兆熊，铺禄于朝，乃召其乡之人而谋之曰："古者伊耆氏始为蜡，飨农，先农也；先啬司啬，皆农之配也。今法，凡城郭大聚，皆得立蜡祠，吾祖宜为先啬。始吾祖刈杀此土，以利后之人，生有奇异，如天之公侯。今海门厅士姓，无吾陈氏旧且大，宜为祠祠吾祖。"皆曰："田父老之志也。"于是既为祠，奂、兆熊以状谒内阁中书龚自珍，请书于其祠之榜，又因以为乐石之文。龚自珍则大书之如是。状又称君不知书，乃能作书，点画英硕，神明所流，匪道匪艺，不可得而详也。颂曰：

生为功民，众疑以为神；没为功神，尚其福吾民。琴瑟士女，以招君兮；豆觵明粢，以报君兮；文此乐石，以震耀君兮。以大旌于海滨，且以劝田。

——据吴刻本《定盦文集》卷上

① "某"，自刻本同，王佩诤校本删之，并据《海门厅图志》补入"崇明"二字。

② "请"，自刻本作"谒"。

与人笺[①]

（1822年12月20日）

委检各件，敬检上。青海本番地也。番子是吐谷浑之裔，唐以前实强，后少弱，亦不失为大国。一见逐于正德间之蒙古阿尔秃斯，再见逐于国初卫拉特、固实汗，三见逐于三传之罗卜藏丹津。罗卜藏丹津者，叛世宗朝，以覆固实祀，故今之青海和硕特，则并非固实嫡种矣。

今和硕特二十有一旗，是不从罗卜藏丹津叛者，其馀喀尔喀一旗、辉特三旗、土尔扈特四旗，皆以雍正末、乾隆初陆续徙往，以地未实，故与和硕特分居番子故地。天道好还，强弱迭代。今番子之事，必声言报先世之仇，名近正，力近强，必非各旗所能御。湟中诸旗，距番远尚可自活，河北之帐必危，自然之势也。

圣者贵因天运之自然，矧番子未尝获罪天朝，古未有外夷自相争掠，而中朝代为之用兵者。且蒙古亦何可令之强？强即弗恭顺。传曰："猛康及米。"罗卜藏丹津之前事可为之续耶？[②] 番人、蒙古皆信佛，大喇嘛察罕诺门汗一旗，最富盛，贫番子[③]往往赖其牛羊以活。喇嘛位号，在西藏达赖[④]之下，并在漠北哲卜尊丹巴之下，仅与后藏班禅比。若朝廷许进其位号[⑤]，许造庙宇，必肯出力，以佛法两劝而两罢之，不调一兵，不费一粟，以外夷和外夷，智之魁也。今兵力物力，皆非开边衅之会，克则杀机动，不克则何以收事之局？于事前思之，惟大喇嘛虽富而弗传子，虽有功而无后患。无事则无患，有事则可用，此列圣尊崇黄教微指也。

走虽明习，何敢妄论边事？承咨采再四，故条出大概，以附直而勿有之义。其地形道里各件，程府丞昔岁开斜方而得之者，想明核，走处

---

① 此文，自刻本、扶轮社本、王文濡本、夏田蓝本、王佩诤校本亦题《与人笺》，朱氏初刻本、邃汉斋本题《与人论青海事书》，《皇朝经世文编》（岳麓书社2004年版《魏源全集》本）正文（卷八〇）题《论青海事宜书》（卷首《皇朝经世文编生存姓名》则题为《上镇守吐鲁番领队大臣论青海书》）。

② "事"下，王佩诤校本脱"可为之续耶"五字。

③ "贫番"下，王佩诤校本脱"子"字。

④ "达赖"下，王佩诤校本衍"班禅"二字。

⑤ "进其位号"，王佩诤校本误作"进以封号"。

仅一分，览毕当见还也。不傶。壬午十一月八日。

——据吴刻本《定盦文集》卷中

致邓传密书

（1822年12月22日）

足下闻之，当为我鼻涕一尺也。此皆由兄不孝，不能在家承欢服养，帮家严、慈料理家务，终鲜兄弟，家无主器者，以致殃及先人手泽。客游无味，至兄而极。

见在必欲南归，以慰亲心，其故有四：家严晚年失书籍，何以消遣？盖性无旁嗜，以书为生，以书为命，从此彷徉无倚，亟须慰藉其目前，一也。家慈本以积病之躯，夜半受惊，恐月来魂魄未定，二也。家严况有降一级留任处分，又奉旨赔修牙署，而当日一切要紧文案，亟须查办，此善后事宜，竟乏帮办之熟手，三也。家严未免心结郁块，咎及家人。家人未能无□□，□之无济，亟须兄归，调护一切，免再生乖戾，四也。至于妻子受惊，欲往慰恤，此不在话下矣！

而说者阻兄曰：幸补一缺，又须开缺。明年到京，定例不准随到随补，必扣足一年方补，例以杜卖缺之弊也。如此则功名耽误一年，一说也。会试在即，未免荒功，二说也。到家无补于事，三说也。此三说者，皆泛泛之交，悠悠之谈也。兄补缺本属倖倖，譬如明年冬间方补，比之同衙门诸君，已为便宜，岂有恐功名耽误一年，而不归省视父母之理？虽□吃亏，亦必行，一解也。若言文章学问，则不可一日荒疏，感言歉，则浅甚矣！兄则掉头径去，视此朋友，若固有之，视其待我之厚，若固当然者，此语吾弟深解之也。

弹压家人，勿令内言之出阃，而日以一菘一粟饷从者。必欲言之，此三言而已。仲春相见，留此奉问兴居不罄。

愚兄龚自珍三叩头　初十灯下

徐君浩堂亦有来藉屋之说，如果，亦佳事也。

守之仁弟先生侍右，不尽欲陈。　　龚自珍叩头

［信尾有包世臣附笔如下］

定公遭此奇灾，匆匆南下，非足下来不可。军门通达人情事理，必

能见听，即揾之亦非不近人情者。明年春末夏初，仍可前去，如是方为真朋友两全之道也。世臣适在此，见书附笔。

——录自《故宫博物院院刊》1980 年第 1 期，原件藏故宫博物院

致魏源书①

（**1822** 年冬）

默公足下：一切见与守之札自悉。为我咄咄否耶？前信颇有戏语激怒默公之言，今则无暇复游戏矣！患难之交，心学未到。默公有道之士，訏闻棒喝，不尽所欲言。

自珍□□

——录自《求索》1985 年第 1 期，原件为邓以蛰旧藏

壬癸之际胎观第一②

（**1822** 年—**1823** 年）

天地，人所造，众人自造，非圣人所造。圣人也者，与众人对立，与众人为无尽。众人之宰，非道非极，自名曰我。我光造日月，我力造山川，我变造毛羽肖翘，我理造文字言语，我气造天地，我天地又造人，我分别造伦纪。

众人也者，骈化而群生，无独始者。有倮人已，有毛人，有羽人，有角人，有肖翘人。毛人、羽人、角人、肖翘人也者，人自所造，非圣造，非天地造。其匹也，杂不部居。倮人之不与毛、角者匹，其后政，非始政。后政也者，先小而后大。五人主为政，十人主为政，十十人主为政，百十人主为政，人总至，至于万，为其大政。有众人已，有日

---

① 原题《致魏源信》。魏源（1794—1857），原名远达，字默深，又字汉士，法名承贯，湖南邵阳人。道光二十五年（1845）进士。官内阁中书、高邮知州等。

② 自刻本卷首《定盦文集目录》题《壬癸之际心书第二》（未刻），龚橙编校本题《胎观二》。

月；有日月已，有旦昼。日月旦昼，人所造，众人自造，非圣人所造。乃造名字，名字之始，各以其人之声。声为天而天名立，声为地而地名立，声为人而人名立。

人之初，天下通，人上通，旦上天，夕上天，天与人，旦有语，夕有语。万人之大政，欲有语于人，则有传语之民，传语之人，后名为官。或以龙纪官，隶天之龙为首，不咸之水龙次焉，咸水之龙次焉，隶畜之龙次焉。或以云纪官，隶上天之云为首，隶天之云次焉，隶名山大川之云又次焉。或以鸟纪官，隶天之鸟为首，隶畜之鸟次焉。龙、鸟、云，天所部，非人所部。后政不道，使一人绝天不通民，使一人绝民不通天，天不降之，上天不降之，上天所天，又不降之。诸龙去，诸鸟不至，诸云不见，则不能以绝。比其久也，乃有大圣人出，天敬降之，龙乃以部至，鸟以部至，云以部至，民昂首见之者，天之藉也。众人以为天，大政之主必敬天，名日月星为神，名山川为祇，名天之人亦曰神。天神，人也；地祇，人也；人鬼，人也。非人形，则非人也。

民之初，寿无纪，官不能纪远，寿不能如初，传纪之极言寿，卑矣。曰三万岁。曰八万千岁。

——据吴刻本《定盦续集》卷二

壬癸之际胎观第二①

（1822 年—1823 年）

既有世已，于是乎有世法。

民我性不齐，是智愚、强弱、美丑之始。

民我性能记，立强记之法，是书之始。中方左行，东方左行，南方左行，东南方左行，东北方右行，西南方左行，西北方右行，北方右行，皆曰文。文之孳曰字，字有三名，曰声，曰形，曰义。

民我性能测，立测之法，是数之始。数始于一，极于九。凡地之上，大之下，空尽实之，必立九以求实，谓之算。算之大者，曰测日月

---

① 自刻本卷首《定盦文集目录》题《壬癸之际心书第二》（未刻），龚橙编校本题《胎观二》。

星；曰测地。日月星地既可测，则立之分限，以纪人之居世者，名之曰岁。曰春夏秋冬，是历之始。

民我性能分辨，立分辨之法有四：名之曰东西南北。以高为北，庳为南，南方日所出，北方日所入，以为东，北方日所出，南方日所入，以为西，是方位之始。

民我性善病，盖有虫焉，以宅我身，则我身病，是病之始。于是别草木之性以杀虫，是医之始。裸人食毛羽人，不知所始。食毛羽人，亦病之始。

民我性能类，故以书书其所生。又书所生之生，是之谓姓，是谱牒世系之始。一人生二子，则有长幼，则宗之始。有宗牒已，恐其乱，故部男女，是禁男女之始。佃有公、侯、伯，有土之君始。

民我性不齐，夫以裸人食毛羽人，及男女不相部，名之为恶矣；其不然者，名为善矣，是名善恶之始。

——据吴刻本《定盦续集》卷二

壬癸之际胎观第三[①]

（1822 年—1823 年）

有天下，有大国。宝应出，福德聚，主天下。宝应不出，福德不聚，主大国。有天下者，都中。有大国者，都西北。大国之君，有古纪，有近纪，亦以福德为差。

夫始变古者，颛顼也。有帝统，有王统，有霸统。帝统之盛，颛顼、伊耆、姚；王统之盛，姒、子、姬；霸统之盛，共工、嬴、刘、博尔吉吉特氏。非帝王之法，地万里，位百叶，统犹为霸。帝有法，王有法，霸有法，皆异天，皆不相师，不相訾，不相消息。王统以儒墨进天下之言；霸统以法家进天下之言；霸之末失，以杂家进天下之言。以霸法劝帝王家，则诛。以帝王法劝霸家，则诛。

能知王霸之异天者曰大人。进退王霸之统者曰大人。大人之聪明神武而不杀，总其文辞者曰圣人。圣人者，不王不霸，而又异天；天异以

① 自刻本卷首《定盦文集目录》题《壬癸之际心书第三》（未刻），龚橙编校本题《胎观三》。

制作，以制作自为统。自霸天下之民，以及凡民，姓必黄炎；惟太皞、黄炎、共工为有胤孙，非古之凡民皆有胤孙。

古之世，语言出于一，以古语古，犹越人越言，楚人楚言也。后之世，语言出于二，以后语古，犹楚人以越言名，越人以楚言名也。虽有大人生于霸世，号令弗与共，福禄弗与偕，观其语言，弗可用；号令与共，福禄与偕，观其语言，卒弗可用；于是退而立大人之语言，明各家之统，慕圣人之文，固犹将生越而楚言也。

——据吴刻本《定盦续集》卷二

壬癸之际胎观第四①

（1822 年—1823 年）

心无力者，谓之庸人。报大仇，医大病，解大难，谋大事，学大道，皆以心之力。

司命之鬼，或哲或惽，人鬼之所不平，卒平于哲人之心。哲人之心，孤而足恃，故取物之不平者恃之。或以妒正性命，丑忌姣，曲忌直，父亦妒子，妻亦妒夫；或以攻正性命，细攻大，貌攻物，窳攻成，侧攻中。细攻大，将以求大名，侧攻中，将以求中名，谓之舍天下之乐，求天下之不乐。

君子有心刑，大刑容，中刑绝，细刑校。道莫高于能容，事莫惨于见容，大倨故色卑，大傲故辞卑，大忍故所责于人卑。

伤生之事，异形而同神者二：一曰好胜，二曰好色。何以同？其原同也。五伦之事，天人互孳，人天迭为始，知不死之说者，亦不耻欲寿命。欲寿命有三术，惜神一，生物二，离怨憎三。

大兵大札，起于肉食。大亡大哀，起于莞簟。大薄蚀，大崩竭，起于胶固。

——据吴刻本《定盦续集》卷二

① 自刻本卷首《定盦文集目录》题《壬癸之际心书第四》（未刻），龚橙编校本题《胎观四》。

壬癸之际胎观第五①

（1822 年—1823 年）

万物之数括于三：初异中，中异终，终不异初。一匏三变，一枣三变，一枣核亦三变。大②人用万物之数，或用其有，或用其空，或用其有名，或用其无名，或用其收，或用其弃。大人收者一而弃者九也，不以收易弃也。享，弃之积也。忌人者谤以所反，夺所恃也；媚人者誉以所反，绝所虑也。静女之动，其动失度。哀乐爱憎相承，人之反也；寒暑昼夜相承，天之反也。

万物一而立，再而反，三而如初。天用顺教，圣人用逆教。逆犹往也，顺犹来也。生民，顺也。报本始，逆也。冬夏，顺也。冬不益之冰，为之裘，夏不益之火，为之葛，逆也。乱，顺也；治乱，逆也。庖牺氏之《易》，逆数也；礼逆而情肃，乐逆而声灵。是故教王者上勤天，教子上勤父，教臣上勤国君。

——据吴刻本《定盦续集》卷二

壬癸之际胎观第六③

（1822 年—1823 年）

有域外之言，有域中之言，域外之言有例，域中之言有例。有以天为极，以命为的；有不以天为极，不以命为的。域外之言，善不善报于而身，历万生死而身弥存。域中之言，死可以休矣，善不善报于而胤孙。是故夫有尺土之氓，则立宗为先，及其有天下，师彼农夫，谓将以传福禄于后昆。

呜呼！既报之后身，又禄之身后，不亦劝乎？既报之于后身，又芟刈其身后，不亦伤乎？是故大人毋辨、毋惑、毋眩瞀，而惟为善之是坚。大人之所难言者三：大忧不正言，大患不正言，大恨不正言。忧无

---

① 自刻本卷首《定盦文集目录》题《壬癸之际心书第五》（未刻），龚橙编校本题《胎观五》。

② “大”，王佩诤校本误作“和”。

③ 自刻本卷首《定盦文集目录》题《壬癸之际心书第六》（未刻），龚橙编校本题《胎观六》。

故比，患无故例，仇无故诛，恨无故门，言无故家。

——据吴刻本《定盦续集》卷二

壬癸之际胎观第七[①]

（1822年—1823年）

圣者语而不论，智者论而不辨。大人曰：天下方安小伪。小伪不可安，不如以大伪明于天下。言伪忠，禁伪教，德伪情，道伪圣，礼伪自然。域中之言，名实其大端，兵为其几。有名，天下兵集之有辞矣；无实，天下兵集之无患矣。有名无实，是再受兵；有实无名，是再却兵。无名伪有名，耻；无实伪有实，败。名实中，不败，战亦不胜。有名伪无名，霸。败果何丧？败者不能言；霸果何获？胜者不能言。非不能言，本无以言。故曰：万物不自立。有说十之一，无说十之九；无说十之一，始有说卒无说十之九。

善非固有，恶非固有，仁义、廉耻、诈贼、很忌非固有。或诚耻之，万人耻其名矣；或诚争之，万人争其委矣；或诚嗜之，万人嗜其貌矣；或诚守之，万人守其蹊矣。女子十五，避男子于圜牏，恧也；女子七岁，避男子于路，非恧也。恧之，谓之有说；非恧而恧之，谓之卒无说。

万物名相对者，势相待，分相职，意相注，神相耗，影相藏；势不相待，分不相职，意不相注，神不相耗，影不相藏，将相对之名不成，万事皆不立。万事不自立，相倚而已矣；相倚也，故有势。万理不自立，相譬而已矣；相譬也，故有辨。相倚相譬也，故有烦惑狂乱，有烦惑狂乱也，故有圣智。

大人之听众人也，耳击之也，曰：皆然；目击之也，曰：无所否。何谓无所否？众人之名亦与名，众人之守亦与守，众人之争亦与争。麟凤能游肖翘之族，而与蠛蠓辨，或觌为细也，或觌为巨也，或觌为神怪也；同则是，异则是；同同则是，异异则是；是则是，非则是；乖则是，合则是。浑而大圜，其精如不完，其貌如不全，不名一，不守一，不争一。众人之情恒完，貌恒全，名一，守一，争一，曰：尽之矣！有

---

① 自刻本卷首《定盦文集目录》题《壬癸之际心书第七》（未刻），龚橙编校本题《胎观七》。

所蔽，故有所乐；多所蔽，故多所乐。弗惊也，弗疑也，弗慕也，何乐之有？诗曰："昊天孔昭，我生靡乐。"盛德有福者，忧患避弗及，智慧废弗用，名之曰顽；顽以完其初，死必上跻矣。盛德无福者，忧患入之，智慧出之，名之曰劳；劳以不完其初，死必旁落矣。

神矣夫！父母物之民，智慧之所出，忧患之所入，入亦无算数，出亦无算数，入亦无比例，出亦无比例。虽则用智，惨然而哀；虽则用慧，惨然而哀；或则抱忧而食患，不忍用智慧焉而哀；或则介忧而胄患，不忍用智慧焉而哀。其生也，名曰哀民，字曰难测。其死也，名曰最上，字曰无上。智慧之积，无上者之体；哀惨之积，无上者之用。体常静，用常动。神矣夫！父母物之民。

——据吴刻本《定盦续集》卷二

壬癸之际胎观第八①

（1822年—1823年）

万物不自名，名之而如其自名。是故名之于其合离，谓之生死；名之于其生死，谓之人鬼；名之于其聚散，谓之物变；名之于其虚实，谓之形神；名之于其久暂，谓之客主；名之于其客主，谓之魂魄；名之于其淳浊、灵蠢、寿否、乐否，谓之升降；名之于其升降，谓之劝戒；名之于其劝戒取舍，谓之语言文字。

有天，有上天，文王、箕子、周公、仲尼，其未生也，在上天。其死也，在上天。其生也，教凡民必称天，天故为群言极。

——据吴刻本《定盦续集》卷二

壬癸之际胎观第九②

（1822年—1823年）

群言之名我也无算数，非圣人所名；圣何名？名之以不名。群言之

① 自刻本卷首《定盦文集目录》题《壬癸之际心书第八》（未刻），龚橙编校本题《胎观八》。

② 自刻本卷首《定盦文集目录》题《壬癸之际心书第九》（未刻），龚橙编校本题《胎观九》。

名物也无算数，非圣人所名；圣何名？名之曰我。域中之极言曰神，乃曰立元神，乃曰元神返而已矣，元神得养而已矣，去非元神而已矣。域外之言曰：返之去之，不如因之，不如从而尊之；因之无所祛而已矣，尊之无所加而已矣；因之有差，尊之有差，名之有差；名之以不名，亦有差；域中之所名，无能以差。蠹也者，灵所藉力者也；暂也者，常所藉力者也；逆旅也者，主人所藉力者也。生亦多矣，大人恃者此生；身亦多矣，大人恃者此身。恃焉尔，欲其留也；留焉尔，欲其有为也；有为焉尔，不欲以更多也。是之谓大人之志。

——据吴刻本《定盦续集》卷二

臣里

（1823年前）

臣与臣里相诟也：

臣里自宋[①]其语言，其言曰："夫畀之而荣，丧之而辱，升之九天而喜，沉之九渊而愠，吾圈行卑贱，而以权予上，亦貌委蛇而已矣，吾中岂有是哉？"臣窥之，食不忘瞽宗之牲，坐不忘栗主之祝，口饴而手勤，不忘殊衣冠者之颂说已，坐是得心疾。臣诟之曰："请征子之客籍。夫子之客籍，有一世之名者，有三世之名矣；有三世之名者，有十世之名矣。夫喜而不春，怒而不夏，愁苦而不秋，晦盲儇轻，少而苟，壮而脆，老而犷，黄帝之所谓痹民也者，尽子之客也，汝师保此名也矣。三世耳相续，三世目相续，三世心知相续，社鬼护之，其爽十世；水不溺，火不烧，雷霆不求，其爽百世。麟、凤、狗不并续，不知动类大也；芝、术、灌木不并续，不知植类众也；珠玉、黄钟、虎子、威窬不并寿，不知古器之赜；痹民之言不与圣智之言并寿，不知古名姓之博。且吾闻周以前，上溯结绳，年多事少，隶令刊令之著录，不百家矣；史佚、仲尼、司马迁、刘向之威灵，竟弗庇之矣！古之宋语言之鬼，其哭于渊，诉于天，凭神于写官契令，祟谁氏之孙哉？"

臣里乃诟臣曰："汝之言孤，汝不祥人也。"臣应之曰："百世为纵，

① "宋"，原作"宋"（邃汉斋本、扶轮社本、王文濡本、夏田蓝本同），据王佩诤校本改。

一世为横；臣孤于纵，不孤于横；臣媚于去马来驴；臣目盱睢；臣不媚蠹鱼。且吾闻之，宗身莫如定，信道莫如笃；观古今莫如通；笃以定通，臣且受大福。”

乃又诟臣曰：“汝之术，善绐者也，汝貌绐，言绐，出处绐，浮湛而不任其劳，彼司福之主，其卒为汝绐。”于是臣无以应。

臣姑起其疾，畀焉勿荣，丧焉勿辱，升之九天勿喜，沉之九渊勿愠。汝之术博矣。何但取以待富贵之权藉者哉？

——据吴刻本《定盦续集》卷四

答人求墓铭书

（**1823** 年前）

藏幽之有文，又从而谐其词，炎汉以来，未有改也。顾礼何心哉？吾遇人求请藏幽之文，辄心动。不悄戚其容与区别其状之词而来者，弗许也；悄戚而来者，亦戚而应之。怊怅铺叙，既成，意向未能和。何哉？古之始为是制者何心哉？虽巨富贵，重以贤圣，至于殷汤，犹不能以争天下古今之势。故《诗》曰：“高岸为谷，深谷为陵。”仁人者姑尽吾爱，以附不欲速朽之义。谓夫功德文章行谊之迹，与其有令闻之子孙，具于辞，冀哀而掩之。掩之者谁欤？至于冀夫掩之也，而尚忍问欤？仁人孝子，其遂忍逆计至于是？抑又忍弗计至是欤？是求请者与为文者所皆艰言也。而乃昌昌愉愉以命之，从夫乞为传、为诔之义同欤？甚者辞曰：或锡之诔，或锡之传，或锡之志铭，词体如是。固若是，其易而无择欤？

君家有世德，法宜为文章，又辱吾子诿责，不可辞，而特不忍为志铭。谨撰上墓表。

——据吴刻本《定盦文集》卷中

最录平定罗刹方略

（**1823** 年前）

《平定罗刹方略》四卷，无纂修衔名。始于康熙二十一年八月，遣副都统郎坦等侦探罗刹情形事，终于二十八年，内大臣索额图立碑，与罗刹定地界事。罗刹者，谓俄罗斯国之人也。俄罗斯以顺治时扰黑龙江，踞雅克萨、尼布楚[①]二城而有之。至是三十年，我圣祖仁皇帝命将克复，逐其人，首尾七年而定。诏史馆作是书也，最简明。四库著录诸方略，独遗此，四库未见之也。

在事之人，将军巴海、都统萨布素先往，无功，且意在久师。卒成大功者，都统公彭春、护军统领佟宝、侍郎萨海也。《方略》之要，萨海督耕，彭春、佟宝督战，盖且战且耕也。兵器以福建所进藤牌为主，领藤牌兵者，汉銮仪使侯林兴珠、台湾投诚授左都督何佑也。定界在何处？碑二通：一在格尔必齐河，一在额尔古纳河。二河，皆黑龙江之上游也。郎坦始之，彭春、萨海中之，索额图善其后也。仁皇帝谕曰："逐之而已。"不戮一人，如天之仁也。又谕曰："渠所窃踞，距我发祥之地甚近。"此逐之之意也。

——据朱氏二刻本《定盦文集补编》卷二

致邓传密书

(1823年1月下旬)

守之仁弟足下：天寒岁暮，足下旅居，何以为怀，未卜年内有试事否？

兄冒三十三日之冰雪，踉跄而归。家严、慈幸皆无大恙，家慈受惊不小，儿子等几乎不救。痛定思痛，言之心骨犹慄。而奇灾之后，万事俱非，或者柳子厚所云：黔其庐，赭其垣以示人，是亦祝融回禄之相我耶？此事颇有别情，患难起于家庭，殊不忍言。然外间固有微闻之者，未卜足下曾闻之否也？

兄暂得依恋膝下，以度残年，而试期又迫，正月初旬，即须买棹北上，相见甚迫。兄此行尚有一辈泛交俗论，笑我辛苦于无益之地者，有谓我名场不思上进，反属不孝者，兄皆听之。要之，吾辈行事，动辄为若笑，岂为所惑而动哉！

珍叩头

① "尼布楚"，原作"尼布潮"(邃汉斋本、扶轮社本、王文濡本、夏田蓝本同)，据王佩诤校本改。

再者，家藏五万卷，尽矣！而行箧之携以自随者，尚不减千馀卷，名之曰劫外藏书，编列五架。其为我朝夕拂拭之，勿令虫鼠为祟。宝此丛残，殊为不达，苦恼之馀，弥复惭愧。吾弟应怜而笑之也。珍再说如此。时鼓四下，寒月到窗。

——录自《故宫博物院院刊》1980 年第 1 期，
原件藏故宫博物院

资政大夫礼部侍郎武进庄公神道碑铭

（**1823** 年 **2** 月 **8** 日）①

卿大夫能以学术开帝者，下究乎群士，俾知今古之故，其泽五世十世；学足以开天下，自韬污受不学之名，为有所权缓亟轻重，以求其实之阴济于天下，其泽将不惟十世。以学术自任，开天下知古今之故，百年一人而已矣。若乃受不学之名，为有所权以求济天下，其人之难，或百年而一有，或千载而不一有，亦或百年数数有。虽有矣，史氏不能推其迹，门生、学徒、愚子姓不能宣其道，若是，谓之史之大隐。有史之大隐，于是奋起不为史而能立言者，表其灼然之意，钩日于虞渊，而悬之九天之上，俾不得终隐焉而已矣。

大儒庄君，讳存与，江南武进人也。幼诵六经，尤长于《书》，奉封公教，传山右阎氏之绪学，求二帝三王之微言大指，闵秦火之郁伊，悼孔泽之不完具，悲汉学官之寡立多废，惩晋代之作僭与伪，耻唐儒之不学见绐，大笑悼唐以还学者之不审是非，杂金玉败革于一衎，而不知贱贵，其罪至于亵帝王，诬周孔，而莫之或御。盖公自少入塾，而昭昭善别择矣。

既壮，成进士，阎氏所廓清，已信于海内，江左束发子弟，皆知助阎氏。言官学臣，则议上言于朝，重写二十八篇于学官，颁赐天下，考官命题，学僮讽书，伪书毋得与。将上矣，公以翰林学士，直上书房为师傅，闻之，忽然起，攸然思，郁然叹，忾然而寤谋。方是时，国家累叶富厚，主上神武，大臣皆自审愚贱，才智不及主上万一。公自顾以儒臣遭世极盛，文名满天下，终不能有所补益时务，以负庥隆之期，自语

① 据自记，本文撰于道光二年十二月二十八日，即 1823 年 2 月 8 日。

曰：辨古籍真伪，为术浅且近者也；且天下学僮尽明之矣，魁硕当弗复言。古籍坠湮十之八，颇藉伪书存者十之二，帝胄天孙，不能旁览杂氏，惟赖幼习五经之简，长以通于治天下。昔者《大禹谟》废，“人心道心”之旨、“杀不辜宁失不经”之诫亡矣；《太甲》废，“俭德永图”之训坠矣；《仲虺之诰》废，“谓人莫己若”之诫亡矣；《说命》废，“股肱良臣启沃”之谊丧矣；《旅獒》废，“不宝异物贱用物”之诫亡矣；《冏命》废，“左右前后皆正人”之美失矣。今数言幸而存，皆圣人之真言，言尤疴痒关后世，宜贬须臾之道，以授肄业者。公乃计出[①]委曲，思自晦其学，欲以藉援古今之事势，退直上书房，日著书，曰《尚书既见》如干卷，数数称《禹谟》、《虺诰》、《伊训》，而晋代剟拾百一之罪，功罪且互见。公是书颇为承学者诟病，而古文竟获仍学官不废。

公中乾隆乙丑科进士，以一甲第三名，授翰林院编修，屡迁至礼部右侍郎，诰授资政大夫。周时有仕为漆园吏，著书内外篇者，其祖也。曾祖讳某，祖讳某，考讳某，妣氏某，皆封如公官。妣封夫人。子□人，某、某，述祖以文学最有声。孙□人，某、某，绶甲最有声。公以乾隆□年卒于官，年□十有□。以嘉庆□年葬某山某原。公它所著尚有《周官记》六卷。

公性廉鲠，典试浙江，浙巡抚馈以金，不受，遗以二品冠，受之。及涂，从者以告曰：冠顶真珊瑚也，直千金。公惊，驰使千馀里而返之。为讲官日，上御文华殿，同官者将事，上起，讲仪毕矣。公忽奏：讲章有舛误，臣意不谓尔也。因进，琅琅尽其指，同官皆大惊，上竟为少留，颔之。是二事者，于公为细节。谨附书。铭曰：

大儒庄君既亡，粤嘉庆二十有三年，绶甲始为书测君志，以告绶甲友。其友籀其词，肯铭，乃克铭君于武进之阡。

[嘉庆戊寅，庄君绶甲馆予家，一夕，为予言其祖事行之美；且曰碑文未具。是夕绶甲梦见公者再，若有所托状。明日，绶甲以为请。越己卯之京师，识公外孙宋翔凤，翔凤则为予推测公志如此。越壬午岁不尽三日，始屏弃人事，总群言而删举其大者以报公。自记。][②]

——据吴刻本《定盦文集》卷上

---

① “出”，原作“其”（王佩诤校本同），误，据自刻本改。

② 自刻本文后有此自记，据补。又，王佩诤校本所补自记，“外孙”上衍“之”字，“删举其大者”之“其”，误作“此”，“报公”之“公”字脱。

阮尚书年谱第一序

（1823 年 2 月 11 日—3 月 12 日）

今皇帝御极之三年，天晴地爽，日穆月耀[1]，美阳之气，诠于耆臣。是岁，太子少保、兵部尚书、都察院右都御史、两广总督仪征阮公年六十矣。海内之士，怀觚握椠之伦，介景者锵羊，祝延者溦萃。其门下士大理少卿程同文等，就内阁中书龚自珍而谋曰："自古重熙累洽之朝，则有康疆竺巩之佐，赞酞迪薰，黼蔀黻纪，相一人而寿世，为百族之福宗。盖殊尤绝迹，有震于金石炳若神人者，今吾座主阮公亦其人也。汴宋而降，多祝史之寿言；晚唐子弟，订父兄之年谱。二者孰华孰质？孰古孰今？孰可传信?"龚自珍曰："年谱哉。"大理因探怀袖，出书二十四卷，请曰："是公子长生之所为也，子其序之。"

自珍既卒业，乃撮其括要而言曰：闻之：道隘者所任少，名谀者所成寡，德褊者所积薄，位庳者所覆狭。史册之事，一优一绌，将相之美，或初或终。今阮公任道多，积德厚，履位高，成名众，如大理言，如大理言。

公毓性儒风，励精朴学，兼万人之姿，宣六艺之奥。尝谓黄帝名物，宣尼正名，篇者句所造，句者字所积，古者有声音而有语言，有语言而有文字，自分隶之迭变，而本形晦矣，自通假之法繁，而本义晦矣。公识字之法，以经为诠，解经之法，以字为程。是公训故之学。

中垒而降，校雠事兴，元朗释文，喜胪同异，孟蜀枣本，始省写官。公远识驾乎隋、唐，杂技通乎任、尹。一形一声，历参伍而始定，旧抄旧椠，斯崖略之必存。是公校勘之学。

国朝四库之纂，百代所系，七阁之藏，九流斯萃。公名山剔宝，番舶求奇，驰副墨乎京师，锡佳名以宛委。盖自子政而下，鄱阳以前，公武《郡斋》之志，振孙《解题》之作，莫不讨其存佚之年，审其完缺之数。焦书杨目，斯琐琐焉。是公目录之学。

公精研七经，覃思五礼，以为道载乎器，礼征乎数。今尺古尺，求累黍而易诬，大车小车，程考工而易舛。故大而冢土明堂，辨礼之行于某地，小而衣冠鼎俎，知礼之系乎某物。莫遁空虚，咸就绳墨，实事求

---

① "日穆月耀"，王佩诤校本误作"日月穆耀"。

是，天下宗之。是公典章制度之学。

公又谓读史之要，水地实难，宦辙所过，图经在手。以地势迁者，班志、李图不相袭，以目验获者，桑经、郦注不尽从。是以咽喉控制，闭门可以谈兵，脉络毗联，陆地可使则壤，坐见千里，衽接远古。是公之史学。

在昔叔重董文，识郡国之彝鼎，道元作注，纪川原之碑碣。金石明白，其学古矣。欧、赵而降，特为绪馀，洪、陈以还，闲多好事。公谓吉金可以证经，乐石可以劻史，玩好之侈，临摹之工，有不预焉。是以储彝器至百种，蓄墨本至万种，椎拓遍山川，纸墨照眉发，孤本必重钩，伟论在著录。十事彪炳，冠在当时。是公金石之学。

公又谓六书九数，先王并重，旁差互乘，商高所传。自儒生薄夫艺事，泰西之客捣其虚，古籍霾于中秘，智计之士屏弗见。于是测步之器，中西同实而异名，巧捷之用，西人攘中以成法。公仰能窥天步，俯能测海镜，艺能善辊弹，聪能审律吕，为刘、秦[①]之嫡髓，非萨、利之别传。是公九数之学。

文章之别，论者夥矣，公独谓一经一纬，交错而成者，绮组之饰也。大宫小商，相得而谐者，韶濩之韵也。散行单词，中唐变古，六诗三笔，见南士之论文，杜诗韩笔，亦唐人之标目。上纪范史，笺记奏议不入集，聿考班书，赋颂箴诔乃称文。公日奏万言，自裒四集，以沉思翰藻为本事，别说经作史为殊科。是公文章之学。

圣源既远，宗绪益分，公在史馆，条其派别，谓师儒分系，肇自《周礼》，儒林一传，公所手创。谈性命者疏也，恃记闻者陋也，道之本末，毕赅乎经籍，言之然否，但视其躬行，言经学而理学可包矣，觇躬行而喙争可息矣。且夫不道问学，焉知德性？刘子以威仪定命，康成以人偶为仁，门户之见，一以贯之。是公性道之学。

公扬历清华，洊升卿士，熟于载笔之礼法，娴于内廷之故实，三朝文物，触之则绪若悬河，九卿行列，谘之则动中律令。是公掌故之学。

凡若此者，固已汇汉、宋之全，拓天人之韬，泯华实之辨，总才学之归。彼区区文儒之异传，断断经人之异师，皆所谓得支亡干，守隅昧方。伟哉绝业，莫之与京已。

尝观道之丰也，命必啬之；德之亨也，遇必窒之。两汉以降，为世

---

① “刘、秦”，王佩诤校本作“秦、刘”。

儒宗者，伏生沉沦，贾生放黜，子政、子云，所遭良陂，康成、邵公，皆在党锢，叔重终于庳官，仲翔羁于远土；或藉阶经术，致身卿相，非其名德之无偶，则必世主之非圣。唐、宋之世，韩、苏之伦，衡厥所遭，十九同慨，求其出秉斧钺，入总图师，朝宁倚焉，师儒宗焉，岂可遘欤？公宦辙半天下，门生见四世；七科之后辈，尚长齿发，三朝之巨政，半在文翰；幽潜之下士，拂拭而照九衢，蓬荜之遗编，扬抡而登国史；斗南人望，一而无两，殿中天语，字而不名。吁！富贵不足为公荣，名誉不足为公显。九川行地，溯学海而波澄；三台烛天，指文星而度正。其在汉也，譬以伏、孔居邴、魏；其在唐也，譬以韩、李兼房、杜。

然而矜遭际之隆，不如稽勋阀之旧也，姱[①]福德之符，不如陈黎民之感也。睿庙亲政，公受殊知，谓先皇将任汝枢臣，今汝其作朕疆吏。公辞不获，爰始受命，亦越于今，先后廿年，抚浙抚豫者皆再，抚闽抚江右各一；先督全漕，继督两湖，继而督两广，复六年于兹矣。公知人若水镜，受善若针芥。爨材牛铎，入聪耳而咸调，文梓朽木，经大匠而无弃。器萃众有，功收群策。公文武兼资，聪明异禀，胸中四库，妙运用于无形，目下十行，识姓名于一过。凡在僚友，畏其敏，服其大，此公之功在察吏者也。仁心为质，施于有政，每问风俗，先及桑麻。昔饵浙人之馑，远泛舟于蜀江；今徕番舶之粟，平居贾于粤市。其通有无也，兼惠商民，其化疆界也，并泯中外。此公之功在抚字者也。

文翁治郡，礼容蔚于石室；乐浪著县，契令代夫写官。公先视浙学，成《经籍籑诂》二百六卷，及乎持节，乃设精舍，颜曰诂经；背山面湖，左图右史，于政馀亲课之。及莅江右，刊宋本《十三经》若干卷。今兹来粤，暇日无多，又复搜其文献，勒成巨编，刊《广东通志》若干卷。斠士之堂，榜曰学海，想见俊髦之翕集，与其波澜之壮阔焉。此公之功在训迪者也。

嘉庆之初。海氛方炽，大为逋逃之渊薮，实恃粮兵之藉赍，公以清野之法，为出海之禁，推毂武臣，训练舟旅。时则安南伪帅，潜结内盗，倚剽掠以赡孱邦，倾丑类以弄巨艇，久肆寇攘，渐图窥伺。公传檄诸镇，勒兵松门，指挥方定，飓风大作，海若效灵，顺逆异势。是役也，获其王印及铜炮重二千斤者甚夥，海寇歼焉。厥后蔡牵往来闽、

---

① “姱”，王佩诤校本误作“侈”。

浙，公首荐壮烈伯李公俾为统帅，壮烈成名，牵亦寻灭，鲸浪遂息，鼍更不惊。馀干奸民，蠢焉煽乱，勾结党徒，簿造名号，妖鸟已翼而未飞，长蛇流沫而思噬。公则斩彭蠡之菰芦，祷匡庐之烟雨，发之也不旬日，破之也不崇朝，是曲突徙薪之善谋，有劲弩激箭之捷手，夷大难如一反掌。其于闽也，特于海渚，大筑炮台，时出新意，水法陆法之图，天雷地雷之谱，厥后各吏，则而仿之。粤东互市，有大西洋，近惟英夷，实乃巨诈，拒之则扣关，狎之则蠹国；备戒不虞，绸缪未雨，深忧秘计，世不尽闻。盖公[1]身本将门，夙娴韬秘，谢公雅量，草木识其威名，叔子高怀，裘带寓其将略。此公之功在武事者也。

承平日久，海宇蕃庶，物盈而枵，吏猾而蠹，是以弥补之诏，三十年于兹矣。金粟之藏，按簿则有其名；关市之榷，摭实尽无其物。公在浙之日，议谓其事当信而勿欺，其期宜缓而勿迫。久之竟获全效，卒如初议，他行省勿及也。此公之功在治赋。

京师转漕东南，岁七百万，积以升斗，极于京垓，盘仓古法，今也失传，其数至赜而不可稽，其欺至隐而不可诘，公准之斛法，定为尺长，布算则有目皆知，执度则布指成寸，既有定式，遂为捷法。又以比岁淮弱黄强，重迟空晚，发议盈廷，图改运道，公乃考有元之成规，得海运之故道，计舟樯丰俭之用，较时日往返之程，度其险夷，权其常变，中流一壶，成书具在。此公之功在治漕。

凡此者，妫盘虽丽，难镌彤矢之勋；曶[2]鼎良珍，莫罄赤环之绩。自非张华腹中，千门万户，孙武囊底，八地九天，而枚举焉，泛测焉。窃以为轻尘难语于嵩岳之高，爝火奚裨于阳乌之照者也。右廿四卷，宜置册府，宜藏京师，宜付写官，宜诏僚友。古之不朽有三，而公实兼之。古之上寿百有二十，而公甫半之。古说经之辞：君主日，臣主月。《诗》曰："如月之恒。"言初弦也；五岳视三公，《诗》曰："嵩高维岳。"言大而高也。由斯以谈，其诸光明之日进，生物之方无穷也乎？敬语程公，为我报公子，俟公七秩之年，更增十卷之书，当更序之，此其第一序云尔。癸未正月。

——据吴刻本《定盦续集》卷三

---

① "盖"下，王佩诤校本脱"公"字。

② "曶"，原作"舀"（邃汉斋本、扶轮社本、王佩诤校本同），误，据王文濡本、夏田蓝本改。

五经大义终始论

（**1823** 年春、夏间）

昔者仲尼有言："吾道一以贯之。"又曰："文不在兹乎！"文学言游之徒，其语门人曰："有始有卒者，其惟圣人乎！"诚知圣人之文，贵乎知始与卒之间也。圣人之道，本天人之际，胪幽明之序，始乎饮食，中乎制作，终乎闻性与天道。民事终，天事始，鬼神假，福禔应，圣迹备，若庖牺、尧、舜、禹、稷、契、皋陶、公刘、箕子、文王、周公是也。

谨求之《书》，曰："天聪明，自我民聪明。"言民之耳目，本乎天也。民之耳目，不能皆肖天。肖者，聪明之大者也，帝者之始也。聪明孰为大？能始饮食民者也。其在《序卦》之文曰："物稚不可不养也，屯蒙而受以需，饮食之道也。"其在《雅诗》，歌神灵之德，曰："民之质矣，日用饮食。"是故饮食继天地。又求诸《礼》，曰："夫礼之初，始诸饮食。"礼者，祭礼也。民饮食，则生其情矣，情则生其文矣。情始积，隆隆然！始盈也，莫莫然！求之空虚，望望然！始相与谋曰：使我有饮食者，父欤？母欤？父母非能生之也，殆其天欤？乃率其丑，取其仂，以报于天，盖仰而欲天之降之也。再相与谋曰：父欤？母欤？曷为不与我共饮食欤？则弗之见矣！乃号其丑，取其仂，以报于渊泉，盖俯而欲父母之假之也。三相与谋曰：非天也，非父母也，孰使我以能饮食欤？则弗之见矣！于是号其丑，取其仂，以报圣之人，盖每食四望而欲其降之也。若其教之降首屈股下上手，与其下上手之数以差，由中古作。故曰：观百礼之聚；观人情之始也，故祭继饮食。

夫礼据乱而作，故有据乱之祭，有治升平之祭，有太平之祭。圣人曰：我主天，而众之祭始息。圣人曰：我不敢僭天，而众之祭不敢先一人。圣人自为谋曰：孰使予大川盈，大陆平，大物腯成，而小物毛烹？于是乎食人鬼之始播种以配上天，食人鬼之始平道涂以配于下地，食人鬼之聪明仁圣者于宫。后王曰：社稷瞽宗，以恩父为杀矣！故恩及王父，王父以上统曰祖，其所居曰庙，其在《礼》曰："祝以孝告，嘏以慈告。"此礼之大成也。此言有异乎土鼓之祭，其实升平也。其在《公刘》之四章曰："跄跄济济，俾筵俾几，既登乃依。乃造其曹，执豕于牢。酌之用匏。"是时粻粮完具，始立国而祭也。又曰："君之宗之。"

惟祭乃立宗，非祭则宗不显明。是故公刘教民祭，而豳国之民，无不尊其宗者，后其支者，大宗无不收群宗者。

谨求之《春秋》，必称元年。年者，禾也。无禾则不年，一年之事视乎禾。《洪范》称祀者何？禾熟而当祀；祀四时而遍，则一年矣。元年者，从食以为纪；元祀者，从祭以为纪。其在周公报成王曰："祀于新邑，咸秩无文。"周所以始立国也。微子数商王辛之罪曰："今殷民乃攘窃神祇之牺牷牲，用以容，将食无灾。"上世方乱犹祀，矧商阶升平之资乎？言辛所以灾也。度名山川，升崇冈，察百泉，度明以为向，度幽以为蔽；抟土而为陶，凿山而为礛，以立城郭、仓廪、宫室，高者名曰堂，下者名曰室，以卫鬼神，屏男女，伐山之木以为之群材，其百器以寓句股，以求九数。其在于《诗》："既景乃冈"，以测知北极之高下；又曰："夹其皇涧，溯其过涧"，以顺水性，则司空之始也。此其与百姓虑安者也。若其与百姓虑不安者，所以安安也；曰饮食之多寡，祭之数，少不后长，支不后宗，筋力者暴羸，于是乎折藋析木而挞之，则司寇之始也。而声问乎东西，而声问乎北南，饮食之多寡，祭之数，少后长欤？支后宗欤？筋力者毋暴羸欤？皆必赴司寇而理焉，理之而无不威，故曰鞭蛮夷，挞六合也。

谨求之《书》，皋陶为士，其职也，后王谓之兵。兵也者，刑之细也；士也者，理也。有虞氏之兵也。其在《洪范》，八政有司寇，后王有司马，司马，司寇之细也。圣者曰：吾视听天地，过高山大川，朝天下之众，察其耳目心思辨佞之雄长，而户征其辞，使我不得独为神圣，必自此语言始矣。爰是命士也，命师也，命儒也。圣者至高严，曷为习揖让之容，虚宾师之馆，北面清酒，推天之福禄与偕，使吾世世雄子孙，必变化恭敬温文，以大宠之？岂惧其武勇之足以夺吾祭哉？诚欲以一天下之语言也。儒者出而语民曰：非恃珪璧也，其积者斋栗也，而人莫不欢心以助吾祭矣；不然，边鄙之祭，夫岂无私玉？儒者又出而语民曰：非恃干戈也，其积者和也，而人莫不出私力以捍其圉；不然，南亩之勇夫，夫岂无私兵？

谨求之《礼》，古者明天子之在位也，必遍知天下良士之数；既知其数，又知其名；既知其名，又知其所在。盖士之任师儒者，令闻之枢也；令闻，飨帝之具也。其在《记》曰："三代之王也，必先其令闻。"夫名士去国而王名微，王名微而王道薄，故曰："杀胎破卵，则凤皇不翔。揜麛取犊，则麒麟不至。"其在《记》曰："土敝则草木不长，水烦则鱼鳖不大。”良士，国之金玉异物也，草木厌之，而况金玉乎？鱼鳖槁之，而况蛟龙乎？诚苦之也。名士之有文章，望国气者，见其烂然而光于天，求之《雅》诗曰：“倬彼云汉，为章于天。”“周王寿考，遐不作人。”其推天人之际曰：“相彼鸟矣，犹求友声，矧伊人矣，不求友生。神之听之，终和且平。”是野有相慕，用之朋友，而可荐于神明也。其衰也，贤人散于外，而公侯贵人之家，犹争宾客于酒食。其大衰也，豪杰出，阴聘天下之名士，而王运去矣。

谨又求之《洪范》，八政：七曰宾，八曰师。宾师得而彝伦序也。何以曰序也？古之宾师，必有山川之容；有其容矣，又有其润；有其润矣，又有其材。王者之与宾师处，闻牛马之音，犹听金玉也；亲尘土之臭，犹茹椒兰也。其在《记》曰：“君子曰德，德成而教尊，教尊而官正，官正而国治矣。”其在《诗》曰：“有冯有翼，有孝有德。”夫食货具则有冯矣，官师备则有翼矣，祭祀受福则有孝矣，宾师亲则有德矣，诚约彝伦之极，完神人之庆也。圣者曰：吾非多制以好劳也，多文以为辩也。无政之曰阙，政不中之曰不序，阙且不序，中国必有不安者矣。夫如是，是枕嵩、华而身袵旷土之原也。观其制作曰：成矣！

求之《春秋》，则是存三统、内夷狄、讥二名之世欤？三统已存，四夷已进，讥仅二名，大瑞将致，则和乐可兴，而太平之祭作也。是故有禘，推五行得感生之天主天帝，而以人鬼配之；有宗祀，祠天帝于宫而以父配之；练而斋，斋而盥，盥而祭。其在《易》：“观盥而不荐，有孚容若。”禘之盛也。其在《诗》：“瑟彼玉瓒，黄流在中。”宗祀之盛也。文祖明堂以嬗之名，郊宗石室以建之主，兼礼备乐以存之统，升珪瘗璧以崇之文，九州四海以象之宫，重特祀也。有封祀，求之《诗》：“于皇时周，陟其高山，隮山乔岳。”其在《礼》：“升中于天而凤皇降，龟龙假。”封禅之盛也。合此三者，在《春秋》说曰：“以美阳芬香告于天。”犹告盛也。有宫中祠，昔在黄帝，集万灵于明庭，万灵者，配太一者也。在《天官》曰太一，在《礼》亦曰太一，在《易》曰太极。昔在成王，袭祖考之勤劳，有周公以代制作，法宜得为太平世。

谨求之《书》，有曰：“予冲子夙夜毖祀。”毖祀，宫中祠之盛也。其在后王，服玉而延年，宵中而禋，冯几而候神，则动过其物也。然亦罔有咎于天，使天下之老者，自视如壮者，使天下之壮者，自视如幼者。虽有积瘁之士，沉思之民，春如三春，秋如三秋，昼如九夏，夕如九冬，故国暇而能修民，民暇而性命治。圣人之以能有名号者，有四象焉：曰暇、曰顺、曰雍、曰嘉。其在《诗》，将欲以美公刘之功，而总其意曰：“既顺乃宣，而无永叹。”其在《礼》曰：“明于顺，然后能守危也。”又曰：达于顺。又曰：顺之实。《礼》之终，犹《诗》之始也。求之《书》，曰：“高宗三年不言，言乃雍。”其在《诗》曰：“有来雍雍”，言雍在下也；“雍雍在宫”，言雍在上也。洒扫，嘉宫庭之道也；朝日，嘉旦昼之道也；夕月，嘉莫夜之道也；玉色而丝声，嘉后妃之道也；无梦也，有梦则太人以占，嘉寝寐之道也。其在《礼》曰：“以嘉魂魄，是为合莫。”方祭而有嘉也。谨求之《诗》曰：“予怀明德，不大声以色，不长夏以革。”遂终言之曰：“不识不知，顺帝之则。”

谨又求之《礼》，曰：“圣人耐以天下为一家，中国为一人……必知其情。”“何谓人情？喜、怒、哀、惧、爱、恶、欲。”圣人治人情，必反攻其情，以己治之。圣者有情欤？曰微矣！至清以有神，至和以有精，至静以有形，至澹以应群灵，至冲虚以应兆人，故遂终言之曰：“心无为也，以守至正。”无为本太一而已矣。天下虽有积瘁之士、沉思之民，其心疾可得而已也。上帝万灵，可得而昼夜通也。是故有善可得而荐也，有命可得而受也，有作可得而合也。然则绝地天通，非欤？胡为其非也？声以色犹不欲而糅神人，其为声色也大矣！先王恶其惊民也，非太一之谓也。夫如之何而可以极言圣人也？曰：盍游乎渊然不瞬之中，置乎肃然清静之上，端端乎遇圣人焉。

谨求之《易》，曰：“圣人以此洗心，退藏于密，吉凶与民同患；神以知来，知以藏往，其孰能与于此哉？古之聪明睿知，神武而不杀者夫！”极之矣，极之矣。夫如是则谓之能天。天也者，福之所自出也。《书》有五福焉，《诗》称百福焉，称万福焉，皆能天之义也。

——据吴刻本《定盦文集》卷下

五经大义终始答问一

（**1823** 年春、夏间）

问：三世之法谁法也？

答：三世，非徒《春秋》法也。《洪范》八政配三世，八政又各有三世。

愿问八政配三世。

曰：食货者，据乱而作。祀也，司徒、司寇、司空也，治升平之事。宾师乃文致太平之事，孔子之法，箕子之法也。

五经大义终始答问二

（1823年春、夏间）

问：八政事事各有三世，愿问祀之三世。

答：在《礼运》，始言土鼓蕢桴，中言宗庙祝嘏之事，卒言太一，祀三世不同名矣。《礼运》者，孔子本感蜡祭而言，故胪祭也详。若夫征之《诗》，后稷春揄肇祀，据乱者也；公刘筵几而立宗，升平也；《周颂》有《般》有《我将》，《般》主封禅，《我将》言宗祀，太平也。

五经大义终始答问三

（1823年春、夏间）

愿问司寇之三世。

答：周法，刑新邦用轻典，据乱故，《春秋》于所见世，法为太平矣。世子有进药于君，君死者，书曰：弑其君。盖施教也久，用心也精，责忠孝也密。假如在所传闻世，人伦未明，刑不若是重，在所闻世，人伦甫明，刑亦不若是重。

五经大义终始答问四

（1823年春、夏间）

问：公刘之诗于三世何属也？

答：有据乱，有升平。始国于豳，“乃积乃仓”，当《洪范》之食；“俾筵俾几”，当《洪范》之祀。五章、六章，是司徒、司空之事。“其军三单”，是司寇之事。司徒、司寇、司空，皆治升平之事。古人统兵于刑，班固尚知之，固也志刑不志兵。

五经大义终始答问五

（1823年春、夏间）

问：《洛诰》属何世？

答：有升平，有太平。曰："予齐百工，伻从王于周"，是八政司徒、司寇、司空之事。曰："肇称殷礼，咸秩无文"，是八政之祀事，皆言升平也。曰："我惟无斁其康事。"当是时，周公诞保文、武受命，成太平之业，故求明农去位。若仅致升平，公岂宜去位之年哉？公刘之首章曰："匪居匪康"，据乱故也。《洛诰》曰："无斁其康事。"太平故也。

五经大义终始答问六

（1823年春、夏间）

问：太平必文致，何也？

答：善言人者，必有验乎天。《洛诰》之终篇，称万年焉；《般》、《时迈》之诗，胪群神焉；《春秋》获麟，以报端门之命焉。《礼运》曰："山出器车，河出马图，凤凰在椒。"孔子述作之通例如是，是亦述周公也。

五经大义终始答问七

（1823年春、夏间）

问：太平大一统，何谓也？

答：宋、明山林偏僻士，多言夷、夏之防，比附《春秋》，不知《春秋》者也。《春秋》至所见世，吴、楚进矣。伐我不言鄙，我无外矣。《诗》曰："无此疆尔界，陈常于时夏。"圣无外，天亦无外者也。

然则何以三科之文，内外有异？

答：据乱则然，升平则然，太平则不然。

五经大义终始答问八

（1823年春、夏间）

问：《礼运》之文，以上古为据乱而作，以中古为升平。若《春秋》之当兴王，首尾才二百四十年，何以具三世？

答：通古今可以为三世，《春秋》首尾，亦为三世。大橈作甲子，一日亦用之，一岁亦用之，一章一蔀亦用之。

五经大义终始答问九

（1823年春、夏间）

问：孰为纯太平之书？

答：《礼》古经之于节文也详，尤详于宾。夫宾师，八政之最后者也。《士礼》十七篇，纯太平之言也。

——据吴刻本《定盦续集》卷二

跋少作

（1823年6月9日）

龚自珍自编次甲戌以还文章，曰文集者三①卷，曰馀集者又三卷。既竣，于败簏中，见所删弃者，倍所存者，触之峥嵘，忆之缠绵，因又淘拣其稍稍可者，付小胥，附馀集之尾。以少作之居太半于是也，统题曰《少作》，合一十八篇，别为卷。癸未仲夏朔，自珍识。

——据自刻本《定盦馀集·附少作》

① “三”，王佩诤校本误作“十”。

记佚褉

（1823年6、7月间）

予之拥三宝、十华、三十九弄也，各有褉；花有褉，画有褉，印亦有褉，乃至玉圭亦有褉，岂独帖无褉乎？有之，今逸之也。何以褉？玄晏斋孙氏刻本，段鹤台丈所贻，高出世所称《玉版》者万万也。丁卯、戊辰间获之，壬午、癸未间逸之也。获于京师，逸于京师也。逸之何以弗补褉？曰：难为褉，难为补。尽此一生，复能获一玄晏斋本乃补之也。

何以书之？曰：胸中一段缠绵，不可断绝，书之以遣之也。曰：至室在前，何必缠绵而思彼。彼本虽亚于至室，而与予周旋久也。然壬午之灾，彼不预焉。盗攫之，终在人间，既胜于三千种之同夕永逝，而又未必不为识者所珍，破涕为笑可也。其复来归，佛之灵也。癸未五月抄①。

——录自《求索》1985年第1期，原件为邓以蛰旧藏

与江居士笺

（1823年7月9日）

别离以来，各自苦辛，榜其居曰“积思之门”，颜其寝曰“寡欢之府”，铭其凭曰“多愤之木”。所可喜者，中夜皎然，于本来此心，知无损已尔。

自珍之学，自见足下而坚进。人小贫穷，周以财帛，亦感檀施，况足下教我求无上法宝乎？人小疾痛，医以方药，亦感恩力，况足下教我求无上医王乎？人小迷跌，引以道路，亦感指示，况足下教我求万劫息壤乎？

别离已深，违足下督策，掉举转多昏沉不鲜。至于手教，虑信根退，想戏弄之言。自珍久不见有信根，信是何根？根何云信？本来如是而已，何况有退失耶？重到京师又三年，还山之志，非不温萦寤寐间，然不愿汩没此中，政未易有山便去，去而复出，则为天下笑矣。顾弢语言，简文字，省中年之心力，外境迭至，如风吹水，万态皆有，皆成文

① “抄”，疑原作“杪”。

章，水何容拒之哉！万一竟可还，还且不出，是亦时节因缘至尔。至于与人共为道，夙所愿也。寖负至今，虽遇聪明贵人，衹宜用一切世法而随顺之。陈饿夫之晨呻于九宾鼎食之席则叱矣，诉寡女之夜哭于房中琴好之家则谇矣，况陈且诉者之本有难言也乎？

《行愿品》久收到。《圆觉疏》闻苏州刻成，前约所云不忘也，当自致贝居士。伏惟吉祥，不宣。

癸未六月二日　自珍和南

——据吴刻本《定盦文集》卷下

跋无著词选

（1823年7月）

右《无著词》一卷，始名《红禅词》，凡九十二阕，壬午春选录四十五首。癸未夏付刊。

——据同治七年吴煦刻本《定盦文集补·词选》（以下简称吴刻本《词选》）第八页

跋怀人馆词选

（1823年7月）

右《怀人馆词》一卷，原集凡九十阕，辛巳春日选录三十二首。癸未六月付刊。

——据吴刻本《词选》第十六页

跋影事词选

（1823年7月）

右《影事词》一卷，原集十九首，辛巳春选录六首。癸未六月付刊。

——据吴刻本《词选》第十八页

跋小奢摩词选

（1823 年 7 月）

右近作《小奢摩词》一卷，本三十三阕，删存十五首，补入旧作，合为二十首。癸未六月付刊。

——据吴刻本《词选》第二十三页

跋圆觉经略疏

（1824 年前）

按，裴休撰碑文，称师著《华严》、《圆觉》、《涅槃》、《金刚》、《起信论》、《唯识》、《盂兰》、《法界观》、《行愿经》等疏钞，今大半不传，传者《圆觉大疏、大抄、略疏、略抄》①、《金刚疏》五种而已。又所集禅藏凡百家，亦不传，其略见于《禅源诸诠》一书。又有《原人》一卷，与《禅源诸诠》今皆附藏中。自珍识。

又按，圭峰为华严七祖之第七，颇宗贤首师。贤首名法藏，乃华严六祖也。

又按，《起信论疏抄》、《原人》、《禅源诸诠》、《圆觉大小疏抄》，皆见《唐书·艺文志》中，惜《起信论》今但存《贤首疏》矣。

——据宗密《大方广圆觉修多罗了义经略疏》（清江沅抄本）卷首，龚自珍手跋，中国国家图书馆藏

致江凤彝书

（1824 年 1 月 28 日）

制后学龚自珍谨奉书秬香先生座右：自珍奉先慈讳南归，于九月初

---

① 宗密《大方广圆觉修多罗了义经略疏》卷首，裴休《大方广圆觉修多罗了义经略疏序》云：宗密所著有关疏解《圆觉经》的著作有“《大疏》三卷、《大钞》十三卷、《略疏》两卷、《小钞》六卷”等（参后《重刊圆觉经略疏后序》）。

旬抵家大人官署，知先生辱赐挽辐之词楹帖三十言，感且不朽。明年暮春，扶先柩道出吴门，当泥首申谢也。

倚卢中奉到手书，述及金石拓本一分，自珍昔年奉教于先外王父段先生曰："金石不可不讲求，古器款识为谈经谈小学之助，石刻为史家纪传之外编，可裨正史也。"是以自幼搜罗，志在补兰泉王侍郎之阙，熹备种数，所购求者亦不下一千种，孤本颇多。编《金石通考》一书未成，有《略例》一卷。不料去年九月，回禄为虐，尽毁焉。今年又遭先慈之痛，一切废业，弗复谭思。得手书，如见猎而心喜，触其故嗜。然重复旧观，则必不易易，亦无复当年精力，盖先生所收，未必恰好偿珍之所失。遇一种新物，反缠绵一种旧物，心中作恶三数日。是以所云全分，不愿全得之也。维吾庐所失，亦终不能忘也，都不愿再广耗其精力。

然窃有求者，自珍未被灾以前志所备数种而已，不求精与其秘，拓本率不佳。今重整精神，不能如往者之夸多斗富，而一见佳拓孤本，心为之怦怦动。可否仰求先生将寻常所有之各种剔出，将孤本，或虽不孤而拓本绝旧、文字较诸家著录者为完具之种数，又或王侍郎《萃编》未收入之种数，酌开示百十种，将其目录细开一单子来，则自珍坐享其成，弗耗心力，而壁垒重新，感谂弗谖矣。

又，自珍窃恨江左六朝文字皆佳妙，诸人文集中，如江、邱、任、沈之属。碑文皆夥，何以传者寥寥？并造像题名亦寥寥？不及北魏、北齐、北周十分之一。平生所见者，萧梁止花村数通，齐、陈两朝皆无之，晋则邺中之西晋有之，而江左之东晋无之。即凡诸家著录亦多相同，惟范氏天一阁因有上清真人许君馆坛一通，最为海内奇秘，为平生未一见。如尊处竟有此种，肯归于珍手，则一可以代千，谨当竭其区区，为长者寿，断不敢忘所自。如无之，则终愿走鄞中索双勾一通上石也。又凡诸家谈碑不谈帖，帖学难精，源流太繁，祖本支本太杂故也。往赵晋斋、翁覃溪亦不精。近世此学殆绝。晋人法帖绝希，即初唐人虞、褚小楷佳刻丛帖亦希，况单行本乎？尊处有佳者，亦示一两件，则亦一足当百也。专此布泐。附问

秬香仁丈先生近安，不一。

自珍叩头　　岁不尽三日

外所欲得者一纸。

——录自《故宫博物院院刊》1981 年第 3 期，原件藏故宫博物院

跋宋拓兰亭定武本

（1824年2月）

合以子敬《洛神》，两本并庋并临，终身弗离，王侯可让也，寝馈可废也。呜呼！江左风流，尽在兹矣，不大幸欤？甲申初春题。

得之也廉，用番钱当九百者五十有二枚，并识之。宋刻无上神品、圣品，千金之宝。

——据娟镜楼本《定盦遗著》

金坛方言小记

（1824年7月26日后）

人曰宁。人无老少男女皆殿以老。如此曰葛。如之何曰那宁处，亦曰那宁达。不曰弗。问词曰爹。问何所作曰作爹特。问何等物也曰爹东西。特者指事词，又已然之词。曾祖曰曾公。祖曰耶耶。祖母曰埋埋。父曰爹爹。母曰娘。兄曰大郎。弟曰弟子。城中二读如泥，其四鄙二读如市。上读如酿。去读如磕。游谓之弗相。（长言之曰弗相相。）呼取物来曰捉了来。立曰踦。挟一人与俱曰孪。揭壁上败楮曰亨。以火熟物曰笃。鸡卵[①]曰子。豆腐之豆读如头，是以去为平也。凡杭州言阳平声十九为阴平声，如鱼、龙、猫是也。口吃者谓之笃笃。自谓其曹曰我家，亦曰我龛。日曰聂。昼曰聂脚。夜曰夜头。式活助词也。法犹否也。勖犹休也。能彀者甚词，亦至于此极之词。凡一切鬼神皆曰菩萨。

先母金坛段氏，考讳玉裁，妣于氏。金坛在明嘉靖朝以讫崇祯，其大姓五，曰虞、段、高、冯、尹；入国朝则曰于、王、曹、蔡。先母告自珍如此。但自珍考明进士碑，于、王已登进士科，又有闻人，则似不在五姓之后。先母云尔者，入本朝五姓颇不振，段氏亦力田，而于氏乃两中状元，故土人以耳目所见闻而[②]界限之。土人思旧德，则诵五姓，

---

① “鸡卵”下，王佩诤校本衍“子”字。

② “而”，王佩诤校本作“为”。

且别有轩轾之词，先母意亦不谓然也。先母以道光三年癸未卒，甲申七月，自珍既小祥，作此记。自记。

——据真迹本《为何绍基书未刊文稿册》

跋簳山草堂诗集

（1824 年 8 月 24 日—9 月 22 日）

古体蟠硬见笔力，自是浣花别子；五言风谕尤工，近体刘后村、陆剑南也。九峰三泖间固多雅材，似此，吾见罕矣。龚自珍谨识，时甲申闰秋也。

——据何时希编著《何氏八百年医学》第 104 页墨迹照片，学林出版社 1987 年版，原件藏中国中医科学院图书馆

重刊圆觉经略疏后序

（1824 年 9 月 23 日）

《唐书·艺文志》曰："《圆觉经》大小疏各一卷，释宗密撰。"裴休《圆觉疏序》曰："凡《大疏》三卷，《大抄》十三卷，《略疏》二卷，《小抄》六卷。"今藏本疏与抄皆合，不各自为本，《大疏抄》合十二卷；《略疏》二卷，各分上下；《略抄》或十二卷，或二十五卷；多寡之数、析省之年，皆不可考矣。《圆觉》之为圆觉，我佛自言之；《疏抄》之为疏抄，圭峰师自言之。夫赋天地者迂，赞日月者妄，名字功德，吾无赘言。若其祖荷泽，祢遂洲，则传法之绪可言也；胎慈恩，息贤首，其讲经之宗可言也。大疏虽繁，不可谓多，略疏虽简，不可谓少。其二而一者，同是经之津筏；其一而二者，各具疏之体裁。兹取《略疏》契之，使学者先读是，次第寻求也。

《唐志》又曰："《禅源诸诠集》一百一卷，《起信论疏抄》三卷，《原人论》一卷，皆宗密撰。"裴休撰乐石之文，举师所著，有《华严》、《圆觉》、《涅槃》、《金刚》、《起信》、《唯识》、《盂兰》、《法界观》、《行愿》等经论疏抄，及法义类例，及禅藏总九十馀卷。以诠今藏，佚者半，存者尚半。今先取《圆觉》契之，亦使学者先读是，次第寻求也。

契之者谁？吴县贝居士墉也。助之喜与与其役者谁？吴县江居士沅及仁和龚自珍也。道光四年八月朔，龚自珍合十，说由绪竟。

——据吴刻本《定盦文集补·续录》

助刊圆觉经略疏愿文

（1824 年）

大清道光四年，佛弟子仁和龚自珍同妻山阴何氏敬舍净财，助刊《大方广圆觉修多罗了义经疏》成，并刷印一百二十部，流传施送。伏因先慈金坛段氏烦恼深重，中年永逝，愿以此功德，回向逝者，夙业顿消，神之净土。存者四大安和，尽此报身，不逢不若。命终之后，三人相见于莲邦，乃至一生补处。

——据娟镜楼本《定盦遗著》

捕蜮第一

（1824 年）

龚自珍既庐墓垩居，于彼郊野，魂飞飞以朝征，魄凄凄而夕处。百虫谋之曰：予可攻侮。厥族有大有小，布满人宇。予告诉无所，发书占之，曰：可以术捕。禁制百虫，非网非罟。予尝韪夫猎者之弹，亦起于古之行孝者，魑魅山林，则职畏禹。予禁制汝虫，皆法则上古。叩山川丘坟，而天神来下。

山川之祇问曰：今者有蜮，蜮一名射工，是性善忌，人衣裳略有文采者辄忌，不忌縗绖。能含沙射人影，人不能见，必反书之名字而后噬之。捕之如何？

法用蔽影草七茎，自障蔽，则蜮不见人影。又用方诸，取月中水洗眼，著纯墨衣，则人反见蜮，可趋入蜮群；趋入蜮群，则蜮眩瞀。乃祝曰：射工！射工！汝反吾名，以害吾躬，吾名甚正，汝不得反攻。射工！射工！速入吾胃中。如是四遍，蜮死，烹其肝。大吉。述《捕蜮第一》。

——据吴刻本《定盦续集》卷四

捕熊罴鸱鸮豺狼第二

（1824 年）

丘垅之祇问曰：今者有熊罴、鸱鸮、豺狼，是性善愎，必噬有恩者及仁柔者，捕之如何？

法用败絮牛皮，伪为人形，手执饲具，以示人恩，中实以炽铁。咆哮来吞，絮韦吞已，炽铁火起，麋灼其心肝。祝曰：豺狼！豺狼！予恩汝不祥，亦勿战汝以刚，色柔内刚，诛汝肝肠，汝卒咆哮以亡。如是四遍，则其种类皆殄绝。吉。述《捕熊罴鸱鸮豺狼第二》。

——据吴刻本《定盦续集》卷四

捕狗蝇蚂蚁蚤蜰蚊虻第三

（1824 年）

沮洳埞之祇问曰：今有狗蝇、蚂蚁、蚤蜰、蚊虻，是皆无性，聚散皆适然也，而朋嚼人，使人愦耗。治之如何？

法不得殄灭，但用冰一拌，置高屋上，则蝇去。又炼猛火自烧田，则乱草不生。乱草不生，则无所依；无所依，则一切虫去。祝曰：蚊虻！蚊虻！汝非欲来而朋来，汝非欲往而朋往，吾悲汝无肺肠，速去！吾终不汝殄伤。如是四遍，则不复至。述《捕狗蝇蚂蚁蚤蜰蚊虻第三》。

——据吴刻本《定盦续集》卷四

祀典杂议五首

（1824 年后）

一、昔者人伦之始，五品之事，实大圣之所造，一饮一食，犹思报本。畴非圣之百姓，曾是人伦攸始而无报耶？今法于古之圣人，既皆报之矣。黄帝、尧、舜、禹、汤，则于历代帝王庙，文王则于传心殿，武王则于帝王庙，孔子则于学，后稷则于坛，皋陶、伯益、伊尹、周公，则于帝王庙之东西庑，独契无祀。议者为之说曰：契当祀矣！无祀之之处，稷、契之孙，皆有天下，商、周之王坐于堂，反令其祖配食于庑，不便！是故祀稷于坛，则不复于庑；契则阙之。应之曰：稷、契之在庑，配尧、舜，非配商、周也。子孙身为王，坐于堂；祖不身为王，坐于庑，奚不可者？契宜增祀，稷亦无嫌复祀。又一议曰：今法，各学有崇圣祠，褒孔子五世，而契为孔子之太祖，宜升契于崇圣祠，正坐南向，肇圣王以下五位，配享，东西向。斯言也，犹贤于阙之之说。

一、今法，自京师及外州县，皆有文昌帝君祠，曰：是司科名之得失者。科名果有神，宜夫求科名者自祠之，不必官为立祠。祠之之徒曰：斗魁戴匡六星，在《周礼》祀，是第四、第五星；吾曹仿《周礼》遗意而变通之，祀其第六星，无不可者。呜呼！志科名者，志禄而已耶？言甚鄙，不可以为训。又曰：帝君即张星也。又曰：梓潼神姓张名亚子者也。谨求之经传，《天官书》：文昌六星，非张星；张星非文昌六星；张，为二十八宿之一，不当有特祀。梓潼张亚子见于小说家、词赋家，或曰人也，或曰非人也，不足深论，不宜在命祀。三说者，屡变屡遁，而卒不相合。要之三言皆不中律令。帝君之称，出于符醮青词家，益悖律令。官给太牢，春秋跪拜惟谨，恐后世大姗笑，宜罢之。

一、案《会典》，历代帝王庙，见在配享名臣若干，谨条其应增入者十八人如左：

唐增四岳。

虞增稷、契。

夏增靡。

商增伊陟、甘盘。

周增共伯、和伯。共、和是二人，非一人，予别有考。

汉增霍光、赵充国。东汉增杜乔、李固。

宋增王旦。

辽增耶律隆运、萧翰。

明增刘健、王守仁、熊廷弼。

此十八人者，或佐创，或佐守，或佐中兴，或仕末造，不宜阙。至于历代之臣，有尽瘁末造者，虽于历数无补，其人可重，应否增祀，宜付礼臣更核议。

一、今法，自太学至府州县学，祀孔子为先师。孔子弟子配享在位，皆曰：法备矣，礼其殚矣，历千有馀载而莫之或思也。窃尝考之三代之遗文，在《文王世子》曰：“凡学，春官释奠于其先师，秋冬亦如之。”又曰：“凡始立学者，必释奠于先圣先师，及行事，必以币。”在《祭义》曰：“祀先贤于西学，以教诸侯之德。”《周官·大司乐》曰：“凡有道者、有德者，死则以为乐祖，祭于瞽宗。”是皆周礼。然则孔子以前，固尝有先圣、先贤、先师矣。创物前民曰圣，躬行孝悌曰贤，守文抱道曰师，皆蔑之，是旷神祀而违经典也。难者曰：宰我曰：“以予观于夫子，贤于尧舜远矣。”是故孔子既生，而孔子以前先师贤人可以废。应之曰：非是！孔子述而不作，信而好古，子贡以为焉不学。孔子虽大圣，大圣亦尊古者也。正考父定诗以传恭，称曰自古；古曰在昔，昔曰先民。《礼》曰：“有其举之，莫敢废也。”又曰：“三代之祭也，先河而后海，或源也，或委也，此之谓知本。”皆孔子之志也。圣者虽有天下，功德为百世祖，犹且考三王，存三统，奉二王之后，与己而三，毋是傲弃，以章文质循环之大本。孔子以布衣修百王之业，总群言之归，承群圣之后，尚不自是，则问礼于老聃，问官于郯子，问乐于师襄。同时之人，折节相师。不有前事，圣将安托？夫以孔子为海，而先贤、先师则河也；以孔子当兴王，而先贤、先师则二王也；若之何蔑之也？孔子弟子，通六艺之文者，皆立主于孔子之堂，于东于西，享用少牢，小大稽首。而孔子以前之圣贤，孔子夺其祀，夫非孔子之所安也。窃谓宜别立先贤祠，自京师始，逮各行省，每府一祠，用少牢。考孔子以前之有道者、有德者，以孔子同时之贤人君子，非门弟子者附焉。方今休隆时，正宜差等百王，考镜群籍，召万灵之佑，锡九流之福。传曰吉祥善事，其斯之谓矣。难者曰：德有代兴，运有代去，厉山氏之有天下也，其子曰农，能殖百谷，夏之衰，周弃继之，故祀以为稷。祀稷而废农，古也有征。应之曰：古也，旱干水溢，则变置社稷；日食，则以朱丝系社而伐鼓；王者有黜陟百神之义，故曰神主。说《祭法》之文者曰：汤七年旱，时所为也，汤受天命以改人鬼之祀，古也有征。今先圣、先贤、先师，未尝降虐于下民，帝王安得而变置之乎？

一、祭法之变，庙制之变，自有唐始也。昔者殷有三宗；周有文、武世室；汉有高祖，有文帝为太宗，武帝为世宗，宣帝为中宗；东汉有世祖，有明帝为显宗，章帝为肃宗，此所谓有德有功，百世不祧者也。隋以前，祭法皆不改三代之旧，诸帝有谥而无庙号，六世即坛埠者也。有唐一代，诸帝尽有庙号，尽为宗，天子崇古来未有之孝，亦应创古来未有之礼，既皆在不祧之列矣。自唐以来，大抵宜合为一庙，有一帝则增一主，四时之祭，宜皆曰大祫。韩愈以下诸家议祭礼，援引《礼记》曰：迭毁曰坛，曰墠，曰三昭三穆，曰夹室，曰祫，曰时祭，曰祫祭之年，皆不中当代法令。此千古礼法一大变，礼家所宜知也。

——据吴刻本《定盦续集》卷二

庐之推

（**1824**年—**1825**年）

今有一人缞绖，一人弦歌，一人和之，以如丧者之侧，无恤无忌，发于其心而无伪。虽无伪，丧者宁无恨此人耶？又有一人缞绖，一人助之号，一人教之丧礼，不尽发于其心而伪。虽伪，丧者宁无感此人耶？

士之父母死，志其未成之志，竟其所有事之事。疾病、寒暖、饥饿，必以告，我孺子也，人给我必以告，吾心中之亲，未尝一夕死者也。天下之人曰：不闻吾亲之声矣！不见吾亲之容矣！始死，人来唁，或助之号，或教之丧礼，或称述德而慕思，或闻而震骇；比其祥，比其墓，曾不能以一瞚，而言者弗震骇，曰：是死久矣！天之行莫速于是；固然已矣，宜然已矣，人之变莫蹷于是。是故人死吾亲也而哀，人久吾亲之死也而益哀。

夫何为其哀也？哀莫推也。庐之礼，必睦其邻。富贵也，多财以分之，必称死者之赐；贱贫也，薪负之，筋力同之，必称吾亲之力。岁时日月上饮食，多树之杂华，墓庐一动举，悉本其故于死者，不使三月无闻吾亲之名；则一方之民，群然奉吾亲之冢棺椁，如方之小神。如方之小神，则言说于是，心志于是，耳目于是矣。士称述亲之赐，则必与邻之幼稚子言之；父老神吾亲者死，则幼稚续，且重先人之言，如是则必没吾躬，及吾子孙矣。是故士之父母死，春亦其春，夏亦其夏，秋冬亦其秋冬。

士之德盛者，能知圣人。圣人者，合万国之欢心，以祀其先王，大命必于庙，其始升歌曰："济济多士，秉文之德。"而卒称无斁于人，以如将万年焉，由此其推也。

——据吴刻本《定盦续集》卷四

宋拓孤本汉娄寿碑跋尾［二］

（1825年1月19日—2月17日）

道光四年冬十有二月，由吴门寄来，时在海上备兵官舍。珍识[①]。

——录自日本《书苑》第四卷第二号，《宋拓汉娄寿碑》影印本，1940年版

武显将军福建海坛镇总兵官丁公神道碑铭

（1825年）

乾隆中，国家修大刑于闽岛之外，福康安公、海兰察公先后成大功以去，光于祀典。凡百戎臣，或有赏及后裔，名附史官之牒。其有官不过隅镇，名不挂勋籍，身历百战于狂涛巨鲸间，几为忌者挤致之以无名之死而危以功名终，则有通州丁公。

按状：丁氏出自齐太公之孙丁公，世霸营丘，末胄播迁，入本朝，家于江南之通州。曾祖某；祖应举，江南狼山营守备；父国升，苏松镇游击，皆封如公官。妣张，生妣陈，皆封夫人。公父官松江，遂家焉。公讳朝雄，字伯宜，以松籍起家，由右科历数官，屡迁至福建副将。四十八年，岛贼黄在庄叛，公佐黄仕简讨平之，列军功一等。

闽事之萎也，公诇知林爽文有谋，必屯兵东港，以与凤山为犄角势。及凤山警，公方赴引见北上，半途驰还，白总督常青："贼不足虑，请假某兵剿东港，且断其粮道，即凤山溃矣。"因进指画缓急状。常青不听，惟专意凤山，檄公偕总兵郝壮猷趋鹿子港，擒贼目杨朝派，克凤山。非公意也，人以为公功。

贼果大炽，益蔓延，檄公守鲲身，又檄公守郡城。公于鲲身，则招土番千人，敌贼万众，矢石俱尽，而贼目潘猛挥乌龙旗不下，公命守备邱嵤拔之，猛走，鲲身平。公于郡城，则战少守多，未至，先破贼中途，路始通，遂遍阅城楼、屯栅、池隍，不治者整之。时总兵柴大纪守诸罗，公守郡城，三阅月，皆食豆饼，发触冠数寸，贼不得逞。诸将恃

---

① "舍"下，王佩诤校本脱"珍识"二字。

以成战功于外。之数者，亦非公意也，人又以为公功。

至是而讨东港之命下矣。常青非公无可使，而以八百人与公，请益，则曰："战不利，则守舟中，舟不可守，退而益兵。"公曰："为国死，命也。大人即不发一兵，某亦往。"拂衣上马行，至东港，贼众且数万。先时海中有淤浅，虽潮至，舟不通，贼以是不设备。伪军师吴豹、伪将军洪贺，纵饮酒。天大雷雨，水暴长丈所[①]。公坐艅艎，指挥缚群酋，遂登其炮台，贼大惊，急近战。公曰："我幸踞炮台，天也。"遂发大炮，诸火器继之，光尘蔽天，贼尸抛满崖澨，获伪将军李老合，逐北三十馀里，乃倚山为营。夜半，忽有数百人大噪过溪，公戒众勿出；少选，又有数百人，直扑大营，公益不动。天明，尽掩之。军中不知其谁何。迹其尸，皆赤发而裸，盖番人乘间为声援者。公踞地势，故无恐。林爽文遣其党来援，公筑垒围之，贼溃围出，公料其必奔茄藤，先令守备郑其仁，以步卒三百伏于路，而亲自中道追之，贼遇伏卒败；馀贼遁，将渡溪，公挤而溺之，遂获豹、贺。东港平，时乾隆五十一年某月也。

计大小七十三战，八百人扶伤痍以完，智勇无出公右，而常青蔽不以上闻，第令公摄海坛镇总兵官。福康安公至，始奏即真。公仍留台湾防御，比林爽文就擒，始莅任。

海坛固雄镇，环海，大盗时出，侦问斥候稍疏，即大为民害。公督率舟师为游兵迎捕。盗林鬆舵、林明灼者，海之酋魁也，公得鬆舵于浙江洋，而明灼适以戕参将张殿魁事闻。高宗纯皇帝震怒，严责总督伍拉纳，伍惧，以责公，公请身任。一日晨出，飓雾四塞，公喜，谓诸将曰："今日得报张公矣。"遂令众船齐进，果遇明灼于大麦洋，俟其近，力踞上游，纵大炮，连毙贼头目，明灼知不免，跃入海，叶把总钩得之。功状始上闻。有旨召见，未行，而总督又调公台湾镇总兵官。

渡台后，复还公于海坛，摄水师提督。五十八年，以捕会匪功，奉旨加四级。五十九年，循例入觐，途次病甚，乞两江总督苏灵阿代奏，乞骸骨。上方向用公，特旨令回籍调理，俟病痊即行奏请陛见。冬十有二月某日，甫入上海县境，卒于舟中，年六十有七。

公轻财爱士，官闽时，有广东举人曾中立，欠谷数千石，有司以军需不给，将置之法；公奇其才，代偿之。后曾为义民长，以战功赏巴图

---

① "所"，邃汉斋本同，扶轮社本、王文濡本、夏田蓝本、王佩诤校本作"许"。

鲁，仕至理番同知。

公配陈，封夫人，后公卒。公有丈夫子二人：廷珊，国学生；攀龙，武生，苏松镇左营守备。孙四：钟杰，武生，浙江千总；钟琪，国学生。以嘉庆二十一年十月初二日，奉公暨陈太夫人，合葬于松江细林山祖茔之侧。越九年，神道之文未具，钟杰等以公捍大患而世莫闻，愿文章之士发其光，则与载于官书者，异日出入必互见，故来乞书于碑。铭曰：

告下车者曰：是百战百胜者丁将军之墓。再告下车者曰：是百战百克而无炳炳于时者。三告下车者曰：是将军之孙钟杰、钟琪泣述功烈，有衋于其心，是为史之别子龚氏之言，用卒告阐烈之君子。今年实道光五年。

——据吴刻本《定盦续集》卷四

古史钩沉论一[①]

（1825年—1833年）

龚自珍曰：史氏之书有之曰：霸天下之孙，中叶之主，其力弱，其志文，其聪明下，其财少；未尝不周求礼义廉耻之士，厚其貌，妪其言，则或求之而应，则或求之而不应，则必视祖之号令以差。

史氏之书又有之：昔者霸天下之氏，称祖之庙，其力强，其志武，其聪明上，其财多；未尝不仇天下之士，去人之廉，以快号令，去人之耻，以嵩高其身；一人为刚，万夫为柔，以大便其有力强武；而胤孙乃不可长，乃诽，乃怨，乃责问，其臣乃辱。

荣之亢，辱之始也；辨之亢，诽之始也；使之便，任法之便，责问之始也。气者，耻之外也；耻者，气之内也。温而文，王者之言也；惕而让，王者之行也；言文而行让，王者之所以养人气也。籀其府焉，徘徊其钟簴焉，大都积百年之力，以震荡摧锄天下之廉耻。既殄、既狝、既夷，顾乃席虎视之馀荫，一旦责有气于臣，不亦暮乎！

——据吴刻本《定盦续集》卷二

① 龚橙编校本题《觇耻》（朱氏初刻本同），邃汉斋本题《古史钩沉论一（觇耻）》。

古史钩沉论二[①]

（1825年—1833年）

龚自珍曰：周之世官大者史。史之外无有语言焉；史之外无有文字焉；史之外无人伦品目焉。史存而周存，史亡而周亡。殷纣时，其史尹挚抱籍以归于周；周之初，始为是官者，佚是也。周公、召公、太公，既劳周室，改质家跻于文家，置太史。史于百官，莫不有联事，三宅之事，佚贰之，谓之四圣。盖微夫上圣睿美，其孰任治是官也？是故儒者言六经，经之名，周之东有之。夫六经者，周史之宗子也。《易》也者，卜筮之史也；《书》也者，记言之史也；《春秋》也者，记动之史也；《风》也者，史所采于民，而编之竹帛，付之司乐者也。《雅》、《颂》也者，史所采于士大夫也。《礼》也者，一代之律令，史职藏之故府，而时以诏王者也。小学也者，外史达之四方，瞽史谕之宾客之所为也。今夫宗伯虽掌礼，礼不可以口舌存，儒者得之史，非得之宗伯；乐虽司乐掌之，乐不可以口耳存，儒者得之史，非得之司乐。故曰：五经者，周史之大宗也。

孔子殁，七十子不见用，衰世著书之徒，蜂出泉流，汉氏校录，撮为诸子，诸子也者，周史之小宗也。故夫道家者流，言称辛甲、老聃；墨家者流，言称尹佚；辛甲、尹佚官皆史，聃实为柱下史。若道家，若农家，若杂家，若阴阳家，若兵，若术数，若方技，其言皆称神农、黄帝。神农、黄帝之书，又周史所职藏，所谓三皇、五帝之书者是也。老于祸福，熟于成败，絜万事之盈虚，窥至人之无竞，名曰任照之史，宜为道家祖。综于天时，明于大政，考夏时之等，以定民天，名曰任天之史，宜为农家祖。左执绳墨，右执规矩，笃信谦守，以待弹射，不使王枋弛，不使诸侯骄上，名曰任约剂之史，宜为法家祖。博观群言，既迹其所终始，又迹其所出入，不蒙一物之讥，不受诸侯蹈抵，使王政不清，庶物奸生，名曰任名之史，宜为名家祖。胪引群术，爱古聚道，谦让不敢删定，整齐以待能者，名曰任文之史，宜为杂家祖。窥于道之大原，识于吉凶之端，明王事之贵因，一呼一吸，因事纳谏，比物假事，

---

① 龚橙编校本题《尊史二》，邃汉斋本题《古史钩沉论二（尊史）》，夏田蓝本《目录》题《古史钩沉论二（尊史二）》。

不辞矫诬之刑，史之任讳恶者，于材最为下也，宜为阴阳家祖。近文章，妙语言，割荣以任简，养怒以积辨，名曰任喻之史，宜为纵横家祖。抱大禹之训，矫周文之偏，守而不战，俭而不夺人，名曰任本之史，宜为墨家祖。五庙以观怪，地天以观通，六合之际，无所不储，谓之任教之史，宜为小说家祖。刘向云：道家及术数家出于史，不云馀家出于史。此知五纬、二十八宿异度，而不知其皆系于天也；知江河异味，而不知皆丽于地也。故曰：诸子也者，周史之支孽小宗也。

夏之亡也，孔子曰："文献杞不足征。"伤夏史之亡也。殷之亡，曰："文献宋不足征。"伤殷史之亡也。周之东也，孔子曰："天子失官。"伤周之史亡也。灭人之国，必先去其史；隳人之枋，败人之纲纪，必先去其史；绝人之材，湮塞人之教，必先去其史；夷人之祖宗，必先去其史。

周之东，其史官大罪四，小罪四，其大功三，小功三。

帝魁以前，书莫备焉，郯之君知之，楚之左史知之，周史不能存之，故传者不雅驯，而雅驯者不传，谓之大罪一。正考父得商之名颂十二于周，百年之间亡其七，太师亡其声弦焉，太史又亡其简编焉，谓之大罪二。周之《雅》《颂》，义逸而荒，人逸而名亡，瞽所献，燕享所歌，大抵断章，作者之初指不在，瞀儒序《诗》，以断章为初指，以讽谏为本义，以歌者为作者，史不能宣而明，谓之大罪三。有黄帝历，有颛顼历，有夏历，有商历，有周历，有鲁历，有列国历，七者，周天子不能同，列国赴告，各步其功，告朔怠终，乃乱而弗从；周享国久，八百馀祀，历敝不改，是以失礼，是失官之大者，谓之大罪四。

古之王者存三统，国有大疑，匪一祖是师，于夏于商，是参是谋；今《连山》、《归藏》亡矣，三《易》弗具，孔子卒得坤乾于宋，亦弗得于周，史之小罪一。列国小学不明，声音混茫，各操其方，微孔子之雅言，古韵其亡乎！史之小罪二。夫史籀作大篆，非废仓颉也；周史不肯存古文，文少而字乃多矣，象形指事，十存三四，形声相孳，千万并起，古今困之；孔壁既彰，蝌斗煌煌，匪籀而仓，盖宪章者文、武，而匪宪章宣王，史之小罪三。列国展禽、观射父之徒，能言先王命祀，而周史儋乃附苌弘为神怪之言，不能修明，巫觋祝宗，不能共鬼神，燕昭、秦皇，淫祀渐兴，儋、弘阶之，妖孽是征，史之小罪四。

帝魁以降，百篇权舆，孔子削之，十倍是储，虽颇阙不具，资粮有馀，史之大功一。孔子与左丘明乘以如周，获百二十国之书，夫而后

《春秋》作也，史之大功二。冠昏之杀，丧祭之等，大夫士之曲仪，咸以为数；夫舍数而言义，吾未之信也，故十七篇之完，亦危而完者也，史之大功三。

周之时有推步之方，有占诠之学，其步疏，其占密，天官有书，先臣是传，唐都、甘公，爰及谈迁，是迹是宣，史之小功一。史秩下大夫，商高大夫，官必史也；自高以来，畴人守之，九章九数，幸而完，史之小功二。吾尟彼奠世系者，能奠能守，有《历谱牒》，有《世本》，竹帛咸旧，是故仲尼之徒，亦著《帝系姓》，后千馀岁，江介之都，夸族之甚，史之小功三。

夫功罪之际，存亡之会也，绝续之交也。天生孔子不后周，不先周也，存亡续绝，俾枢纽也。史有其官而亡其人，有其籍而亡其统，史统替夷，孔统修也，史无孔，虽美何待？孔无史，虽圣曷庸？由斯以谭，罪大亦可掩，功大亦可蒙也。

孔虽殁，七十子虽不见用，王者之迹虽息，周历不为不多，数不为不跻，府藏不为不富；沉敏辨异之士，不为不生，绪言绪行之迹，不为不娭；庄周隐于楚，墨翟傲于宋，孟轲端于齐、梁，公孙龙哗于齐、赵之间，荀况废于道路，屈原淫于波涛，可谓有人矣！然而圣智不同材，典型不同国，择言不同师，择行不同志，择名不同急，择悲不同感；天吝材，材吝志，志吝器，器吝情，情吝名，名吝祖。夫周，自我史佚、辛甲、史籀、史聃、史伯而后，无闻人焉，鲁自史克、史丘明而后，无闻人焉，此失其材也。七十子之徒，不之周而之列国，此失其志也。不以孔子之所凭藉者凭藉，此失其器也。三尺童子，瞀儒小生，称为儒者流则喜，称为群流则愠，此失其情也。号为治经则道尊，号为学史则道诎，此失其名也。知孔氏之圣，而不知周公、史佚之圣，此失其祖也。

梦梦我思之，如有一介故老，攘臂河洛，悯周之将亡也，与典籍之将失守也，搜三十王之右史，拾不传之名氏，补诗书之隙罅，逸于后之剔钟彝以求之者。以超辰之法，表不显之年月，定岁名之所在，逸于后之布七历以求之者。为礼家之儒，为小节之师，为考订之大宗，逸于后之弥缝同异以求之者。明象形，说指事，不比形声，不谭孳生，雅本音，明本义，逸于后之据引申假藉以求之者。本立政，作周官，述周法，正封建之里数，逸于后之杂真伪以求之者。诵《诗》三百，篇纲于义，义纲于人，人纲于纪年，明著竹帛，逸于后之据断章升谏以求之者。呜呼！周道不可得而见矣，阶孔子之道求周道，得其宪章文、武者何事？梦周公者何心、吾从周者何学，逸于后之谭性命以求之者。辞七逸而不居，负六失而不恤，自珍于大道不敢承，抑万一幸而生其世，则愿为其人欤！愿为其人欤！

——据吴刻本《定盦续集》卷二

古史钩沉论三①

（1825 年—1833 年）

龚自珍曰：予大惧后世益不见《易》、《书》、《诗》、《春秋》。李锐、陈奂、江藩，友朋之贤者也，皆语自珍曰：曷不写定《易》、《书》、《诗》、《春秋》？方读百家，好杂家之言，未暇也。内阁先正姚先生语自珍曰：曷不写定《易》、《书》、《诗》、《春秋》？又有事天地东西南北之学，未暇也。

呜呼！姬周之衰，七十子之三四传，或口称《易》、《书》、《诗》、《春秋》，不皆著竹帛，故《易》、《书》、《诗》、《春秋》之文多异。汉定天下，立群师，置群弟子，利禄之门，争以异文起其家，故《易》、《书》、《诗》、《春秋》之文多异。然而文、武之文，非史籀之孳也。史籀之孳，孔子之雅言，又非汉廷之竹帛也。汉之徒隶写官，译形藉声，皆起而与圣者并有权。然而竹帛废，契木起，斠䌷者不作，凡契令工匠胥史学徒，又皆起而与圣者并有权，圣人所雅言益微。悲夫，悲夫！

将欲更定姬周之末之文章，不有考文之圣，其孰当之？将欲更汉氏也，群师互有短长，非深于义训，勇于割闻者，不能也。无已，则我所欲纠虔，姑在夫引书变为徒书之际乎？以与汉写官争；姑在夫竹帛变契木之际乎？以与后世之契令工匠胥史争：所据者皆贱，所革者功不大，小贤勉而能为之，庶几其遂为之，勇改三百字。鬼不相予，乃又吴言曰：是不足为！

今夫《易》、《书》、《诗》、《春秋》之文，十五用假藉焉，其本字盖罕矣。我将尽求其本字，然而所肄者孤，汉师之泛见雅记者阙；孤则不乐从，阙则不具，以不乐从之心，采不具之储，聚而察之，能灼然知孰

---

① 龚橙编校本题《志写定群经》（朱氏初刻本同），邃汉斋本题《古史钩沉论三（志写定群经）》。

为正字、孰为假藉，固不能以富矣。诸师籍令完具，其于七十子之所请益，仓颉、史籀之故，孔子之所雅言，又不知果在否焉。则足以慰好学胪古者之志，终无以慰吾择于一之志。且吾之始猖狂也，憾姬周之末多岐，憾汉博士师弟子之多岐；今也不然，憾汉写官之弗广，憾契木之初之不广，憾兵燹之不佑，憾俗士之疏而弗嗜古，无以俟予；予所憾，日益下，悘如何，悘如何！

龚自珍岁为此言，且十稔，卒不能写定《易》、《书》、《诗》、《春秋》。生同世，又同志，写定者：王引之、顾广圻、李锐、江藩、陈奂、刘逢禄、庄绶甲。

——据吴刻本《定盦续集》卷二

古史钩沉论四①

（1825 年—1833 年）

王者，正朔用三代，乐备六代，礼备四代，书体载籍备百代，夫是以宾宾。宾也者，三代共尊之而不遗也。夫五行不再当令，一姓不再产圣。兴王圣智矣，其开国同姓魁杰寿耇，易尽也。宾也者，异姓之圣智魁杰寿耇也。其言曰：臣之籍，外臣也；燕私之游不从，宫库之藏不问，世及之恩不预，同姓之狱不鞫，北面事人主，而不任叱咄奔走，捍难御侮，而不死私仇。是故进中礼，退中道，长子孙中儒，学中史。王者于是芳香其情以下之，玲珑其诰令以求之，虚位以位之。《书》曰："今予其敷心，优贤扬历。"《诗》曰："毋金玉尔音，而有遐心。"用此道也，商法盟先异姓，周法盟先同姓；质家尊贤先异姓，文家亲亲先同姓。

古者开国之年，异姓未附，据乱而作，故外臣之未可以共天位也，在人主则不暇，在宾则当避疑忌。是故箕子朝授武王书，而夕投袂于东海之外；易世而升平矣，又易世而太平矣，宾且进而与人主之骨肉齿。然而祖宗之兵谋，有不尽欲宾知者矣；燕私之禄，有不尽欲与宾共者矣；宿卫之武勇，有不欲受宾之节制者矣；一姓之家法，有不欲受宾之

① 龚橙编校本题《宾宾》（朱氏初刻本同），邃汉斋本题《古史钩沉论四（宾宾）》。

论议者矣。四者，三代之异姓所深自审也。是故周祚四[①]百，其大政之名氏，姜、嬴、任、芈[②]、姒、子之材不与焉；征伐之事，受顾命之事，共和摄王政之事，皆姬姓也。其异姓之闻人，则史材也。且夫史聃之训曰："知足不辱，知止不殆。"知所以自位，则不辱矣；知所以不论议，则不殆矣；不辱不殆，则不憔悴悲忧矣。

孔子曰："非天子不议礼，不制度，不考文，吾从周。"从周，宾法也。又曰："出则事公卿。"事公卿，宾分也。孟轲论卿，贵戚之卿，异异姓之卿；夫异姓之卿，固宾籍也，故谏而不行则去。史之材，识其大掌故，主其记载，不吝其情，上不欺其所委贽，下不鄙夷其贵游，不自卑所闻，不自易所守，不自反所学，以荣其国家，以华其祖宗，以教训其王公大人，下亦以崇高其身，真宾之所处矣。何也？古之世有抱祭器而降者矣，有抱乐器而降者矣，有抱国之图籍而降者矣。无籍其道以降者，道不可以籍也。下至百工之艺、医卜之法，其姓氏也古，其官守也古，皆不能以其艺降。夫非王者卑其我法，又非王者不屑籍古之道也，又非王者敢灭前古之人民，独不敢灭其礼乐与道艺也。道诚异，不可降；礼乐诚神灵，不可灭也。礼乐三而迁，文质再而复，百工之官，不待易世而修明，微夫储而抱之者乎，则弊何以救？废何以修？穷何以革？《易》曰："穷则变，变则通，通则久。"恃前古之礼乐道艺在也。故夫宾也者，生乎本朝，仕乎本朝，上天有不专为其本朝而生是人者在也。是故人主不敢骄。

夫嬴、刘之主，骄于三代者何也？宾籍阙也。汉之宾籍阙，不于其季，于其初。汉初，伏生老，窦公耄，申公胥靡，故汉初已无有宾。若夫子与姬之交也，姒与子之交也，其学或有续绝矣，其得姓受氏者或有续绝矣，官或有续绝矣，礼或有续绝矣，则以三代之季，或能宾宾而尊显之，或不能宾宾而穷、而晦、而行遁。职此之由，杞不能征夏，宋不能征殷，孔子于杞、宋思献。周初，武王举逸民；其衰也，有柳下惠、少连。禽也渊雅博物，少连躬至行，孔子皆谓之降志之民。孔子述六经，则本之史。史也，献也，逸民也，皆于周为宾也，异名而同实者也。

若夫其姓宾也，其籍外臣也，其进非世及也，其地非闺闼燕私也；

---

① "四"，朱氏初刻本作"七"。

② "芈"，原作"芊"（邃汉斋本、扶轮社本同），据王文濡本、夏田蓝本、王佩诤校本改。

而仆妾色以求容，而俳优狗马行以求禄，小者丧其仪，次者丧其学，大者丧其祖，徒乐厕于仆妾、俳优、狗马之伦，孤根之君子，必无取焉。

——据吴刻本《定盦续集》卷二

四先生功令文序

（1826 年前）

其为人也惇博而愈夷，其文从容而清明，使枯臞之士，习之而知体裁，望之而有不敢易视先达之志。盛世之盛，唐之开元、元和，宋之庆历、元祐，明之成化、弘治，尚近似之哉！尚近似之哉！其人多深沉恻悱，其文叫啸自恣，芳逸以为宗，则陵迟之征已。夫庄周、屈平、宋玉之文，别为初祖，而要其羡周任、史佚、尹吉甫之生，而愿游其世，居可知也。

自珍尝之五都之廛，市诸物，见有内外完好不呰窳者，必五十岁前物，曷尝不想见时运之康阜、民生之闲暇，虽形下之器，与夫专道艺者等。又况学士大夫，生赐书之家，而泽躬于尔雅之林者欤？四先生其伦也。

四先生皆生世家，皆起家甲科。其仕也，始终全盛之朝，意气雍容可观。其在官也，皆肯征宾客，买图史；其未第也，所与游乡党间，亦必无稗流不悦学之士。如甘露惠风，夕泫其条，而晨泠其柯，欲梧桐楠梓之不扶疏而荣华，不可得已，宜兹文之进于《雅》与《颂》之堂也。

我朝山川发诩，自康熙初元以来，如日炎炎，乾隆之文，一康熙之文，视开元、庆历、成化，善气之长，数倍过之。然生其间，仕其间，而能为四先生之文者，良亦不众。今付合写一通，而序之如此。只雅奇笙，时发其声，欲隃契乎千钟万镛，锵喤闟鞈之奏者也，非甘叫啸者也。武进管世铭、歙［朱］① 承宠、仁和陈登泰、桐乡诸汝卿。

——据吴刻本《定盦续集》卷三

---

① “朱”，原作“□”（邃汉斋本、扶轮社本、王文濡本、夏田蓝本同），据王佩诤校本补。

记王隐君

（1826 年前）

于外王父段先生废簏中，见一诗，不能忘。于西湖僧经箱中，见书《心经》，蠹且半，如遇簏中诗也，益不能忘。

春日，出螺师门，与轿夫戚猫语，猫指荒冢外曰："此中有人家，段翁来杭州，必出城访其处，归不向人言。段不能步，我舁往，独我与吴轿夫知之。"循冢得木桥，遇九十许人，短褐曝日中，问路焉，告聋。予心动，揖而徐言："先生真隐者。"答曰："我无印章。"盖隐者与印章声相近。日晡矣，猫促之，怅然归。

明年冬，何布衣来，谈古刻，言："吾有宋拓李斯郎邪石。吾得心疾，医不救。城外一翁至，言能活之，两剂而愈。曰：'为此拓本来也。'入室径携去。"他日见马太常，述布衣言，太常俯而思，仰而掀髯曰："是矣！是矣！吾甥锁成，尝失步入一人家，从灶后陬户出，忽有院宇，满地皆松化石。循读书声，速入室，四壁古锦囊，囊中贮金石文字。案有《谢朓集》，藉之不可，曰：'写一本赠汝。'越月往视，其书类虞世南。曰：'蓄书生乎?'曰：'无之。'指墙下锄地者：'是为我书。'出门，遇梅一株，方作华，窃负松化石一块归。"若两人所遇，其皆是欤?

予不识锁君，太常、布衣皆不言其姓，吴轿夫言：仿佛姓王也。西湖僧之徒取《心经》来，言是王老者写。参互求之，姓王何疑焉！惜不得锄地能书者姓。

桥外大小两树依倚立，一杏，一乌桕。

——据吴刻本《定盦续集》卷四

绩溪胡户部文集序

（1826 年—1831 年）

古之民莫或强之言也。忽然而自言，或言情焉，或言事焉，言之质弗同，既皆毕所欲言而去矣。后有文章家，强尊为文章祖，彼民也生之年，意计岂有是哉？且天地不知所由然，而孕人语言；人心不知所由然，语言变为文章。其业之有籍焉，其成之有名焉，殽为若干家，厘为总集若干，别集若干。又剧论其业之苦与甘也，为书一通。又就已然之迹，而画其朝代，条其义法也，为书若干通。舁人舆者，又必有舁之者，曾曾云礽，又必有祖祢之者。日月自西，江河自东，圣知复生，莫之奈何也已！

龚自珍不弢于言，言满北南，绩溪胡子则诣自珍舍，就求文章术。自珍正告曰：不幸不弢于言，言满北南；口绝论文，喑于苦甘；言之不戢，以为口实；独不论文得失，未尝为书一通。高扃笥中，效韩媲柳，以笔代口，以论文名，覆按无有；子胡决其藩而钲其例？且自珍尝闻胡子之言之质矣，粹然胡子之言也，非如自珍之言之旁出泛涌，而更端以言。是谓七十子苗裔之言，是谓礼家大宗之言，其言式古训，力威仪焉。大之言礼经焉，中之言礼节焉，小之言礼牍简策焉。谭山水，问掌故，求建置，辨沿革，又胡子所言不一言者也。

自珍作而言曰：将强名此以为文章岂可哉？然名此为文章又岂不可哉？设又从而区论之，甲幅近文章，乙幅不近文章，又岂可哉？其率是以言，继是以言，勤勤恳恳，以毕所欲言，其胸臆涤除馀事之甘苦与其名，而专壹以言！如其不然，而强龚自珍论文章，则胡子瘁矣。

——据吴刻本《定盦续集》卷三

定盦八箴

（1827 年秋）

大思箴

呜呼！万夫相倚，而有此势。予处其内，不处其外。不君万夫，道弗能制。不先万夫生，孰言其原？思自外裹之，为狂为昏，苟焉而已。勿代造物者谋。予相予顶踵，岂贤虮蜉。

极思箴

呜呼！蛇之赴壑，亦有所终。邻虚者虚，不可以用聪。极思极思，其心送蛇。勿恃而心光，以嬴而盍，女不惩嗟。

志未逮箴

鸣呼！猎万物以食，是有狸德。攘以自畀，又有鸡鹜之德。吐丝自缠，蚕欲死而祈年。有躬七十年，假诸皇天；有坟五百年，假诸后昆之贤。惟未逮之志，不可以假，亦不可以止。何以止之？曰臣昔死矣。

削成箴

鸣呼！天地之间，几案之侧，方何必皆中圭，圆何必皆中璧，斜何必皆中弦，直何必皆中墨。有无形之形受形敝，有无名之名受名阙。有零有剩，数乐其遁。有畸有馀，亦不可以为储。有虚有隙，乃亦所以为积。齐物以朝夕，不齐而劳。皆名其名，皆形其形，是为好削成。大命以倾。

童心箴

鸣呼！思童之年，昼视此日而长。一物摩挲，有湿在眶。子在川上，叹彼逝水。轲亦有言，大人赤子。虽无罪于圣哲，而惧伤其神髓。姬公有祝，弃尔幼志。吾从姬公，神明澹止。

怀我生之先箴

鸣呼！予之怀矣，逮予祖矣。予未生之年，气已古矣。父兄明清，子弟暇矣。言满朝野，气虎虎矣。吾未从而游，吾恍惚与言言，与语语。虽然，必戒之。不闻尼父，不乐今人与居；不闻尼父，怀史佚、周任而不怿今大夫。天干硠硠，地支气昌，帝组织我阴阳，庸讵知非我符？

勇言行箴

鸣呼！古之人有言，思虑不违亲，有父兄在，闻斯行而非仁。吾得春三十有五，得秋三十有六，亲则老矣，吾幸犹为子之年。以为子之年，而有父兄之色，又屡有父兄之言，忍曰非专？言不称亲，不逊而已矣；行不称亲，行无本而已矣；名满天下，交满天下，私友猥而已矣。其精神外矣，其根荄悖矣。君子之于万物也，不敢盖之，而矧敢盖其亲？而盖其亲，而勇于言，以长其不仁乎？

文体箴

呜呼！予欲慕古人之能创兮，予命弗丁其时！予欲因今人之所因兮，予苶然而耻之。耻之奈何？穷其大原。抱不甘以为质，再已成之纭纭。虽天地之久定位，亦心审而后许其然。苟心察而弗许，我安能颔彼久定之云？呜呼颠矣，既有年矣。一创一蹶，众不怜矣。大变忽开，请俟天矣。寿云几何，乐少苦多。圜乐有规，方乐有矩。文心古，无文体，寄于古。

——据朱氏二刻本《定盦文集补编》卷四

跋破戒草

（1827年12月15日）

余自庚辰之秋，戒为诗，于弢语言[1]简思虑之指言之详，然不能坚也。辛巳夏，决藩杝为之，至丁亥十月，又得诗二百九十篇。自周以[2]迄近代之体，皆用之；自杂三四言，至杂八九言，皆用之。不自割弃，而又诠次之，录百二十八篇，为《破戒草》一卷。又依乙亥、庚辰两例，存馀集，凡五十七篇，亦一卷。大凡录诗百八十五[3]篇，删勿录者，尚百五篇。录诗则以《扫彻公塔诗》终。乃矢之曰：余以年编诗，阅岁名十有八。自今以始，无诗之年，请更倍之，惟守戒之故，使我寿考。汝如勿悛，勿自损也，俾无能寿考于而身，至于没世，汝亦不以诗闻，有如彻公。道光七年丁亥十月丁亥[4]。龚自珍一名易简伯定父自识。

翌日，付小胥抄[5]，越十有三日己亥竣，得三十六纸，如其戒诗之年。定公又识。

——据同治七年吴煦刻本《定盦文集补·古今体诗·破戒草之馀》（以下简称吴刻本《破戒草之馀》）卷尾

① “语言”，王佩诤校本误倒作“言语”。

② “周”下，王佩诤校本脱“以”字。

③ “五”，原作“四”（王佩诤校本同），据道光间自刻本《破戒草之馀》（以下简称自刻本《破戒草之馀》）改。

④ “亥”下，王佩诤校本补“日”字。查自刻本《破戒草之馀》，此跋“亥”下并无“日”字，其所补非是。

⑤ “胥”下，王佩诤校本脱“抄”字。

说卫公虎大敦

（1827 年）

道光辛巳，龚子在京师，过初彭龄尚书之故居，始得读大敦之打本。道光丁亥，初尚书之孙抱初氏之重器，入于城北阎氏。龚子过阎氏，始见大敦，魂魄震惧。既九拜，言三月恭，步三月缩缩，息三月不能属。乃退而治其文。

阮尚书著录此器云召虎。今谛眡文从韦，是卫虎，非召虎也。王在祊，今谛眡文从䢅，是王在丰，非王在祊也。云卫有臣名爰。今谛眡文从鹿，是卫有臣名庆，非名爰也。

龚子之藏器，无及百名者，卫公虎大敦，百有三名，龚子是以求得卫公之大敦。龚子不忘南，不敢尽取京师之重器以南，龚子是以不得卫公之大敦。龚子望南中幽幽，有小羽琌之山，他日欲以华其山，龚子是以求得卫公之大敦。卧而思之，急起著录之，奚翅其有之？龚子是以不得卫公之大敦。龚子有方鼎，有龙勺，有鱼鬳，有父丁鬳，有立戈鬳，有癸饮觚；欲以俪方鼎，龙勺，癸觚，而镇抚三鬳，龚子是以求得卫公之大敦。南中土浅水深，不如北方之陵原，惧其啮，龚子是以不得卫公之大敦。龚子不知天命，不知其身之东西北南，龚子是以不得卫公之大敦。龚子德薄，不知寿命之短长，惧弗敢有，龚子是以不得卫公之大敦。龚子之语言肖姬周，愿得成周之重器，以自荣其言，龚子是以求得卫公之大敦。龚子不自知其子孙之贤否？亡之，是我亡古文百又三名矣，龚子是以不得卫公之大敦。龚子说敦。

——据吴刻本《定盦续集》卷一

阙里孙孺人墓志铭

（1827 年）

阙里孔宪彝，皙而能诗，挹其气，冲然儒者。道光七年，手具状，乞铭母之幽宫。

按状：母孙氏，浙产，幼失恃，号泣得嗽上气疾。二十一归孔君俊峰，孝于偏亲，睦于群姒，抚夫之女甥若所生。俊峰以嘉庆六年举人官盐场大使，擢盐城令。有子三人皆所出，宪彝其仲也。贞疾弗蠲，嗽作而卒，年五十一。生乾隆丁酉也，卒道光丁亥也。阃内之行，既淳且懿。若夫才艺之美，能刻缪篆施金石，以及鞶帨黹绂之事，丝竹音律之具，靡不通妙焉。自珍则按状书于石，又系以铭。铭曰：

璇珠辉辉气质温，必有圆折锺厥源。吾郡葩华莫若孙。车来阙里高闬门。西湖灵淑东鲁尊，必有式者鲁后昆。

——据民国十年铅印本《娟镜楼丛刻·定盦先生年谱外纪》（以下简称娟镜楼本《定盦先生年谱外纪》）卷上

大誓答问[①]第一论伏生原本二十九篇，非二十八篇

（1828年3月）

问曰：儒者百喙一词，言伏生《尚书》二十[②]八篇。武帝末，民间献《大誓》，立诸博士，总之曰二十九篇，今文家始有二十[③]九篇。又云：得《大誓》以并归于伏生弟子，始有二十[④]九篇。其言何如？

答曰：使《尚书》千载如乱丝，自此言始矣！《史记·儒林传》："秦时焚书，伏生壁藏之，其后兵大起，流亡；汉定，伏生求其书，亡失数十篇，独得二十九篇。"《汉书·艺文志》语正同。迁、固此言，昭昭揭日月而行，诸儒万无不见，亦万无不信，而乃舍康庄而求荆棘。察其受病，厥有四端：篇目之不考，一也。笃信民间晚出书，二也。误以孔安国为传古文，因以史迁亦传古文，因笃信《周本纪》，三也。不以今文、古文、晚出书三事，截然分明，各还其数，而合并数之，自生瞀闷，歧之中有歧焉，四也。今先证以欧阳、夏侯卷数，使先知今文大师之不可厚诬，而后白黑可得而定，乱丝可得而理也。

大誓答问第二论夏侯氏无增篇

（1828年3月）

诸儒言，夏侯生有《大誓》。按《艺文志》，大小夏侯《章句》各二

---

① 此组文章，同治七年滂喜斋重刻本《大誓答问》（见《滂喜斋丛书》，以下简称滂喜斋本）统题《大誓答问》，分题依次作《第一论……》、《第二论……》、……。

②③④ "二十"，王佩诤校本同，滂喜斋本作"廿"。

十九卷，大小夏侯《解故》二十九篇，重规叠矩，夏侯之不徇俗师以羼本师可知。

大誓答问第三论欧阳氏无增篇

（1828年3月）

《艺文志》：欧阳《章句》三十一卷，则以分《般庚》而三之，孙氏星衍作《篇目表》是也。《般庚》当三，孔门之旧，故今文家皆从之，至蔡邕石经尚然，古文家亦仍之，至马、郑、王尚然。

大誓答问第四论今文篇数具在

（1828年3月）

一、《尧典》，二、《皋陶谟》，三、《禹贡》，四、《甘誓》，五、《汤誓》，六、《般庚》，七、《高宗肜日》，八、《西伯戡耆》，九、《微子》，十、《坶誓》，十一、《鸿范》，十二、《金縢》，十三、《大诰》，十四、《康诰》，十五、《酒诰》，十六、《梓材》，十七、《召诰》，十八、《雒诰》，十九、《多士》，二十、《无逸》，二十一、《君奭》，二十二、《多方》，二十三、《立政》，二十四、《顾命》，二十五、《康王之诰》，说见后条。二十六、《粊誓》，二十七、《吕刑》，二十八、《文侯之命》，二十九、《秦誓》。

大誓答问第五论近儒异序同篇之说非是

（1828年3月）

问：诸儒之说，始郑玄一言，玄谓伏生、欧阳、夏侯皆以《康王之诰》合于《顾命》，故止二十八篇矣？亦见陆氏《释文》引马融语。

答曰：百篇之书，孔子之所订也，七十子之所序也；自“无坏我高祖寡命”以上为《顾命》，自“王若曰庶邦”以下为《康王之诰》，孔子所见如此，不必问伏生矣。《般庚》之合为一，欧阳生方且从而分之，岂有《顾命》、《康王之诰》之本分，而反从而合之乎？欧阳何其勤于复孔子之旧，伏生何其勇于汩乱孔子乎？必不然矣。合之云者，竹简之合之也，非其名与实之合之也。盖二篇事相比也，辞相属也，指意相联贯也，其竹简可合写而合写之矣，岂并省之之谓哉？后世帛楮书，亦有合写二部于一卷一册者，皆非并省。如伏生果并省，则是分之始于马、郑。马、郑何师说而创分之？自误解郑氏语，而廿[①]八之说起，异序同篇之说又起。夫同序异篇，以一序领众篇可也，若异序同篇，一身二首，学者何以离章句？写官何以定简毕？授读者何以名其家？名之不正，万事失纪，何取而创此骇论焉！

大誓答问第六答客难

（1828年3月）

客难之曰：《太平御览》、《书古文训》、《困学纪闻》并引《尚书大传》："孔子曰：五诰可以观仁。"五诰者，二十九篇之中，《大诰》、《康诰》、《酒诰》、《召诰》、《雒诰》也。惟《康王之诰》即属《顾命》，故不数，此[②]今文《康王之诰》不与《顾命》为二之证。若为二，则孔子当言六诰。

王氏萱龄为予答之曰：五诰观仁，乃孔子之言总论百篇也，孔子岂亦止见廿[③]九篇者耶？百篇中有《汤诰》、《仲虺之诰》，且廿[④]九篇中，《梓材》亦诰也，诰甚多，而观仁者五，孰能定孔子所指为何等篇哉？《易》九卦为忧患之辞，岂《易》止九卦哉？故不得臆决其不数《康王之诰》。

大誓答问第七论近儒《书序》当一篇之说

（1828年3月）

又有从而为之辞者曰：序实当一篇。朱氏彝尊。近有陈氏寿祺。亦未

---

① "廿"，滂喜斋本同，王佩诤校本作"二十"。

② "此"，原作"于"（王佩诤校本同），误，据滂喜斋本改。

③④ "廿"，滂喜斋本同，王佩诤校本作"二十"。

知余说也。凡古书之序当一篇，古例有之，大可引为予说锄去《大誓》之助，然不敢取者：一则二十九篇，灼然大明，根株已明，枝叶之言，宜从刊落；二则《书序》古、今文并有。孔壁序，孔安国不以当一篇，则伏壁之序，伏生必不当一篇也。

大誓答问第八论班氏不以《书序》当一篇

（1828 年 3 月）

座主高邮王尚书引之谓自珍曰：《儒林传》曰：百两篇者，出东莱张霸，其书分析合二十九篇为数十篇，又颇杂采《左氏传》、《书序》云云。上文称二十九篇，下文称又采《书序》，文法如是，是班氏不以《书序》入二十九篇之明证也。

大誓答问第九论《书序》古今文并有

（1828 年 3 月）

或言今文家有序，古文无之；或言古文家有序，今文无之。余外王父段先生则曰：皆有之。以百篇序多异字知之也，由其异字而审知为家法之异也。详见《古文尚书撰异》。

大誓答问第十论后得者非《大誓》

（1828 年 3 月）

马季长疑之矣，王子雍又疑之矣，盖白鱼赤乌之文，厕于三十一篇之中，如碔砆之混球璧然，马、王皆不定为其何等书。吾友刘申受尝目之为战国《大誓》。泰兴陈君潮曰：殆《艺文志》所载七十一篇之《周书》，晋世汲冢所得，正其同类。二说良是。周末之徒，往往有此类言语，马融疑之而注之，赵岐疑之而引之，要不失为古书雅记云尔。

观古书真伪，审其类否。周初史臣之文，气体类不类，不难知也；文法类不类，不难知也。《周书》二十篇，有此文法，有此助辞乎？而坚不服马氏，师旷与离朱争明。

大誓答问第十一论《大誓》晚立与伏生家法无涉

（1828年3月）

刘向《别录》：武帝末，民间献《大誓》，使博士赞说之，数月，皆起传以教人。刘歆曰："《大誓》后得，博士集而读之。"此言功令而外，别增此学；欧阳家法而外，别增此师也。时夏侯未立。余考书博士有欧阳、夏侯之学，欧阳、夏侯皆未尝自为书博士。今向、歆言如此，与伏生弟子无涉明矣。

欧阳生以后之博士，惮违明诏，起传后人，大都俗学。汉初淳闷，重功令，尤重师法。学有家法，名成大师，岂肯从而诡和以塞诏旨乎？观刘歆欲立古文，太常以无师说不肯立，岂欧阳之笃谨，不如后来之博士？

伏生之征，在文帝时。欧阳生亲受业于伏生，下距武帝末尚七十年，纵老而见献书之事，岂复羼补师书，自悔其少年之业之未备耶？抑余考诸外王父段先生之言，董仲舒对策在帝七年，终军上对在帝十八年，皆引此文，是《大誓》之出颇早，非末年也。孔氏以为末年重得之，良是。此类书记，自除挟书之律，即萌芽于世。通人往往先见之，或孝武亦先见之，是以民间朝献，夕赋学官，然其始皆不曾目为《大誓》。董子《同类相动篇》引此文而称《书传》曰，是仲舒不以为《大誓》甚明白。目为《大誓》，在末年重得之时，距二十九篇之定也久矣。

又考王充《论衡》，则以是事为在孝宣帝时，河内女子发老屋得之，献于朝，而后《书》二十九篇始定。后汉黄门侍郎房宏说亦同。宏、充皆不知二十九篇之数，不待《大誓》出而早定，故其言若是。信如宏、充言，二十九篇之名之数，阙一而虚悬之，历孝文至孝宣，百年而后定，殆非事实。抑果如宏、充言，则欧阳、夏侯之死久远，益为今文家白谤，益为伏生家法定界限矣。

大誓答问第十二论《尚书大传》引此文之故

（1828年3月）

问曰：闻之，《尚书大传》者，伏生老，不能正言，口授大义；生终后，欧阳生、张生各论所闻，以己意弥缝其阙，志称四十一篇者是也。而见引“鱼入舟、火流乌”之文，是欧阳生与此《大誓》为眷属之左证。

答曰：辨哉问！而不知汉儒引书之例也。汉人引《易》说谓之《易》；引《书》说谓之《书》；引《礼》家《春秋》说，谓之《礼》、《春秋》，见于一切书者不可枚数。以《尚书大传》论之，于《般庚》则引《书》曰：“若德明哉汤任父言卑应言。”此古《般庚》说也；于《康诰》则引《书》曰：“王曰封若圭璧。”此古《康诰》说也；于《毋佚》则引《书》曰：“厥兆天子爵。”此古《毋[①]佚》说也。许叔重引“山行乘樏，水行乘舟，泥行乘橇，泽行乘轫。”此古《咎繇谟》说也。欧阳生、张生当汉初群书四出之年，博摭传记，何所不引？引此书之文以说《大誓》尔。夫伏生无《大誓》，而有说《大誓》之文，此亦《九共》、《帝俈》、《说命》、《高宗之训》、《归禾》等篇例也。假使《大传》所引是真《尚书》，董生著书转引此文，不当不从其本而称之，乃但称《尚书传》，则董生之陋极矣。向不云乎！娄敬、董生、终军皆先献书而见此文，不必张、欧阳不之见，此何得谓伏生弟子增二十[②]八为二十[③]九之左证？

大誓答问第十三 论孔壁中无《大誓》

（1828年3月）

问：今文家之无《大誓》，吾子之言，固其根株，又扦其藩垣，敬闻命矣。敢问古文？

答曰：其无，不俟问。孔鲋藏壁中者，本亦百篇，兵火后，略同孔壁之散亡。《艺文志》：鲁共王坏孔子宅，闻鼓琴瑟、钟磬之音，乃止不坏，而得古文《尚书》，皆古字也。孔安国者，孔子后也；悉得其书，以考二十九篇，得多十六篇，安国献之。班氏此言，其亦明且清矣。二十九者，则前目录是；十六者，则郑玄数者是，一、《舜典》，二、《汩作》，三、《九共》，郑氏数为九。四、《大禹谟》，五、《益稷》，六、《五子之歌》，七、《允征》，八、《汤诰》，九、《咸有一德》，十、《典宝》，

---

① “毋”，原作“无”（王佩诤校本同），据滂喜斋本改。

②③ “二十”，王佩诤校本同，滂喜斋本作“廿”。

十一、《伊训》，十二、《肆命》，十三、《原命》，十四、《武成》，建武世亡。十五、《旅獒》，十六、《毕命》。作《冏命》者误。此刘歆所欲立者也，何处容《大誓》？

大誓答问第十四论五十八篇之名

（1828年3月）

问：然则五十八篇之名何所始也？

答曰：此混同之总数，不知所始。在安国献秘府之后，其秘府目录欤？伏生廿①九，析《般庚》为三十一，今文之都数毕矣。古文多十六，析《九共》为廿②四，合其复重，则五十有五，古文之都数又毕矣。孔安国既上古文五十五篇，而秘府取民间本《大誓》合并数之。时析为三。兼三事言，因曰五十八矣。

大誓答问第十五论刘向袭称五十八、班固袭称五十七之误

（1828年3月）

自秘府误合并数之，而子政《别录》袭称五十八篇矣；然未曾统之以古文也。孟坚《艺文志》则曰："古文经四十六卷，为五十七篇。"盖以《武成》一篇，亡于建武之际，故曰五十七，实亦谓书有五十八。盖孟坚承刘歆《七略》而言，竟专属之古文，不分析还之，未免小误。

大誓答问第十六论班史称四十六卷之故

（1828年3月）

问：何以五十八篇止四十六卷？可言其故乎？

答曰：伏生廿③九篇，为廿④九卷，壁中廿⑤四篇，为十六卷；民

---

①②③④⑤ "廿"，滂喜斋本同，王佩诤校本作"二十"。

间《大誓》析之则三篇，合之则一卷，是故四十六卷。卷少于篇，篇多于卷，一定之式。廿[1]九卷一事也；十六卷，又一事也；一卷，又一事也。凡三事四十六卷，非专古文经四十六卷。然即由四十六卷之故思之，而书凡三种，痕迹昭彰，二千年事，了然如今日对簿。读《汉书》者，幸思而得之，不思弗之得也。

大誓答问第十七论隋史称二十五篇之谬

（1828 年 3 月）

《隋书·经籍志》竟改增多廿[2]四为廿[3]五，臆改甚悍！王氏萱龄曰：《志》又称孔壁有之，惟欲以《大誓》出孔壁，则所以臆改之源也。

大誓答问第十八论唐人称三十四篇

（1828 年 3 月）

孔氏《尚书正义》曰："二十九篇，自是计卷，若计篇，则当三十有四，去《大誓》，犹有三十有一。"按：云三十有一者是也。并此数之，故曰三十四矣。

大誓答问第十九论伪孔《序》称二十五篇之谬

（1828 年 3 月）

伪孔《序》曰："增多伏生二十五篇。"此则村塾之子，目并不见《汉书》，而欲诬孔壁者也。王氏萱龄曰："此正与《隋书·经籍志》之谬相同。"[4]

---

①②③ "廿"，滂喜斋本同，王佩诤校本作"二十"。

④ "也"下，王佩诤校本脱"王氏萱龄曰"等十七字。

大誓答问第二十[①]论近儒遁词

（1828年3月）

自马、王而外，尚有赵岐、韦昭、服虔、杜预之言，而赵岐注《孟子·滕文公》篇，则明曰："《大誓》者，古百二十篇之《大誓》也。赵用《书纬》之说，故曰百二十篇。今之《大誓》，后得以充学，故不与古《尚书》同。"伟哉此论！与季长重规叠矩。厥后韦于《国语》，服、杜于《左传》，皆屡疑之。近儒无可如何，乃曰：凡《左氏春秋》、《国语》、《管》、《墨》、《荀》、《孟》所引，皆《大誓》中、下篇，其充学者，民间所献一篇，独上篇。则何民间本、孔壁本，不约而同，适皆独此上篇也？又曰：虽已完具，而间有脱简。何脱简之多也？且又何以民间本、孔壁本同此脱简也？遁词知其所穷。

大誓答问第二十[②]一论充学之《大誓》是一篇、是三篇，处处不合

（1828年3月）

宝鼠腊之徒，欲诬今文家，则以为一篇，欲诬孔壁，则以为三篇。凡诬今文而一篇之者，则欧阳、夏侯增廿[③]八为廿[④]九，及二十八宿加北斗之说是也。凡诬古文而三篇之者，则曰五十八，曰去《武成》尚五十七之说是也。至伪孔《序》则又以一篇诬古文，如曰增多伏生二十五是也。至唐人则又以三篇诬今文，如曰伏生三十有四篇是也。率惝恍而难凭，终游移而失据，是《书》之为[⑤]一为三，何足深论？意者民间献书时原止一篇，厥后博士、俗师、喜事之徒，欲塞诏书起传教人者，见百篇之序甚明，因析而为三，使合于孔门之旧，以张其学，因而秘府定目录著录之也欤？

---

①② "二十"，王佩诤校本同，滂喜斋本作"廿"。

③④ "廿"，滂喜斋本同，王佩诤校本作"二十"。

⑤ "为"，原作"云"（王佩诤校本同），据滂喜斋本改。

大誓答问第二十[①]二论汉世何以不互校

（1828年3月）

汉廷凡古书二本并出，未有不互校之者也。孔安国得孔壁古文，以考二十九篇，得多十六篇，是并目录互校之矣。张霸百两篇之非真，由成帝以中古文校之非是，是二本互校之矣。刘向以中古文校博士《易》，脱去[②]无咎悔亡，取中书《乐记》二十三篇，以校常山王禹不相合，是皆互校之矣。《孝经》长孙、江、翁诸家说不安处，古文字读皆异，又二本互校之矣。向取中古文校欧阳、夏侯经，《酒诰》脱简二，《召诰》脱简一，其馀文字异者七百有馀，亦二本互校之矣。何以民间得《大誓》，孔壁亦得《大誓》，二本并在汉廷，孔安国方以今文读古文，而绝不一问其异同得失？终汉之世，君臣及今文、古文大师向、歆父子，皆无一言言《大誓》同异得失。岂非民间本正坐孔壁无之，孤文易张，得幸在学官也哉？

大誓答问第二十[③]三论太史公古文之学

（1828年3月）

抑人之诬孔壁也有故，盖曰：太史公载之云尔；太史公从安国问故云尔；安国上承孔壁，下教史迁云尔；是为左证。

予曰：此望见影响之谈也。安国之教太史公，《尧典》、《禹贡》、《微子》、《洪范》、《金縢》五篇，时有古文说而已。如问故而及《大誓》，必当有古文说异乎民间本之说，则班固何以遗漏焉？太史公之学，在乎网罗六国［以来］[④] 放失旧闻。若夫五帝、三王事实，大都抄袭杂书百家传说，又往往排比失伦。其作《周本纪》、《齐世家》之载此文，正如作《五帝纪》之引《五帝德》、《帝系姓》，大都七十子以后之伪记云尔。迁之精英，岂在是哉？

---

① “二十”，王佩诤校本同，滂喜斋本作“廿”。

② “去”，原作“言”（王佩诤校本同），据滂喜斋本改。

③ “二十”，王佩诤校本同，滂喜斋本作“廿”。

④ “国”下，原脱“以来”二字（王佩诤校本同），据滂喜斋本补。

且太史公实未尽得孔安国之学也，不但《般庚》诸篇，尽今文家说已也。夫所贵乎治古文者，贵治今文家所无也，贵乎所无之十六篇，马、郑所谓二十四者。能一一为之说也。今今文、古文复重并有之三十一篇，则有两家之说；而十六篇孤本，则但载其《序》，安在其为安国高弟子也？假令问故时，取《舜典》入《舜本纪》，《汩作》、《九共》入《夏本纪》，取《典宝》入《殷本纪》，瑰怪之物，搜罗完具，则迁之功不在伏生下，而《史记》一书，真卿云之在九霄矣。不取其所当取，是以取所不当取，安在其为安国高弟子？

又迁《自序》："年十岁则诵古文。"其时众书争出于世，大抵古字皆曰古文，未必十岁即有从安国游之事。厥后作《周本纪》、《齐世家》，引此《大誓》，意者少年所诵之古文欤？

大誓答问第二十四总论汉代今文古文名实

（1828年3月）

请纵言今文、古文。

答曰：伏生壁中书，实古文也，欧阳、夏侯之徒，以今文读之，传诸博士，后世因曰伏生今文家之祖，此失其名也。孔壁，固古文也，孔安国以今文读之，则与博士何以异？而曰孔安国古文家之祖，此又失其名也。今文、古文同出孔子之手，一为伏生之徒读之，一为孔安国读之。未读之先，皆古文矣，既读之后，皆今文矣。惟读者人不同，故其说不同。源一流二，渐至源一流百，此如后世翻译，一语言也，而两译之，三译之，或至七译之，译主不同，则有一本至七本之异。未译之先，皆彼方语矣，既译之后，皆此方语矣。其所以不得不译者，不能使此方之人晓殊方语故；经师之不得不读者，不能使汉博士及弟子员悉通周古文故。然而译语者未曾取所译之本而毁弃之也，殊方语自在也。读《尚书》者不曰以今文读后而毁弃古文也，故其字仍散见于群书及许氏《说文解字》之中，可求索也。又译字之人，必华、夷两通而后能之；读古文之人，必古今字尽识而后能之。此班固所谓晓古今语者必冠世大师，如伏生、欧阳生、夏侯生、孔安国庶几当之，馀子皆不能也。此今文、古文家之大略也。

若夫读之之义有四，不专指以此校彼而言，又非谓以博士本读壁中本而言，具如予外王父段①先生言。详见段②氏《古文尚书撰异》。

大誓答问第二十五论《大誓》逸文有二种

（1828年3月）

战国《大誓》，至唐而又亡矣。曾据王伯厚以来各辑本付胥写一本，以补《逸周书》之一则。而《左传》、《国语》、《管》、《墨》、《荀》、《孟》所引，自马季长所举五事之外，尚多矣。外王父段③先生、阳湖孙氏星衍两家各有辑本，亦条抄于后，瑰玮渊奥，此真孔子所订古《大誓》也。

"民之所欲，天必从之。"《左氏春秋传》

"朕梦协朕卜，袭于休祥，戎商必克。"《国语》

"我武维扬，侵于之疆，取彼凶残，我伐用张，于汤有光。"《孟子》

"独夫受。"《荀④卿子》

"予克受，非予武，惟朕文考无罪。受克予，非朕文考有罪，惟予小子无良。"《小戴记》　以上五事马季长举之。

"纣夷之居而不肯事上帝，弃阙其先神而不祀也。曰：我民有命，毋僇其务，天不亦弃纵而不葆。"《墨子·非命》上篇与《天志》中篇引小异。

"小人见奸巧，乃闻不言也，发罪钧。"《墨子》　按此数纣滥刑之罪，奥于晚出本数罪之辞远矣。

"文王若日若月，乍照光于四方于西土。"《墨子》

"恶乎君子，天有显德，其行甚章。为鉴不远，在彼殷王。谓人有命，谓敬不可行，谓祭无益，谓暴无伤。上帝不常，九有以亡。上帝不顺，祝降其丧。惟我有周，受之大帝。"《墨子》

"纣有臣亿万，亦有亿万之心，予有臣三千而一心。"《管子》　按与《左传》引小异。

"天视自我民视，天听自我民听。"《孟子》　以上皆汉世学官所无也。

---

①②③　"段"，原作"叚"，误，据滂喜斋本改。

④　"荀"，原作"筍"，误，校改。

大誓答问第二十六论东晋伪古文乘虚而入

（1828年3月）

物必自腐也，而后虫生之。空穴来风。自此书盛行，为名世大儒所疑。于是梅赜始采辑《左氏春秋》、《管》、《墨》、《荀》、《孟》所引，涂附成书，以塞赵岐、马融、服虔、王肃、韦昭、杜预以来之疑，亦分为三篇，以合孔子之旧，以自别于民间所献之书。虽采辑未完备，而作伪甚工，盖驾张霸百两篇而上之矣。岂非张霸导之于前，白鱼赤乌之博士召之于后也哉？

［大凡二十六事。］①

——据扶轮社本《全集·定盦文拾遗》

最录李白集

（1828年夏）

龚自珍曰：《李白集》，十之五六伪也：有唐人伪者，有五代十国人伪者，有宋人伪者。李阳冰曰："当时著述，十丧其九，今所存者，得之他人焉。"阳冰已为此言矣。韩愈曰："惜哉传于今，泰山一毫芒。"愈已为此言矣。刘全白云："李君文集家有之，而无定卷。"全白，贞元时人，又为此言矣。苏轼、黄庭坚、萧士赟皆非无目之士，苏、黄皆尝指某篇为伪作，萧所指有七篇，善乎三君子之发之端也。宋人各出其家藏，愈出愈多，补缀成今本。宋人皆自言之。委巷童子，不窥见白之真，以白诗为易效。是故效杜甫、韩愈者少，效白者多。

予以道光戊子夏，费再旬日之力，用朱墨别真伪，定李白真诗百二十二篇。于是最录其指意曰：庄、屈实二，不可以并，并之以为心，自白始。儒、仙、侠实三，不可以合，合之以为气，又自白始也。其斯以为白之真原也已。次第依明许自昌本。

——据朱氏二刻本《定盦文集补编》卷二

---

① "哉"下，原脱"大凡"等六字（王佩诤校本同），据滂喜斋本补。

最录尚书古文序写定本戊子腊月上斜街寄斋作[①]

（1829 年 1 月 5 日—2 月 3 日）

龚自珍曰：闻之外王父段先生，伪孔氏《尚书》，视马、郑本文字无大异也。枚赜及伪孔罪虽大，未尝窜改文字，又非别有经师相承，能异文字者也。《尚书》如此，《书序》亦然。自珍今写定《书序》，即用伪孔氏本，知枚氏罪在妄造故，伪孔罪在妄析故，罪皆不在文字间故。

又闻之段先生，凡经异师，异师则异字，家法相沿，其来绝旧。非考文之圣出于世，有德有位，未易言其是非而定于一者也。以《尚书》言，古文为《冏命》，今文为《臩命》。何由知冏之是耶？臩之是耶？古文为《粊誓》，今文为《肸誓》、《狝誓》。何由知粊之是耶？肸、狝之是耶？但依古文写，则作冏、粊，依今文写，则作臩[②]、肸、狝尔。自珍今依古文。

又闻之段先生，知汉师异字之不必改，则知后此无师妄改经者之亟当改。群经之厄小，《书》之厄大，伪孔之罪小，卫包之罪大。惟汉师异字不必改，“西伯戡黎”不依《史记》改“戗耆”。《牧誓》不依《说文》改《坶誓》，“贿肃慎之命”不依《史记》改“息慎”。《冏命》不依《史记》、《说文》改《臩命》，《吕刑》不依《史记》改《甫刑》，《粊誓》不依《史记》改《肸誓》，馀可推。惟唐以来，妄改经者亟当改，故《费誓》亟正之为《粊誓》，“东郊不开”亟正之为“东郊不阓”。凡卫包所改字及板本误字，皆可推。

闻之礼部主事刘先生，《史记》：“仲丁迁于嚣”，作仲丁。“仲丁文阙不具。”此孔门原文也。迁之时，阙不具者多矣。胡为特言之，乃孔门所见仲丁之阙不具也。自珍谨受教，写本增六字。

又闻之刘先生，成政当为成王征。龚自珍曰：王莽说明堂位之天子为周公，说《康诰》之王若曰亦为周公。此今文、古文大师所同，非宋儒胸臆所窥测也。朝诸侯则称天子，摄王则称王，何嫌何忌？朝野皆称王，史官书王，何嫌何忌？岂逆避王莽哉？公自公，莽自莽，又不系乎称王不称王。马融、郑玄受杜林漆简，《酒诰》之首，固曰成王若曰，

---

① 王佩诤校本题下脱此自注。

② “作”下，王佩诤校本脱“臩”字。

成王也者①，史臣区别之词，可谓一字千金也。然则《书序》何以概属之成王？成王有统有年，周公无统无年。

宋儒疑《书序》，最疑者，此篇也。何以疑？曰：此武王非成王也。自珍则本郑意而申其说曰："寡兄"，周公称武王也。寡者，无二无匹最尊之词，孤亦无二无匹最尊之词，人君称君与夫人曰寡君、寡小君，皆非谦词。如曰谦词："毋坏高祖寡命。"亦谦乎？"予一人"，亦谦乎？蔡沈语甚辨，不知训诂，又□闻大义矣。见之兵备孙先生，刘歆《三统历》引《毕命》、《丰刑》之篇十七字："惟十有二年六月庚午朏王命作册书《丰刑》。"当于《毕命》下，增《丰刑》字。自珍以为然，写本增两字。自珍又曰：《毕命》是古文多十六篇之一，郑康成见之，云是册命霍侯事，与《序》不相应，今《三统历》所引十七字，则不知其为册霍侯耶？册毕公耶？歆所见，与康成所见一书耶？两书耶？仅存旧题，大义盖阙。龚自珍曰：马、郑皆曰：百篇之序，孔子之所作也。绎其文章、冲然浑圜，与易象②相似，纵非孔子，意者其游、夏乎？

段先生云：《书》有七厄。自珍则曰：《书》有七厄，亦有一幸，何谓幸？百③序完具，是幸也。以视三百十一篇之诗序，四家各自为序，又有支离涂傅，大抵取赋诗者断章之义以为本义，此诚金玉、彼诚粪土矣乎！

——录自《中国学报》第六期，民国二年四月版

欲速则不达见小利则大事不成会试卷

（1829 年 4 月）

申言为政之戒，而恃气与识者，废也。夫欲速，恃其气也，见小利，恃其识也，则弊所生也。决之曰：不达、不成。而二者将毋穷？曰：古今立功名之人不一，其大端曰气、曰识，偾功名之人不一，要其大端曰恃气、曰恃识。今骤语之曰：二者可用而不可恃，彼必不信。为之究其弊曰：是但与无气无识等，庶其人进于若怯若悔之中，而勇智益

① "者"，王佩诤校本误作"在"。

② "象"，王佩诤校本误作"彖"。

③ "百"，王佩诤校本误作"为"。

为世用。无欲速，无见小利，抑思欲速、见小利之果何如人哉？抱负无积，但庸众之胸，而既思速试以售其学，又思小试以暴其才，此其人非无情于天地民物可知也。权藉未归，斯局外之见，而业为其速而人心不惊，业为其小而国脉已寄，此其人非无责于天地民物可知也。

岁月者，豪杰所当惜，然人能惜之，人不能与造化争之，夫不筹乎气数之原，而知万事万物之有定候焉，将圣贤之惜岁月与豪杰之惜岁月何以异？经济者，商贾亦能谭，然彼喜谭之，彼不能以学问择之，夫不总乎成败之林，而信阴阳人事之无全功焉，将圣贤之谭经济与商贾之谭经济何以异？

夫然而叹恃气者愀，非不慕久道化成，而恐天下不及待而疑己，而求天下之信己，疑信相战，始用是皇皇矣。议因革也，因革皆条约之言，议富教也，富教孰肌肤之受？行一政思毕一政，大都取目前所易为者而锐为之。夫然而叹恃识者浅，非不知美利不言，乃耻天下不见功而谤己，因求天下之誉己，谤誉一明，始用是沾沾矣。有司管出纳，惜国帑而国帑空；纤人给指使，收人材而人材去。举一政反废一政，大都取流俗所共悦者而苟悦之。而何能达？而何事之能成？

吾是以思古之能制气者，或少壮经营，而成功在耄期之日，或祖宗况瘁，而得意于孙子之朝。其定力足以当天下之大疑，而勇可恃，怯更可恃，由体达用密如尔。吾是以思古能制识者，明知救时孔亟，谢群策以还明廷，明知出门有功，留有馀以还天地。其定识足以敌天下之大谤，而智可恃，愚益可恃，成允成功洎如尔。

莒父虽小，宰天下亦犹是矣。商也鉴之哉！

——据吴昌绶《定盦先生年谱》道光九年谱

书果勇侯入觐

（1829年5月4日）

本朝既百八十有六载，汉人籍而身膺世爵者，公则有黄芳度、岳钟琪；侯则有张勇、施琅；伯则有文臣张廷玉，武臣孙思克、王进宝、赵良栋：皆有功德，皆以爵终于其位。而今太子太傅固原提督杨君芳，封为二等果勇侯，位在二十六等之第六等，赫然与靖逆、靖海齐名，增汉人重。

凡宿卫之臣，满洲辄除乾清门侍卫。其有异材，重以贵戚，乃擢御前侍卫。汉籍，辄除大门上侍卫，日直不过阈，领侍卫内大臣辖之，如外弁之见将帅，其有材勇，擢为乾清门，而班之崇极矣！今杨侯特授国什哈辖，汉国什哈辖，内臣惊为未闻。

汉人袭父爵者，出为弁士，入为侍卫，父祖功最高，入拜散秩大臣，而荫庇之荣极矣！侯有子曰承注，自以生员起家，赐文举人；他日当补文臣，内可致九卿，外可致督抚。汉人袭爵者，施琅、孙士毅皆诏入旗籍，汉军都统治之，而杨侯官籍，以贵州行伍达于兵部，不改。承注以贵州举人达于礼部，不改。父子回翔，立外廷，奉外事。

昔周中兴，威重大臣无如尹吉甫，吉甫归镐，客有张仲。今大臣数杨侯，杨侯朝，客有徐松、张琦、魏源。源也雅材，龚自珍友之。噫嘻！美谭。并世之士，跻追《周雅》，后或继也，前莫闻也。侯之入觐何自？自喀什噶尔也。

其年道光九年，其月四月，其日①乙丑，自珍既与侯相揖于西淀军机处直房，明日，书是以夥侯。

——据吴刻本《定盦续集》卷四

对策

(1829年5月23日)

臣对：臣闻自古英君谊辟，欲求天下骏雄宏懿之士，未尝不以言；人臣欲以其言裨于时，必先以其学考诸古。不研乎经，不知经术之为本源也；不讨乎史，不知史事之为鉴也。不通乎当世之务，不知经、史施于今日之孰缓、孰亟、孰可行、孰不可行也。《尧典》言便章，禹功在浚导，官人昉自成周，控边莫详西汉。兹数者，源流正变得失。大抵三代上为一端，汉以降为一端，今之孰缓、孰亟、孰可用、孰不可用为一端。三代则诹经，汉以后则诹史，当世之务则诹势。钦惟皇帝陛下祚隆轩、顼，功铄垓埏；声教布乎寰瀛，而南河最勤宵旰；俊彦集于朝宁，而西陲特简爪牙。文德远矣！武功讫矣！圣怀冲挹，兼听无遗，瞻鞀铎之在悬，许圭璋以自达，进臣等于廷而策之以教化何先，宣防何急，以及选举何慎，控制何宜诸大政。如臣梼昧，奚补崇深？顾对扬伊始，敢

① “其日”，原作“廿八日”(王佩诤校本同)，误，据《文稿》本、龚橙编校本改。

不勉述平日所研诸经，讨诸史，揆诸时务者，效其千虑之一得乎！

伏读制策有曰：惟民生厚，因物有迁，兴化善俗，制治之本，而因虑及多设科条之徒滋扰累也，与广颁文诰之徒饰观听也。臣考周之三物六行，乡大夫、遂人掌之，而饮射读法，及教民祭祀之礼，及书其过恶，皆州长、党正主之。然则党正即一党之师，州长即一州之师，明矣。上而乡遂之大夫，亦即乡遂之师。岂若后世官吏自为官吏，师儒自为师儒，曰刺史、曰守令以治民，曰博士、曰文学掾以教士之区分乎？君与师之统不分，士与民之薮不分，学与治之术不分。此所闻于经者也。西京风俗，最为近古，抑其时去三代虽不远，而治术颇杂霸，文、景外非尽贤主，然而户口蕃息，风气淳庞，何也？盖善任守令也。守令久乎其任，皆有移风易俗之权，而上亦不以筐箧刀笔之事操切长吏故也。又，汉初最抑商贾，高祖禁贾人不得衣丝、乘车，而孝悌力田有常科，三老有常员，以驱民于南亩。又，丁赋颇重，设有游民，自食尚艰，何以出赋？故多执业以谋生。其在南亩者，无论已。不农者，亦无街谭巷议，以转移执事为常业者也。然汉自孝武以后，民渐逐末，《食货志》言：富商大贾，骄僭拟侯王，而农民争释耰锄以从之，此汉治之一变。及乎孝宣，综核吏事，操切吏民，于是守令视其民乃公家之民，非吾之子弟也；民视守令乃长上，非吾之父兄也，守令益不得自行其意，而汉治再变。至唐以后，孝义高年之访虽下于朝，宣风美俗之官虽巡于野，而故事具文，了无真意。此所闻于史者也。夫游民旷土，自古禁之。今日者，西北民尚质淳，而土或不殖五谷，东南土皆丰沃，而人或非隶四民。守令所焦虑者，似无暇在此，而所以督责守令，亦不尽在此，是宜深计也。皇上轸念芸生，至诚恻怛，躬行仁孝，为天下先，三代岂难复乎？

制策又以历代河患不一，禹迹既难骤复，而今日之要道，曰疏，曰防。臣伏考三代，河本北流，入海之道在冀州，而商世河患最甚，惜仲丁、河亶甲之书不传。此闻于经者也。汉自瓠子后，贾让三策，上策至欲弃数州之地以予水，而指堤防为下策，未免高论难行。明潘季驯反之曰：大禹导川，亦不过相水之上下流，束之以堤已耳。故潘氏平生所用，皆贾让之下策，迄今犹可师守。此略举夫史者也。今东南大政二：曰河、曰漕。河臣辖重地三：曰清口，曰高家堰，曰海口。清口者，上游之始；海口者，下游之终；高堰则全河之障也。曰杀黄、曰御黄，曰拦黄，皆治清口之事。曰蓄清，则治高堰之事。至欲使淮、黄皆有去路，则治海口之事。今之海口，较昔年东徙且数百里，云梯关外，铁板沙亘起，海口高仰日甚，议改海口之说，似乎可行。清水难裕，海运难常，欲无误四百万漕，改小粮艘之说，似乎可行。碎石坦坡，可永远行。皇上集思广益，指示河臣，行见呈清晏之祥，而纾东南之望也。

制策又以一代之治，必有一代之人材任之，而因以皋、夔、稷、契勖臣等，何其厚也！何其厚也！夫皋、夔、稷、契，皆大圣人之材，而终身治一官，自恐不足；后之人才不如古，而教之、使之，又非其道，疲精神耗日力于无用之学。进身之始，言不由衷。及其既进也，使一旦尽弃其所为，而骤责以兵刑、钱谷之事；而兵刑、钱谷又杂而投之一人之身。之人也，少壮之心力，早耗于禄利之筌蹄。其仕也，馀力及之而已，浮沉取容，求循资序而已。夫未尝学礼乐之身，使之典礼乐而不恧，以凡典礼乐者，举未尝学礼乐也。未尝学兵之人，使之典兵而不辞，以凡典兵者，皆未尝知兵也。古者学而入政，后世皆学于政，此唐、宋、元、明之人才所以难语夫古初也。皇上圣神如尧、舜，亦藉群策群力，士亦许身皋、夔、稷、契而已矣。

制策又以自古治平不忘武备，而因及夫历代筹边之策。臣考三代之于荒服，羁縻之而已，汉代乃有防西北边塞之策。北塞勿具论，论西塞。西塞有二：一曰行国，乃逐水草之国，为乌孙诸部，唐之北庭，今之准噶尔四卫拉特是也；一曰城郭国，为罽宾、扞罙、桃槐等三十六国，今之回疆是也。皆辖以都护。谷吉、常惠①、甘延寿、陈汤及后汉班超立功之地，而营平侯赵充国以征先零、幵、罕而筹屯田者是也。西汉惟先零、羌小为患，亦尚非极西域之地。三十六城郭，惟车师、鄯善小为患，故晁、贾入粟实塞下之策，皆不指备西域。而言回纥之为患，其唐之中叶，李德裕、陆贽筹边之世乎？而亦近于北庭甘、陈立功之地，未闻有威震回疆之事也。皇朝先平准部，后平回部，为古未有，而中外一家，情形与古大不同。彼夫断左臂之论，凿空之讥，读史者固无庸摭拾尔。

若此者，经史之言，譬方书也，施诸后世之孰缓、孰亟，譬用药也。宋臣苏轼不云乎：药虽呈于医手，方多传于古人。若已经效于世间，不必皆从于己出。至夫展布有次第，取舍有异同，则不必泥乎经、

① “谷吉、常惠”，原作“谷惠、常吉”，误，校改。

史。要之不离乎经、史，斯又《大易》所称神而明之，存乎其人者欤？抑闻之：颂不忘规。臣尤伏愿皇上眷怀风俗，益奠南国苍生，砥砺搢绅，益诫西边将帅，则我国家万年有道之长，实基此矣。臣末学新进，罔识忌讳，干冒宸严，不胜战栗陨越之至。臣谨对。

——据娟镜楼本《定盦遗著》

御试安边绥远疏

（**1829**年**5**月**30**日）

臣闻前史安边之略，不过羁縻之，控制之。虽有长驾远驭之君，乘兵力之盛，凿空开边，一旦不能有，则议者纷纷请弃地，或退保九边已耳。非真能疆其土，子其人也。国朝边情、边势，与前史异。拓地二万里，而不得以为凿空；台堡相望，而无九边之名；疆其土，子其民，以遂将千万年而无尺寸可议弃之地，所由中外一家，与前史迥异也。

安南路之策，与安北路异。天山北路者，杜尔伯特、土尔扈特、绰罗斯、厄鲁特、和硕特、辉特之故地，自准部平，而卫拉特之遗民尽矣。天山南路，则两和卓木之故地，其遗民统以伯克，有阿奇木伯克、商伯克分辖之，回民之信服吾将帅也，未必如其信服伯克也。将帅不得其心，则伯克率回民以怨吾将帅，得其心，而恩太胜，则伯克率回民以轻吾将帅，所由与北路异也。

今欲合南路、北路而胥安之，果何如？曰：以边安边。以边安边何如？曰：常则不仰饷于内地十七省，变则不仰兵于东三省。何以能之？曰：足食足兵。足之之道何如？曰：开垦则责成南路，训练则责成北路。

夫南路至肥饶也，非北路但产青稞蔬麦者比也。河水之支流以十数，经各城流引而入田，可以稻，征而入仓，可以饷，可以糈；而特虑夫屯官、屯丁之有名无实也，是故改屯丁为土著，改戍卒为编户，出之行阵，散之原野，势便令顺。撤屯田为私田，又许上农自占地，以万人耕者授万夫长，以千人耕者受千夫长，回人之贫者役之为佃。富人之役佃也，权侔于官吏，回人怙恃此农夫矣；且可以夺伯克之权，而转其信服伯克之心。如是数年，则粮裕。阿克苏设红铜局，官司鼓铸，制普儿钱，其重六铢。禁红铜毋许入关，禁皮货毋许入关。

如是数年，则钱裕，用物裕。又禁内地倡优淫巧不许出关，以厚其风俗，则官私一切裕。夫钱裕、粮裕、用物裕，官私一切裕，而犹仰给中国之解饷，必不然矣。如是十年，而犹不能兼顾北路，使北路仍仰给内地，又不然矣。

北可制南，南不可制北，故汉世三十六城郭，皆辖于都护治；唐之北庭，亦辖西南；而国朝回疆办事、领队大臣，节制以伊犁将军，其理一也。臣愚以为南路有事，有调发，宜调发及于北路而止。客岁之事，调及东三省兵，甚非策也。夫三省居舆图极东北，回城居极西南，入中国，出中国，真二万里；又不肯使走草地，即走草地，走蒙古，走乌里雅苏台，亦万馀里。其为老师糜饷，骚扰州县，伏考史册，未睹此用兵也。以为用其人乎？臣不敢以为其人不足用，而伊犁将军标下，固额设洗白兵五百名，索伦兵五百名，果其有名有实，一可当百，则此亦二劲旅矣。何不责成伊犁将军，使平日认真训练此二旅，使名实相核之为简捷乎哉？故大功虽告成，而兵差费至巨万，兵差所过，州县颇亏空。夫欲边之安，而使内地虚耗而不安，故曰甚非策也。

夫常有常之经，变有变之经，武之善经也。回民见吾之常亦有经，变亦有经，乃真不敢轻吾将帅。匪但卡内之各城安，而卡外之哈萨克、布鲁特、爱乌罕、那木干、安集延，以及巴克达山、温都斯坦之人，亦慑我之声灵，而环向以安；匪但万年有此新疆，虽再拓十数城可也。虽有重臣宿将，老于西事之人，为我皇上直陈得失，无以易此。臣谨疏。

——据朱氏二刻本《定盦文集补编》卷一

重摹宋刻洛神赋九行跋尾

（1829 年）

龚自珍云：王子敬《洛神赋》九行，百七十六字，用麻笺写，宋徽宗刻石秘府，拓赐近臣者也。靖康乱，并石北去，贾似道得四行，欲以续旃刻一石，自称十三行，与此盖不相涉。且似道疑四行非真，第十行用胡卢印界之，再刻一于阗玉，不复钤别，尤孅趸瘦媚，而玉版十三行，特噪人世，非子敬大厄耶？初，柳公权实见十三行，响拓行世，犹《定武兰亭》之出欧拓也。柳家气体，尚远欧、虞，何论晋贤？宋人谓是真子敬书，贾之续，徒欲附会唐本，媲美柳所见云尔。

天下知有《洛神赋》，言《洛神》称十三行，言十三行称两派：一柳派，一玉版派。柳派以唐荆川藏玄晏斋刻者第一，文氏本次之，玉版则雍正中浚西湖得之，入内府，拓本遍杭州，杭人言有篙痕者善，鉴赏家言尽于此矣。靖康后不百载，金亡，元室不崇图书，无秘府。赵子昂仕元，知九行在北方，辗转迹北人获之。阅丧乱，卒藏宗匠之庭，岂非神物能自呵护，大照耀一世欤？文徵仲、董玄宰、孙退谷皆见宋拓本，源也委也，语焉而弗详。此本即孙氏藏，著录《庚子销夏记》者也。入歙吴苏谷家，又入扬州秦编修恩复家，秦丈以贶余。二百年凡四易主。

抱孤本，担愿力，乞于铿，伐乐石，祈此石，寿千亿；见予石，勿妨毁，隔麻笺，一重尔。佛言当生历劫难遭遇想，予言亦如是。

同者吴县顾莼、昌平王萱龄、大兴徐松、侯官林则徐、泰兴陈潮、阳城张葆采、邵阳魏源、道州何绍基、长乐梁逢辰、金坛于铿。道光九年，岁在己丑。

——据娟镜楼本《定盦遗著》

上大学士书

（1829年12月26日）

中书龚自珍言：自珍少读历代史书及国朝掌故，自古及今，法无不改，势无不积，事例无不变迁，风气无不移易，所恃者，人材必不绝于世而已。夫有人必有胸肝，有胸肝则必有耳目，有耳目则必有上下百年之见闻，有见闻则必有考订同异之事；有考订同异之事，则或胸以为是，胸以为非，有是非，则必有感慨激奋。感慨激奋而居上位，有其力，则所是者依，所非者去；感慨激奋而居下位，无其力，则探吾之是非，而昌昌大言之。如此，法改胡所弊？势积胡所重？风气移易胡所惩？事例变迁胡所惧？中书仕内阁，糜七品之俸，于今五年，所见所闻，胸弗谓是；同列八九十辈安之，而中书一人，胸弗谓是；大廷广众，苟且安之，梦觉独居，胸弗谓是；入东华门，坐直房，昏然安之；步出东华门，神明湛然，胸弗谓是；同列八九十辈，疑中书有痼疾，弗辨也，然胸弗谓是。如衔鱼乙以为茹，如藉猬、栗以为坐，细者五十馀条，大者六事，兹条上六事，愿中堂淬厉聪明，焕发神采，赐毕观览。

一、中堂宜到阁看本也。

大学士之充内廷者，例不看本。伏考雍正十年以后，内廷之项有五：一、御前大臣，二、军机大臣，三、南书房，四、上书房，五、内务府总管是也。五项何以称内廷？内阁为外廷故也。内阁何以反为外廷？雍正后，从内阁分出军机处故也。大臣带五项者，除出南书房、上书房总师傅不日入直，不常川园居；日入直，常川园居者，三项而已。此带三项之大学士，不到阁看本之缘由也。

幸大学士不尽带三项，内阁日有大学士一员到，汉侍读上堂，将部本通本，各签呈定迎送如仪，中书有关白则上堂，无关白则否，此国初以来百八十年不改，而且雍正壬子以后，九十年来莫之有改者也。惟中堂到阁，侍读以下贤否，熟悉胸中，辅臣掌故，亦熟悉胸中，内阁为百僚之长，中书实办事之官，此衙门一日未裁，此规矩一日不废。

道光元年，大学士六人，满洲伯中堂，托中堂，协办长中堂，汉则曹中堂，戴中堂，协办孙中堂，是年到阁看本者三人，托、戴、伯是也。戴予告，孙大拜，协办为蒋中堂；伯休致，长大拜，协办为英中堂：则道光二年之事。曹、蒋皆军机大臣，长伊犁将军，孙两江总督，英内务府总管，其日日看本者，只托中堂而已。托中堂在嘉庆朝任御前大臣、军机大臣，常川园居，圣眷隆重。至是乃日日看本，原属偏劳，一日召见，乘便口奏：内阁只臣一员，日日看本，部旗事繁，必须分身等语。于是乞旨派汉学士三人，轮流看本。噫！学士职过朱，看本非所掌也。此乃第一大关键。

然而一时权宜之法，岂以为例？他日无论某中堂开缺，局势即全变；局势全变，旧章不难立复。设竟从此改例，须大学士奏明，将汉学士添此职掌，纂入《会典》，并将大学士永远作为虚衔之处，纂入《会典》，万无不奉明文，淡然相忘之理。所以托中堂此奏权宜，自无妨碍，而后来永远如此，并托中堂所不及料者也。孙革职，蒋大拜，协办为汪中堂；汪，上书房总师傅也。按嘉庆九年，上谕曰：南书房、上书房行走大臣，俱著轮流入署办事。其上书房总师傅，不过旬日一入直，尤不得藉口内廷，常川园居。圣训煌煌，在《会典》第七十四卷。汪中堂不知也，侍读不知也。汪到任日，满侍读探请意指，汪艴然曰：我外廷乎？乃止。是日绝无援甲子年上谕以明折之者。不但此也，前此嘉庆七年六月上谕曰："内阁重地，大学士均应常川看本；其在军机处行走者，每年春夏在圆明园居多，散直后，势难赴阁。至在城之日直机务稍简，朕令其赴衙门办事，即应阁部兼到；若不在内廷之大学士，票拟纶音是其专责，岂可闲旷？保宁到京后，虽有领侍卫内大臣，朕不令其在园居住。嗣后军机处之大学士，直朕进城后，谕令到衙门时，著先赴内阁，再赴部院；其不在内廷之大学士，著常川到阁，以重纶扉，以符体制。”此谕更明白矣！亦无援引以折之者。大官不谈掌故，小臣不立风节，典法陵夷，纪纲颓坏，非一日之积，可胜痛哉！假使汪肯看本，则托、汪隔日一到，与托原奏所称只一员到阁之语情事异；与所称日日到阁之语情事又异。夫复何辞？惜哉！此第二大关键也。

汪病逝，协办为今卢中堂；英降热河都统，协办为今富中堂。两中堂不但不在三项内廷，并不在五项之列，尤宜到阁，以重本职，而侍读惩前事，不复探请。两中堂原未谙阁故，不知大学士之本职，因何而设，咎自不在两公，遂两相忘。此第三大关键。

合署人员，举朝科道，亦皆淡然相忘；比之汪中堂到任之年，情事又一变；而汉学士之看本，局遂不变。时人戏语陈学士嵩庆、张学士鳞曰：两君可称“协办”协办大学士。两君笑应之。三十年后，后辈绝不解今日嘲戏语矣。卢中堂全衔为：太子少保、协办大学士、吏部尚书、国史馆总裁、兼管顺天府事务，富中堂全衔为：太子少保、协办大学士、理藩院尚书、正白旗满洲都统、阅兵大臣。今吏部、顺天府知有卢中堂，内阁不知有卢中堂也。理藩院、正白旗知有富中堂，内阁不知有富中堂也。黜陟之事，托中堂独主之，内阁不知中堂凡有六缺也。而本朝大学士一官，遂与保傅虚衔，有衔无官者等。自尚书至巡检典史，皆不以兼摄事废本缺事，独大学士有兼事无本事矣。自尚书至未入流，皆坐本衙门堂上办事，内阁为衙门首，堂上阒然无堂官矣。而太宗文皇帝以来，设立大学士之权之职之意，至托中堂而一变，汪中堂而再变，卢、富两中堂而三变。托创之，汪中之，卢、富成之。

依中书愚见，今宜急请托中堂、卢中堂、富中堂轮流到阁看本，今曹系军机大臣，长系御前大臣，蒋系两江总督。如不看本，宜急奏明改定《会典》，不得相忘。此当世第一要事。

一、军机处为内阁之分支，内阁非军机处之附庸也。

雍正辛亥前，大学士即军机大臣也。中书即章京也。壬子后，军机为谕之政府，内阁为旨之政府，军机为奏之政府，内阁为题之政府，似乎轻重攸分。然寰中上谕，有不曰内阁承发奉行者乎？寰中奏牍，有不曰内阁抄出者乎？六科领事，赴军机处乎，赴内阁乎？昔雍正朝以军务宜密，故用专折奏，后非军事亦折奏，后常事亦折奏，后细事亦折奏。今日奏多于题，谕多于旨，亦有奏讫在案，补具一题者，绝非雍正朝故事。故事何足拘泥？但天下事，有牵一发而全身为之动者，不得不引申触类及之也。

国朝仍明制，设六科，其廨在午门外，主领旨，主封驳。惟其为上谕也，谏臣或以为不可行，而封驳之，谏臣之所以重。今内阁拟旨所答，皆题本也，所循字句，皆常式也，旨极长，无过三十字，诚无可封驳者。自阁臣为闲曹冗员，而并科臣亦成闲曹冗员。果依现在情形，何不以六科移驻隆宗门外，专领军机处上谕，而主其封驳乎？又惟内阁为至近至贵之臣也，外吏不敢自通于主上，故仍明制，由通政司达内阁，谓之通本。果依现在情形，通政司亦闲曹冗员，可以裁；如不裁，何不移驻隆宗门外，为奏事处之咽喉乎？此二说，原属迂腐不可行，然援据立法之初意，而求其鰓理，核其名实，必遭天下后世辨口，如此重重驳诘而后已，亦何以御之哉？又六部尚书皆直日，而大学士独不直日；侍郎直日，而内阁学士不直日。立法之初，岂不以丝纶之寄，百僚之总，不直日者，无日不直也乎？内阁与军机既分，大学士反恃部院旗务以为重，而直日召见。嘉庆中，御史蔡炯奏大学士勿令兼他务，其论实近正也，其事则幸而不行。万一行，则大学士既不直日，又不到阁看本，终岁不召见，又不趋公，与冗食需次小臣何以异？天下后世姗笑，何以御之哉？故曰：必也正名。名之不正，牵一发而全身为之动者，此也。

雍正壬子，始为军机大臣者，张文和公，鄂文端公。文和携中书四人，文端携中书两人，诣乾清门，帮同存记及缮写事，为军机章京之始，何尝有以六部司员充章京者乎？文和兼领吏部、户部，何尝召吏、户两衙门司官帮存记缮写乎？厥后中书升主事，即出军机处，何也？六部各有应办公事，占六部之缺，办军机处之事，非名实也。其升部曹而奏留内廷者，未考何人始，至于由部员而保充军机处者，又未考何人始。大都于文襄、傅文忠两公，实创之主之，其后遂有部员送充之例，内阁占一半，六部占一半，阁部对送，阁所占已不优矣，但阁与部，未尝分而为七。嘉庆二十一年，睿皇帝顾谓董中堂曰：此次保送，内阁独多。董中堂衰耄，未遑据大本大原以对，反叩头认过，于是特谕内阁与六部衙门，均平人数，而阁与部遂为七。今中书在军机者最希，最失本真，职此故也。

伏思本原之中，又有本原，从本原更张，必非一介儒生口舌所敢议。依中书愚见，姑且依雍正中故事，六部专办六部之事，内阁办丝纶出内之事，停止六部送军机处，其由军机中书升任部员后，不得奏留该处，立饬回部当差。如此，庶变而不离其宗，渐复本原，渐符名实。

一、侍读之权，不宜太重也。

自中堂不到阁，而侍读之权日益重。凡中书一切进取差使，侍读不呈大官单，袖中出寸纸，书姓名一两行，口进数词，中堂漫颔之，即得之矣。遇有协办侍读出缺，则侍读之门如市，故侍读以上官自处，中书以下属自处，明悖《会典》。试思六部卿寺衙门，皆用大官单白事，何内阁独废单不用？由各衙门堂上皆有堂官，官有几案，可阅官单。今侍读之见中堂也，大率宫门风露之中，立谭之顷，使非袖中出寸纸，实不简便，此其所苦也。

论者曰：侍读于中书近，中堂于中书远，藉加延访。此论不然！大官单既备载中书之履历、年齿、食俸深浅、功过次数，及何项行走名目矣，何独凭袖中寸纸之为延访，而阅官单之反非延访欤？中堂领百僚，为皇上耳目，其于四海之内，满、汉文武，大小贤否，罔弗知也，何至本衙门二三笔札小生，尚有弗知，而待临歧延访欤？岂中堂之聪明，申于天下，而独诎于侍读欤？

依中书愚见，一切中书差使，宜由侍读手奉全单，默然鹄立，中堂坐堂上，朱笔点出，明降堂谕，不许仍沿袖中出纸，以肃瞻听。

一、汉侍读宜增设一员，使在典籍厅掌印也。

国初汉侍读本三人，今满州、蒙古、汉军侍读缺十二人，汉缺二人。内阁为掌故之宗，典籍厅为储藏之薮。近御史王赠芳有陈奏添设汉侍读一摺，部议不行。其原奏但为疏通人员起见，且仍系办理票签之事。票签甚不乏人矣，何用添设？议寝良是。

愚以为侍读必宜添设，以复旧制，而非专为疏通起见也，又非为票签处添缺也。今汉缺典籍二员，皆不在厅行走，或在票签委署侍读上行走，或在稽察房行走，或在票签直房行走，或在副本库行走。其中书帮办典籍者一两员，孤立于厅，厅待之如客。彼实缺典籍，尚不过而问一切矣，安能责帮办之中书？问其何故，由厅无汉人前程。故典籍虽有深俸，苟非委署侍读，必不准擢侍读；假使摺侍读，而其人又离厅矣，又况实缺典籍，由中书论俸而升。俸已深矣，不久出衙门矣，即真在厅行走，而视厅如传舍，无足整顿固也。此汉人于内阁掌故，十九茫然，而满员直视为文移档案之区，繁缺不欲令汉人分权，其势遂成，遂不可反。

依中书愚见，欲名实之符，莫如添汉侍读一员，在厅掌印，与满侍读和衷办事。此缺出，以实缺典籍升用，典籍缺出，以在厅帮办之中书升用。如此，则国家多熟谙掌故之小臣，为太平润色。即以疏通而论，汉人之升侍读也。分为二支，一支由票签处委署侍读升，一支由典籍升用，全局均匀，无要津挤塞之患。

一、馆差宜复旧也。

各馆官书，以内阁翰詹衙门充总纂、纂修、协修官，此国初以来定例，近日尚有明文可见：一见于嘉庆六年十月，大学士王杰等会典馆原奏；再见于嘉庆七年十一月，大学士保宁等会典馆原奏；弁冕《会典》者也。会典馆如此，历圣实录馆如此，一切官书局无弗如此。嘉庆七年。王文端公送中书蔡毓琳等充协修，而以叶继雯充纂修。叶君负文望，辞至再，欲待三召。文端怒，遂停止中书送纂修之例。于是终会典馆全书告成之年，无以中书续送者。《仁宗睿皇帝实录》凡六年告成，亦无以中书送纂修者。在文端为迁怒，为变旧章。从而沿之，非文端诤友矣。但文端未尝奏明裁汰，未奉明文，从而沿之，以为前规后随，恐文端不受。且停止送纂修、协修矣，而独送分校。分校之役，与供事等。

夫中书与翰詹同为清秩，翰林纂书，中书分校之，书内得失，一切不当问，中书深以为耻。又按：嘉庆末，杨宜之系副贡生出生，八品京官，而充会典馆总纂；中书王璟等，以进士出身，七品官，而充其分校。揆之国家用人之法，岂为平允？此必当复其旧物，并行知各馆者也。

一、体制宜画一也。

汉中书充文渊阁检阅、军机章京者，挂朝珠。今中书纷然挂朝珠，或以为非，或以为是。以为是者曰：内阁本内廷，与军机无区别。以为非者曰：今之内阁一切，非军机处，事势本殊，何独挂珠？两说皆中理，此宜奏定章程，或全准，或全裁，或何项应准，或何项应裁，奉明文而载《会典》。

又如中书初到阁见大学士仪，平日侍读、中书因公见大学士仪，后辈初次谒前辈仪，亟宜斟酌卑亢之间，纂成一书，以便循守。愿文物斐然，以章百司领袖之盛。

道光九年十二月朔，中书龚自珍谨议。

——据朱氏二刻本《定盦文集补编》卷三

最录段先生定本许氏说文庚寅冬日上斜街寄斋作①

（1830 年冬）

汉臣许慎造《说文解字》十五篇，慎之言曰："后有达者，理而董之。"历二千载，本朝金坛段先生始生，始言许之例，始取流俗窜改②非其例者剔之救之③，别写定。是故有流俗本《说文》，有段先生定本《说文》。

一、本义也。段先生曰：许氏书与他师训诂绝异。他师或说其初引申之义，或说其再引申之义，许则说其仓颉、史籀以来之本义。然本义十七八，非本义亦十二三，何也？本义亡则姑就后义说之，去古稍稍远，时为之势为之也。

一、本字也。段先生曰：群经诸子百家假藉同声之字，东汉而降，增益俗字，则并不得称为假藉字。假藉字行，而本字废矣；俗字行，而本字益④废矣。许书纯⑤用本字，若曰训某之字，当如此作。后儒反疑其迂僻，则由沿习假藉与沿用俗字二端之中也。

一、次第也。段先生五百四十部次第相蒙，所谓据形系联者也。每部之中，其胪字又次第相蒙，学者苟澄心以求之，易知也。流俗本有颠倒置者，及羼入非其次者，于是乎别写定。

一、变例也。段先生曰：许法后王，以小篆为质，以古文为附见，此常例也。其有一部之文，皆从古文之形，不从小篆之形，则不得不列古文为部首矣。又有古文之所从隶于部首，篆文之所从不隶部首，则不得不先列古文矣。浅人不察，改其变例，使皆合于常例，亦有改之未尽改者，乃于二，古文上。于吕、于币诸部，发其凡而别写定。

一、字复举也。段先生曰：许之例十九，于小篆下，复举一字，浅⑥人删之，亦有删之未尽删者，乃于艸，于木、于⑦水诸部，发其凡

---

① 王佩诤校本题下脱此自注。

② "改"，王佩诤校本误作"俗"。

③ "剔之救之"，王佩诤校本作"副之故之"。

④ "字"下，王佩诤校本脱"益"字。

⑤ "纯"，王佩诤校本误作"绝"。

⑥ "浅"，王佩诤校本误作"后"。

⑦ "木"下，王佩诤校本脱"于"字。

而别写定[1]。沅按，钱竹汀谓连篆文为句，如参、商星也之类是[2]。

一、以声为义也。段先生曰：古今先有声音而后有文字，是故九千字之中，从某为声者，必同是某义。如：从非声者定是赤义，从番声者定是白义，从于声者定是大义，从酉声者定是臭义，从力声者定是文理之义，从劦声者定是和义；全书八九十端，此可以窥上古之语言。于劦部发其凡焉。

一、引经以说字也。段先生曰：许引经以说字，后人不察而改经，如：艸部有蘼，引《易》之麗以说之，岂许所见《易》有作蘼者哉？金部有銑，引《左传》之銑以说之，岂许所见《左传》有作銑者哉？引《左传》厖凉，引《孟子》“原原而来”，皆其本文[3]如此者十数端；后儒不察，先改许，又据所改许以改经，于是乎[4]别写定。

一、今训密，古训宽，无两读也。段先生曰：后世以平声之予为我训，以上声之予为锡训，《尔雅》、《说文》无此区别也。以平声之相为相与[5]训，以去声之相为相度训，毛苌《诗》[6] 传、《说文》无此区别也。似此者数十端，后儒分析，亦其时世使然。然以治古书，鲜不憕[7]者。许氏之义古矣，义古故例简，例简故词杀。

一、古字不止九千也。段先生曰：古字少，今字多，固也。然经典正字，许有不收者，钟鼎吉金遗文，尤多不收者。又如由、如妥、如敲、如免，从其文而得声者反收，而谓古无由、妥、敲、免可乎？是古字不止九千也。拘谨太过之士，惩徐氏新附之泛滥，见《说文》偶无之字，即摇手戒勿用，岂定论哉？然则许之仅收九千馀名[8]何也？曰尉律课九千也。

一、许称经不可执家法求也。段先生曰：汉氏之东，若郑若许，五经大师，不专治博士说，亦不专治古文说，诗称毛而兼称三家，《春秋》称左而兼称公羊、穀梁，馀经可例推。于心、肝、脾、肺、肾五篆下发其凡焉。

---

① “定”，王佩诤校本误作“之”。

② “别写定”下，有此批注，王佩诤校本脱。

③ “本”下，王佩诤校本脱“文”字。

④ “是”下，王佩诤校本脱“乎”字。

⑤ “与”，王佩诤校本作“予”。

⑥ “苌”下，王佩诤校本脱“诗”字。

⑦ “憕”，王佩诤校本作“悖”。

⑧ “名”，王佩诤校本作“字”。

龚自珍曰：以上十条，自珍亲闻之外王父段先生。先生书今行海内，学士能自得之，毋俟自珍述。自珍闻之为最早尔。或诘自珍曰：段先生所谓“理而董之”其人者，则许之功臣欤？曰：否！段先生藉许氏之书，以明仓颉、史籀，乃仓颉、史籀之功臣，岂直功在许而已乎？又使段先生生东汉之年为《说文》，其精与博与其获本义，又岂许书之比而已乎？此则自珍所智及之者，亦愿谓君子也。

——录自《中国学报》第六期，民国二年四月版

纵难送曹生

（1831 年前）

天下范金、抟埴、削楮、揉革、造木几，必有伍。至于士也，求三代之语言文章，而欲知其法，适野无党，入城无相，津无导，朝无诏。弗为之，其无督责也矣。为之，且左右顾视，踆踆而独往，其愀然悲也夫！其颓然退飞也夫！

智者闻之，则曰：此豪杰也。胡以言之？古未曾有范金者，亦无抟埴者，亦无削楮、揉革、造木几者，其始有之，其天下豪杰也。或古有其法，中绝数千岁，忽然有之，其天下豪杰也。今夫士，适野无党，入城无相，津无导，朝无诏，而读三代之语言文章而求其法，弗为之，其无督责也矣。而为之，其志力之横以孤也，有以异于曩之纵以孤者乎？

虽然，夫士也闻之喜，喜奈何？曰：吾之志力，可以有金而淬之，范金者弗吾逮也，吾且大贤。吾有埴而方员之，有楮而缋之，有革而鞣之，有木几而雕镂削治之，愈密愈华愈贤，吾又大贤。

智者闻之，则大声暴诃之曰：止！夫横者孤矣，纵孤实难，纵者益孤，夫汝从而续之，不难其止。

呜呼！龚子未得为智者徒也，然固习闻智者之言也。里人曹生籀，士也。其所学，其所处难与易之间，适类乎是。闵其孤，识其豪杰，不愿其为天下范金、抟埴、削楮、揉革、造木几者姗笑。作《纵难》。

——据吴刻本《定盦续集》卷四

张南山国朝诗征序

（1831年10月20日前）

周公何人哉？尹吉甫、谭大夫何人哉？逐臣放子，弃妾怨妇，举何人哉？周虽文，其殆无有诗人之名也。后之为诗，业之别有籍焉，成之别有名焉，二者辙孰旧？网取所无恩，恩杀，至所恩之人而胪之，高下之，名曰作史；网取其人之诗而胪之，或留或削，名曰选诗：皆天下文献之宗之所有事也。二者名孰高？作史者曰：我古史氏家法，于史为大宗。选诗者则曰：孔子尝删诗矣！我七十子家法，于经为别子。二者指孰优？其名与实孰合分？

龚自珍年三十四，著《古史钩沉论》七千言，于周以前家法，有意宣究之矣。既具稿，七年未写定。夫自珍之世，非周之世，天下久矣有诗人之名也；天下久有诗人之名，天下献宗选诗，固宜选诗矣。受而视其目，其真以诗名者，未尝漏焉。而不可名为诗人者十八九，是何人哉？自天聪、崇德，迄于今八朝，其姓名为专家诗人所熟闻者无几，诗人闻而咸异焉！曰举何人哉？自珍受而疑，俯而得其故，曰：若人殆乐网取其人而胪之，而高下之欤？殆非徒乐网取其诗也欤？然则若人号称选诗也何故？曰：是职不得作史，隐之乎选诗，又兼通乎选诗者也。其门庭也远，其意思也谲，其体裁也赅。吁！诗与史，合有说焉，分有说焉，合之分，分之合，又有说焉。毕触吾心而赴吾志，吾所著书益写定。

伟夫若人！怀史佚之直，中孔门之律令，虎虎歃血龚氏之庭者哉？张维屏，字南山，番禺人，官黄梅令。

——据吴刻本《定盦续集》卷三

致张维屏书[①]

（1831年10月20日）

自珍二十年所接学士大夫，心所敬恭者十数子，识我先生晚。先生

① 原题《与张南山书》。张维屏（1780—1859），字子树，一字南山，号松心子，又号珠海老渔，广东番禺人。道光二年（1822）进士。官湖北长阳知县，署江西袁州府同知、南康府知府等。辞官后，曾为学海堂学长。

于平生师友中，才之健似顾千里，情之深似李申耆，气之淳古似姚镜堂，见闻之殚洽似程春庐。偻指自语，何幸复获交此人！

手书至，若以仆为可语者。雒诵不厌，袭而藏之，与诸师友手墨置一箧中，以旌子孙。藉知近状安善，改掣江西，距家益近。世兄英英颀颀，谭次书味安详，又知其工杂体文，善倚声，不愧骥子。《诗人征略》一书，读之大喜，竟命笔伸纸作一序文。惟拙书欹斜，不能庄缮一通，聊用稿本寄左右。

承询述作，近居京师，一切无状。昌黎所谓“聪明不及于前时，道德日负其初心”二语，足以尽之。文集尚未写定，此时无可言者。惟将来写出，有一事欲与古人争胜，平生无一封与人论文书也。自负之狂言，为先生发之。

闻阮尚书云，有林柏桐者，美才也，而又朴学。其述作若何？乞示知，其穷达又若何也？顺承动定，不宣。

弟龚自珍三顿头

四千里外南山先生史席　　时辛卯九月望

魏君源居忧吴门，其所著《诗古微》，颇悔少年未定之论，闻不复示人。弟已迁居烂面胡同北头路东，惠书勿误。

——据张维屏《花甲闲谈》卷六，道光十九年刻本

书文衡山小真书诸葛亮出师表后

（1831年）

小楷书自《黄庭》、《洛神》九行后，惟虞永兴《破邪论》得其神髓。其他写经人虽工极，但成唐人写经字，未必嗣晋贤也。独钟绍京为逸品，又当别论。唐后惟赵吴兴直接虞公，观《赤壁赋》，一种沉郁萧疏，不敢疑赵为宋、元人物。予弆臧拓本一纸，宝之直欲入枕函中，裱装于《洛神》册尾，自信标举源流无漏。兹又于吴兴后见文徵仲书《出师表》，则请以续吴兴作永兴之嫡孙可乎？

见此种，始知世传四山绝句，固依托徵仲盛名也。字既轻剽，蔡诗又恶，何肯替人书恶诗乎？此表沉郁熨贴，何尝类轻俊供事书？世人欲辨衡山真伪，以此为的。

褚河南《阴符经》刻于丛帖中者，未必褚面目如此；以褚临《黄庭》思古斋刻较之，唐见故不数之云。

愿为不侵不叛之臣，稽首皈依竟。

日课四百字可矣。唐高达夫五十学诗，我今四十学书，亦未晚也。

徵仲晚年书最恭雅，《真赏斋铭》，则八十八矣。

——据娟镜楼本《定盦遗著》

诵得生净土陀罗尼记数簿书后

（1831 年）

龚自珍以辛卯岁发愿：愿诵大藏“贞”字函《拔一切业障根本得生净土陀罗尼》五十九言四十九万卷，愿秘密加被，灭我定业，疾证法华三昧。上品上生，生阿弥陀佛常寂光土，限戊戌岁毕之。又为之记数簿，书其尾曰：

威仪不二门，若行则诵，若立则诵，若坐若卧则诵。

声音不二门，古译音不准，既辩之矣，予能肖弹舌，依今译大摄小，亦能以大摄小书，然而不废古译。夫不知今译而至心持古译者，如麻似菽，责译主可矣，岂虞持者之不灵，与我佛之不委曲聪听哉？

愿不二门，予有本愿十焉，一愿中具有九愿，九愿中一一有彼九愿，如环无端，如黄钟旋相为宫，如牵一发，全身知觉，杜顺师《漩复颂》曰：“时处帝网见重重”者也。

自它不二门，予诵咒时，观恒河沙众生，无一众生不同时诵此咒者；恒河沙世界，无一色一香非此咒相貌者。

挹注不二门，予所有持咒功德，往往观想用施一众生，亦用施恒河沙众生，于我功德，不增不减。老子曰：“既以与人己愈有，既以为人己愈多。”《天台四念处》第四卷曰：“不积藏。”予禀此旨时，不二门初发心时，未诵时，已满四十九万卷。

数不二门，一一卷中具有四十九万卷。

心法卷不二门，或心系佛，或心系愿，或无心，或用一切处心。一切处心可用乎？应之曰：飞锡师曰：“尽大地以为的，乌有箭发而不中者哉？”

显密不二门，此陀罗尼即一切陀罗尼，诵之即是诵大小《弥陀》诸经，即是诵《法华经》，亦即是诵一切经，十方三世佛经。

教相不二门，佛言法华三昧，即是言上品上生也。

华果不二门，此方为华，西方为果；此生为华，生彼为果。十方不二门，如天台智者大师说不可具说。

三世不二门，如天台说。

心佛不二门，如大势至菩萨说。

——据风雨楼本《龚定盦别集》

为家大人丙辰同年祭江西巡抚阳湖吴公文

（1831 年—1832 年）

溯睿皇之初元，聆春官之优诏。策贤良于帝廷，应景运而腾踔。繄先生之晚达，抗一时之英妙。帝开华省而进群雅兮，翔东华以释孱。又排枢禁而领掌故兮，益练才于政要。挥羽书巡风霆兮，跻皇言于雅诰。当同年之奋迹兮，走驷骐于周道。览皇华而如晋兮，采唐、魏之佚调。俄栖解豸于厥膺兮，每焚草而密告。帝畀之以一郡兮，指括苍以吟啸。忽回翔而中铩兮，起东海于再召。遂扬历于大用兮，历再纪而宣劭。半九州而亘南东，皆车马之所劳。积通达故和平兮，异警者之为暴。特精悍于西江，焕神明于垂耄。曰承前躅之养痈兮，丁南赣之多盗。方下车而矢磔攘兮，三岁挞而垂效。帝曰久汝于南服兮，岁及辰而来报。卒罢市之上闻，悟积勚之所耗。昔君陈之施政，王探本于惟孝。腾万口于枌榆兮，想门内之熙皞。

呜呼！才辈出而辈徂兮，等春华兮秋摽。百四十人存六七兮，数江湖与廊庙，齐失声于弱一个兮，聚晨星而相吊！

——据朱氏二刻本《定盦文集补编》卷四

尊任

（1831 年—1834 年）

《周礼》：“以九两系邦国之民，八曰友以任得民。”又曰：“以六行教万民：孝、友、睦、姻、任、恤。”杜子春曰：“任，任朋友之事者。”

周爵五等：公、侯、伯、子、男。男，任也；子，以谷璧养人；男，以蒲璧安人。曾子曰："士不可以不弘毅，任重而道远。"任也者，侠之先声也。古亦谓之任侠，侠起先秦间，任则三代有之。侠尚意气，恩怨太明，儒者或不肯为；任则周公与曾子之道也。

世之衰，患难不相急，豪杰罹患难，则正言庄色厚貌以益锄之；虽有骨肉之恩，夙所卵翼之子，飘然绝裾，远引事外。虽然，豪杰则曰：吾罹患难，而呼号求援手于庸人，岂复为豪杰哉！其言则曰：应龙入眢井，不瞑目以待鳅鳝之饱龙肉，而睫泪以哀井上之居民，岂得为应龙也哉！万一卒不死，或者天神凭焉。道家者之书有之曰："活一大贤者，功视活凡夫九十万亿；活一圣人，功视活凡夫九万万亿。"吾友阳城令桂林李公则曰："《礼》曰：'吊人弗能赙，弗问其所费。问疾弗能遗，弗问其所欲。见人弗能馆，弗问其所舍。'[①] 吾补《礼》文之阙，则亦曰：见患难弗能救，弗咎其所以致患难。其言取风示末世，粹然忾然。"

呜呼！应龙之譬也肆，侠者之气纵，道家之言诡，皆非周公、曾子法。李公儒者也，古之任者也，言如是，言之感慨尽如是，是亦足矣。吾又闻之，广西实天下之高山大川，气苍苍莽莽，不为中原甇滑所中。李公行毕如其言，山川然也。

——据吴刻本《定盦续集》卷一

长短言自序

(1831年—1835年)

情之为物也，亦尝有意乎锄之矣；锄之不能，而反宥之；宥之不已，而反尊之。龚子之为《长短言》何为者耶？其殆尊情者耶？

情孰为尊？无住为尊，无寄为尊，无境而有境为尊，无指而有指为尊，无哀乐而有哀乐为尊。情孰为畅？畅于声音。声音如何？消瞀以终之。如之何其消瞀以终之？曰：先小咽之，乃小飞之，又大挫之，乃大飞之，始孤盘之，闷闷以柔之，空阔以纵游之，而极于哀，哀而极于

① 引自《礼记·曲礼上》，原作"吊丧弗能赙，不问其所费。问疾弗能遗，不问其所欲。见人弗能馆，不问其所舍。"（中华书局本《十三经注疏》，上册，第1249页）

瞀，则散矣毕矣。人之闲居也，泊然以和，颓然以无恩仇；闻是声也，忽然而起，非乐非怨，上九天，下九渊，将使巫求之，而卒不自喻其所以然。畴昔之年，凡予求为声音之妙盖如是。是非欲尊情者耶？且惟其尊之，是以为《宥情》之书一通；且惟其宥之，是以十五年锄之而卒不克。

请问之，是声音之所引如何？则曰：悲哉！予岂不自知？凡声音之性，引而上者为道，引而下者非道；引而之于旦阳者为道，引而之于暮夜者非道。道则有出离之乐，非道则有沉沦陷溺之患。虽曰无住，予之住也大矣；虽曰无寄，予之寄也将不出矣。

然则昔之年，为此长短言也何为？今之年，序之又何为？曰：爱书而已矣。

——据吴刻本《定盦续集》卷三

跋某帖后

（1832年9月9日）

嘉庆甲子，余年十三，严江宋先生璠于塾中日展此帖临之。余不好学书，不得志于今之宦海，蹉跎一生。回忆幼时晴窗弄墨一种光景，何不乞之塾师，早早学此？一生无困厄下僚之叹矣，可胜负负！

壬辰八月望，贾人持此帖来，以制钱一千七百买之，大醉后题。翌日见之大哭。

——据娟镜楼本《定盦遗著》

最录司马法

（1832年10月24日—11月21日）

予录书至《司马法》，深疑焉。

古有《司马兵法》，又有《穰苴兵法》，齐威王合之，名曰《司马穰苴兵法》，此太史公所言《司马法》宏廓深远，合于三代。穰苴区区小国行师之法而已。又太史公所言，二者合一百五十篇，宋邢昺所见也。见三卷者，晁氏也；见一卷者，陈氏也。实止一卷，为书五篇，则今四库本及一切本是也。

其言孙吴之舆台，尚不如尉缭子，所谓宏廓深远者安在？疑者一。自马融以降，引之者数十家，悉不在五篇中。疑者二。佚书乃至百四十有五，疑者三。存者是《司马法》，则佚者是《穰苴法》矣。齐威王合之之后，何人又从而分之，使之荡析也？疑者四。马融以下，群书所引，颇有三代兵法，及井田出赋之法，是佚书贤于存书远矣，是《穰苴法》贤于《司马法》远矣。疑者五。邢、陈、晁三君之生，不甚先后，所见悬殊，疑者六。

道光壬辰闰九月，写《司马法》竟，并质六疑。

闻苏州黄氏有宋刻本《司马法》，不知几卷，惜未见。邢昺亲见《司马法》百五十篇，出《论语义疏》。

——据朱氏二刻本《定盦文集补编》卷二

题依隐斋诗

（1832 年）

黔中山水清淳，近时人文益踔厉。息帆以弱冠举省试，游京师，名动公卿。箧中有篇什甚富，读之，众体悉备，才思横溢，刘舍人所谓“弹毫珠零，落纸锦烂”者也。

——据陈钟祥《依隐斋诗钞》卷首
《评跋》，《趣园初集五种》本

最录三千有门颂

（1832 年）

《三千有门颂》，三十六句，二百五十六字，宋陈瓘莹中撰。明僧百松解；附莹中与南湖讲师书一篇，合一卷。其曰《有门颂》，书中自①详之矣，不赘论。

自珍始读天台性具宗，骇而仇之，何也？佛具佛性，我知之；九

① “自”，王佩诤校本误作“目”。

界具佛性，我知之；九界具九界性，我知之；佛具九界性，独未之闻。尝欲改百界为九十一界，改千如为九百十如，改三千门为二千七百三十门。壬辰岁，得此书于龙泉寺，思之七昼夜，乃砉然破！骇者成粥饭，仇者成骨肉，移之念佛三昧立证。三昧云何？曰：以弥陀性具法界中之我，念我性具法界中之弥陀，非三昧乎？乃庄写最录之如此。

最录竟，诵《法华偈》曰："是法住法位，世间相常住。"

——据风雨楼本《龚定盦别集》

抱小

（**1832** 年后）

古之躬仁孝，内行完备，宜以人师祀者，未尝以圣贤自处也，自处学者；未尝以父兄师保自处也，自处子弟。自处子弟，故终身治小学。

小学者，子弟之学，学之以侍父兄师保之侧，以待父兄师保之顾问者也。孔子曰："入则孝，出则弟"，有馀力以学文。学文之事，求之也必劬，获之也必创，证之也必广，说之也必涩。不敢病迂也，不敢病琐也。求之不劬则粗，获之不创则剿，证之不广则不信，说之不涩则不忠，病其迂与琐也则不成。

其为人也，淳古之至，故朴拙之至；朴拙之至，故退让之至；退让之至，故思虑之至；思虑之至，故完密之至；完密之至，故无所苟之至；无所苟之至，故精微之至。小学之事，与仁、爱、孝、弟之行，一以贯之已矣。若夫天命之奥、大道之任、穷理尽性之谋、高明广大之用，不曰不可得闻，则曰俟异日；否则曰：我故整齐是，姑抱是，以俟来者。

自珍谨求之本朝，则有金坛段公七十丧亲，如孺子哀，八十祭先，未尝不哭泣，八十时读书，未尝不危坐，坐卧有尺寸，未尝失之，平生著书，以小学名。高邮王尚书六十五丧亲，如孺子哀，平生著书，以小学名。是既然矣。自珍又求之古史，万石君以孝谨称，其言曰："书马者四足与尾而五。"颜之推仁孝好学，其言形声训诂，著在《家训》。是又然矣。而汉臣班固作《艺文志》，《尔雅》、《小尔雅》、《古今字》，隶《孝经》家，固先我窥见此者，志则然。

——据吴刻本《定盦续集》卷一

杭大宗逸事状

（1832年后）

一、乾隆癸未岁，杭州杭大宗以翰林保举御史，例试保和殿，大宗下笔为五千言。其一条云："我朝一统久矣，朝廷用人，宜泯满、汉之见。"是日旨交刑部，部议拟死。上博询廷臣，侍郎观保奏曰："是狂生，当其为诸生时，放言高论久矣。"上意解，赦归里。

一、大宗原疏留禁中，当日不发抄，又不自存集中，今世无见者。越七十年，大宗外孙之孙丁大，抱大宗手墨三十馀纸，鬻于京师市，有茧纸淡墨一纸半，乃此疏也。大略引孟轲、齐宣王问答语，用己意反复说之。此稿流落琉璃厂肆间。

一、乙酉岁，纯皇帝南巡，大宗迎驾。召见，问："汝何以为活？"对曰："臣世骏开旧货摊。"上曰："何谓开旧货摊？"对曰："买破铜烂铁，陈于地卖之。"上大笑；手书"买卖破铜烂铁"六大字赐之。

一、癸巳岁，纯皇帝南巡，大宗迎驾。名上，上顾左右曰："杭世骏尚未死么？"大宗返舍，是夕卒。

一、大宗自丙戌迄庚寅，主讲扬州安定书院，课诸生肄四《通》。杜氏《通典》、马氏《文献通考》、郑氏《通志》，世称三通；大宗加司马光《通鉴》云。

一、大宗著《道古堂集》，海内学士见之矣，世无知其善画者。龚自珍得其墨画十五叶，雍正乙卯岁，自杭州如福州纪程之所为也。叶系以诗，或纪程，纪月日琐语，语汗漫而瑰丽，画萧寥而粗辣，诗平澹而屈强。　同里后学龚自珍谨状。

同里张熷南漪、王曾祥麐徵，皆为杭大宗状。此第三状。详略互有出入。自记。

——据朱氏二刻本《定盦文集补编》卷四

怀宁王氏族谱序

（1832年后）

民之生，尽黄帝、炎帝之后也，尽圣者之后也。蕃而有国，淆而有家，各私其子孙。夫使私其子孙，乃各欲其子若孙之贤也，起中古家天下之圣人而问之，不易此心矣。又使天下有子孙者，皆如此心，天下后世，庶几少不肖之人矣乎！起黄帝、炎帝而问之，不易此心矣。

欲子孙之必贤，有道乎？曰：圣者弗能。无已，姑称祖父之心，而明惠之以言，则有二术焉。曰家法，曰家训。家法，有形者也；家训，无形者也。家法，如王者之有条教号令；家训，如王者之有条教号令之意。家训，以训子孙之贤而智者；家法，以齐子孙之愚不肖者。由是胪而为家谱，则史表之遗也；广而为家乘，则史传之遗也。二术立，谱乘举矣。

谱何起？起江左，滥于唐，诞于明。贤矣，有禄于朝，则引史书贵官闻人以为祖。江左诸帝倡之，又品差之。明之文士述家谱，诞者至八十世婚姻，必书汉郡，李必陇西、陈必颍川、周必汝南、王必太原是也。儒者实事求是，又思夫大本大原皆黄、炎，汉郡何足书？我则笑之。

怀宁主事王璪，示我家谱十卷，有法，有训，有谱。法甚法；训甚良；谱起明中叶，以字某甫讳某者之始迁于怀宁也，谓之始迁祖，谓之《怀宁王氏谱》，不滥，不诞，甚善。我读而善之，则避席择言曰：古者祭礼，嘏传皇尸之命，命主人曰：皇考某甫，以汝曾孙能帅从皇考之言，降福于曾孙，享汝饮食，宜稼于田，汝曾孙若我寿考。户部祭，自珍愿为王氏嘏。

——据吴刻本《定盦续集》卷三

六经正名

（1833 年）

龚自珍曰：孔子之未生，天下有六经久矣。庄周《天运篇》曰："孔子曰：某以六经奸七十君而不用。"记曰："孔子曰：入其国，其教可知也。有《易》、《书》、《诗》、《礼》、《乐》、《春秋》之教。"孔子所睹《易》、《书》、《诗》，后世知之矣，若夫孔子所见《礼》，即汉世出于淹中之五十六篇；孔子所谓《春秋》，周室所藏百二十国宝书是也。是故孔子曰："述而不作。"

司马迁曰："天下言六艺者，折衷于孔子。"六经、六艺之名，由来久远，不可以臆增益。善夫，汉刘向之为《七略》也！班固仍之，造《艺文志》，序六艺为九种，有经、有传、有记、有群书。传则附于经，记则附于经，群书颇关经，则附于经。何谓传？《书》之有大、小夏侯、欧阳传也；《诗》之有齐、鲁、韩、毛传也；《春秋》之有公羊、穀梁、左氏，邹、夹氏亦传也。何谓记？大、小戴氏所录，凡百三十有一篇是也。何谓群书？《易》之有《淮南道训》、《古五子》十八篇，群书之关《易》者也。《书》之有《周书》七十一篇，群书之关《书》者也。《春秋》之有《楚汉春秋》、《太史公书》，群书之关《春秋》者也。然则《礼》之有《周官》、《司马法》，群书之颇关《礼》经者也。汉二百祀，自六艺而传记，而群书，而诸子毕出，既大备。微夫刘子政氏之目录，吾其如长夜乎？何居乎世有七经、九经、十经、十二经、十三经、十四经之喋喋也？

或以传为经，《公羊》为一经，《穀梁》为一经，左氏为一经。审如是，是则韩亦一经，齐亦一经，鲁亦一经，毛亦一经，可乎？欧阳一经，两夏侯各一经，可乎？《易》三家；《礼》分庆、戴；《春秋》又有邹、夹；汉世总古今文为经，当十有八，何止十三？如其可也，则后世名一家说经之言甚众，经当以百数。

或以记为经，大小《戴》二记毕称经。夫大小《戴》二记，古时篇篇单行，然则《礼》经外，当有百三十一经。

或以群书为经。《周官》晚出，刘歆始立。刘向、班固灼知其出于晚周先秦之士之掇拾旧章所为，附之于《礼》，等之于《明堂》、《阴阳》而已。后世称为经，是为述刘歆，非述孔氏。

善夫刘子政氏之序六艺为九种也！有苦心焉，斟酌曲尽善焉。序六艺矣，七十子以来，尊《论语》而谭《孝经》，小学者，又经之户枢也；不敢以《论语》夷于记，夷于群书也；不以《孝经》还之记，还之群书也；又非传，于是以三种为经之贰。虽为经之贰，而仍不敢悍然加以经之名。向与固可谓博学明辨慎思之君子者哉！《诗》云："自古在昔，先民有作。"向与固岂非则古昔、崇退让之君子哉？

后世又以《论语》、《孝经》为经。假使《论语》、《孝经》可名经，则向早名之；且曰序八经，不曰序六艺矣。仲尼未生，先有六经；仲尼既生，自明不作；仲尼曷尝率弟子使笔其言以自制一经哉？乱圣人之例，淆圣人之名实，以为尊圣，怪哉！非所闻，非所闻！

然且以为未快意，于是乎又以子为经。汉有传记博士，无诸子博士。且夫子也者，其术或醇或疵，其名反高于传记。传记也者，弟子传其师，记其师之言也；诸子也者，一师之自言也。传记，犹天子畿内卿大夫也；诸子，犹公侯各君其国，各子其民，不专事天子者也。今出《孟子》于诸子，而夷之于二戴所记之间，名为尊之，反卑之矣。子舆氏之灵，其弗享是矣。

问：子政以《论语》、《孝经》为经之贰，《论语》、《孝经》，则若是班乎？答：否否。《孝经》者，曾子以后，支流苗裔之书，平易泛滥，无大疵，无闳意妙指，如置之二戴所录中，与《坊记》、《缁衣》、《孔子闲居》、《曾子天圆》比，非《中庸》、《祭义》、《礼运》之伦也。本朝立博士，向与固因本朝所尊而尊之，非向、固尊之也。然则刘向、班固之序六艺为九种也，北斗可移，南山可隳，此弗可动矣！

后世以传为经，以记为经，以群书为经，以子为经，犹以为未快意，则以经之舆儓为经，《尔雅》是也。《尔雅》者，释诗书之书，所释又诗书之肤末，乃使之与诗书抗，是尸祝舆儓之鬼，配食昊天上帝也。

——据朱氏二刻本《定盦文集补编》卷一

六经正名答问一

（1833年）

问：传记及《尔雅》之为经，子斥之，以其不古也；《孝经》之名古矣，胡斥之？

答：《孝经》之名经，视他传记古矣，视孔氏之世之六经则不古。向不云乎，仲尼未生，已有六经，仲尼之生，不作一经。子惑是，是惑于《元命苞》、《钩命决》而已矣。《周官》之称经，王莽所加。

六经正名答问二

（1833年）

问：张揖以降，论《尔雅》者众矣，以孰为正？

答：以宋郑樵之论为正。然则《雅》可废耶？答：否否。尚宝史游《急就》，岂不宝《雅》？尚尊许慎《说文》，岂不尊《雅》？尚信毛苌

《诗传》，岂不信《雅》？后圣如起，莫之废也！《释训》一篇，最冗，最诞，最侨鄙，最不词，如夹漈言。

六经正名答问三

（1833 年）

问：六艺之有乐，谓声容，不谓竹帛，明矣。《乐记》一篇之存，《周官·大司乐》篇之存，窦公所献，戴氏所录，其存于天地也，不得谓韶濩之存于天地也，明矣。班氏乃采《小戴》记之一篇以当六艺之一，何居？

答：子之言是也，而不可以责向与固也。向若曰：此乐之见于大略者尔，名为《七略》，则不得不然，名为《艺文志》，则不得不然。

六经正名答问四

（1833 年）

问：三《礼》之名始何时？

答：始熹平立石经时。夫《小戴》尊矣，抑《王言》、《保傅》之篇善矣，《夏小正》视《月令》古矣。《曾子》十八篇亡，崖略稍稍见，《大戴》又有功焉。《公冠》、《投壶》、《诸侯迁庙》、《诸侯衅庙》，又班氏所称，其文与十七篇相似者也，十七篇今本《汉书》讹为七十篇，刘攽正之。则是淹中经之四篇也。然而蔡邕不书《大戴》，卢植、郑玄不注《大戴》，用心亦有颇焉。

六经正名答问五

（1833 年）

问：吾子之言，以经还经，以记还记，以传还传，以群书还群书，以子还子，五者正名之功硕矣。今天下古书益少，如其写定于先生之堂，六艺九种，以谁氏为配？

答曰：我其纵言之：《周书》去其浅诞，剔其讹衍，写定十有八篇；

《穆天子传》六篇；百篇《书序》；三代宗彝之铭，可读者十有九篇；《秦阴》一篇，此篇本在《周书》七十一篇之中，其目存，其文佚，予定为秦昭襄王时书，即今世所传《阴符经》也。桑钦《水经》一篇，以配二十九篇之《尚书》。《左氏春秋》、宜剔去刘歆所窜益。《春秋公羊传》、《郑语》一篇，及《太史公书》，以配《春秋》。重写定《大戴记》、存十之四。《小戴记》，存十之七。加《周髀算经》、《九章算经》、《考工记》、《弟子职》、《汉官旧仪》，以配《礼》古经。《屈原赋》二十五篇、《汉房中歌》、《郊祀歌》、《铙歌》，以配《诗》。《许氏说文》，以配《小学》。是故《书》之配六，《诗》之配四，《春秋》之配四，《礼》之配七，《小学》之配一。

今夫穀梁氏不受《春秋》制作大义，不得为《春秋》配也。《国语》、《越绝》、《战国策》，文章虽古丽，抑古之杂史也，亦不以配《春秋》。《周官》五篇，既不行于周，又未尝以行于秦、汉，文章虽闳侈，志士之空言也，故不以配《礼》。若夫《诗小序》，不能得《诗》之最初义，往往取赋诗断章者之义以为义，岂《书序》之伦哉？故不得为《诗》之配。

窃又以焦氏《易林》、伏生《尚书大传》、惠栋辑逸。《世本》、洪饴孙辑逸。董仲舒书之第二十三篇，卢文弨校本。《周官》五篇，此五者，附于《易》、《书》、《春秋》、《礼》经之尾，如附庸之臣王者，虽不得为配，得以其属籍通，已为之尊矣！尽之矣，尽之矣！

或曰：胡不以《老子》配《易》，以《孟子》、《郇子》配《论语》？

应之曰：经自经，子自子，传记可配经，子不可配经。虽使曾子、漆雕子、子思子之书具在，亦不以配《论语》。向也发其端矣。

——据朱氏二刻本《定盦文集补编》卷一

干禄新书自序

（**1834**年）

序曰：凡贡士中礼部试，乃殿试。殿试，皇帝亲策之，简八重臣，读其言。皇帝制曰：无隐直言，朕将采择。又曰：朕将亲览焉。八人者则朝服北面三跪九叩头，率贡士亦三跪九叩头，就位有虔。既试，八人者则恭遴其颂扬平仄如式，楷法尤光致者十卷，呈皇帝览，皇帝宣十人见。翼日銮仪卫陈法驾，和声署设乐，皇帝升太和殿，贡士毕见。前三人赐进士及第冠服，由午门中道出，乃出自端门、天安门，皆当驰道，赐宴礼部如故事。先殿试旬日为覆试，遴楷法如之。殿试后五日，或六日、七日，为朝考，遴楷法如之。三试皆高列，乃授翰林院官。本朝宰辅，必由翰林院官。卿贰及封圻大臣，由翰林者大半。

其非翰林官，以值军机处为荣选。军机处之职，有军事则佐上运筹决胜，无事则备顾问祖宗掌故，以出内命者也。保送军机处，有考试，其遴楷法如之。

京朝官由进士者，例得考差，考差入选，则乘轺车衡天下之文章。考差有阅卷大臣，遴楷法亦如之。

部院官例许保送御史，御史主言朝廷是非，百姓疾苦，及天下所不便事者也。保送后有考试，考试有阅卷大臣，其遴楷法亦如之。

龚自珍中礼部试，殿上三试，三不及格，不入翰林，考军机处不入直，考差未尝乘轺车。乃退自讼，著书自纠，凡论选颖之法十有二，论磨墨膏笔之法五，论器具五，论点画波磔之病百有二十，论架构之病二十有二，论行间之病二十有四，论神势三，论气禀七。既成，命之曰《干禄新书》，以私子孙。时道光十有四年①。

——据吴刻本《定盦续集》卷三

工部尚书高邮王文简公墓表铭

（1835年冬）

公讳引之，姓王氏，江南高邮人。祖安国，礼部尚书，谥文肃。祖妣车氏、徐氏。考念孙，四品卿衔，前分守永定河兵备道。妣□②氏。公乾隆六十年举人，嘉庆四年进士，由翰林院编修，累官礼部尚书，改

---

① “时道光十有四年”，原作“时道光十有四年，内阁中书龚自珍谨序”（邃汉斋本、扶轮社本、王文濡本、夏田蓝本、王佩诤校本同）。“年”下，《文稿》本、龚橙编校本、《集外文》本均无“内阁中书龚自珍谨序”九字，据改。

② “妣”下，原作“墨钉”，《高邮王氏遗书·王氏六叶传状碑志集（以下简称王氏遗书本）·工部尚书高邮王文简公墓表铭》作“吴”。

工部尚书，卒于位，赐谥文简。生乾隆三十一年，卒道光十四年；明年[①]十有二月□[②]日，葬于州治之赐茔。公典乡试事四，典会试事二，龚自珍则其典浙江乡试所得士。公之学，及其著书大凡，尝不以自珍为不可裁而请之矣，其行谊始末，自珍又窥其数大端矣。将葬，公第四子寿同，则使自珍表诸墓。

自珍爰述平日所闻于公者曰："吾之学，于百家未暇治，独治经。吾治经，于大道不敢承，独好小学。夫三代之语言，与今之语言，如燕、越之相语也；吾治小学，吾为之舌人焉。其大归曰：用小学说经，用小学校经而已矣。"

又闻之公曰："吾用小学校经，有所改，有所不改。周以降，书体六七变，写官主之，写官误，吾则勇改；孟蜀以降，椠工主之，椠工误，吾则勇改；唐、宋、明之士，或不知声音文字而改经，以不误为误，是妄改也，吾则勇改其所改。若夫周之没，汉之初，经师无竹帛，异字博矣，吾不能择一以定，吾不改；假藉之法，由来旧矣，其本字十八可求，十二不可求，必求本字以改假藉字，则考文之圣之任也，吾不改；写官、椠工误矣，吾疑之，且思而得之矣，但群书无佐证，吾惧来者之滋口也，吾又不改。"

又闻之公曰："吾之学，未尝外求师，本于吾父之训。"先是兵备公校定晚周诸子、《太史公书》，一时言小学者宗之，公所著书□□[③]卷，谓之《经义述闻》。述闻者，乃述所闻于兵备公也。通说四十馀事，又说经之大者，在《述闻》之末。

又闻之公曰："吾著书不喜放其辞。"自珍受而读之，每一事就本事说之，栗然止，不溢一言，如公言。公之色，孺子色，与人言，未尝有所高论吴[④]谭。年近七十，为礼部尚书，兵备公犹在，比丁忧服阕，再补工部尚书，而公旋卒矣，公终身皆其为子之年。门下士私相谓曰："以王公名位齿发，而辞色如子弟，所学殊欤？所养殊欤？"其诸人论归之师，海内归之福也欤？

公以事亲为读书，以读书为事亲，门内之士，勉勉灏灏，人知之。立朝循典常，俟乾断，无所表暴，天下颇无由测公。嘉庆十八年，巨逆

---

① "年"下，王氏遗书本有"冬"字。

② "月"下，原作"墨钉"，王氏遗书本作"七"。

③ "书"下，原作"墨钉"，王氏遗书本作"三十二"。

④ "吴"，王氏遗书本作"吴"。

林清以七十七人入禁门。既殄定，有议加筑圆明园宫墙高厚者，有议增圆明园兵额者，公皆不谓然，具折上。睿皇帝大动容，召对良久，乃罢。上谕军机大臣："王引之言人所不敢言。"其事卒见施行与否，海内弗知；其奏牍何辞，海内迄今弗知也。由此例之，公之风旨，其视徒表暴于道路者何如哉？

公配沈，继配范。子四：寿昌、彦和、寿朋、寿同，范出。孙七。铭曰：

璞之瑟瑟，外有文也；镠之沉沉，中有坚也；君子肖之，以事其亲也。於乎！欲事亲者考斯，欲事君者考斯，斯人而不敢承，孰为大道？

——据吴刻本《定盦续集》卷四

最录觉意三昧

（1835 年）

或问之曰：天台智者大师舍八而用六何也？答曰：舍六无可用也，天台之功，斯为最大。今夫八识众生，不自知其有；不知其有，而欲用力以扼之也末由。六识众生，自知其有，自知其有，则可以扼其四运，用其双照，以入乎中道。语曰："一夫当关，万夫莫开。"天台之功，斯为最大。先说《四念处》，后说《觉意三昧》，皆说三十七道品也。

径山刻本有《四念处》，无《觉意三昧》，予故表微。梵本六卷，假之龙泉寺。

——据风雨楼本《龚定盦别集》

双非双亦门颂

（1835 年）

昔龙树菩萨作《四不偈》，六祖大鉴大师作《识智颂》，杜顺和尚作《漩澓颂》，宋莹中大师作《三千有门颂》。予读天台师《觉意三昧》竟，发明之，乃制《双非双亦门颂》。颂曰：

既双遮，那双照？先遮后照，拖泥带淖。既双照，那双遮？先照后遮，忙如乱麻。遮堕三句，照堕四句，堕三四句，那有是处？离三四句，别无言句，佛依二边，我依四句，谤佛谤我，莫谤龙树。破者立之，立者破之，即立即破，我无两时。你谤你捉，是思议境，不思议境，岂复立境？我不立境，我无凡圣，你今说空，所空何物？囫囵现成，双非双亦。天台龙树，龙树天台，大事出现，佛知见开。

——据真迹本《为何绍基书未刊文稿册》

附：重定双非双亦门颂一首前颂乙未年作，非定本也

（1837 年 10 月 24 日）

丁酉九月二十五日，天将曙，梦梵僧告予：龙树因缘偈，须以一口气急读之，不得拟议。既寤，取笔改定旧所制颂。是为《重定双非双亦门颂》。

捉双遮，放双照，先遮后照，拖泥带淖。捉双照，放双遮，先照后遮，忙如乱蟆。立者破之，破者立之，即破即立，无呼吸时。遮堕三句，照堕四句，我堕此①句，我无是处。你离此句，别无言句，别无言句②，滑达失步。佛依二边，我依两句，谤我谤佛，莫谤龙树。你谤龙树，谤一切处，我礼龙树，礼一切处。你捉一境，道有凡圣，我捉一境，是不立境。我不立境，圣凡凡圣，道我捉空，空何等耶？空受我捉，何所本耶？现成现成，囫囵囫囵。天台龙树，龙树天台，大事出现，知见华开。

——据真迹本《为何绍基书未刊文稿册》

释二门三点同异

（**1835** 年后）

二门三点，有二种释，先释二门，止、观是，乃释三点，空、假、中是。二门各有三点，是前释；二门分配三点，是后释。二门各有三点，是诸家通释；二门分配三点，是予别释。

止门有三点者何？体真止是止中空，随缘分别止是止中假，息二边

① “此”，王佩诤校本误作“四”。

② “别无言句”下，王佩诤校本脱“别无言句”四字。

分别止是止中中。观门三点者何？空观第一番说，假观第二番说，中道正观第三番说。心无前后，说须次第。在《首楞严》名妙湛，名空如来藏，在《天台玄义》说十法界，十字独呼，法界合呼，说十如是，十统于如，在《觉意三昧》谓之观乱心，在龙树《大智度论》谓之空三昧，《仁王璎珞经》谓之真谛，皆空所摄。在《首楞严》名总持，名不空如来藏，在《玄义》说十法界，十法合呼，界字别呼，说十如是，如别为十，在《觉意三昧》谓之观定心，在龙树《大智度论》谓之无相三昧，《仁王璎珞》谓之俗谛，皆假所摄。在《首楞严》名不动，名空不空如来藏，在《玄义》说十法界，三字合呼，说十如是，十者如于实相之是，在《觉意三昧》谓之观观心，在龙树谓之无作三昧，《仁王璎珞》谓之中谛，皆中所摄。大凡此土各论师宗天台者，莫不具以止观为纲，三点为目，例上可知。以上释第一种释①竟。

二门分配三点者何？告之曰：止配空，观配假，止观合配中。《楞严》有奢摩它，《圆觉》有奢摩它，《涅槃》有奢摩它。奢摩它翻止，皆空所摄。《楞严》有三摩钵提，《圆觉》有三摩钵提，《涅槃》改为毗婆舍那；三摩钵提，翻观也，毗婆舍那，翻观幻也，皆假所摄。《楞严》有禅那，《圆觉》有禅那，《涅槃》改为优毕叉；禅那翻定中照也，优毕叉翻不舍舍也，皆中所摄。大凡此土论师有言定者，言慧者，言定慧力均等者，分配例上可知，又此土师有言寂者，有言照者，有言寂照双见前者，分配例上可知。复次，此土论师，独唐永嘉大师十篇，用《涅槃经》名，馀师皆用《楞严》、《圆觉》名，以上释第二种释竟。

问：后释何所本也？告之曰；读《圆觉经》知之，读西土马鸣大师《大乘起信论》第六卷益知之，读此土永嘉十篇益知之。震旦佛弟子龚自珍释二门三点同异竟。

——据风雨楼本《龚定盦别集》

说昌平州

（1836年春）

昌平州，京师之枕也。隶北路厅，北路厅隶分巡霸、昌道，分巡

---

① “种”下，王佩净校本脱“释”字。

霸、昌道隶京尹。州在德胜门北八十里。

州南门至北门七里，州之东有镇山焉，曰天寿山，明十二陵之所在。又东南有小山焉，曰汤山，实维温泉，有江东之辛夷树焉。纯皇帝置行宫，实东巡之所憩。州南门之外有泉焉，曰龙王泉，泉上有龙王祠；泉南流，西南又有泉焉。出大觉寺，又西，有村焉；村有多泉，村人自名曰百泉。百泉之泉，与大觉之泉，皆东南流，以入于沙河。州之北二十有五里，曰南口；南口者，州之蔽也，居庸之基也，入延庆州界矣。

州之人才，汉有卢植，唐有刘蕡，今有王萱龄。王萱龄者，好积书，丰然长者，以孝廉方正征，授牍礼部，则奋笔言当世事。其言有曰："今士习尤哗嚣，喜小慧，上宜崇朴学以励下。"仁和龚自珍以此言为然也。

其谷宜麦，亦宜稻；其土产硝磺；其木多文杏、苹婆、柿、棠梨。其俗敬宾客，富人畜车马，不敢骋于里门。

——据吴刻本《定盦续集》卷一

说天寿山

（1836年春）

由德胜门北行五十五里，曰沙河。沙河有城，出沙河之北门，实维广隰，丰草肥泉，引领东拜，大山临之，是为天寿山。明成祖永乐十年所锡名也。

京师西北诸山，皆宗太行山。此山能不与群山势相属，有明尊且秩焉。自永乐至天启十有二帝葬焉，谓之十二陵，独景泰帝无陵。崇祯十五年，妃田氏死，葬其西麓。十七年，帝及周后死社稷，昌平民发田妃之墓以葬帝后，因曰十三陵矣。

山多文杏，春正月而华。山之势尊，故木之华也先；山气厚，故木之华也怒。山深，故春甚寒；深且固，故虽寒而不洌。其石其鹿皆绝大。山之理如大斧劈，山之色黝以文。山之东支有汤山焉，其泉曰汤泉焉。山之首尾八十里。

——据吴刻本《定盦续集》卷一

说居庸关

（1836 年春）

居庸关者，古之谭守者之言也。龚子曰：疑若可守然。

何以疑若可守然？曰：出昌平州，山东西远相望，俄然而相辏相赴，以至相蹙，居庸置其间，如因两山以为之门，故曰疑若可守然。关凡四重，南口者，下关也，为之城，城南门至北门一里；出北门十五里，曰中关，又为之城，城南门至北门一里；出北门又十五里，曰上关，又为之城，城南门至北门一里；出北门又十五里，曰八达岭，又为之城，城南门至北门一里。盖自南口之南门，至于八达岭之北门，凡四十八里，关之首尾具制如是，故曰疑若可守然。下关最下，中关高倍之。八达岭之俯南口也，如窥井形然，故曰疑若可守然。

自入南口，城甃有天竺字、蒙古字。上关之北门，大书曰："居庸关，景泰二年修。"八达岭之北门，大书曰："北门锁钥，景泰三年建。"

自入南口，流水啮吾马蹄，涉之玽然鸣，弄之则忽涌忽洑而尽态，迹之则至乎八达岭而穷。八达岭者，古隰馀水之源也。

自入南口，木多文杏、苹婆、棠梨，皆怒华。

自入南口，或容十骑，或容两骑，或容一骑。蒙古自北来，鞭橐驼，与余摩臂行，时时橐驼冲余骑颠。余亦挝蒙古帽，堕于橐驼前，蒙古大笑。余乃私叹曰：若蒙古，古者建置居庸关之所以然，非以若耶？余江左士也，使余生赵宋世，目尚不得睹燕、赵，安得与反毳者相挝戏乎万山间？生我圣清中外一家之世，岂不傲古人哉！蒙古来者，是岁克西克腾、苏尼特，皆入京，诣理藩院交马云。

自入南口，多雾，若小雨。过中关，见税亭焉，问其吏曰：今法网宽大，税有漏乎？曰：大筐小筐，大偷橐驼小偷羊。余叹曰：信若是，是有间道矣。

自入南口，四山之陂陀之隙，有护边墙数十处，问之民，皆言是明时修。微税吏言，吾固知有间道，出没于此护边墙之间。承平之世，漏税而已；设生昔之世，与凡守关以为险之世，有不大骇北兵自天而降者哉！

降自八达岭，地遂平，又五里曰岔道。

——据吴刻本《定盦续集》卷一

送广西巡抚梁公序一[①]

（1836年7月）

道光十五年夏四月，皇帝使军机大臣，字寄闽浙总督，问前江苏布政使梁公起居状，公伏地。闽浙总督以公病痊闻。秋九月，公至自福州。至之日，甘肃布政使缺，以畀公。陛辞日，谕曰：朕召汝出，非徒畀汝布政使也。姑去。公受甘肃事不两月，十六年春，直隶布政使阙，改公直隶布政使。公在道，广西巡抚阙，又以公为兵部侍郎、都察院右副都御史、广西巡抚。五月辛酉，公至自甘肃，宿于西淀；壬辰召见，癸巳再召见，凡七召见；戊戌陛辞。

是日公入城，凡与公同贯官京朝者，与公科名同岁者，与公昔同曹，同直军机处，及其后进者，锵洋溯萃，争请公过其私邸。而户部侍郎歙程恩泽、内阁中书大兴徐松、光州吴葆晋、宗人府主事仁和龚巩祚谋合宴公。先期戒公曰：古者先祖后饯，今反之，愿及公之未祖，饮公酒。且曰：以昼之长羸也，与曹署之多闲也，愿脱略主客毕一昼。公曰善。遂宴公于葆晋家。毕宴登车，谓恩泽等：吾此来无如此日乐。

是公入城之五日。又五日，公戒严具西南指。

送广西巡抚梁公序二

（1836年7月）

公有壸德，以邃于里，躬履实蹈，不暴其外，广西士民，必有能好是德者矣。公有矩德，以蕝其外，正视绳行，无间其里，必能正其人心矣。公有肃德，其躬颋颋，其行简简，其謦无声，其言明且清，其醉饱衎衎以无失，必能纠其吏慝矣。公有俭德，被服儒者，广西近广东，淫

① 以下三篇，朱氏二刻本目录题《送广西巡抚梁公序一》、《送广西巡抚梁公序二》、《送广西巡抚梁公序三》，正文题《送广西巡抚梁公序三首》，邃汉斋本目录与正文均题《送广西巡抚梁公序一》、《送广西巡抚梁公序二》、《送广西巡抚梁公序三》，《集外文》本题《送梁茝林巡抚广西序》，朱氏初刻本题《送广西巡抚梁公序三》（扶轮社本、王文濡本、夏田蓝本、王佩诤校本同）。本书从朱氏二刻本与邃汉斋本。

巧易至，食妖、服妖易至，公必杜其习以丰其聚矣。公有文德，大畜古训，六籍百氏，浩汹周知，广西非经籍区，公必开其僿，进之以江左之见闻矣。公有聪德，察物处事。公有敏德，日治数事，或数十事。公有恬德，啬取丰予。公有良德，与吏民为坦易。公治一行省，移治他行省，历十八行省，无不宜者。公此行，酾河江以灌一木，任农、稷以粪一区也。

龚巩祚曰：今天下大势，巡抚之在其行省，有所不得为者矣，有所得为不暇为者矣。有事实急，众人缓之，而亦不得不缓为之者矣；有所得枝分为之，不得扼本末以为之者矣。公此行，巡抚所不得为，卒末如何；苟所得为，知公必肯为，而不以不暇为为谢，不以不得独为愠而谢，不以众人缓之，徇众人而谢，是又公有孚德上信于天子，下信于朋友也。

送广西巡抚梁公序三

（1836年7月）

版图起辽海，涉海而西，置行省者十有八，尽版图以纪行役，相距至万有三千里而极。梁公起自卧病，期月之间，自东南之福州，至于西北之兰州；今又将如西南之桂林，而中间再至京师：通计行役二万一千五百里。西周之世，其奉使之公卿自言曰："駪駪征夫，每怀靡及。"如不胜瘁思。然《皇华》之诗，所役远近，说诗者无传，不得闻。尹吉甫伐镐方，刘向说曰：周都去镐千里；而当日之诗人曰："来归自镐，我行永久。"如闻劳问太息。仲山甫以王命城营丘，四牡八鸾，日行一舍。而《崧高》之七章亦曰："每怀靡及。"其卒章曰："式遄其归。"周去齐虽不近，尹吉甫胡虑其不归，至厚祝其遄归，以慰其心耶？以今日度西周，梁公所行役，倍之十之，殆于百之。

吾知夫急公者，古人之义也；怀私者，古人之情也；《国语》"怀私"为"每怀"，一作"怀和"，郑司农斥之。又知夫美其德，纪其旬宣，颂其燕喜福禄，而夥[①]大其受命于王，车旗之庶、锡赉之多者，古之宾客，再拜辟席，择言之所言也。而太息相劳问者，古之朋友，备言燕私者，能

① "夥"，王佩诤校本作"侈"。

知之，能言之，宾客不尽知也。今巩祚之言曰：梁公其有怀乎？溽暑永昼，骙骙驰驰，不遑息，日斜马嘶，休于旅舍，能无怀乎？高牙大戟，僚吏旁午，簿书束束，不皇他，衙鼓夕沉，吏士就闲，公独居，念去京师且七千里，能无怀乎？闽中富烟云、竹木、泉石，公之养疾也，如将不出，今感激而出矣，臣躬非臣有，皇念臣肩？[①] 虽然，不益难为怀乎？

又念昔之日，京曹清暇，摩挲器物，辨别款识，搜掌故，谈人材，乐甚。不但昔也，昨日之日，与吾曹游，香清莽甘，无所不言，今已邈然。此在流俗士夫所必不怀，而谓我梁公者能无怀乎？公西南矣，强饮食矣，巩祚无清风之辞，其害以慰公矣！

——据朱氏二刻本《定盦文集补编》卷四

赠太子太师兵部尚书两广总督谥敏肃涿州卢公神道碑铭代阮中堂

（1836年夏）

道光十五年秋九月，兵部尚书两广总督一等轻车都尉涿州卢公卒于位。既闻，皇帝震悼，赠太子太师，易名敏肃，恤如礼。明年夏，公子户部员外郎端黼，以公丧至自广州，某月日，葬于州之赐阡，如礼。体仁阁大学士阮元作而叹曰：

若卢公，可谓劳臣也已。公通籍睿皇帝朝，今皇帝御极，一纪有馀，寰海内外，若西若东，若北若南，小大之事，苟异日宜书者，公罔不在；公所在事，西东北南，上罔不委任；上任之矣，公罔不得众力；得于上，又得于众，功罔不成；功成矣，厥后罔不善。上以实任，公以实应。微独上信公，若京朝官，若外吏，若僚佐，若游士宾客，若伍，若民，莫不曰：今皇帝御极一纪有馀，小大之事，未有历试历效，始卒称恩礼如卢大人者也。卒之日，讣至之日，远近失色。呜呼！可谓劳臣也已！曾祖振裔。祖某。考士夔，妣氏某。本生考某，妣氏某。公讳坤，字静之，卒年六十有四。配氏某，先公卒。阮元乃铭公之神道。铭曰：

涿郡之卢，熠自东汉，时惟范阳。代有伟者，允文允武，大炽于唐。汴宋以降，卢少替夷，俟公而光。五岁濒弃，神妪活之，凭谶告祥。卒如神言，辙满天下，名德浩滂。起家文辞，观政于曹，翠翎英

① “肩”，原作“眉”，邃汉斋本作“肩”，王佩诤校本作“居”，据邃汉斋本改。

英。出治南服，又历试旃，以知宣房。龙飞自天，浃旬三迁，电发云骧。初抚关中，师彼《周雅》，乃积乃仓。乃兴水田，以实雍州，西陲用兵。西陲用兵，将相云会，公职转饷。转饷如何，十万西师，勋命一方。犎牛三万，役夫又万，执算庚庚。算定檄飞，自送大军，夜出敦煌。帝甄西功，公不搏贼，公乃纲纲。既甄既葳，休公于晋，羽毛回翔。西事再讧，公请复西，帝还其疆。帝命作督，于江汉浒，江汉汤汤。沱潜为田，龙鱼失居，乃怒而张。夺此波黎，予彼龙鱼，以奠荆襄。有觋有瑶，负峒阻碉，不赋而穰。公曰火攻，扈扈虎虎，绯旗赤常。帝曰趣之，炎灵速之，既犁既康。使者汗矣，帝问南矣，公偃在床。迤逦而南，移节迁旗，岭海洋洋。狝瑶所蔓，小冲大排，弭首如牂。乃问盐铁，盐官告羸，铁官告良。岭云白矣，海氛墨矣，岭柝夜狂。吁嗟岭海，大窭大痔，海人来商。不曰驱之，揖而妪之，追咎有明。瑰丽淫葩，巧工所都，诱我篚筐。遂瘠南东，丧金万万，食妖大行。经海之南，有越南国，翳古越裳。维海之西，有英吉利，隆鼻高眶。环伺澳门，以窥禺服，十伍其樯。鼍鸣地中，长鲸和之，擘波浪浪。澎湃百年，自互市始，大原我详。公姑仍之，又姑持之，亦持亦创。仍之如何，以澳居夷，勿汝磔攘。持之如何，自诛食妖，以肃津梁。创之如何，楼船炮台，虎门中央。窥公之心，信公之意，公实茹藏。罢关绝市，粤乃大治，异日其扬。天不俟公，不苏东南，公也暴亡。凡公所莅，圣清所覆，禹迹芒芒。我书公劳，十不六七，塞满九闾。后有式者，天禄辟邪，髻鬣飞扬。

——据吴刻本《定盦续集》卷四

致吴葆晋书①

（1836年8月7日后）

晤马止斋细商榷，又查《明史诗会》中不错，沈归愚亦不错。三

---

① 此信见娟镜楼本《定盦遗著·与吴虹生书》之十，亦见《中国学报》第1册（民国五年一月版），《定盦书札辑·与吴虹生笺》（以下简称《中国学报》本）第一通，王佩诤校本题《与吴虹生书［十］》。吴葆晋（1791—1860），字信人，号红生（或作鸿生、虹生），河南固始人。吴玉纶之第五子。道光九年（1829）进士。历官内阁中书、扬州知府、江宁知府、江苏淮海道等，曾署江苏按察使。

关，即山西也。徐星伯先生注三关下云：在大同外，大错。三关者，雁门、宁武、偏头也。皆在[①]太原之北、大同之南、不在大同外。本朝君临蒙古，大同外，鄂尔多斯始通职贡。明时九边，大同已属极边，岂复有外哉？惟三关在大同内，谓之山西亦可，谓之太原亦可。《明史》作太原，《广舆记》作三关，其实一也。其延绥当统以榆林；榆林地名古，又近边，延绥在内，榆林在外，以榆林为主可也。山西三关得为九边之一，犹宣化之有居庸，所谓重门叠户者也。

巩祚白事

红生几下

——据娟镜楼本《定盦遗著》

陆彦若所著书序

（1836年10月18日）

陆彦若曰：天下之大富必任土。东西南北，［人］[②]苟有六尺土若十尺土，土之毛，皆识其华实，辨其材，节其性，伺其时，其生其死，勿以还土，可以小富；矧夫若百尺千尺万尺？有百尺之土，役于圃一人，役于市一人，为天下养二人；千尺者役于圃三人，役于市三人，为天下养六人：以是为差，天下之富人，亦必以是为差。富殖德，故曰德产焉，传其术以德后生，富又殖寿。

龚自珍曰：五经，财之源也，德与寿之溟渤也。成周书真伪半，勿具论，论尧时。《尧典》言百谷矣，其后但言五谷、六谷、九谷，五六九以外，蔬蓏可材，尽《尧典》之所谓谷也。汉儒马融说《咎繇谟》之文曰："庶艰食，犹庶根食也。"谓凡草木有根者，根可食，或实可食，或华叶可食，皆曰根食。然则庶根食者，其犹百谷欤？彦若知经术矣。

自珍又曰：古农书四篇，吕不韦采之矣，氾胜之书阙不具。魏高阳太守贾思勰书二十篇，著录家皆录之，文渊阁又录之矣。汉大儒司马氏为《货殖传》，所以配[③]《禹贡》，续《周礼》，与《天官书》同功。不学小夫乃仅指为诙嘲游戏愤怒之文章，颠夫！今彦若所著书，祖古农

---

① "在"上，《中国学报》本无"皆"字。

② "苟"上，原作"墨钉"，据王佩诤校本补"人"字。

③ "配"，原作"记"（邃汉斋本同），据扶轮社本、王文濡本、夏田蓝本改。

书，称司马氏，而伯仲于氾胜之、贾思勰之间，宜急写副，德后世。曰《种树方》者三卷，曰《种菜方》者一卷，曰《种药方》者一卷，都五卷，著录之如此。

又规之曰：往往错举古今名，古今语未可同，又不分析东西南北之所宜，试者或不得种，得其种，或效或不效，宜小字细目，以江河界限之。彦若亟出都，未暇治也。丙申九月九日

——据吴刻本《定盦续集》卷三

说张家口

（1836年）

张家口在宣化府万全县北境，察哈尔都统驻焉，凡效力军台赎罪者驻焉。效力者，效力军台也。何以驻张家口？近今五十年驻张家口也。

昔之日称军台者何？仁皇帝亲北征，有事蒙古。纯皇帝命将西征，出入蒙古。故军台始于平噶尔丹时，密于追达瓦齐时，周帀密布于设定边左副将军时。今无军事，何以称军台？曰：犹内廷有军机处，无军事亦得称也。军台起讫如何？以口外察哈尔为起，而北，而西北，而又西，以乌里雅苏台为止，凡四十八台。无军有台何也？通檄报也。察哈尔都统与定边左副将军遥声援，中间哲卜尊丹喇嘛、喀尔喀诸汗与理藩院往返之檄报，台员率驿丁奉之走。驿丁受雇，受此也；台员效力，效此也。驻张家口何名？曰：戍张家口也。张家口乌用戍？曰：旅焉而已！有财三年估，无财三年旅。问何所始也？始于台员有老病者，畏塞外之寒且劳，入赀充公，白都统，许之，以其赀雇蒙古代之。势也，情也，非法也，亦无台费之名，亦不上闻。今台费上闻，台费行而台员除矣。如有人不能出台费，愿充台员，今许之乎？反不许；又如有人愿亦出台费，亦充台员，则许之乎？亦不许。何以不许？都统但闻五十年事，不闻康熙事，不闻乾隆初年事。

王元凤，天下士也；为桂阳州知州，下车，擒豪蠹，大创之；又平瑶有奇功，天子嘉之，锡之孔雀翎，擢为陈州府知府。元凤入觐，方留京师，而州大猾夜出境为飞语，达京师，竟闻天子，天子使使鞫之。使者受单词，当元凤以革职，发往军台，效力赎罪。

是狱也，冤元凤者半天下，元凤独飞扬而大喜，就逮时，谓送吏曰：元凤足迹遍中华，独未得至西北塞外，一见圣朝中外为一之盛。吾此行，甘骑橐驼，佩短刀，往来风沙中。龚自珍属之曰：吾为《蒙古图志》，某部落某山，尚未有图，子皆为我图之。龚自珍乞假五日，送之居庸关，逾八达岭而返。

既闻兵部尚书青阳王公言，近日事例如此。既又闻常熟蒋君言，吾尝以谴行，卧三年，纳赀乃还，如尚书言。既又得王元凤书，果如尚书言。吁！天下事名实不相应，十九如是哉！元凤又言，吾到戍三日，独骑橐驼，怀笔墨，至大禁门，欲出，门者叱之而止。大禁门即张家口北门也。

——据吴刻本《定盦续集》卷一

答人问关内侯

（**1837** 年前）

汉有大善之制一，为万世法，关内侯是矣。

汉既用秦之郡县，又兼慕周之封建，侯王之国，与守令之郡县，相错处乎禹之九州，是以大乱繁兴。封建似文家法，郡县似质家法，天不两立。天不两立，何废何立？天必有所趋，天之废封建而趋一统也昭昭矣。然且相持低卬徘徊二千馀年，而后毅然定。何所定？至我朝而后大定。

关内侯者，汉之虚爵也。虚爵如何？其人揖让乎汉天子之朝，其汤沐邑之入，稍稍厚乎汉相公卿。无社稷之祭，无兵权，无自辟官属。虽有百主父偃、贾谊、晁错之谋，无所用。汉待功臣尽如此，无韩、彭矣；待宗室尽如此，无吴、楚七国矣。后世待将帅如此，无唐方镇矣；待宗室如此，无明燕王及宸濠矣。莫善乎唐宋之待宰辅文臣也，位之以王公侯伯开国子，冠之以姬周大国名号，食邑数千户，而不生杀其户，留其人于京师，而无尺土以嬗其子孙。有怨者乎？无有。子孙且无怨者，及身之受保全大矣。

龚自珍曰：唐宋待宰辅法，汉关内侯法也，惜乎其犹多鲁、卫、莱、莒、荆、申之名之扰扰也。我圣祖仁皇帝既平吴、耿大逆，虽元功亲王，毕留京师；大制大势皆定，宗室自亲王以下，至于奉恩将军，凡九等，皆拨予之以直隶及关东之田，以抵古人之汤沐邑。以汉制准之，则关内侯也。功臣自一等公以下，至于恩骑尉，凡二十六等，二十六等之人，皆予俸，无官受世职单俸，有官受双俸；其世数，一等公袭二十六次，以是为差。以汉制准之，亦皆关内侯也。

且夫自我朝以前三千年，未有定制，自周已然。周之制，文、武、成、康之支子母弟封，昭、穆以降之支子母弟不封。然则宣王之世，郑伯何以又出封？夫支孽尽封，则国祚愈长久，愈窒碍难行。寰海不能容支孽；支孽不尽封，则守府之支子母弟怨。故支孽尽封，必速亡；不尽封，则子颓、子带之伦，伺肘腋以怨，非上策也。如皆获虚爵，如汉关内侯，则皆受恩，皆受制。

我朝之制，除开国功王，袭王爵罔替外，世世嗣服之主，皆封子弟为王、为贝勒，则皆降等以袭，以世次为差；以世次为差，至四品闲散而止，则不受田矣。是恩与制皆善，国家万年，京师数数营造王府、贝勒府耳，无所窒碍，超越二千载，最平允易行者也。

问：功臣一等公以下之俸，足以抵古之食邑户者乎？答：不如也。如有肯上言于朝，增二十六等之俸，此易施行者也。

问：王以下之田，与其大制？曰：皆善矣。自珍官宗人府知之，亲王蓝甲六十副外，白甲一百七十副，护军领催三十分，共钱粮二百分；郡王蓝甲五十副外，白甲百二十副，护军领催三十分，共钱粮百五十分；贝勒蓝甲四十副外，白甲八十副，护军领催二十分，共钱粮百分；贝子蓝甲三十副外，白甲六十四副，护军领催十六分，共钱粮八十分。亲王无故出京师六十里，罪与百官同。亲王以下，贝子以上，其户下五旗包衣之人，见王、如家奴见家长之礼；包衣之女，许亲王等拣选为媵妾。雍正元年，议准包衣人应试入仕，得以籍自通于朝。

——据吴刻本《定盦续集》卷二

正译第一 正《法华经》秦①译

（1837年2月）

《妙法莲花经》入震旦之一千四百四十四年，为大清道光之丁酉岁，龚巩祚始正之曰：译者误也。误奈何？曰：此书实二部，各有序、正、流通，合并之，误者一。前经十品，后经十一品，无二十八品，今二十

① “秦”，原作“奏”，误，据王佩诤校本改。

八品，其七伪也，其一别行也，误者二。二经各有蔓衍，后经尤杂糅，译者不察，误者三。颠倒失其次，移《安乐行品》于后经之中间，误者四。移《嘱累品》于《药王》、《普门》诸品之上，使已没之宝塔复有言辞，使未离佛侧之文殊来自大海，疑惑众生极矣，误者五。又告之曰：第五事，晋译、隋译不误。

——据风雨楼本《龚定盦别集》

正译第二正《大品弥陀经》魏译

（**1837** 年 **2** 月）

或问龚巩祚曰：《阿弥陀》四十八愿有之乎？龚巩祚曰：蛆虫师之言也，若非蛆虫师之言，则译者为之。

昔者法藏比丘之发愿也，有本有迹，有理有事。本也者，泯一切数，立一切数，一数摄无量数，无量数入一数。若十方，若过去世，若见在世，若未来世，无一色非我愿者，无一香非我愿者，乃至若地，若水，若火，若风，若耳，若眼，若鼻、舌、身，若意，若我愿，若它愿，无非我愿者。是故我愿实不可得；是故我愿实无有数。尽十方众生皆成阿罗汉，测量卜度，欲照明其数，终不可得，如其迹则必有定矣。我在西方，非东，非北，非南，亦非四维，亦非上下。成佛以来，十劫而已。非一劫、二劫，乃至九劫，亦非多劫。娑婆众生，不感我说，释迦代说。自说其迹不定，法藏诳众生矣，代说之不定，释迦诳众生矣，结集之者书其数不定，阿难诳众生矣。梵册贝叶，以意增损，以意排比，以意合之分之，译者从而受之。《大藏》所见，或以四十八愿，或以三十六愿，或以二十八愿，或以二十四愿。四十八愿，独见流通，乍聋乍眩，讵可信受者乎？

——据风雨楼本《龚定盦别集》

正译第三正《大本弥陀经》

（**1837** 年 **2** 月）

问：依魏康僧铠译四十八愿，何不可也，讵知非众生因缘，当信受是四十八愿也哉？答：不可也。我为一一正之如左，盍平心察文义矣！

第十七愿，衍文也。十方诸佛说经行道之迹，各各不同。众生因缘不同故，非佛有优劣故；乃言十倍于诸佛，为是十倍谁耶？

第二十五、第二十六，只是一愿，非二也。

第二十八、第二十九、第三十愿三段，皆①可并入第二十七愿中。第三十一愿，可并入第二十三愿中。

第三十四愿，衍文也。我刹中人欲生他方，前文明其本愿矣，乃虑堕三恶道，此义不必宣矣。

第三十五、三十六愿，皆可并入第二十二愿中。

第三十七愿、三十八愿，只是一，非二也。

第四十一愿，衍文。为道场树耶？道树不必当一愿；为菩萨知见耶？菩萨知见，具如上文矣。

第四十四愿，衍文。具见上文，且叠见矣。

第四十五、四十六、四十七、四十八愿凡四段，只是一，非四也。

然则法藏本愿如何？曰：佛有愿而已，不胪愿之数也。

——据风雨楼本《龚定盦别集》

正译第四正《弥陀经》

（1837年2月）

凡净土众经各各异，发愿多少异，予揭之矣。有明袁居士为《西方释异篇》，有身城大小异释，有寿量多少异释，有花轮大小异释，网其众说，弥缝同异，可谓勤矣。予乃正告震旦曰：不足辩！

凡言大小、高卑、延促、多寡之数，十九是西竺注疏小师依托为之。一切经预设架构，言一、言二、言三、言四、言五，乃至言八万四千，此方师笔之书，为《大明三藏法数》篇，以非佛口亲说，是以处处异。又凡言若干那由他，若干恒河沙，若由旬，若劫，若国土，十九以意增益，气喘词窘，无益至教，亦处处异。佛言岂若此其絮絮猥鄙如儿女子语哉？五痛五烧，最不词，《宝积经》中无量寿如来会，无是文也。

---

① “段”下，王佩净校本脱“皆”字。

若金口亲宣，曷为有译有不译？于正是译也，发其凡焉。

——据风雨楼本《龚定盦别集》

正译第五正《大般若经》

（1837年2月）

龚巩祚曰：唐玉华寺译《大般若经》六百卷十六分，是西土伪经也。第二分，用秦译《摩诃般若波罗密经》，又模拟此经造四百卷，立初分，又橅拟此经造百馀卷，立第三分、四分、五分、六分；又取此经馀滓，造数十卷，立第七分，至第十六分。独第二分是真经也。

何以明此真？曰：龙树大士依此造论也。真经不恃唐译，鸠摩罗什、僧睿两大师，先勒成三十卷九十品，流通震旦矣。西土如别有六百卷者，龙树不应不言，罗什不应不见。且夫《摩诃》者，大也，三十卷九十品，已得大[①]称，无容更有繁于此，更得大称者。盖判教诸师，判立三宗，中西并然。相宗、性宗，卷氈繁重，此师习此破相宗，欲敌馀宗，恨文不富，门户小见，渐至僭伪。岂知教纵分三，佛止一佛，矧教纵分三，岂必卷氈相敌，始成三峙耶？

龙树大士依三十卷九十品文，作《释论》一千卷，又名《大智度论》，罗什存一删九。龙树之言，圆赅三藏十二部教，不专诂破相。又龙树藉此经，广明三藏十二部教，不专执破相。又龙树《释论》论也，十倍原文，体裁可尔，秦二师尚以为广而删之。唐师乃以经为略，又取西土伪经而译之，唐师所见，逊秦师远矣哉！

唐圭峰大师曰："《般若》诸经，一气数百非字，一气数百不字，一气数百无字。"夫佛一代时教，立此一门，显此一境，标此一谛。判三宗者，是破相摄。判三乘者，是大乘摄。判四教者，是别教摄。审三谛者，是真谛依止。修三止者，是体真止依止。修三观者，是空观依止。发此音声，有此卷氈，有此言句矣。此言句者，不同相宗之艰言，不同性宗之辩言，不同小乘经之确言，不同陀罗尼之密言，不同伽陀之文言；最易剽窃，最易模拟，敷衍万倍，登龙宫之华严。求其后义，仍是前义，造作何难？然且校量功德，倍其文焉，然且广明罪报，恫喝挟

---

① "大"，王佩诤校本误作"一"。

制，又倍其文焉，使人敢怒而不敢议，我佛岂有是哉？使圭峰知予说，早唾置之矣。

乃辟喻说之曰：佛说般若，醍醐也，模彷附益者，水也；醍醐一滴入一钵盂水，水多醍醐少矣，乃至入七钵盂水，水益多醍醐益少；《大般若》六百卷，是取醍醐一滴，入四大海水。

——据风雨楼本《龚定盦别集》

正译第六正密部、正偈颂

（1837年2月）

龚巩祚曰：夫称理以况，简及苕帚；就事以诠，则有密部。密部所贵者，声而已矣，声所贵，轻重分寸间而已矣，轻重分寸间，在乎正音与带音之间。正音宜大书，带音宜旁书，二合以济声之穷，三合以济二合之穷，四合以济三合之穷。今回部语用弹舌音，乃至五合，其宜以大字摄细字书。译师无知，用一律书，间用二合矣，而无三合四合，无三合四合，故密部不符佛口，密部不符佛口，故理一事二，疑惑众生。

圣清控驭天竺额纳特珂克之地，达赖、班禅额尔德尼、章佳胡土克图，先后来朝。世宗、高宗命译诸陀罗尼以进，爰肖其音，用大摄小，书之镂①之，藏板雍和宫，印行以赐天下诸寺。伟矣，迈矣！天龙鬼神八部呵护，在此不在彼矣。且夫西竺之国，威仪文词之美，古德慕之。凡见佛者，则有呗偈、乐器赞颂；问佛咨义，往往用偈颂。佛说法毕，则有重宣之颂，如东土之有歌诗谐声者也。中西声不同，不可以谐，不如勿译；译焉而拙直，无唱叹之旨，徒复正文而已，不如勿译。

震旦人造偈，沿彼译师，承厥讹谬，截割字数，俾就整壹，若四字，若五字，若七字，不叶韵，中西皆无此律令；不知何名，鬛耶角耶？文笔之痫耶？

——据风雨楼本《龚定盦别集》

① “镂”，原作“缕”，误，据王佩诤校本改。

正译第七总正历代所译一切经

（1837年2月）

释迦牟尼之兴也，有语言，无文字，有付嘱法，无付嘱经。释迦既没，阿难结集释迦一代五时之教，五味以判，三藏以位，十二部以分，经之名以起。如是者何也？谓是①法也。我，阿难自我也；闻，阿难自闻也。某品某品，皆阿难所定也，阿难不得以记事记言之我，而僭曰佛也；亦犹佛不得预攘记事记言之阿难，而诬曰我也。今之经凡云佛说，是经时追称之词，谓之小不辞；凡云佛说是某②品时，谓之大不辞。亦有问答未竟，佛遽唱言持此经功德、谤此经罪报者。日中相不应见日入相。愍哉！

西竺既尊佛，国王贵官长者皆事佛，其以名闻相高，必在佛经焉；利禄之门，必在佛经焉；由是门户之争，朋党之立，亦必在乎佛经焉。由是人尊一经，经立一师，家抱一册，户名一偈，各立原委，各造文字，或损改，或颠倒，或附益，犹不售，则又加之以恐喝挟制，校量罪福。罪福之文，十倍其原文矣。由是各经流通分，各各自名经中之王，序分各各造法会，各各名无量会；此文又三十倍其正文。佛清净诲，汩没其中，若存若亡。其言有曰："如遇持是经者，出其过恶，若实若不实，此人现世得白癞病。"此其言为是佛言，为是持经者言，尚待问耶？

佛言："我如师子王，一切无畏，畏师子身自生蛆虫，食师子肉。"［吾本是训，名之蛆虫僧。］③ 译主不察，尽译之以贻震旦，震旦之谤佛，译主之咎。

——据风雨楼本《龚定盦别集》

妙法莲华经四十二问

（1837年2月5日—3月6日）

第一问：三藏十二部，《妙法莲华经》为经之王，何也？

---

① "是"，王佩诤校本误作"自"。

② "某"，王佩诤校本误作"其"。

③ "僧"下，有邓实校注云："实按，此句为孝拱所增。"

答：隋以来判教诸师，皆曰《华严》日出时，《法华》日中时，《涅槃》日入时。明藕益大师曰："诸经有《法华》，王者之有九鼎，家业之有总帐簿也。"与一切经各各自言经中之王不同，欲备知之，则在《天台玄义》矣。

第二问：是经纪事多于记言，何也？

答：明幽溪大师曰："是经说纲不说目，说意不说义，一切经所说，统于是经说。"是经所说，则有三焉。何谓三？一、不说之说，二、正说之说，三、辟喻说之说。放光示瑞，天雨四华，地六种动，此不说之说。方便品说一大事因缘出见于世，说我但一乘，尚无有二，何况有三？此正说之说。以下乃辟喻说：一、《火宅喻》，二、《药草喻》，三、《化城喻》。且说法，且授记，《法华》第一会毕矣。

第三问：此经应作何科判？

答：吾初读《法华》白文，审是二分；及见智者《文句》，果判二分，大喜曰：凡夫知见，乃与大师暗合。又读七周，乃言曰：智者《文句》，大纲举矣，条别未尽也。吾大意符智者，别出科判，自《序品》至《学无学品》讫为一会；以《安乐行品》为流通，自《见宝塔品》以至《妙庄严王品》为一会；以《法师功德品》及《嘱累品》为流通。

第四问：如子之言，两部各别行可矣。

答：如是。

第五问：问其目。

答曰：《序品》第一，《方便品》第二，《授舍利弗记并说火宅喻品》第三，《须菩提迦叶等说穷子喻品》第四，《药草喻品》第五，《授迦叶等记品》第六，《说大通智胜如来并说化城喻品》第七，《授五百弟子记弟子说衣珠喻品》第八，《授学无学人记品》第九，《安乐行品》第十，以上《法华经》第一会竟。见《宝塔品》第一，《授提婆达多记龙女献珠品》第二，《从地涌出品》第三，《如来寿量品》第四，《常不轻本事品》第五，《药王本事品》第六，此品今删少半。《妙音菩萨来往品》第七，《普门品》第八，《妙庄严王本事品》第九，《法师功德品》第十，《嘱累品》第十一，以上《法华》又一会竟。

第六问：何以删《法师品》？

答：辨士之虚锋，墨士之旁沈。

第七问：何以删《持品》？

答：无意义，非佛语。

第八问：何以删《分别功德品》？

答：凡校量罪福，最繁重。闲文之谆，三十倍于正文，非佛语也。

第九问：何以删《随喜功德品》？

答：同上。

第十问：何以删《如来神力品》？

答：无实义。

第十一问：陀罗尼可删乎？

答：一切经陀罗尼，皆宜别行在密部，于此经发其凡。

第十二问：何以删《普贤劝法品》？

答：伪经之最可笑者。凡恫喝挟制之言，皆西竺蛆虫师所为也。详《正译第七》。又此经自有《嘱累品》，不容益此品。

第十三问：何以移《安乐行品》于前经之末？

答：以文殊始，以文殊终，说《髻珠喻》以申前三喻，经之首尾如是矣。陈南岳大师以此品别行，有《玄义》一卷。

第十四问：何以移《法师功德品》于后？

答：依智者师，此品谭神通名发得通，是说果，非说因也，宜入之流通。

问：何以知是后会之流通，不是前会之流通？答：前会不以神通为流通，此多宝佛所被讥耳。

第十五问：何以移《嘱累品》于最后？

答：晋译如此，隋译亦如此，独秦译不然。依晋隋两译以正秦译，不亦可乎？此一端可正全经之颠倒窜乱，非阿难原文矣。又此品佛明言多宝佛塔，迁可如故，法会遂散，而下品《药王品》中多宝佛赞宿王华何哉？《普门品》中观世音以一分璎珞供多宝佛塔又何哉？其倒置不屑辩矣。

第十六问：今本大错乱安在？

答：文殊师利在八万菩萨上首，弥勒问焉，未离佛侧。《提婆达多品》佛留智积云："且待须臾与文殊相见。"文殊乃与无数菩萨自龙宫涌出。不识文殊以何时入海耶？后经更端与前经不相承，别为首尾，不待深明文义者察之矣。

第十七问：愿闻第二会何为而作？何人所作？何时所作？十一品之中，大纲细目，脉络所在，首尾之指，可得而觌陈乎？

答：阿难作。其时在授《三根记》讫以后，久远矣！其文以多宝佛为主，以塔见塔没为首尾；又以下方海众为由绪，以如来寿量为正宗，如智者大师说。又十一品中龙女也，药王也，常不轻也，妙音也，观世音也，妙庄严王也，此六人者，皆证明如来寿量者也。以六重证明之，以六番指点之，以六事敷演之，以前经例之，此皆不说之说。如来寿量，是正说之说。又第十一品亦名《多宝塔灭品》，多宝佛为证明之始，为证明之终。

第十八问：何以言《药王品》有蔓益？

答：较量罪福入此品，不伦最甚也。

第十九问：仁言有非阿难原文者何也？

答：某品某品名目，阿难所定。凡阿难记事之言，不得僭称佛言。如云：佛说是《妙音菩萨来往品》时，阿难原文当作是妙音菩萨来往时；佛说是《普门品》时，阿难原文当云是无尽意菩萨供养观世音时；持地白佛言有人闻是《普门品》者，原文当作有人闻佛说观世音功德者；以此例推，可一一臆改也。

第二十问：后经前经，意指分别。

答：前经说迹，迹中有本；后经说本，本中有迹；无以易天台矣！迹犹他也，本犹自也。

第二十一问：使与前经衔尾相承，由迹生本可乎？

答：不可。各自为经，多宝佛为证明寿量，出见于世可矣；如其衔尾，则是前说已说，后说未说，多宝只证明前说，不证明后说，一不安也。则是下方海众，只拥护前说，不拥护后说，不安二。则是三周说法、三根授记，但为《如来寿量品》之序分，如此科判，不安三。设非因前言生后言，因前事生后事，则如来寿量，其终闷而不宣乎？正宗分是佛大事，不得因前事始生后事，不得因前言始生后言，如此科判，不安四。一经之中，乃各自为序、正、流通，断无此例，不安五。不但文殊入海，脱文窒碍而已。

第二十二问：天台判本门迹门，截然两大支，兀然相对峙，吾子之先声也，以《下方涌出品》，为如来寿量之由序，以《见宝塔品》、《龙女献珠品》还于前半，目为前半之流通，何害于义而不可哉？子殆欲与天台立异？

答：《多宝佛品》是更端之相，非流通之相，不可还前半。何也？多宝佛是十一品主，是十一品脉，是十一品线，是十一品筋，是十一品眼，是十一品钥匙，是十一品归墟，我故与天台小异，《龙女品》文殊出海与前不属，我故与天台小异。

第二十三问：后十一品之名《妙法莲华经》，多宝佛所名，不可易矣。许有异名乎？

答：亦得名为《平等大慧经》，亦得名为《释迦寿量经》，亦得名为《多宝佛出见经》，亦得名为《多宝佛证明释迦寿量经》。

第二十四问：佛于授舍利弗记之时，金口亲宣，自名所说为妙法莲华法，何也？

答：妙法莲华法，三世佛所说，旷劫预定，故释迦三周说法之中，一字一句，皆自名为妙法莲华法，此无可疑者。

第二十五问：十方三世所说《妙法莲华经》可知者凡几？

答：见于《妙法莲华经》称引者凡五，与今经而七：一、日月灯明佛说，文殊说。一、日月净明德佛为一切众生喜见菩萨说，佛说。一、提婆达多夙世所说，佛说。一、大通智胜如来说，佛说。一、威音王说，佛说。是为五，与今经而七也。

第二十六问：文殊入海所以教龙女者，当是何等《妙法莲华经》？

答：是释迦牟尼佛在娑婆世界所说，即此前十品三周说法、三根授记、以《四安乐行》为流通者也。何用知之？曰：释迦见主，文殊见辅。

第二十七问：如仁所说，震旦通行之经，讹阙、颠倒、蔓衍、复重如乱丝，已举数事。更有明征乎？

答：《天台玄义》有之曰：他经皆说经题，此独不说，非不说，其文未度也。凡经皆是追称，详《正译》篇。[此一征也。又此经为北朝宫女所乱，后来南岳大师复理之，见《文句》，此又一征也。]①

第二十八问：更有否？

答：《普门品》偈："偈答无尽意"五字，应入阿难语；应是尔时佛以偈答："无尽意曰……"十字，不应误入祇夜。译者愦愦，一至于此，馀可例矣。

第二十九问：前经别行不连后，于震旦有征乎？

答：有之。六祖大鉴大师《坛经》第七则曰：有人咨问《法华经》大义，祖命诵其文，诵至《化城喻品》，祖遽曰：止，即口授大义云云。六祖所言与天台智者大师之言，无二无别，谓之六祖所撰《法华玄义》可矣，谓之六祖所授《摩诃止观》、六祖《法华三昧》无不可矣。夫六

① "此又一征也"，下有邓实校注云："实按，末三十一字乃龚孝拱所手增。"

祖者，文殊化身也。①

第三十问：以何因缘，二经俱至震旦？

答：众生因缘、根性、福力，各各不同。合而读之，用证三昧，分而读之，用证三昧，无不可者。他方世界种种国土所感，种种言词，种种音声，种种文字，或一句、或半偈，乃至一会，乃至如此间闻二会，乃至闻恒河沙数会，种种别异，必可知矣。

第三十一问：《见宝塔品》以尔时二字发端耶？

答：必有如是我闻，必有序法会云云，必有当说《妙法莲华经》云云，译主欲衔②尾，因删之矣。馀可例知。

第三十二问：后经有多宝佛，犹前经之有文殊耶？

答：如是。

第三十三问：文句间尚有纤疑存者乎？

答：《提婆达多品》，前半记授记事，后半记龙女事，不相属，疑二品误合也，姑仍厥旧。

第三十四问：前三周简矣，何以言初善、中善、后善？

答：就三周而论，为上根说法，授上根记，初善也。为中根说法，授中根记，中善也。为下根说法，授下根记，后善也。就每周之中而论，初中后具在经文；就全经而论，《方便品》说一大事因缘，初善也。三周辟喻，中善也。文殊问四《安乐行》，说《髻珠喻》以终之，后善也。

第三十五问：流通属累繁何伤乎？

答：向不云乎？有不说之说，有说之说。佛之本怀，视说之说不如不说之说之妙，说已赘矣，而说此至无意味之说岂妙耶？天台《九旬谭妙》，亦曾谭嘱累妙、流通妙、自赞妙、校量罪福妙耶？

第三十六问：全经颠倒、重复、蔓衍之故。

答：易知也！西土有诸讲师，家置一编，户抱一偈，名闻利养之故。造作文字，有经之臣仆，有经之舆儓，舆儓又有舆儓焉。假如西土人来译③《春秋》、《论语》，我土儒者，取《春秋》、《论语》付之，又误取二书之注疏付之，又误取二书之近世制举文付之，又误取制举文之

① “矣”下，原无此问答末尾九字，另有邓实校注云：“实按，原文下尚有‘夫六祖者，文殊化身也’九字，为孝拱所手删。”据补（同王佩诤校本）。

② “衔”，王佩诤校本误作“衍”。

③ “译”，王佩诤校本误作“谭”。

坊刻评论付之，西土人不别也，尽译之以归。《法华》二十八品之东，亦若是乎。

第三十七问：阿难记事倍于记言。佛言本简，今又颇乙去佛赞，此经之文，佛言益简。

答：榛楛翦而栴檀出矣，砾石去而甄叔迦见矣。前经三周说法，后经说寿量，一切经所说统于是说，而重之以说妙音菩萨事，说常不轻事，说药王事，说观世音事，说妙庄严王事，以证明之。上根之者，但闻一事，疾得三昧，何苦简乎？

第三十八问：尝读吾子《正译》七篇矣，抑十不二门，大开圆解心，具三世法，固无所谓先后、延促、始终、来去者也。五十小劫礼佛，佛神力故，才如半日。据此，则凡形迹之不符，文气之不承，教相之不同世相，文法之不同世传记，愿皆勿疑。

答：凡此圆解，我皆具知，有理有事。称理而论，无延促、先后、去来、终始。就事而论，则不然，佛不坏假名而说实相。种种示见，《如来寿量品》后半既自明之矣；当其示见佛，亦人也，亦一立言之大师也。阿难一载笔之史也，一代时教无此立言之相矣。释迦谥为文，无此文章之体裁矣。非立言之相，非文章之体裁，非示见矣。

第三十九问：何以须论文义？

答：报文佛恩故。

第四十问：日月灯明佛之经、提婆夙世说之经、药王夙世闻之经、大通智胜如来之经、威音王之经，与今之二经，七者同乎不乎？

答：非同非不同，亦同亦不同。劫不同，世界不同，佛身大小不同，佛寿延促不同；众生有福无福根利钝不同，经之字句多寡不同，说之之延促不同，此吾迹门也。心具十方、三世，法无多寡、延促，同且为赘词，何况不同！以要言之，十方三世，我不见有一色一香非是《法华经》者，此吾本门也。今方与汝重定《法华》文句，科判其品，考核其文，甄中西之末流，补古师之千虑，就示见相而论其示见之始终本末，我宁论迹，我不暇与汝论本也。

第四十一问：愿闻《法华玄义》。

答：义学之渊海，三藏之总龟，法王之首辅，大士之化身，愿尽劫皈依，为不侵不叛之臣。

第四十二问：子重定《法华》之文，悍如此，不问罪福乎？

答：凡我所说，不合佛心，凡我所判，不合阿难原文，我为无知，我为妄作，违心所安，诳彼来学，我判此竟，七日命终，坠无间狱，我不悔也。如我所言，上合佛心，我所科判，上合阿难原文，佛加被我，智者大师加被我，我疾得《法华》三昧，亦得普见一切色身三昧，见生蒙佛梦中授记，得阿耨多罗三藐三菩提。

时道光丁酉春正月，实《法华经》入震旦之一千四百四十四年。计定盦所删七品，定为两部，存者二十一品，又删《药王》半品。

——据风雨楼本《龚定盦别集》

书苏轼题临皋亭子帖后

（1837年4月5日—5月4日）

“东坡居士睡足饭饱，倚于几上，白云左绕，清江右回，重门洞开，林峦齐入。当此时，若有思而无所思，以受万物之备。元丰四年五月，苏轼临皋亭之上。”

龚巩祚曰：夫“睡足饭饱”者，二十五种前方便之二。“倚于几上”者，智者曰：合眼不受外光，合口不受外风，是其义。夫“左绕”，表假；“右回”，表空；“重门”言出二边也，“重门洞开”，表中道；“林峦齐入”，表三千具也。复次，无思，表寂；“有思”，表照；有思无思同时，表寂照双现前。万物备，表三千具也。何谓“受”？受亦不受，不受亦不受，非受非不受亦不受，亦受亦不受亦不受，如是之人，则能“受万物之备”矣。“当此时”也者，以无去来今之一时，以具去来今之一时，悉檀而说，说有此时，是故阿难结集五时教例系一时。道光十七年三月，书《苏轼题临皋亭子帖》后。

——据朱氏二刻本《定盦文集补编》卷二

致吴葆晋书[①]

（1837年春）

旧署已辞，新衔未授，此身清暇，索逋者又暂相贳，无剥啄声，而

① 此信见娟镜楼本《定盦遗著·与吴虹生书》之三，亦见《中国学报》本《与吴虹生笺》第四通，王佩净校本题《与吴虹生书［三］》。

荷屋中丞驺从光临，面诿一切。雨中畅读吉金乐石，奇文异字，此皆阁下及廖鹿侪之赐，感何如也！明日文战想不改期，先此布谢阁下嘘枯吹生之赐。

又，如崇效寺三官庙亦妙。花开，何日偕鹿侪作半日看花之游？此候红生先生韬安。

——据娟镜楼本《定盦遗著》

主客司述略

（**1837** 年 **7** 月）

我朝藩服分二类：其朝贡之事，有隶理藩院者，有隶主客司者。其隶理藩院者，蒙古五十一旗，喀尔喀八十二旗，以及西藏、青海，西藏所属之廓尔喀是也。隶主客司者，曰朝鲜，曰越南，即安南。曰南掌，曰缅甸，曰苏禄，曰暹罗，曰荷兰，曰琉球，曰西洋诸国。西洋诸国，一曰博尔都嘉利亚，一曰意达里亚，一曰博尔都噶尔，一曰英吉利。自朝鲜以至琉球，贡有额有期，朝有期。西洋诸国，贡无定额，无定期。

朝鲜、越南、琉球，皆有册封之礼。朝鲜以内大臣、内阁满学士、六部满侍郎、乾清门侍卫、散秩大臣往。琉球以内阁中书、礼部司官、六科给事中，或翰林院官往。越南如琉球之礼。嘉庆朝，定册封越南，用广西布政使或按察使往，不以京官往。

国朝册封琉球六次：顺治十一年，使张学礼、王垓；康熙元年，王垓又以颁诏往；康熙二十一年，使林麟焻、汪楫；康熙五十七年，使海宝、徐葆光；乾隆十九年，使全魁、周煌；嘉庆四年，使赵文楷、李鼎元；嘉庆十二年，使费锡章、齐鲲。道光丁酉六月记之。

凡颁赏陈于午门，先期咨内务府备赏物，咨护军统领弹压；届期御史二员来监礼，礼部侍郎一员、主客司司官二员莅赏，会同四译馆满监督一员，手奉而授之；鸿胪序班，以国语督其拜跪。予莅赏暹罗者一，琉球一，越南一，朝鲜四。

越南贡道，由陆路至广西凭祥州，入镇南关。道光元年，越南使臣呈请改由水道，入广东澳门，部臣驳之。道光六年，越南王来朝，复理前说，主客司员外郎任邱边公廷英又力驳之。具奏，其议乃定。边公，前辈中之有风采，肯任事者也。

——据朱氏二刻本《定盦文集补编》卷四

致吴式芬书[①]

（1837年8月22日）

弟室庐粗定，笔砚未苏，从廿五日起，日立课程为荷屋先生办书，从事墨本生活矣。而徐问渠书总杳然，奈何奈何。先将其寄来三种呈阅，付钩摹为妙。

昨承通挪，数虽不多，情同千镒，甚感甚感。即候
子苾仁兄晚安

巩祚顿首　廿二一更

在红封套里。

——录自《安徽师大学报》1982年第2期，
原件藏北京大学图书馆

最录禅波罗蜜门

（1837年9月30日—10月28日）

禅有三翻：定也，思惟修也，功德林也，此六波罗蜜之第五门。经言非禅不智；又言无定之慧，如风中灯，照物不了故，此波罗蜜犹密室灯也。

书分四分，未说一分，说三分，三分共十五门。十五门之修行下手处，分三门，曰观息，曰观身，曰观心。观必以止为门，故此书亦得称止观，乃南岳所授三种《止观》之一也。

止为前方便，观是正宗分，观息谓之阿那波那门也。观身即不净观、大不净观也，此二者，谓之二种无上甘露门。全书十卷，菁华不外

---

① 原题《与吴式芬笺》（十六）。吴式芬（1796—1856），字子苾，号诵孙，山东海丰人。道光十五年（1835）进士。历官翰林院编修、江西南安知府、广东右江道、河南按察使、直隶布政使、内阁学士兼礼部侍郎等。

此二义，有所观浅深不同，层累盘旋，如鸟道而渐上，以为诠次耳。观息与身详，观心略，惟通明观中，近似观心论耳。著书各体裁，不以观心为主，欲知观心三千具，观心即假即空即中，有《摩诃止观》百轨则在，至此书归墟，在乎得[①]神通，观息亦得通，观身亦得通，实乃修通之大宗也。无记化化禅，则有妙玄在。

原录云："大师于瓦棺寺说《大庄严寺法慎私记》，凡三十卷，章安顶禅师治定为十卷，开十大章[②]八九十略，无七修证中四别，惟至第三出世，但至对诒[③]云，大师尝在高坐曰：'若说次第禅门，年可一遍，若著章疏，可五十卷。'今刊顶示大科云云。"序判并精细明白，不知何人所为？在北藏"烦"字函。丁酉九月记。

——据风雨楼本《龚定盦别集》

通明观科判

（1837年9月30日—10月28日）

禅波罗密有十八章，今不具列，列通明观。通明观次第有九门：一、初禅，二、二禅，三、三禅，四、四禅，五、空处定，六、识处定，七、少处定，八、非想非非想定，九、灭尽受想定。

初禅分五支，二禅分三支，三禅分五支，四禅分四支，空处以下五门不分支。

初禅五支如左：

觉。觉之前有如心，乃前方便也，不入五支。观。喜。安。定。

二禅三支如左：

喜。安。定。

三禅五支如左：

念。舍。慧。安。定。

四禅四支如左：

念。舍。不苦不乐。定。

初禅第一支之觉，又分五如左：

---

① "乎"下，王佩诤校本脱"得"字。

② "卷"下，王佩诤校本脱"开十大章"四字。

③ "诒"，当作"治"（参王佩诤校本）。

觉。俗谛大觉。真谛思惟。俗谛大思惟。真谛观于心。中谛

初禅第二支之观，又为四支如左：

观心行。大行。遍行。随意。

初禅第三支之喜，又为三支如左：

如真实知。大知。心动至心。

初禅第四支之安，又为四支如左：

心安。身安。受安。受于乐触。

初禅第五支之定，又为五支如左：

住。大住。不乱于缘。不谬。不颠倒。此即中道义。

初禅第一觉支下之觉大觉，又分三根如左：

下根，根本世间，出世间。世间即觉，出世间即大觉。中根，义世间、义[1]出世间。上根，事世间，事[2]出世间。此兼言六神通。

初禅第一觉支下之思惟大思惟，又分三根。例如觉大觉不别判。

下根觉大觉，又为三，如左：

分别假名为异。异即世间即觉。四大同体名下如如即出世间即大觉。分别地大、非馀三大，名为异。同无常生灭不异，名次如。无常生灭，名为异。生灭即空无异，名上如。

中根觉、大觉，又为三，如左：

分别内外二种，名为觉。觉一切外依内，名大觉。觉五藏异名，名为觉。

觉肝等法无常，四藏无常不异，名大觉。觉肝等八相别异，名为觉。觉肝等本寂无异相，名大觉。

上根觉、大觉，又为三，如左：

用天眼通彻见非一，名为觉。觉世间所有皆假施设，名为大觉。用天眼通即知四大性异，名为觉。知四大性无差别，名大觉。用天眼通八相有异，名为觉。八相空寂，一相无相，名为大觉。

三根思惟大思又各为三例，此可知，不更判。观于心无文。观、喜、安、定四支文略，无庸判释。二禅以后文略，无庸判释。空处定以后，文尤略，无庸判释。

---

① “出”上，王佩诤校本脱“义”字。

② “出”上，王佩诤校本脱“事”字。

［丁酉九月，花影盦主人对菊影判汔。］①

——据风雨楼本《龚定盦别集》

国朝春曹题名记序

（1837年10月16日）

道光十七年春，巩祚由宗人府改官礼部。礼部诸前辈辑《春曹题名记》，甫成，爰补巩祚名简末②，巩祚受而读焉。自顺治来，官四司者，籍贯、名氏，及其履任之岁月咸在。百年以上，十二三阙弗具，益近益详，中春秋□□□□□之义。劬矣哉！文致太平之君子之所为也。

夫六官之事，莫重于礼。六官之律令，古皆谓之礼。昔之君子，佐祖宗定礼，先朝为著作之臣。巨者，言行在国史，细者，簿领之事，或繁或杀，役其心目，契之事例，一名一数，俾今日便法守。今日苟焊之熟，求之有部居，奉行之不失尺寸，则不忝礼臣矣。何人之赐哉？京曹重风气，风气小者，或视时迁移，或视乎其人。至于大纲大体，先臣之遗美，今以为楷，百年中无以礼曹为口实者，使诸君子得以不卑不亢，陈诚秉蔼乎其间，又何人之赐哉？饮水者思③源；思其人，犹爱其树。矧奉其著作，蹈其言行，而④埋没其名氏于簿领尘积也乎？此诸前辈秉心渊雅，用羔丝退食之暇辑是书之志也。

礼时为大，载笔之事亦然。假令为此书于昔者仪品未大备之世，则不暇为矣。如暇为之而莫为，则掌故不备；掌故不备，则无以储后史；无以储后史，则太平不文致，重负斯时。今也诸君子生其世。载笔为之。巩祚则不先不后，遘书之成，而名殿简末，岂偶然耶？岂偶然耶？

巩祚之大父，以乾隆已亥岁由吏部迁礼部，家大人以嘉庆丙辰岁除礼部，名在此记，至巩祚三世矣。上窥景运之灵长，下抚家门之多幸。以不陶不淑之躬。顾瞻履綦，弗敢迈越。诸前辈命之一言，巩祚

---

① 上海图书馆藏《定盦文集》（抄本，有魏源、龚橙批）（以下简称上海图书馆藏抄本《定盦文集》）卷十三《通明观科判》文尾，有此十四字，据补。

② “名”下，王佩诤校本脱“简末”二字。

③ “思”下，王佩诤校本衍“其”字。

④ “而”下，王佩诤校本衍“非”字。

何言哉?《鲁论》曰:“入则事父兄,出则事公卿。”顾以其平日闻于事父者,若风气,若律令,若言,若行,勉奉持旃,以事诸君子而已矣。

道光十七年岁在丁酉九月壬辰,仁和龚巩祚在主客司夜直,秉烛盥手书。

——据《国朝春曹题名》卷首,
光绪二十五年刻本

附:礼部题名记序

道光十七年春三月,仁和龚自珍由宗人府主事改礼部主事,祠祭司行走。夏四月,补主客司,仍兼祠祭司行走。诸老前辈为《国朝礼部题名记》成,呼吏补自珍名。诸老前辈则告自珍曰:“昔之日,仕祖宗朝,手定大典细例,役心目焉。今日奉行之,不失尺寸,则无忝礼臣矣。风气小者,视时迁移,或视乎其人,大端大礼,不卑不亢,百年来无以礼曹为口实者,皆先臣之赐。受其赐,埋没其姓氏于簿领尘积可乎?此记之所由作。”又曰:“百年以外,十二三缺勿具,愈近愈详。”

自珍受而读焉,以为《春秋》恩曾祖杀,恩王父加详,恩父加详,颇中《春秋》例也。乃对曰:“如前辈言,如律令。”

按《记》:乾隆己丑进士,以庚子岁,由吏部改礼部,字匏伯者,自珍大父也。嘉庆丙辰进士,除礼部,字赐泉者,自珍父也。掌精膳司印,吾大父之任也;补仪制司,改祠祭司,兼仪制司,又兼精膳司,吾父之累任也。自珍入司门。顾瞻楹题,下上阶,思履綦,步弗敢迈越。诸老前辈目自珍,旧事往往询自珍,皆以自珍为尝闻之也。

——据吴刻本《定盦续集》卷三

论京北可居状

(1837年10月29日—11月27日)

京师春益早,冬益燠,客益众,土著益诈。吾相北方,独宣化府、承德府之间,可以居,可以富,可以长子孙。

今夫东南草木,术术然易荣也,易高大也,易槁也,蠹空其中,雨渍其外，有园圃者，不规久远，不能储以为美材。宣化、承德间少木，木四月始荣。其华肥，其叶长，其材坚。得三顷之硗确以种木，三十年而材之，栋宇棺椁之利，可以专数县。恒寒，故腠理实；恒劳，故筋骨固。食妖、服妖、玩好妖不至，故见闻定。居天下极北，仕者贾者不取道，不取道，无过客矣，故家室姻戚皆旧。我祖我宗，跸路之所出入，承德则山庄在焉，近宫墙跸路，不为陋，子孙如智慧，亦可以窥掌故矣。

东南生齿密，丘墓密，岁岁埋之，岁岁掘之，故土浮，故土多石少。宣化、承德间，平地皆巨石，地气不泄，气不泄，故无蚊蚋毒虫，亦无瘟疫痁疾，人畜皆寿。如夹山而居山之坳，纵可四百丈，横四之一，可以牧牛、羊、犎牛。牧可以代田，石炭可以代薪，狼、狐、野猫之皮可以代蚕。子孙如聪慧者，宜习蒙古书，通喇嘛经咒。习蒙古书，通喇嘛经咒，可以代东南书记之馆，教读之师。

吾有丈夫子二，如一支回南，一支迁北，他日魂魄，其歆北乎？噫！

吾少年营东南山居，中年仕宦，心中温温然不忘东南之山。居京师，既不欲久淹，天意诇我，人事惎我，又未必使我老东南，从曼妙之乐也。我方图之矣。

丁酉十月，与客言志，既送客，书示儿子。

——据朱氏二刻本《定盦文集补编》卷一

致吴葆晋书①

(1837年)

弟事尚无准驳明文，而有一书办来求见，弟不屑见之，该吏留一札而去，大指欲挑斥呈中词，与例文稍有未符之处。谓家大人现既不就养京师，即系不符，且劝弟撒谎，谓家大人业已来京，即可邀准。弟宁化异物做同知，而断不愿撒此谎也。只合瞑目，听其自然，听诸一定之数，使梦寐中无愧怍，不肯欺亲，又欺君，又欺子孙耳。

① 此信见娟镜楼本《定盦遗著·与吴虹生书》之二，亦见《中国学报》本《与吴虹生笺》第三通，王佩诤校本题《与吴虹生书［二］》。

适杨忠武公之孙送来杨公《中外勤劳录》一册，饮酒读之，壮心勃勃！且知杨忠武年未四十，须发尽白，而弟亦如此，甚以自慰。如明日部中竟惟书办是从，将弟驳斥，弟亦俯首就选，投笔出都。男子初生，以桑弧蓬矢，射天地四方，何必一生局促软红尘土中，以为得计乎？惟望阁下勉事圣朝，不日跻九列，弟翘首青云，预有荣施。其准信明晚自知，然已知十之九也。醉后狂书一纸，先以报左右。

《圆圆曲》云："错怨狂风扬落花，无边春色来天地。"以此自祝。又云："此际岂知非薄命，此时只有泪沾衣。"则今日我两人之情也。

十九日　无名氏

——据娟镜楼本《定盦遗著》

致吴式芬书[①]

（1837年6月—1838年6月）

弟作齐器跋尾，大指用尊说而小有同异。鄀意𩰫乃齐侯名，似为简易。即《仲𩰫之诰[②]》"𤸫"字，而洹子不必定属陈洹子。兹将本纸呈览，仍教之。又"帚"字下一字，定为"赙"字，何如？此候

子苾仁兄太史

巩祚顿首　廿三日

——录自《安徽师大学报》1982年第2期，
原件藏北京大学图书馆

致吴式芬书[③]

（1837年8月—1838年1月）

启者，求考兄、生字凡几见，示下。

又，弟以拓本校郭君双钩本，有一纸实不可用，欲剔去，求子毅重

① 原题《与吴式芬笺》（十五）。
② "诰"，原误作"浩"，校改。
③ 原题《与吴式芬笺》（六）。

摹之。

又，有卣一种，铭只四字。第一字亞形者，似乎姚圣常一册有旧释文，求示下，似庚字，记不真。以亞形中之字，未能定也。

又，问渠之三种尚易钩，单勿双。可否付郭君。

又，日内颇有所得新义，愿走政，约何时在斋中也，示知。

巩祚顿首

子苾仁兄史席

——录自《安徽师大学报》1982 年第 2 期，
原件藏北京大学图书馆

致吴式芬书①

（1837 年 8 月—1838 年 6 月）

浙人沈子惇，博雅士也，在此闲话。弟留其在城外一宿，望兄大人来此，三人小酌，听子惇说西北塞山川，何如？

子苾仁兄

巩祚顿首　廿七日

——录自《安徽师大学报》1982 年第 2 期，
原件藏北京大学图书馆

致吴式芬书②

（1837 年 8 月—1838 年 7 月）

子苾仁兄太史足下：五日不见，圣常一册奉还。弟无所大发明，小有议论，以笔代舌求教：

一、前见同时一收藏家将款识中明白之“兄”字，改为“厌”字，心疑而不敢议，后阅《积古款识》释父舟斝文，知其本于积古，积古何本？本于《汗简》。昨取《汗简》阅之，不禁大笑，甘部有一文[illegible]从甘

---

① 原题《与吴式芬笺》（十三）。

② 原题《与吴式芬笺》（八）。

从肉，郭忠恕先以为是食不厌精之“厌”，本于王存乂，其文非钟鼎之“兄”字也。积古之宾客好尚新奇，而误看《汗简》，见“兄”字小有羡文，中间有二小画，乃鼎羡文之常，[illegible]字[illegible]之类耳。乃以为“厌”字，而引曾子问祭殇之文，谬极谬极。夫殇子有祭已亡者于礼者之礼，祭殇而又特作彝器从祭之，毋乃非礼乎？父祭殇子之器，传者又何多也，而同时人尚有拾此唾馀者，故辨之。

一、庄檗斋至欲尽病形声，古文象形会意多于形声，固也。亦属太过。尽病形声，不得不专主会意；专主会意，于是臆造众说。如，以庄字为从宾之类，与王安石《字说》何以异？

一、颂敦、吴彝、叔山父彝皆有“乱”字，“乱”字本训“治”字，乱工即治工，乱器即治器。《说文》之例，有相反相成之训，至直捷也。诸家皆仞为“辞”字，由“辞”字通其声音，而读为“治”字，又读为“司”字，又有读为“嗣”字者，于是“辞”字、“嗣”字、“司”字、“治”字四字，并而为一，头绪太繁而通假太混。鄙意春秋之治兵、祠兵，乃古今文家两家法，必非一字之通假，不可援为证也。弟欲尽释为“乱”字，而以“治”字训诂之，似简捷。伏候明教。

——录自《安徽师大学报》1982年第2期，
原件藏北京大学图书馆

致吴式芬书[①]

（1837年8月—1838年10月）

近人有论陶渊明称其姑母为程氏姑母不成文法者，得尊解，豁然，佩服佩服。然则朱字在蝌蚪之中央而以蝌蚪奉之，古人奇字有如此者。宜汉世缪篆有为鸟噱鸟趾者也。此候

即安

巩祚顿首

——录自《安徽师大学报》1982年第2期，
原件藏北京大学图书馆

① 原题《与吴式芬笺》（十四）。

致吴式芬书[①]

（1837年9月—1838年1月）

问渠寄来拓本十四件，昨始由子贞交来，而不知子毅已付硬黄否？今送呈尊处，以归画一，并前为十七件，信中云明年要寄还也。其中虎丘鼎梁茝林丈赋七古者在焉，喜极。此件望即付钩，并茝林诗册付来为妙。上

子苾仁兄

巩祚顿首　十七日

再，拙作《龙藏考证》如抄毕，大妙。

——录自《安徽师大学报》1982年第2期，

原件藏北京大学图书馆

说宗彝

（1837年后）

史佚之裔官曰：彝者，常也；宗者，宗庙也。彝者，百器之总名也；宗彝也者，宗庙之器。然而暨于百器，皆以宗名，何也？事莫始于宗庙，地莫严于宗庙。

然则，宗彝者何？古之祭器也。君公有国，大夫有家，造祭器为先。祭器具则为孝，祭器不具为不孝。

宗彝者何？古之养器也。所以羞耇老，受禄祉，养器具则为敬，养器不具为不敬。

宗彝者何？古之享器也。古者宾师亚祭祀，君公大夫享器具则为富，享器不具为不富。

宗彝者何？古之藏器也。国而既世矣，家而既世矣，富贵而既久长矣，于是乎有府库以置重器，所以鸣世守，侈祖祢，矜阀阅也。

宗彝者何？古之陈器也。出之府库，登之房序，无事则藏之，有事则陈之，其义一也。

---

① 原题《与吴式芬笺》（三）。

宗彝者何？古之好器也。享之日，于是有宾，于是有好货。

宗彝者何？古之征器也。征器也者，亦谓之从器；从器也者，以别于居器。

宗彝者何？古之旌器也。君公大夫有功烈，则刻之吉金以矜子孙。

宗彝者何？古之约剂器也。有大讼，则书其辞，与其曲直而刻之，以传信子孙。

宗彝者何？古之分器也。三王之盛，封支庶以土田，必以大器从。

宗彝者何？古之赂器也。三王之衰，割土田以予敌国，必以大器从。

宗彝者何？古之献器也。小事大，卑事尊，则有之。

宗彝者何？古之媵器也。君公以嫁子，以镇抚异姓。

宗彝者何？古之服器也。大者以御，次者以服，小者以佩。

宗彝者何？古之抱器也。国亡则抱之以奔人之国；身丧则抱之以奔人之国。

宗彝者何？古之殉器也。襚之外，棺之中；棺之外，椁之中；椁之外，冢之中；于是乎有之，起于中古。

宗彝者何？古之乐器也。八音金为尊，故铭之，衎神人也。

宗彝者何？古之儆器也。或取之象，或刻之铭，以自教戒，以教戒子孙。

宗彝者何？古之瑞命也。有天下者，得古之重器，以为有天下之祥；有土者，得古之重器，以为有土之祥；有爵邑者，得古之重器，以为有爵邑之祥。

凡有征于先史之籍，有此十九说者，皆不可以不识也，不可以不类识也。

古者之于器，又有二大端焉，又不可以不辨也。一曰自造器；一曰以古人之器。盖于祭、于养、于享、于约剂、于旌，古者必自造器；于分、于藏、于陈、于好、于献、于赂，则以其古人之器。

自夏后氏以降，莫不尊器者，莫不关器者；其吉凶常变、兴灭存亡之际，未有不关器者。是以君子乐论之焉。

——据吴刻本《定盦续集》卷一

说爵[1]

（1837年—1838年）

羽琌山民曰：天下先有雀，后有爵。先有爵之器，后有爵之字。雀也者，兆爵者也；爵也者，兆古文爵者也。古文也者，兆小篆者也。谓爵象雀可乎？可。谓古文篆文象爵可乎？可。谓古文篆文象雀可乎？不可。曷为不可？中隔一重[2]矣。

先言爵之象雀也何如？曰：前有流，咮也；甚修，颈也；后有尾，尾也，甚锐，尾之末也；腹，腹也，甚圆，腹之骞也；腹旁有柄，可容手，翼也；甚疏，翼之举也。古者既取诸雀以为爵矣，而加之以制度，是故虑鬯之泄其馝也，为之盖；虑饮之饕也，为之二[3]柱，植然巋然；虑二足之不安也，为之减一翼，增一足，踆踆然；虑太素之不可为礼也，刻画云雷胡苏然。制若此，此圣智之所加于爵者也。于雀何预？何以言无预？雀二角，一翼，三趾[4]，未之闻，未之闻！

夫古文篆文之象爵也何如？曰：亦象爵形而已矣，遑问雀哉？小篆上有覆[5]，承之以二柱，其中为腹，其右象前，其左引而下垂也象后；于是[6]从鬯，从又，鬯以实之，又以持之[7]。若夫古文则无鬯也，无又也。上有覆如屋，非盖而何？有二柱有腹，腹中有文相背，如刻画彣彰；下垂三足，非爵之全形而何？曰：爵之有盖者无二柱，有二柱者无盖。而制文字必兼象之，何也？曰：制文字与制器固不同也，夫[8]古文篆文皆象契[9]形而已矣，遑问雀哉！

夫古文篆文易知也，遇古器难。予获古爵七，有柱无盖者六，有盖无柱者一，既手拓以谓学徒。学徒见拓本，识古器矣；夙习古文又难。不识字而获其器，将疑器为康瓠；未见器而读其字，将疑字为字妖。且

---

① 此文亦见吴刻本《定盦续集》卷一。

② “重”，吴刻本、王佩诤校本作“层”。

③ “二”，吴刻本、王佩诤校本作“三”。

④ “趾”，吴刻本、王佩诤校本作“足”。

⑤ “覆”，吴刻本、王佩诤校本作“盖”，且“盖”下有自注：“《说文》：盇（王佩诤校本作盍）下云，覆也，从皿大。盇下云，从大，象其盖也。”

⑥ “是”下，吴刻本、王佩诤校本有“乎”字。

⑦ “又以持之”，吴刻本、王佩诤校本作“又持之者”。

⑧ “也”下，吴刻本、王佩诤校本无“夫”字。

⑨ “契”，吴刻本、王佩诤校本作“爵”。

夫徒获其器，而不识字，则曰古彝器赜矣，此有盖者[1]非爵；徒识其字而未见器，则曰先民所言象形，乃象味腹尾躩趾，两不可也。予两遘天幸，窃望达者，说器征诸字，说字征诸器，又两俟之。

——据吴荣光《筠清馆金石文字》卷一，
道光二十二年刻本（下同）

跋商内言卣

（1837年—1838年）

“内言。”器盖同。

龚自珍曰：《史记集解》引郑康成《书序》注曰：“伊尹作肆命。”肆，陈也，陈其政教之命。可见商有内言之官。《大诰序》注曰：“洪大诰治者，洪代言也。”可见周有内言之官。此铭云“内言”，不能断为商为周，以其近古文，存为商代似可也。

——据吴荣光《筠清馆金石文字》卷一

跋周伯箕父簠

（1837年—1838年）

“唯白箕父麐作旅瑚，用丐眉寿万年，子子孙孙永宝用之。”

龚定庵云：读唯白箕父作旅瑚为句，鹿龟二文别读，是蕲年之吉语，非白箕父名鹿龟也。

——据吴荣光《筠清馆金石文字》卷三

跋周兵史鼎

（1837年—1838年）

“齐兵必左右两手形史喜作宝鼎，其眉寿万年，子子孙孙永宝用。”

---

① “盖”下，吴刻本、王佩诤校本无“者”字。

龚自珍曰：齐下非莽史，莽从四中，细读拓本，不见四中形，莽史亦不见故书雅记，此兵史耳。《说文》：两手奉戈为戒，两手奉斤为兵，奉干亦[①]为兵，奉盾亦为兵。奉干者古文，奉盾者籀文，奉斤者小篆也。此为两手奉必，必者戈柲也。《周礼》夏官：司兵，史二人，司戈盾，史四人，皆即兵史之谓欤？

——据吴荣光《筠清馆金石文字》卷四

跋周应公鼎[②]

（1837 年—1838 年）

"应公作宝尊彝曰：申巳乃弔［吊］，用夙夕蠶亯。"

龚曰[③]：申有羡文，见申望鼎[④]。此申巳二文读为神祀。毛苌《天保》传曰：弔，至也。弔从弗，小篆作绋[⑤]，助执绋，弔之礼也。助执绋，则同轨毕至，以逮士外姻至，故弔之。引申之，训为至。古文叔与弔二文极似，易误读。《尚书·君奭》篇之"不弔"，《大诰》之"不弔"，《诗·大雅》"不弔不祥，威仪不类。"弔皆当为叔。不叔者，言不淑也。凡叔字千百见，弔字才一二见，故备论之。

——据朱善旂《敬吾心室彝器款识·应公鼎》，光绪间石印本

书汤海秋诗集后

（1837 年—1838 年）

人以诗名，诗尤以人名。唐大家若李、杜、韩及昌谷、玉溪，及宋、元眉山、涪陵、遗山，当代吴娄东，皆诗与人为一，人外无诗，诗外无人，其面目也完。

---

① "干"下，王佩诤校本脱"亦"字。

② 此跋尾，朱善旂记云："此龚定盦祠部说。"又，此跋亦见吴荣光《筠清馆金石文字》（以下简称筠清馆本）卷四。

③ 筠清馆本无"龚曰"二字。

④ "见申望鼎"四字，筠清馆本系注文。

⑤ "弔从弗，小篆作绋"，筠清馆本作"弔所从是弗字，小篆作绋"。

益阳汤鹏，海秋其字，有诗三千馀篇，芟而存之二千馀篇，评者无虑数十家，最后属龚巩祚一言，巩祚亦一言而已，曰：完。何以谓之完也？海秋心迹尽在是，所欲言者在是，所不欲言而卒不能不言在是，所不欲言而竟不言，于所不言求其言亦在是。要不肯挦撦他人之言以为己言。任举一篇，无论识与不识，曰：此汤益阳之诗。

——据汤鹏《海秋诗集》卷尾《评跋》，
同治十二年刻本

论私

（1838年前）

朝大夫有受朋友之请谒，翌晨，讦其友于朝，获直声者，矜其同官曰："某甲可谓大公无私也已。"龚子闻之，退而与龚子之徒纵论私义。

问曰："敢问私者何所始也？"

告之曰：天有闰月，以处赢缩之度，气盈朔虚，夏有凉风，冬有燠日，天有私也；地有畸零华离，为附庸闲田，地有私也；日月不照人床闼之内，日月有私也。圣帝哲后，明诏大号，劬劳于在原，咨嗟于在庙，史臣书之。究其所为之实，亦不过曰："庇我子孙，保我国家"而已。何以不爱他人之国家，而爱其国家？何以不庇他人之子孙，而庇其子孙？且夫忠臣忧悲，孝子啼泪，寡妇守雌，扞门户，保家世，圣哲之所哀，古今之所懿，史册之所纪，诗歌之所作，忠臣何以不忠他人之君，而忠其君？孝子何以不慈他人之亲，而慈其亲？寡妻贞妇何以不公此身于都市，乃私自贞，私自葆也？

且夫子哙，天下之至公也，以八百年之燕，欲予子之。汉哀帝，天下之至公也，高皇帝之艰难，二百祀之增功累胙，帝不爱之，欲以予董贤。由斯以谭，此二主者，其视文、武、成、康、周公，岂不圣哉？由斯以谭，孟子车氏，其言天下之私言也，乃曰："人人亲其亲，长其长而天下平。"且夫墨翟，天下之至公无私也，兼爱无差等，孟子以为无父。杨朱，天下之至公无私也，拔一毛利天下不为，岂复有干以私者？岂复舍我而徇人之谒者？孟氏以为无君。且今之大公无私者，有杨、墨之贤耶？杨不为墨，墨不为杨，乃今以墨之理，济杨之行；乃宗子哙，肖汉哀；乃议武王、周公，斥孟轲，乃别辟一天地日月以自处。

且夫狸交禽媾，不避人于白昼，无私也。若人则必有闺闼之蔽、房帷之设、枕席之匿、赪頳之拒矣。禽之相交，径直何私？孰疏孰亲，一视无差。尚不知父子，何有朋友？若人则必有孰薄孰厚之气谊，因有过从宴游，相援相引，款曲燕私之事矣。今曰大公无私，则人耶，则禽耶？

《七月》之诗人曰："言私其豵，献豜于公。"先私而后公也。《大田》之诗人曰："雨我公田，遂及我私。"《楚茨》之诗人曰："备言燕私。"先公而后私也。《采苹》[①] 之诗人曰："被之僮僮，夙夜在公。被之祁祁，薄言还归。"公私并举之也。《羔羊》之诗人曰："羔羊之皮，素丝五纶。退食自公，委蛇委蛇。"公私互举之也。《论语》记孔子之私觌，乃如吾大夫言，则《鲁论》以私觌诬孔氏。乃如吾大夫言，《羔羊》之大夫可以诛，《采苹》之夫人可以废，《大田》、《楚茨》之诗人可以流，《七月》之诗人可以服上刑。

——据吴刻本《定盦续集》卷一

非五行传

（1838 年前）

龚自珍曰：刘向有大功，有大罪，功在《七略》，罪在《五行传》。

自珍曰：凡灾异在五行[②]，未有五行能为灾异者也，五行终古不失其性[③]。成周宣榭火，御廪灾、桓、僖庙灾，非火不炎上也；亡秦三月火，火炎上如故。平地出水，水曷尝不润下[④]；河决瓠子[⑤]、酸枣，乃至尧时怀山而襄陵，水润下如故。关门铁飞，金从革如故。桑谷生朝，桑谷未尝不曲直[⑥]；雨木冰，桃、李冬华，霜不杀草，草木曲直如故。无麦无禾，是旸雨不时之应，非土不稼穑。

自珍又曰：予籀《洪范》，箕子以庶征配五事，不以五行配五事。

① "《采苹》"，误，应作"《采蘩》"。

② "自珍曰：凡灾异在五行"，朱氏二刻本、王佩诤校本作"凡五行为灾异"。

③ "未有五行能为灾异者也，五行终古不失其性"，朱氏二刻本、王佩诤校本作"五行未尝失其性也"。

④ "水曷尝不润下"，朱氏二刻本、王佩诤校本作"水未尝不润下也"。

⑤ "子"下，朱氏二刻本、王佩诤校本有"决"字。

⑥ "桑谷未尝不曲直"，朱氏二刻本、王佩诤校本作"桑谷非不曲直也"。

如欲以春秋灾异说《尚书》者[①]，宜作[②]《洪范·庶征传》，不得曰《五行传》。

自珍又曰：《洪范》休征五[③]，咎征亦[④]五，非六也，无六沴之义。

自珍又曰[⑤]：五事自五事，皇极自皇极，五福六极自五福六极，不相配。

五行家既加恒阴[⑥]以足六沴，又割皇极以界五事，皆以迁就六极尔。无悍于是者[⑦]，无棼于是者，亦无拙于是者。

自珍又曰：以五行还五行，以五事还五事[⑧]，以皇极还皇极，以五福六极还五福六极，而《洪范》可徐徐理矣。微但此，《易》自《易》，《范》自《范》，《春秋》自《春秋》。《易》言阴阳，《洪范》言五行，《春秋》记[⑨]灾异。以《易》还《易》，以《范》还《范》，以《春秋》还《春秋》[⑩]，姑正其名，而《易》、《书》、《春秋》可徐徐理矣。

自珍又曰：武王、箕子、西周之史氏[⑪]，不闻后世有儒者。古之儒者，不闻后世有禆灶、梓慎；禆灶、梓慎，不闻后世有文成、五利；文成、五利，不闻后有王莽；王莽不知后世有张角[⑫]、张鲁、五斗米、三里雾。如其割徙[⑬]五经以迁就之，角、鲁将毋经术之大宗哉[⑭]。

附案：《洪范·五行传》是向、歆之言，非伏生、张生、欧阳生之言。以《五行传》入《尚书大传》，诬伏生，近儒误也。孰误之？自马

---

① “以《春秋》灾异说《尚书》者”，朱氏二刻本、王佩诤校本作“用《春秋》灾异说《洪范》者”。

② “作”，朱氏二刻本、王佩诤校本作“为”。

③ “自珍又曰：《洪范》休征五”，朱氏二刻本、王佩诤校本作“且休征五”。

④ “亦”，朱氏二刻本、王佩诤校本作“又”。

⑤ “自珍又曰”，朱氏二刻本、王佩诤校本作“又申”。

⑥ “五行家既加恒阴”，朱氏二刻本、王佩诤校本作“彼加恒阴”。

⑦ “事”下，朱氏二刻本、王佩诤校本无“皆以迁就六极尔，无悍于是者”十二字。

⑧ “自珍又曰：以五行还五行，以五事还五事”，朱氏二刻本、王佩诤校本作“今以五事还五事”。

⑨ “记”，朱氏二刻本、王佩诤校本作“言”。

⑩ “以《范》还《范》，以《春秋》还《春秋》”，朱氏二刻本、王佩诤校本作“《范》还《范》，《春秋》还《春秋》”。

⑪ “自珍又曰：武王、箕子、西周之史氏”，朱氏二刻本、王佩诤校本作“武王、箕子、周初之史氏”。

⑫ “不闻后有王莽；王莽不知后世有张角”，朱氏二刻本、王佩诤校本作“不闻王莽；王莽不闻张角”。

⑬ “如其割徙”，朱氏二刻本、王佩诤校本作“如改”。

⑭ “经术之大宗哉”，朱氏二刻本、王佩诤校本作“经学之大宗也哉”。

端临始也。又有伪郑康成注，不知何人所为？自记[①]。

——据真迹本《为何绍基书未刊文稿册》

尊史

（1838 年前）

史之尊，非其职语言、司谤誉之谓，尊其心也。心如何[②]而尊？曰：能入。何谓入？曰：能知[③]天下山川形势，人心风气，土所宜，姓所系[④]，国之祖宗之令，下逮吏胥之所守[⑤]。其于言礼、言兵、言狱、言政[⑥]，言掌故、文章[⑦]，言人贤否，皆如其言家事，可谓能入矣[⑧]。又如何而尊？曰：能出。何谓能出[⑨]？曰：[⑩]天下山川形势，人心风气，土所宜，姓所系[⑪]，国之祖宗之令，下逮吏胥之所守，皆与有职焉，皆非其所专官[⑫]。其于言礼、言兵、言政、言狱，言掌故、文章[⑬]，言人贤否，譬[⑭]优人在堂下，号咷舞歌，哀乐万千，堂上观者，萧[⑮]然踞坐，眄睐而指点焉，可谓能[⑯]出矣。

不能[⑰]入者，非实录，垣外之耳，岂[⑱]能治堂中之优也耶？如此[⑲]，

---

① 朱氏二刻本无自记。王佩诤校本所补自记，“案”上，脱“附”字。

② “如何”，吴刻本（此文亦见吴刻本《定盦续集》卷一）、王佩诤校本作“何如”。

③ “曰：能入。何谓入？曰：能知。”吴刻本、王佩诤校本作“善入。何者善入”。

④ “姓所系”，吴刻本、王佩诤校本作“姓所贵，皆知之”。

⑤ “下逮吏胥之所守”，吴刻本、王佩诤校本作“下逮吏胥之所□守，皆知之”。

⑥ “言狱、言政”，吴刻本、王佩诤校本作“言政、言狱”。

⑦ “文章”，吴刻本、王佩诤校本作“言文体”。

⑧ “皆如其言家事，可为能入矣”，吴刻本、王佩诤校本作“如其言家事，可为入矣”。

⑨ “曰：能出。何谓能出”，吴刻本、王佩诤校本作“善出。何者善出”。

⑩ “天”上，吴刻本、王佩诤校本无“曰”字。

⑪ “系”，吴刻本、王佩诤校本作“贵”。

⑫ “皆与有职焉，皆非其所专官”，吴刻本、王佩诤校本作“皆有联事焉，皆非所专官”。

⑬ “文章”，吴刻本、王佩诤校本作“言文体”。

⑭ “譬”，吴刻本、王佩诤校本作“如”。

⑮ “萧”，吴刻本、王佩诤校本作“肃”。

⑯ “谓”下，吴刻本、王佩诤校本无“能”字。

⑰ “能”，吴刻本、王佩诤校本作“善”。

⑱ “岂”，吴刻本、王佩诤校本作“乌”。

⑲ “耶”下，吴刻本、王佩诤校本无“如此”二字。

则史之言，必有馀簾。不能[①]出者，必无高情至论，优人哀乐万千，手口沸羹，彼岂复能自言其哀乐也耶？如此[②]，史之言，必有馀喘。

是故欲为史，若为史之别子也者，毋簾毋喘，务[③]尊其心。心尊，则其言亦尊[④]矣；心尊，则其官亦尊[⑤]矣；心尊[⑥]，则其人亦尊矣。尊之之所归宿如何？曰：乃又有所大出焉[⑦]。出乎史，入乎道，欲知道者[⑧]，必先为史。此非我所闻，乃刘向、班固之所闻。见《艺文志》[⑨]。古有柱下史聃，史官尔[⑩]，卒为道家大宗。我无征也欤哉？

——据真迹本《为何绍基书未刊文稿册》

太史公书副在京师说[⑪]

（1838年前）

太史公为书百三十篇成，褒汉氏盛德，赫然跻于姬[⑫]室；次及功臣贤士大夫，靡不载[⑬]。《自序》云："藏之名山，传之其人[⑭]，副在京师。"

问：何以副在京师也？恩本朝也。恩本朝，则曷为副在京师[⑮]？

---

① "能"，吴刻本、王佩诤校本作"善"。

② "耶"下，吴刻本、王佩诤校本无"如此"二字，而有一"则"字。

③ "务"，吴刻本、王佩诤校本作"自"。

④ "言亦尊"，吴刻本、王佩诤校本作"官尊"。

⑤ "官亦尊"，吴刻本、王佩诤校本作"言尊"。

⑥ "心尊"，吴刻本、王佩诤校本作"官尊言尊"。

⑦ "乃又有所大出焉"，吴刻本、王佩诤校本作"乃又有所大出入焉。何者大出入？曰"。

⑧ "道者"，吴刻本、王佩诤校本作"大道"。

⑨ "闻"下，吴刻本、王佩诤校本无自注"见《艺文志》"四字，而有"向、固有征乎？我征之曰"九字。

⑩ "柱下史聃，史官尔"，吴刻本、王佩诤校本作"柱下史老聃"。

⑪ 《集外文》本、吴刻本（此文亦见吴刻本《定盦续集》卷一）、扶轮社本亦题《太史公书副在京师说》，龚橙编校本、王佩诤校本题《尊史三》，邃汉斋本题《尊史三（太史公书副在京师说）》，王文濡本、夏田蓝本题《太史公书副在京师说（尊史三）》。

⑫ "姬"，吴刻本、王佩诤校本作"周"。

⑬ "次及功臣贤士大夫，靡不载"，吴刻本、王佩诤校本作"次及功臣贤大夫，靡不毕载"。

⑭ "传之其人"，此语不见于《史记·自序》，而见于司马迁《报任少卿书》。

⑮ "曷为副在京师"，吴刻本、王佩诤校本作"何以副在京师也"。

曰：求唐、虞者，必于蒲阪、平阳①，求周必于雍、岐，求成周必于河、洛。欲求汉者，亦必于关中矣②，故副在京师。

太史公之先，官京师者③数世矣。太史公生左冯翊，而长京师，诵古文于京师，仕则紬石室金镄于京师。其两世所④师友，唐都、黄子，田何⑤、孔安国、壶遂⑥之伦，尽京朝⑦耆旧卿士。太史公家虽无剖符丹书之荣，其于京师也，根深而原远。而忘京师，则⑧是不恩王父，不恩父，以不恩师友，是故副在京师。

京师既上系君父，又必有磐石之宗，知古今之献，羽翼天室，世世无极，故⑨以所著书托焉。东西南北⑩，望之叆然踞天半焉。昔者仲尼大圣，与左丘明、南宫敬叔观百四十国⑪宝书于周，先是正考父⑫得名颂于周。史⑬聃主周藏室，仲尼问《礼》。名颂也，宝书也，礼也，其授受弗可以尽知⑭；要之昔之人所以镇抚王室，留贶史氏⑮，以增天府之重，则必⑯可知也。曰：后之人必有如京师以观吾书者焉，则太史公之志也。

若夫高骞远引，抱道以逝，矢孤往于名山，含薄怼于卿士，身隐矣，安用文之？介之推之所笑，师瞽适河汉⑰之所蹈，淮南宾客，所以望空山⑱而招王孙者也，则太史公之所不为。

---

① “蒲阪、平阳”，吴刻本、王佩诤校本作“平阳、蒲阪”。

② “中”下，吴刻本、王佩诤校本无“矣”字。

③ “师”下，吴刻本、王佩诤校本无“者”字。

④ “所”，吴刻本、王佩诤校本作“取”。

⑤ “田何”，应作“杨何”（据《史记·自序》）。

⑥ “国”下，吴刻本、王佩诤校本无“壶遂”二字。

⑦ “朝”，吴刻本、王佩诤校本作“师”。

⑧ “师”下，吴刻本、王佩诤校本无“则”字。

⑨ “极”下，吴刻本、王佩诤校本无“故”字。

⑩ “南北”，吴刻本、王佩诤校本作“北南”。

⑪ “叆然”，吴刻本、王佩诤校本作“叆叆”。“观”下，吴刻本、王佩诤校本无“百四十国”四字。

⑫ “父”，吴刻本、王佩诤校本作“叔”。

⑬ “史”，吴刻本、王佩诤校本作“老”。

⑭ “其授受弗可以尽知”，吴刻本、王佩诤校本作“其授受不可以尽知”。

⑮ “要之昔之人所以镇抚王室，留贶史氏”，吴刻本、王佩诤校本作“要知古之人所以宠灵史氏，镇抚王室”。

⑯ “则”下，吴刻本、王佩诤校本无“必”字。

⑰ “安用”，吴刻本、王佩诤校本作“焉用”。“河汉”，吴刻本、王佩诤校本作“河海者”。

⑱ “望空山”，吴刻本、王佩诤校本作“向山中”。

《自序》：少梁更名夏昜。《地理志》左冯翊夏阳注云：龙门在其北，故太史公是左冯翊夏昜县人也。刘知几《史通》作昜夏，误。自记①。

——据真迹本《为何绍基书未刊文稿册》

京师乐籍说

（**1838** 年前）

昔者唐、宋、明之既宅京也，于其京师及其通都大邑，必有乐籍。论世者多忽而不察。是以龚自珍论之曰：自非二帝三王之醇备，国家不能无私举动，无阴谋。霸天下之统，其得天下与守天下皆然。

老子曰：法令也者，将以愚民，“非以明民”。孔子曰：“民可使由之，不可使知之。”齐民且然。士也者，又四民之聪明、喜论议者也。身心闲暇，饱暖无为，则留心古今而好论议。留心古今而好论议，则于祖宗之立法，人主之举动措置，一代之所以为号令者，俱大不便。

凡帝王所居曰京师，以其人民众多，非一类一族也。是故募召女子千馀户入乐籍。乐籍既棋布于京师，其中必有资质端丽，桀黠辨慧者出焉。目挑心招，捭阖以为术焉，则可以钳塞天下之游士。乌在其可以钳塞也？曰：使之耗其资财，则谋一身且不暇，无谋人国之心矣；使之耗其日力，则无暇日以谈二帝三王之书，又不读史而不知古今矣；使之缠绵歌泣于床第之间，耗其壮年之雄材伟略，则思乱之志息，而议论图度，上指天下画地之态益息矣；使之春晨秋夜，为奁体词赋、游戏不急之言，以耗其才华，则论议军国、臧否政事之文章，可以毋作矣。如此则民听壹，国事便，而士类之保全者亦众。

曰：如是，则唐、宋、明岂无豪杰论国是，掣肘国是，而自取戮者乎？曰：有之。人主之术，或售或不售。人主有苦心奇术，足以牢笼千百中材，而不尽售于一二豪杰，此亦霸者之恨也。吁！

——据吴刻本《定盦续集》卷一

---

① 吴刻本无自记。王佩诤校本所补自记，“注”下，脱“云”字；“人”上，脱“夏昜县”三字。

撰四等十仪

（1838年前）

凡生民四体之盘躄、高卑、迟速以行礼，其别有三：一曰坐，二曰立，三曰跪。立然后揖，揖之别则有三。跪然后拜，古亦兼谓揖为拜，拜之别有九。凡朝之等有四：曰常朝，曰大朝，曰礼食，曰通行。凡常朝之仪又有三：一曰主坐臣亦坐，二曰主立臣亦立，三曰主坐臣立。

一曰：主坐臣亦坐，于载籍有征者如干事。

征曰：《考工记》曰："坐而论道，谓之三公。"《汉官仪》曰："御史大夫、尚书令、司隶校尉，皆专席坐，谓之三独坐。"他若贾生夜见孝文，为之前席；王常有功，光武诏其离坐；戴凭说经于东京，正旦有夺席之荣；范质①尸位于北宋，宰相有彻坐之辱。若斯之类，盖繁博矣。

二曰：主立臣亦立，于载籍有征者如干事。

征曰：《曲礼》曰："主佩倚则臣佩垂，主佩垂则臣佩委。"《春秋》传曰："孔父正色而立于朝，则人莫敢致难于其君。"《周礼》："天揖同姓，土揖异姓，时揖庶姓。"又《太仆》："王视朝则前，正位而退。"郑玄说之曰："王既立。"许慎《说文解字》曰："位，从立。"

三曰：主坐臣立，于载籍有征者如干事。

征曰：《书·顾命》："凭玉几。"《康王之诰》："太保暨芮伯咸进相揖。"又曰："群公既皆听命，相揖趋出。"他若与群臣决事，征秦皇之《本记》。倚立求决，征梁武之诏书。语其主则非令，语其世则去古未远。

大朝之仪又有三：一曰主立臣立，二曰主坐臣坐，三曰主坐臣立。

一曰：主立臣立，于载籍有征者如干事。

征曰：《曲礼》："天子当依而立，诸侯北面而见天子曰觐；天子当宁而立，诸公东面、诸侯西面曰朝。"《明堂位》："天子负斧扆，南面而立。"《太史公书·叔孙通传》："功臣、列侯、将军、军吏陈西面，东向；文官丞相以下至六百石陈东面，西向。"

二曰：主坐臣坐，于载籍有征者如干事。

征曰：《叔孙通传》曰："诸侍坐殿上，皆伏抑首。"《汉官仪》曰："司徒府中，有天子以下大会殿，如古外朝，以决大事也。"

① "范质"，原作"范志"，误，据王佩诤校本改。

三曰：主坐臣立，于载籍有征者如干事。

征曰：《周礼》“司士，正朝仪之位，辨其贵贱之等。”朝士掌建邦外朝之法，左九棘，孤卿位焉，群士在其后；右九棘，公、侯、伯、子、男位焉，群吏在其后；面三槐，三公位焉，州长众庶在其后。

其通行于大朝、常朝者一事，曰：主立臣拜。主立臣拜，载籍繁，不可具征也。

又通行于大朝、常朝者一事，曰：臣拜起仍就列立。臣拜起仍就列立，载籍繁，不可具征也。

至于燕飨皆谓之礼食。礼食之仪有二：一曰主立臣立，二曰主坐臣坐。

一曰：主立臣立，于载籍有征者一事。

征曰：《国语》曰：“礼之立成者为饫。”

二曰：主坐臣坐。主坐臣坐，载籍繁，不可具征也。

夫是之谓朝廷之四等十仪。古柱下之裔官，撰而志之云。

——据吴刻本《定盦续集》卷二

跋王北堂所藏明嘉靖双柏堂刻本越绝书

（**1838**年前）

余生平喜《穆天子传》、《越绝书》，以为可配《庄》、《骚》而四之。《穆天子传》得洪校本尽善，《越绝》尚沈霾丛刻中，未易读也。今北堂得此本，当与洪氏单行《穆天子传》并刊之，以慰好读二奇书者，惜未取丛刻一校。自珍瞥记。九月十八。

——据傅增湘《藏园群书经眼录》卷四《史部二》“《越绝书》十五卷汉袁康撰”条，中华书局1983年版

说京师翠微山

（**1838**年前）

翠微山者，有籍于朝，有闻于朝，忽然慕小，感慨慕高，隐者之所居也。

山高可六七里，近京之山，此为高矣。不绝高，不敢绝高，以俯临京师也。不居正北，居西北，为伞盖，不为枕障也。出阜城门三十五里，不敢远京师也。僧寺八九架其上，构其半，胪其趾，不使人无攀跻之阶，无喘息之憩，不孤巉，近人情也。与香山静宜园，相络相互，不触不背，不以不列于三山为怼也。与西山亦离亦合，不欲为主峰，又耻附西山也。草木有江东之玉兰，有苹婆，有巨松柏，杂华靡靡芬腴。石皆黝润，亦有文采也。名之曰翠微，亦典雅，亦谐于俗，不以僻俭名其平生也。

最高处曰宝珠洞，山趾曰三山盦，三山何有？有三巨石离立也。山之盩有泉，曰龙泉，澄澄然渟其间，其甃之也中矩。泉之上有四松焉，松之皮白，皆百尺。松之下，泉之上，为僧庐焉，名之曰龙泉寺。名与京师宣武城南之寺同，不避同也。寺有藏经一分，礼经以礼文佛，不则野矣。寺外有刻石者，其言清和，康熙朝文士之言也。寺八九，何以特言龙泉？龙泉迟焉，馀皆显露，无龙泉，则不得为隐矣。

余极不忘龙泉也。不忘龙泉，尤不忘松。昔者余游苏州之邓尉山，有四松焉，形偃神飞，白昼若雷雨，四松之蔽可千亩。平生至是，见八松矣。邓尉之松放，翠微之松肃；邓尉之松古之逸，翠微之松古之直；邓尉之松，殆不知天地为何物；翠微之松，天地间不可无是松者也。

——据吴刻本《定盦续集》卷一

在礼曹日与堂上官论事书

（**1838** 年 **2** 月）

主客司主事兼坐办祠祭司事龚巩祚谨启大人阁下：

巩祚以去年春，由宗人府主事调任今职，受事以来，于今一年。拙者之效，无所表见，而胸臆间有所欲言，不揣冒昧，欲以上裨高深于百一。大人观览之馀，加以采访，采访之后，如可行，次第施行。条目如左：

一、则例宜急修也。

定制各部则例，十年一修，天运十年而小变，人事亦然。十年之中，凡钦奉上谕，及臣工条奏，关系某部事宜，经某部议准者，该部陆续纂入，以昭明备。今按礼部则例，自嘉庆二十一年重修后，今二十三年矣。祠祭司典礼最为重大，应行纂入者，较三司繁赜数倍。三司亦有应纂入者。署中因循，惮于举事。若再积数年，难保案牍无遗失者，他日必致棘手。礼曹为朝廷万事折衷之地，较五部最重，今各部皆无二十年不开则例馆者，揆其轻重，未为允洽。

又，巩祚读嘉庆二十一年所修则例，舛错极多。此日重修，见闻相接，尚易订正。若迟至数年而后，旧人零落，考订益难。宜饬首领司详议，迅办奏稿，本年夏间举行。

一、风气宜力挽也。

巩祚先祖官礼部，巩祚之父又官礼部，今三世矣。髫丱以来，颇闻掌故，且知本部风气，在京曹最为雅正，乃近今则有难言者矣。

向来司员，名为坐办司事，至于掌印，尤系一司之雅望，岂以趋跄奔走为才？嘉庆初，司员有于宫门风露中，持稿乞画者，使少年新科为之，谓之观政，资格稍旧，则不为之矣。或笔帖式为之，主事不为之矣。近日专以赴宫门说稿为才，自掌印以下，有六七辈齐声说一件事者，有六七辈合捧一稿者，巩祚实羞为之。至于本部赴圆明园直日，是日也，四司不闻一马嘶，不见一皂隶迹矣。定例部臣赴园直日，轮派一人留署，注明摺尾。是皇上尚不欲堂官之全赴园也，况司官哉！堂官直日耳，司员自有其坐办之事，直日何预于四司哉？夫部中多一趋跄奔走、乞面见长之人，则少一端坐商榷、朴实任事之人。且司官日赴宫门见堂官，则堂官因之不必日至署，司官为无益之忙，堂官偷有辞之懒，所系岂浅鲜哉！

宜颁发堂谕一通曰："内廷尚书、侍郎，不能日日入署者，应画之稿，积至第八日，直日八日一周。遣笔帖式二员，汇捧至宫门面画，主事以上官，不许前来。"如此，则司事简矣。又颁堂谕一通："不在内廷行走之尚书、侍郎，日日入署，无须在宫门画稿。"如此，则堂事肃矣。又定一章程曰："遇奏事之期，其奏稿系由某司办者，许本司原办之官前来一员，随同听旨，馀员不必来。"如此，则司事益肃。夫简以肃，则复乾隆以前之气象矣。

又有请者，本部遇题缺及派差使时，竟有对众夸张：堂官向我询贤否，我保举谁，我保全谁者。此辈不学浅夫，于大局亦无能损益。但礼曹为风气之宗，一嚬一笑宜谨之，以防五部清议。

一、祠祭司宜分股办公也。

祠祭司关系至重，甲于诸司；官懈吏疲，散漫无纪，亦为诸司最！

推其故，由不分股办公故也。现在仪制司分股，故人知奋勉，无旬日不到署者，亦无呈堂乞画时，而本员尚不知此稿底里者。祠祭司不然，除掌印以外，并无专责，人人可问。夫天下事至人人可问，则人人不问，固不独祠祭司然矣。

嘉庆间，王侍郎引之知其如此，命以祠祭司仿照南司，分股办事。行之未久，有掌印者，志在独办，不愿均劳，以为若分办则掌印者与馀员何以异？乃力白其不便而止。此时幸无此专嫉之员。北司头绪颇多，宜悉心详议，复王侍郎之旧。或一股一人，或一股数人，或数股一人。此番议定，永远遵行。此亦造就人材之一道。

一、主客司宜亟加整顿也。

主客司者，为天朝柔远人，使外夷尊中国，地綦重也。近日至于大败坏，不可收拾，为四夷姗笑。原其故，由百务一诿之四译馆监督，而本司无权也。

馆监督之设，由外夷戾止，夫马众多，资其弹压而已。天家有饩廪之给，俾司宾客适馆授餐之事而已。至有事关中外大体大计者，宜责成该司，或白堂，或具奏，不得任馆监督一人，欲重即重，欲轻即轻，欲行即行，欲止即止也。道光四年，越南国王使陪臣呈请改贡道，尔时掌印边廷英具奏稿，尚书文孚奏驳之而止。十五年前，风气尚未大坏，若在今日，主客司恐不得预闻。礼部之有四译馆，犹户部之有宝泉局，兵部之有马馆而已。附本部以上通，其印现贮本部后库，非真京堂与六部卿贰抗衡者也。监督以京堂自处，以主客司为赘疣。去年高骊贡使，呈请裁减通官，其词剀切，监督福肇不问其是非，独驳斥之，堂司皆弗预诺。巩祚以为宜奏乞圣裁，不见听。未几，果有使臣倭什讷明训扰驿站之事，即系通官之害，明效大验。如一切事宜皆依乾隆、嘉庆故事，主客司预闻，岂有此事哉？

又，伏检旧案，主客司掌印满郎中不兼四译馆监督。四译馆监督，以三司郎中为之，何也？外夷在馆，钱粮出入，例由馆造册报司，由司覆核，咨户部报销。今监督即系本司，是自支自销，自造自报，自核自移，自咨自结，无此政体。客岁高骊三来，越南亦来，簿籍之属，同官不寓目焉。同官未必以不肖相疑，该监督何以自明，何以自处？宜急定章程，四译馆监督用三司郎中为之，在主客司者回避，永为定例。凡遇外夷具呈言事，令该司各员申明白大计者议，其或准或驳，共见共闻，小事白堂官，大事具奏。中外之情，不壅遏于一夫，天朝永无失大体之羞矣。

以上四条，主事龚巩祚冒死罪冒死罪①。[时]② 道光十八年正月开印日。

——据朱氏二刻本《定盦文集补编》卷三

致吴葆晋书③

（1838年4月30日）

弟因归思郁勃，事不如意，积痗所鼓④，肺气横溢，遂致呕血半升。家人有咎酒者，非也。但呕后仍跳如生獐。昨仍徒步出门，到黟馆访俞理初，剧谭以散之，涤荡之。归来不加剧，想无事矣。承访，承存问之，感不可言。今日又得桥尾之赐，仍赊酒与儿女共酌之，仍无所苦，惟午倦思就枕，馀无异平日。

明日，先诣龙泉寺馔伊蒲毕，赴子潇约。闻高巳生允为嫂夫人设祭，固见两君交谊如此深笃，亦由昔年中馈待宾客之贤，惜尔时弟未登堂，相知在巳生后也。明日，或寺中，或子潇处，必有相见之缘，但不能定何晷刻。

前托查叶坦斋炜同年请诰封一事，未知已托诰敕房友人否，叶来催问也。

榜信在迩，恐诸君今年最热闹⑤。不日风流云散，弟不知能随同乡下弟人，执鞭镫而渡黄河否？不尽欲言，谢谢！

红生仁兄

四月初七日

——据娟镜楼本《定盦遗著》

① “冒死罪冒死罪”，原作“谨议”，据朱氏初刻初印本改。按，“巩祚”下，朱氏初刻初印本有“冒死罪冒死罪”六字，而无“谨议”二字（该书卷一、卷二各收有一篇《在礼曹日与堂上官论事书》，卷一之篇如此，卷二之篇同朱氏二刻本）。又，龚橙编校本“巩祚”下，原亦有“冒死罪冒死罪”六字，后加删去符号，改为“谨议”二字。

② “道”上，龚橙编校本、朱氏初刻初印本有“时”字，据补。

③ 此信见娟镜楼本《定盦遗著·与吴虹生书》之一，亦见《中国学报》本《与吴虹生笺》第二通，王佩诤校本题《与吴虹生书［一］》。

④ “鼓”，《中国学报》本作“致”。

⑤ “今年最热闹”五字，《中国学报》本在“散”字下。

为何绍基书未刊文稿册跋[1]

（1838 年 5 月 15 日前）

［《双非双亦门颂》后，龚自珍手跋云］道光十八年岁在戊戌夏四月，子贞仁兄翰林知予将戒装出都，以素册属写所造述，曰："相思资也。"尽两昼写二千八百字，以报知我者。子贞高斋清厦是京师第一册府，异时长林丰草间翘首北望，此册得所托矣。仁和龚自珍一名巩祚并记。

［《重定双非双亦门颂》后，龚自珍手跋云］此颂再乞子贞印之。四月廿二日，飞雨崇朝，不得出门。睹此册尚有空叶，故书满之。巩祚。

——据真迹本《为何绍基书未刊文稿册》

致吴式芬书[2]

（1838 年 5 月—7 月）

徐问蘧寄来之齐侯器拓本，求赐我一读。阮师前夕以卷子命题识，诸君题时此拓本未寄到，想未及引。兹弟欲两器互斟，必可多识数字，以补诸君阙疑之一二，故求读之也。

子苾仁兄

巩祚顿首　廿五二更

吴老爷

外墨一纸赐览。

——录自《安徽师大学报》1982 年第 2 期，
原件藏北京大学图书馆

---

① 龚自珍《为何绍基书未刊文稿册》系《龚定盦诗文真迹三种》之一，内中依次录有《尊隐一首》、《非五行传》、《尊史》、《太史公书副在京师说》、《金坛方言小记》、《双非双亦门颂》与《重定双非双亦门颂一首》共七篇文章。何绍基（1799—1873），字子贞，号东洲，一号猿叟，湖南道州人。何凌汉长子。道光十六年（1836）进士。官翰林院编修，曾任四川学政。去官后，先后主山东泺源书院、长沙城南书院、浙江孝廉堂讲席。

② 原题《与吴式芬笺》（五）。

致吴式芬书①

（1838 年 5 月—7 月）

去年呈教之二十七种考释一册，望札东卿取回，付来手书。弟急欲读子贞、子毅之签，且欲录副本以自考。现在穷日之力录副，专俟此廿七种发回，则可以卒业。卒业后，尚有俗冗多端，寸阴尺玉，行色匆遽故也。力为催来，至感。弟于廿九日趋晤作别，即问

子苾仁兄早安

巩祚顿首　廿六卯刻

吴印大人

——录自《安徽师大学报》1982 年第 2 期，

原件藏北京大学图书馆

京师悦生堂刻石代宋经历

（1838 年 6 月 22 日—7 月 20 日）

或问曰：三代之极盛，养民之法备矣，其民犹有饥寒莫告者乎？应之曰：有。三代之贵游士大夫，有施舍振贷，以为德以为名者乎？应之曰：有。何以知之？曰：古之农，有大宗，有小宗，必有羡也；羡为闲民，闲民俟转移执事以生者也，执事不及之，则饥寒矣。其在《周礼》有六行，六行始于孝而终于恤，四行为亲亲之事，二行为仁民之事，以正三代贵游士大夫之行。其在《礼运》篇曰："鳏、寡、孤、独、废、绝有养也。"养之之法，古无专官，无条目。无专官，无条目，是费不出于公上也。费不出于公上，设卿大夫义又引嫌，以避民之归己，则鳏寡将谁养？然则富贵有禄入之家，必佐主上以养民，不始于宋之罕氏、齐之陈氏也明矣。

难之曰：闲民赡于其大宗。非其宗也，卿大夫弗预闻。应之曰：古之有姓氏，有谱系者，必公卿大夫之族，尽黄炎之裔，姬、姜、子、

① 原题《与吴式芬笺》（十七）。

姒、嬴、芈之人也。若夫草莽市井之人，丛丛而虱虱，不出于黄炎，其先未尝有得姓受氏之荣也。收族之大宗，各收其族，何以处草莽市井之无告者？故知必不然矣！

我圣清之休养民，同符乎三代。民固悦其生，然而饥寒之民，未尝一日绝于天地之间，天为之，非人为之也。是故京师有悦生堂，以佐圣天子养民，创之者谁？河南吴侍郎烜也。董成者谁？钱唐陈参议鸿、戚检讨人镜也。出赀者谁？碑阴所立诸公是也。有其赀，必有其地；有其地，必有其出入会计；有其出入会计，必有章程子目。风雨寒暑也孰亲之？扃钥也孰启闭之？木石砖瓦孰庀之？舆儓侵漏也孰问之？必有司事。司事者谁？都察院经历汾阳宋铭尧。始末皆在焉尔。宋铭尧记。道光戊戌五月。

——据吴刻本《定盦续集》卷四

致吴式芬书[①]

（1838 年 7 月 7 日）

荣觐归，尚未趋贺，不日想有坊局之喜。送上唐鱼符拓本二种，乞钩出加考释。鄙意造象必不可收，此等铜件虽琐碎，可收也。沈子惇考和川鱼符数纸，览之如可用即用之，但潭州尚须考。弟史学模糊，仍恃左右为之。此候

子苾仁兄年大人

巩祚顿首　十六日

外一册。

——录自《安徽师大学报》1982 年第 2 期，原件藏北京大学图书馆

致吴式芬书[②]

（1838 年 7 月 14 日）

款识中如有“元年”字者，或“元祀”字。乞示一二种，弟能发小议

① 原题《与吴式芬笺》（七）。

② 原题《与吴式芬笺》（十）。

论也。叶处廿七种一册，沈子惇考鱼符一札，俱发下为幸。弟日内尚能相助为理，欲修补一二条，满案尚纷罗群籍，出此月则束装矣。此上
子苾仁兄

珍顿首

吴老爷　　行返初服，亦返原名。廿三。

——录自《安徽师大学报》1982年第2期，原件藏北京大学图书馆

致吴式芬书[①]

（**1838**年**7**月**24**日—**8**月**2**日）

鄙意欲定杭人所藏字多之敦第一段“□公”为“鄘公”。“鄘”字见石鼓文，薛尚功以为是“廓”字，《古文苑》之释文同。从此得窍矣。“廓”即“郭”也，“郭”即“虢”也。长州宋于庭言，春秋“郭公”即“虢公”。渠胪七证，而弟忘之，是以欲考读蔡中郎《郭有道碑》，记碑中言郭氏先出虢仲云云。如实然，岂不大妙。弟记忆不真，求检读之，并覆我，则此敦定案，亦阁下所乐闻也。专此再渎，即候
子苾仁兄著安

巩祚叩

书已订成分器十二册，送呈阮师处矣。附闻。

——录自《安徽师大学报》1982年第2期，原件藏北京大学图书馆

致吴式芬书[②]

（**1838**年**8**月**3**日）

款识清厘为十二册，以器分，以便依器续入。旬日前，呈芸台相国，今日发回，大略草草阅过，中夹数签，无十分紧要语。又于齐侯罍

① 原题《与吴式芬笺》（九）。

② 原题《与吴式芬笺》（十二）。

器跋尾末亲笔增两语，又于齐侯第二器跋尾中亲笔增两语，览之自悉，亦闲话也。弟算缴卷，此后恐无暇覆审谛之，恃有渊雅敏捷十倍于弟者董其成矣。

子苾仁兄

六月十四日　巩祚状

——录自《安徽师大学报》1982 年第 2 期，原件藏北京大学图书馆

致吴式芬书①

（1838 年夏）

弟行有日矣，不复能商榷文字，而自客夏到今，所过眼之拓本已上硬黄者，愿全数覆目一通。求于日内裒聚在一处，弟诣尊斋作一番𪺅读。胸中尚有所贡疑，此番谭罢，则不知何年重相见矣。《乐游原倡和诗》一本、《虎丘古鼎考》一本、《文断》甲选一本，求检出付还。此候道安

巩祚顿首

吴六老爷

始之不能终之，皆恃有学、才、识三长之仁兄，弟甚负荷丈。又陈。

——据《香书轩秘藏名人书翰》上册，第 189 页，浙江古籍出版社 2005 年版，原件苏州李学忠藏

致吴式芬书②

（1838 年 10 月 3 日）

三仓一册检还。闻旌拂廿二南指，届期诣国西门握别，如能留墨迹少许见惠，以为异日相思资，大幸。如冗极不暇作字，有旧题跋尾在碑

① 原题《龚自珍致吴六老爷书札》。

② 原题《与吴式芬笺》（二）。

在画者，皆妙。外呈弟杭州住址一条，乞留览。上
子苾仁兄

巩祚顿首　八月望

——录自《安徽师大学报》1982年第2期，
原件藏北京大学图书馆

重辑六妙门序

（1838年12月17日）

昔者大师判八教曰：藏、通、别、圆、顿、渐、秘密、不定。前四教之仪，后四教之相。自初禅、四禅、四无量心，展转至于师子奋迅三昧，渐也；《摩诃止观》、《觉意三昧》两部，顿也。秘密，未说。《六妙门》、《十六特胜门》、《通明观》三部，不定也。

《六妙门》何以不定？曰：门门不定，因不定，果不定。

一曰数，数者，三藏教五停心之一停心。但契经不云乎？阿那波那，三世一切佛入道初门，此门彻下彻上，不局藏教。不定者一也。

二曰随，随者，《十六特胜门》中之先锋，因随以知息出入相，冷暖涩滑，促长相，除身相，恃随阶神通特胜摄，不专取通妙门摄，随之本旨异矣，随以后次第又异。不定者二也。

问：数随二门，凡观不净，大不净者，必先由之；故合不净观，谓之二甘露门，要是凡夫禅，小乘法。若夫圆人、四念处总十法界以为处，观非净非不净；又观息法，观无常也；圆人则观非常非无常；此为浅狭，彼为高远。

应之曰：汝论理，非论事，理则诚然。六祖门徒元策，游河朔，遇禅人智隍，见其入定而笑之曰：定有入出耶？理亦诚然。我以事论，则大不然，不跏趺坐，则四威仪中，取何者为相？不停心，则虽有无上知见，为烦恼风，动摇慧灯，若存若灭，不知风相，那知地水火相？不知内四大相，那获天眼通，见千世界相？常行常坐，半行半坐，古人克期为之，克期则有出入明矣。故有慧行，有行行，圆悟者侧修，下学者上达。且夫妄心不异于真心者，岂指下手处言？妄之不拣，难用功故。闻

诃栴[1]檀，不得反取粪故。十五门禅，古德目初禅为根本禅，以用阿那波那故。《摩诃止观》有二十五科，为前方便，方便中亦有调息一门，息如不调，心如猿猴，难可制故。

三曰止，用制心止也。虽云用制心止，不及三大止，但视乎其人尔。未开圆解，且用制心止，制心一处，何事不办？如开佛知见矣，于跏趺时，用三种大止，用体真止，即空而假而中焉可矣；用随缘方便止，即假而空而中焉可矣；用息二边分别止，即中而空而假焉无不可矣；神明规矩，弘道者人。不定者三也。

四曰观，此部之观，先观息，乃观身受[2]心法四倒，成四念处，其观息也略；但四念处之喤引而已。特胜通明，由观息克取神通，故详；此门或取通，或不取通，故略。及其成四念处也，是四枯四念处，非四荣四念处，为未圆人聊说如此。圆人三种大观，不纵不横，全体大用，正在此时，藉在此时，无不可矣。不定者四也。

五曰还，此门还是裂小网，开佛知见曰裂大网，还者非他，《觉意三昧》之观，观心是也，夫亦各还其所还而已矣。不定者五也。

六曰净，准上此净，但是声闻净，声闻析假入空得称净，缘觉体假入空亦称净；乃知如来四德，亦受净名。不定者六也。

有至定者存乎？曰：名目定，网格定，次第不可紊则定，首尾相注则定。

元藏目录《六妙门》三卷，在“谨”字函，为大师全书二十七种之一。明藏南北皆阙，惜哉，痛哉！读《释禅波罗密次第门》十卷，其第七卷曰：《六妙门》才二千言，非元藏单行本。元藏既不可见，此亦足以窥全指于十四乎？未可知也。刻木行，以少慰天台裔人求古笈之志，微此，不定一门熄矣。

大清道光十八年仲冬朔日，观实相之者涤笔叙。

——据吴刻本《定盦文集补·续录》

春秋决事比自序

(1838 年前后)

龚自珍曰：在汉司马氏曰：“《春秋》者，礼义之大宗也。”又曰：

① “栴”，王佩诤校本同，风雨楼本作“旃”。

② “受”，王佩诤校本同，风雨楼本作“爱”。

“《春秋》明是非，长于治人。”晋臣荀崧踵而论之曰：“公羊精慈，长于断狱。”九流之目，有董仲舒一百二十三篇，其别公羊决狱十六篇，颇佚亡，其完具者，发挥公羊氏之言，入名家；何休数引汉律，入法家；而汉廷臣援《春秋》决赏罚者比比也，入礼家矣，又出入名法家。

或问之曰：任礼，任刑，二指孰长？应之曰：刑书者，乃所以为礼义也；出乎礼，入乎刑，不可以中立。抑又闻之，《春秋》之治狱也，趋作法也，罪主人也，南面听百王也，万世之刑书也。决万世之事，岂为一人一事？是故实不予而文予者有之矣，岂赏一人？藉劝后世曰：中律令者如是！实予而文不予者有之矣，岂诛一人？藉诫后世曰：不中律令者如是！呜呼！民生地上，情伪相万万，世变徙相万万，世变名实徙相万万，《春秋》文成才数万，指才数千，以秦、汉后事，切劘《春秋》，有专条者十一二，无专条者十八九，又皆微文比较，出没隐显，互相损益之辞。公羊氏所谓主人习其读，问其传，未知己之有罪者也。斯时通古今者起，以世运如是其殊科，王与霸如是其殊统；考之孤文只义之仅存，而得之乎出没隐显之间；由是又欲竟其用，径援其文以大救裨当世，悉中窾理；竹帛烂，师友断，疑信半；为立德、适道、达权之君子，若此其难也。

自珍既治《春秋》，龥理罅隙，凡书弑、书篡、书叛、书专命、书僭、书灭人国火攻诈战、书伐人丧、短丧、丧娶、丧图婚、书忘雠、书游观伤财、书罕、书亟、书变始之类，文直义简，不俟推求而明，不深论。乃独好刺取其微者，稍稍迂回赘词说者，大迂回者。凡建五始，张三世，存三统，异内外，当兴王，及别月日时，区名字氏，纯用公羊氏；求事实，间采左氏；求杂论断，间采穀梁氏，下采汉师，总得一百二十事。独喜效董氏例，张后世事以设问之。以为后世之事，出《春秋》外万万，《春秋》不得而尽知之也；《春秋》所已具，则真如是。后世决狱大师，有能神而明之，闻一知十也者，吾不得而尽知之也；就吾所能比，则真如是。每一事竟，忾然曰：假令董仲舒书完具，合乎？否乎？为之垂三年，数驳之，六七䌷绎之，七十子大义，何邵公所谓非常异义可怪，恻恻乎权之肺肝而皆平也。向所谓出没隐显于若存若亡也者，朗朗乎日月之运大圜也，四宫二十八宿之摄四序也。传曰：“不察之，寂若无，深察之，无物不在。”又曰：“笃信谨守。”世有疑而不肯察，闻道而不肯信，与土苴残阙而不肯守，吾末如之何也已矣。

既成，部为十一篇，命之曰《春秋决事比》。其本之礼部主事武进刘君者凡七事，大书“刘礼部曰”别之，如公羊子称沈子、女子、北宫子曰故事。

附：春秋决事比目录

——据扶轮社本《全集·定盦文拾遗》

春秋决事比答问第一 《不定律篇》答问十事②

（**1838** 年前后）

甲问：据大著立不定律，有高乎诸家之义，如何？

答甲：夫不定律者，权假立文也。权假何以立文？假之吏也。天下大狱必赴吏。吏也者，守常奉故，直而弗有。是故弑则弑，叛则叛，盗则盗；是故弑弑则弑，叛叛则叛，盗盗则盗。是故峻大防，画大表，以谁何天下臣子，而以权予上。吏虽知天下民狱之幽隐矣，不皆彻闻之；虽彻闻之，不皆尽其辞。既彻闻之，既尽其辞，而卒以权予上。夫自处粗，不得不以精意予上，自处直，不得不以仁予上。古之奉法者曰：夫明庶物，察人伦，总是非，申仁恕，极精微，则中国一人而已矣。吏何职之与有？《春秋》当兴王，假立是吏而作。今律，有部议，有部拟，

① “十一”下，《皇清经解续编》本《春秋决事比·目录》有校注云：“按引经传百二十事原佚。”

② 《皇清经解续编》本《春秋决事比》（下同）题为《〈不定律篇〉答问》。

有阁臣票双签、票三签，有恩旨缓决，皆本《春秋》立文者也；先原奏，后旨意，两者具，然后狱具。作者曰：是亦吾所为测《春秋》也。

乙问：《春秋》假立吏，许世子狱如何？

答乙：书许世子止弑其君买，是拟死；书葬许悼公，是恩原之。《春秋》之吏，闻有父饮子药而死者，急欲成子之意拟之死。俄而《春秋》闻之，闻其愚孝，无有弑志，乃原之。

丙问赵盾。

答丙：书晋赵盾弑其君夷獆，是拟死。复见赵盾，是恩原之。《春秋》之吏，闻有君弑，大臣不讨贼者，拟之死。俄而《春秋》闻之，闻其数谏，无有弑志，乃原之。

丁问赵鞅。

答丁：书赵鞅入于晋阳以叛，是拟死；书晋荀寅、士吉射，入于朝歌以叛，晋赵鞅归于晋，是恩原之。《春秋》之吏，闻有无君命而称兵君侧者，拟之死。俄而《春秋》闻之，闻其除君侧之恶人也，曰：外臣有兵柄者，当如是矣。乃原之。

戊问楚公子比。

答戊：此执法吏区别请之矣。书楚公子比弑其君虔于乾溪，是拟死；加书归于楚，是区别乞请之文；书楚公子弃疾杀公子比，是恩原之。《春秋》之吏，闻有君弑自立者，拟之死。又闻其胁也，加区别并奏之。《春秋》察之而信，乃原之。

己问晋里克。

答己：书晋里克弑其君之子夷齐①，曰君之子，又去月；书弑其君卓子，去日，是拟死。再三加区别乞请之文，书晋杀其大夫里克，称国以杀，不去官，不去氏，是再三恩原之；又不书晋惠公之葬，是追恤之。《春秋》之吏，闻有大夫杀二幼君者，拟之死。又闻二幼君之立也本不正，大夫惟不忘正，不从君于昏，以至此也，加区别奏之。《春秋》察之而信，乃原之，又重恤之。

庚问齐桓公。

答庚：书齐小白入于齐，是拟上杀兄争国之罪当坐；卒备月日，葬备月日，是恩原之。《春秋》之吏，闻有无天子命而自立，不让而争者，拟坐。《春秋》察之，以为逆取而顺守，顺著而逆微，乃原之。

---

① “夷齐”，《春秋公羊传·僖公九年》作“奚齐”（见中华书局本《十三经注疏》下册，第2252页）。

辛问：吏必严酷于主，乃为执法吏耶？因问齐桓公何以书葬？

答辛：否否。今律谳未具，吏不得以意入人罪；狱期限未毕限，吏亦不得入人罪。《春秋》书葬我君桓公，是法吏权释勿问；至庄公不书公即位，是朝命特诛之。《春秋》之吏，闻有君弑，仇在外未可得而复者，故权勿问。《春秋》察之，以为终无复仇志，乃诛之。

壬问：凡功罪相除者，吏得自除之乎？因问宝玉、大弓事如何？

答壬：否否。凡《春秋》事两见者，皆先下而后上也，设吏自除，《春秋》两不得书之矣。书盗窃宝玉、大弓，是拟上守土臣失天子符信，弃祖宗世守之罪，当坐大不道。书得宝玉、大弓，是除，除必免死，免死非吏任也。

癸问葬宋庄公？

答癸：书宋乱，是拟上篡罪，当坐死；葬宋庄公，是除。《春秋》之吏，闻有不义篡立者，拟之死。《春秋》察之，以为父贤可以庇子罪，乃除之。凡除，视此文。

春秋决事比答问第二《不屑教律篇》答问三事①

（**1838** 年前后）

甲问：不屑教矣，何比之有？

答：所以尊教。不可理者，理之而益棼；不可教者，教之而益犯。后之兴王，必有欲自尊其声名者焉，视吾比文。

乙问楚子诱戎蛮子及楚世子商臣弑其君髡两义。

答：昭十六年，楚子诱戎蛮子杀之。公羊子曰：“楚子何以不名？夷狄相诱，君子不疾也，若不疾，乃疾之也。”何休曰：“据诱蔡侯名。”此一事。文元年冬十月丁未，楚世子商臣弑其君髡。何休曰：“襄三十年夏四月，蔡世子般弑其君固。”不忍日。夷狄弑父，忍言其日。此又一事。所以然者，《春秋》假立楚为夷狄，若曰后有王者，四裔之外逆乱，非守土之臣所告，宜勿问，视此文可也。曷为宜勿问？问之则必加兵。中国盛，兵力盛，加兵而服，则必开边，则是因夷狄之乱以收其土地，仁者弗为也。中国微，兵力微，加兵而不服，则必削边，则丧师、糜饷、削边以取夷狄笑，智者弗为也。故勿问者，《春秋》之家法，异

---

① 《皇清经解续编》本题为《〈不屑教律篇〉答问》。

内外之大科也。

丙问阍弑、盗杀两义。

答：襄［二］[1] 十九年，阍弑吴子馀祭；哀四年，盗杀蔡侯申。何休皆曰："不言其君。"龚自珍曰：所以然者，礼不下庶人也。礼不下庶人者，礼至庶人而极；刑人罪人，又为庶人所不齿也。千乘之君而见杀于阍盗，盖吴子、蔡侯与阍盗，均不屑教也。后之有位，死非所死，视此文也。

春秋决事比答问第三《律目篇》答问十事[2]

（1838 年前后）

甲问曰：据大著《律目篇》，父子兄弟相首匿，愿闻其常？

答甲：孔子曰："父为子隐，子为父隐。"言父子则兄弟在其中。《春秋》毁泉台《传》曰："父筑之，子毁之，讥。"是子虽正，不得暴父恶也。《春秋》齐人来归子叔姬《传》曰："父母之于子，虽有罪，犹若不欲服其罪者然。"是子虽不正，父不得暴其恶也。二者，《春秋》之常律也。今律，子弟讦发父兄罪，虽审得实，犹先罪讦发者，是亦吾所为测《春秋》也。

乙问：首匿篡弑何以自处？

答乙：父也，兄也，不可谏，先死之；子也，弟也，不可教，以家法死之。死之而不明之于有司，不暴之于乡党国人也。若夫为国家者，案得教谏实迹，表异之。案不得教谏实迹，亦无连坐。则文王之法也。

丙问：非父子兄弟如何？

答丙：叔孙得臣卒，不日。人臣知贼首匿，罪当诛，又常律也。

丁问：既知其常，愿闻其变？

答丁：周公以叔父相犹子，亲之甚，贵之甚，诛不避母兄，用亲以灭亲焉。石碏诛石厚，鲁君子左丘明曰："大义灭亲。"皆其变也。

戊问：季友为常为变？

答戊：季友以叔父辅犹子，与周公同，应用变例。

---

① "襄"下，王佩诤校本据《春秋公羊传》补"二"字（参中华书局本《十三经注疏》下册，第 2312 页）。

② 《皇清经解续编》本题为《〈律目篇〉答问》。

戊复问：公羊氏、汉儒何休，皆以为季友逸贼，不诛，实首匿之，未尝用变例也。

复答戊：公羊氏失辞者二，失事实亦二；何休大失辞者一。庆父弑二君，罪百于牙，酖牙也是，则逸庆父也非；逸庆父是，则酖牙也非。二者安所据？赵盾匿穿，何以书弑？二者安所别？周公诛管、蔡，季友得匿庆父，二者安所正？一以为道，一以为律，皆异吾所闻。

己问：愿得季友事实？

答己：季友实不匿庆父，实用变例，非如两经师言。般之弑狱有所归，宛转迁就，事势为之，非不探其情而诛之也。闵之弑，友且挈僖公奔邾矣，仓皇避贼，岂遑追贼？又非缓追逸贼也。二者又皆非首匿也。庆父卒死于季友之手，与牙同。夫周公之诛母兄也异矣，友之诛母兄也，又有艰焉。不察其艰，不迹其卒，一以为道，一以为律。

庚问：季友之事实既知之矣，敢问常变二律安所施？据《论语》答攘羊语，及毁泉台归子叔姬二义，或以事之巨细，分别得首匿不得首匿乎？

答庚：否否。苟得首匿，篡弑下与攘羊同；苟不得首匿，攘羊上与篡弑同。律何本？本人情也。攘羊当坐笞，犹不相发，矧发大狱乎？筑泉台之观游、淫佚之失德犹相蒙，矧败大名乎？为国家求忠臣直士，不求之卖骨肉之门，赫甚！

辛问：区别不以事，则必以人，律意可喻而知乎？

答辛：以攘羊喻周公、石碏、季友，亲受羊于主人而牧之也。楚之直躬者，于羊主人并世而生尔。

壬问：周公、季友得诛兄，是弟之得加变律乎兄也；石碏得诛子，是父之得加变律乎子也。万一贵戚、宰辅之父谋反，是察于人伦之君子，必推类至是而后毕者，亦有以处乎？

答壬：《孟子》曰："桃应问曰：'舜为天子，皋陶为士，瞽瞍杀人，则如之何？'孟子曰：'执之而已矣。''然而舜不禁欤？'曰：'夫舜恶得而禁之？夫有所受之也。''然则舜如之何？'曰：'舜视弃天下，犹弃敝屣也。窃负而逃，遵海滨而处，终身䜣然，乐而忘天下。'"是其比也。

癸问楚令尹之子弃疾、唐李怀光之子璀两事。

答癸：弃疾之父非反，弃疾又不谏，与闻杀父，无足称者。璀之父反，璀又谏，疑璀贤矣，抑璀身非贵相大臣，法尚不得诛，况夫璀但得谏怀光，但得殉怀光死，不得白德宗。白德宗，非《春秋》法也。

春秋决事比答问第四《律细目篇》答问九事①

（1838年前后）

甲问：据大著《律细目篇》，罕睹非常之义，何为而作乎？

答：欲令今之知律者有所溯也。语曰：称曰自古，古曰在昔，昔曰先民，吾所以作。今律与《春秋》小龃龉，则思救正之矣，又吾所以作。

乙问：今律，一人犯数罪，以重者科之，中《春秋》某律？

答：庄十年，公侵宋，公羊子曰："战不言伐，围不言战，入不言围，灭不言入，书其重者也。"

丙问：今律，赃未入手减等，《春秋》如是乎？

答：《春秋》律不如是。宣元年，齐人取济西田，公羊子曰："何以书？赂齐也，为弑子赤之赂也。"何休曰："时②邑未之齐。"坐者，犹律行言许受赂。

丁问：今律，误杀人有勿论、有论减等，中《春秋》某律？

答：襄公二十五年，吴子谒伐楚，门于巢卒。公羊子曰："入巢之门而卒也。"何休曰："吴子伐楚过巢，不假涂入巢门，门者以为欲犯巢而射之。君子不怨所不知，故与巢得杀之。"

戊问：今律，年幼犯罪不坐，中《春秋》某律？

答：昭二十四年③尹氏立王子朝。何休曰："贬尹氏，讥世卿，不贬王子朝者，年未满十岁，未知欲富贵也。"

己问：今律，非夫若子不得捕奸，中《春秋》某律？

答：《春秋》于内女淫佚者，深没其文。齐人执单伯、齐子执子叔姬是也。内小恶不讳，惟淫讳，非讳也，《春秋》非讨淫之书也。外小恶本不书，《春秋》三世，又无讥外相淫者。《礼》：天子内屏，诸侯外屏，不察人之闺门也。难之曰：蔡人杀陈佗，不以其外淫贱之乎！答：蔡之当讨者也，非《春秋》讨之也。

---

① 《皇清经解续编》本题为《〈律细目篇〉答问》。

② "时"，《公羊传·宣公元年》"为弑子赤之赂也。"何休注作"取"（见中华书局本《十三经注疏》下册，第2277页）。

③ "昭二十四年"，应作"昭二十三年"（参中华书局本《十三经注疏》下册，第2328页）。

庚问：今律，犯罪分首从，中《春秋》某律？又《春秋》仅如是乎？

答：《春秋》密矣！今律，但分首从，《春秋》从之中又分从。隐元年，公及邾仪父盟于蔑。公羊子曰："及，我欲之也；暨，不得已也。及，犹汲汲；暨，犹暨暨也。"是其义也。

辛问：今律，初犯轻，再犯重，中《春秋》某律？

答：庄七年，大水，无麦苗。公羊子曰："待无麦，然后书无苗。"何休曰："不登二谷乃书。"天不以一灾儆人，君子不以一过责人，是也。

壬问：今律，大盗不分首从皆死，何所祖？

答：昭二十二年，刘子、单子以王猛居于皇。何休曰："不举重者，二子尊同权等。"此不分首从律所祖。

春秋决事比答问第五《人伦之变篇》答问八事①

（1838年前后）

甲问：人伦之变，大科如何？

答曰：《春秋》何以作？十八九为人伦之变而作。大哉变乎！父子不变，无以究慈孝之隐；君臣不变，无以穷忠孝之类；夫妇不变，无以发闺门之德。精义入神，以致用也；比物连类，贵错综也。其次致曲，加王心也；直情径行，比兽禽也。《春秋》之狱，不可以为故当；《春秋》之文，不可以为援；《春秋》之义，不可以为例；《春秋》之训不渎，一告而已，不可以再；或再告而已，不可以三。是故《春秋》之指，儒者以为数千而犹未止，然而《春秋》易明也，易学也。《春秋》之狱，有吏辞，有王者辞。《春秋》张三大，治三细，其处三大也恒优，劾之也反厉；处三细恒惬，劾之也反恕；处三大恒直，待之也恒显；处三细恒曲，待之也恒隐。何谓吏辞？吏辞先也；何谓王者辞？王者辞后也。三大：君、父、夫；三细：臣、子、妇。

乙问：今律，父杀子，轻于平人。《春秋》晋侯杀其世子，尔②诡诸卒，不书葬何也？

① 《皇清经解续编》本题为《〈人伦之变篇〉答问》。

② "尔"，《皇清经解续编》本同，王佩诤校本作"书"。

答曰：闻之刘礼部矣。杀世子、母弟，罪加杀命卿一等。皆直称君者。此《春秋》大异乎今律，不可不知也。其在《康诰》，父不慈，子不祗，兄不友，弟不恭，皆元恶大憝，皆所谓天惟与我民彝大泯乱，乃其速由文王作罚，刑兹无赦者，《春秋》法文王也。速由也者，如今律决不待时。

丙问复仇之节。

答曰：何休曰："诸侯之君与王者异，义得去，去则绝。"伍子胥是也。故比之曰：今世家长杀雇工非道，视此文。凡臣民不得仇天子，得仇天子之臣；不得仇天子执法之大臣，得仇天子之谮臣，齐襄公是也。故比之曰：今世设有三法司枉挠人命，视此文。

丁问：母预弑父，《春秋》不立子仇母之文，如何？

答：鲁庄许绝母，不许求母，在穀梁子曰："独阴不生，独阳不生。"是其义也。

戊问：大著援经文妾为君母者之称，与诸师往往不合，如何？

答：隐公之母书夫人子氏薨；僖公之母书夫人风氏薨；书葬我小君成风，皆媵也，而《春秋》夫人之。据董子曰：主地法夏而王，母不以子贵；主天法商而王，母以子贵；主天法质而王，母以子贵。主地法文而王，母不以子贵。周，文家也。穀梁氏不受《春秋》改制大义，故习于周而为之说。《春秋》，质家也，公羊氏受《春秋》改制大义，故习于《春秋》而为之说。汉亦质家也。尊薄太后庙食，礼也。故龚自珍援以比《春秋》。

己问穀梁氏之大失。

答：以仲子为惠母，以夫人子氏为隐妻，皆失事实，于大科为不史。妾母别立宫，《礼》文无征说，考仲子之宫，失事实，又失义，于大科为不经。妾母别立宫矣，又于子祭于孙止，是生则缓带，死则馁也，失义，于大科为不孝。以惠公、仲子为一，以僖公、成风为一，失事实，于大科为不辞。

庚问：穀梁子言秦人弗夫人也而见正，穀梁必非无据。

答：周末文胜，秦人不以我小君成风为夫人，用周法。穀梁家不得据周法难《春秋》法矣。郑玄驳《五经异义》曰："汉尊薄太后，礼之变，古礼未之有也。"郑氏不通《春秋》，不得据周法难汉质家法。又告之曰：予说此事；与刘礼部异。

辛问：公羊氏许卫辄得正，后世可援比乎？

答：何休救正之曰："虽得正，非义之高者也。"许止虽见赦，犹不宜为君；卫辄虽得正，犹不合义。后之决事者，虽不得诛若人，若人亦不得自援《春秋》。

——据扶轮社本《全集·定盦文拾遗》

商周彝器文录序

（1838年后）

羽琌山民曰：商器文，但象形指事而已；周器文，乃备六书，乃有属辞。周公讫孔氏之间，佚与籀之间，其有通六书，属文辞，载钟鼎者，皆雅材也，又皆贵而有禄者也。制器能铭，居九能之一，其人皆中大夫之材者也。

凡古文，可以补今许慎书之阙；其韵，可以补《雅》、《颂》之隙；其事，可以补《春秋》之隙；其礼，可以补逸《礼》；其官位氏族，可以补《世本》之隙；其言，可以补七十子大义之隙。

三代以上，无文章之士，而有群史之官。群史之官之职，以文字刻之宗彝，大抵为有土之孝孙，使祝嘏告孝慈之言，文章亦莫大乎是，是又宜为文章家祖。

其及五百名者，有曶[①]鼎；六百名者，有西宫襄父盘，则与《周书》七十一篇相出入矣。摹其篆文，以今字录之，如孔安国治《尚书》，以今文读读之古文也。

——据吴刻本《定盦续集》卷三

学隶图跋

（1838年—1839年）

汉女子善史书者，见班史二人：孝成许皇后、楚主[②]侍者；见范史者三人：和熹邓皇后、顺烈梁皇后、安帝生母左姬也。应劭说，史书是籀文。吾外王父段君于《经韵楼集》中及《〈说文解字·叙目〉注》中辨其非是，以

① “曶”，王文濡本、夏田蓝本同，邃汉斋本、扶轮社本、王佩诤校本误作“曶”。

② “主”，原作“王”，误，校改。

为史书即隶书也。《淳化阁帖》中摹刻卫夫人飞白“江南之人兮”五字，玩其笔势，亦隶书也。

吾师朱虹舫少宗伯之爱女葆英女士，幼娴八法。其所为今隶规矩翰苑而又能作汉隶书，予获观焉，法度敛而气势纵，盖神明于《礼器碑》而参以《史晨碑》者。既归曲阜吾友孔绣山孝廉，益以学术相规檠，而韩敕、史晨诸汉石迩在庭庑，朝夕扪读之。神仙伉俪，其为乐事，倘所谓得未曾有者耶？抑曲阜祭器款识皆周时古文大篆，如其拓而临之，审六书之源，以实应仲远之说，则汉世徒隶书又不足学也。

——据孔宪彝辑《小莲花室图卷题辞》卷一，
道光二十五年刻本

国清百录序

（1839 年前）

藉《四教仪》于龙泉寺，在“弊”字函。与同函者，《国清百录》也，灌顶撰。大师训言，暨大师所历梁、陈、隋三朝帝王，至于缁白问答、文笔、表启、笺谢，往返踪辙，一字一句，靡不搜载。此大师年谱，不必有年谱矣。此《天台志》，不必有山志矣。百有四篇曰百录，举成数也。

师生梁武帝大同四年戊午，灭于隋文帝开皇十七年丁巳，示年六十。姓陈氏，汉陈仲弓，其八世祖也。彭氏《净土圣贤录·智𫖮传》曰：“年六十七”，未知何据？

——据风雨楼本《龚定盦别集》

为龙泉寺募造藏经楼启

（1839 年前）

大法之东也，寄嘱人王，寄嘱宰官、长者、居士。予读全藏，有官译，有官写，有官刊①，其目录尽在官。宋藏、元藏，今颇有存者，皆官纸，纸尾有官牒。

---

① “刊”，王佩诤校本作“判”。

其世近尤易征者，永乐中诏刊全藏一万一千馀卷，依周兴嗣千字胪而次之，颁天下诸寺。今在大江以南者为南藏，在京师者为北藏，香木铜镮，象玉锦绣，以为装函；高楼飞宇，以为庋阁；名称歌曲、香火之田，以为赞叹、护持、供养。明祚久长，十五陵岿然。明之士大夫，席承平之清暇，往往探秘典，问玄文，支那盛有述作。万历中，浙之径山，始易梵夹为册书，别刊经论五千卷，剞劂浩穰，亦问之一时士大夫。予读径山藏，识其卷尾，考其出赀之家，尽科目之选，而志乘之杰也。垂三百载，其云礽遗裔，多丰饶贵显未艾者，功德吉祥，岂其诬乎？

微独往古，我世宗宪皇帝，神圣天纵，留意内学，谓是与周孔之言，异名同实，不可执一废一者也。爰颁大帑，契众经二十八种，合二百馀卷；又刊《古德祖师语录》三十八种，百馀卷；又刊《宗镜录》百卷，颁诸寺。又诏以潜邸之雍和宫为奉佛处，以大臣专领之。高宗朝，益置内府匠人其中，月壕象三百尊，万世勿减，其象岁颁京师诸寺。自法流此土，功德无如圣清者；国祚世运，自有书契，则亦无如我圣清者。[通儒大方，可以笃信，可以力行也矣。]①

夫有倡于上，则必有贵种福德之臣助于下，相与报佛恩，祈福德，以合成一世界之福德，岂可阙也？② 永乐北藏全千函而不缺者，今兹仅矣。京师九门，不满三十分。宣武门西南龙泉寺，古刹也，实有一分，完不蚀，望之栉然，触之馤然。寺卑湿，虑其久而蠹也，无楼居，虑不足以极崇弆之美也。且龙泉地势清远，水木之表，宜有郁然叆然者峙焉，使民望焉为祈向之宗，百福之汇，而以庇国庇民，不亦美乎？王公贝勒，贵官大夫，无使径山专美明代！

——据风雨楼本《龚定盦别集》

送钦差大臣侯官林公序③

(1839 年 1 月 5 日前后)

钦差大臣兵部尚书都察院右都御史林公既陛辞④，礼部主事仁和龚

---

① “矣”下，有邓实校注云：“实按，以上三句为孝拱所增。”

② “也”下，有邓实校注云：“实按，原本作‘岂非事理之必然者哉?’此句为孝拱所改。”

③ 题下原注：“戊戌十一月”。

④ “陛”下，王佩诤校本无“辞”字。

自珍则献三种决定义，三种旁义，三种答难义，一种归墟义。

中国自禹、箕子以来，食货并重。自明初开矿，四百馀载，未尝增银一厘。今银尽明初银也，地中实，地上虚，假使不漏于海，人事火患，岁岁约耗银三四千两，况漏于海如此乎？此决定义，更无疑义。汉世五行家，以食妖、服妖占天下之变。鸦片烟则食妖也，其人病魂魄，逆昼夜，其食者宜缳首诛！贩者、造者，宜刎脰诛！兵丁食宜刎脰诛！此决定义，更无疑义。诛之不可胜诛，不可绝其源；绝其源，则夷人不逞，奸民不逞；有二不逞，无武力何以胜也？公驻澳门，距广州城远，夷笮也。公以文臣孤入夷笮，其可乎？此行宜以重兵自随，此正皇上颁关防使节制水师意也。此决定义，更无疑义。

食妖宜绝矣，宜并杜绝呢羽毛之至。杜之则蚕桑之利重，木棉之利重，蚕桑、木棉之利重，则中国实。又凡钟表、玻璃、燕窝之属，悦上都之少年，而夺其所重者，皆至不急之物也，宜皆杜之。此一旁义。宜勒限使夷人徙澳门，不许留一夷。留夷馆一所，为互市之栖止。此又一旁义。火器宜讲求。京师火器营，乾隆中攻金川用之，不知施于海便否？广州有巧工能造火器否？胡宗宪《图编》，有可约略仿用者否？宜下群吏议。如带广州兵赴澳门，多带巧匠，以便修整军器。此又一旁义。

于是有儒生送①难者曰：中国食急于货，袭汉臣刘陶旧议论以相觝。固也，似也，抑我岂护惜货，而置食于不理也哉？此议施之于开矿之朝，谓之切病；施之于禁银出海之朝，谓之不切病。食固第一，货即第二，禹、箕子言如此矣。此一答难。于是有关吏送难者曰：不用呢羽、钟表、燕窝、玻璃，税将绌。夫中国与夷人互市，大利在利其米，此外皆末也。宜正告之曰：行将关税定额，陆续请减，未必不蒙恩允，国家断断不恃榷关所入，矧所损细所益大？此又一答难。乃有迂诞书生送难者，则不过曰为宽大而已，曰必毋用兵而已。告之曰：刑乱邦用重典，周公公训也。至于用兵，不比陆路之用兵，此驱之，非剿之也；此守海口，防我境，不许其入，非与彼战于海，战于艅艎也。伏波将军则近水，非楼船将军，非横海将军也。况陆路可追，此无可追，取不逞夷人及奸民，就地正典刑，非有大兵阵之原野之事，岂古人于陆路开边衅之比也哉？此又一答难。

---

① “送”，原作“逆”，据王佩诤校本改。

以上三难，送难者皆天下黠猾游说，而貌为老成迂拙者也。粤省僚吏中有之，幕客中有之，游客中有之，商估中有之，恐绅士中未必无之，宜杀一儆百。公此行此心，为若辈所动，游移万一，此千载之一时，事机一跌，不敢言之矣！不敢言之矣！古奉使之诗曰："忧心悄悄，仆夫况瘁。"悄悄者何也？虑尝试也，虑窥伺也，虑泄言也。仆夫左右亲近之人，皆大敌也，仆夫且忧形于色，而有况瘁之容，无飞扬之意，则善于奉使之至也。阁下其绎此诗！

何为一归墟义也。曰：我与公约，期公以两期期年，使中国十八行省银价平，物力实，人心定，而后归报我皇上。《书》曰："若射之有志。"我之言，公之鹄矣。

附：复札

定盦先生执事：月前述职在都，碌碌软尘，刻无暇晷，仅得一聆清诲，未罄积怀。惠赠鸿文，不及报谢。出都后，于舆中细绎大作，责难陈义之高，非谋识宏远者不能言，而非关注深切者不肯言也。窃谓旁义之第三，与答难义之第三，均可入决定义；若旁义之第二，弟早已陈请，惜未允行，不敢再渎；答难之第二义，则近日已略陈梗概矣；归墟一义，足坚我心，虽不才曷敢不勉？执事所解诗人悄悄之义，谓彼中游说多，恐为多口所动，弟则虑多口之不在彼也。如履如临，曷能已已！

昨者附申菲意，濒行接诵手函，复经唾弃，甚滋颜厚。至阁下有南游之意，弟非敢沮止旌旆之南，而事势有难言者，曾嘱敝本家岵瞻主政代述一切，想蒙清听。专此布颂腊祺。统惟心鉴不宣。

愚弟林则徐叩头　戊戌冬至后十日

——据朱氏二刻本《定盦文集补编》卷四

致何绍基书[①]

(1839年2月13日前)

雪中之炭，感不可言。谨谢谨谢！附呈一条，乞入之《筠清馆陵阳

① 原题《与何子贞书》(王佩诤校本同)。

子明翫跋尾》中，勿遗忘之，至属至属！天台宗书，不可缓也。岁杪人事蹙而天心复。无暇争闲事。即颂

子贞仁兄椒祉

巩祚和南

附：复笺

钱牧斋《杜诗注》引《陵阳子明经》春食朝霞。在《空囊》诗注。

顾予咸《温飞卿诗注》引《陵阳子明经》：倒景，气去地四千里，其景皆倒。在《太液池头》注。

按：《陵阳子明经》当是道书，国初如钱牧斋、顾小阮皆见之引之，而今无刻本，恐道藏中尚有之。未及检也。

——据娟镜楼本《定盦遗著》

邓太恭人八旬寿序

（**1839** 年春）

尝读《周雅》之文曰："孝子不匮，永锡尔类。"锡类之义，儒者弗克深究。道光十八年冬十有一月，皇帝简工部郎中南海廖君知四川夔州府。君与仁和龚巩祚最友善，语巩祚曰：吾有老母，今年八十矣。南海距京师远，吾母不乐北方，不就养。今之承恩命而西也，将谋取道楚之常德，间关水驿以迎母。又曰：吾自岁己丑省侍，离膝下十稔，家书至，益健，宜贺我。夫夔州，今西南之上腴也，禄入甚厚。君此行，同朝士大夫莫不羡之。尤羡其克逮禄养，为福之竺，为时之祥，为士夫之荣，为大顺之至。

廖君则又条疏其母平生，而告巩祚曰：吾母邓太恭人，先君子之簉室也。先君子五十无嗣，太恭人来归，一岁中再诞我兄弟，故我名曰甡。甡生四岁，而先君子没矣。吾母仰饘粥于伯母，以抚二孤，以吾兄为伯父后，先君子遗书一败簏，督甡读之。一灯甇然，书声琅然，纺声谡然，邻里已识廖氏为有子。吾已议婚，妇家诇知廖氏贫，议悔婚。里父老不平，将讼之。太恭人曰：彼弗能安贫，强之归我，能相安乎？吾儿勤学，重以先世积德，吾门且昌，何患无妇？乃再聘于冯氏，今冯恭

人也。恭人侍姑南中，姑以为孝，吾十年无南顾忧。吾忝科第，累蒙主上恩，今官专城，门户果大，皆如吾母之言。巩祚闻之，感且泣。同朝士大夫知太恭人晚岁如此，其获天佑助禄如是厚，躬如是康强，人伦如是其顺，而不知其生平况瘁如此。古人云：庸德之艰难，百倍于奇节异烈。亶其然哉！

廖君笃于朋友，语巩祚：君集一百卷未刊行，我将任其半。又：君有归养之志，以负债京师不克如志，明年我当以俸寄君，佽君装。巩祚有老父，离膝下之岁，一如吾廖君离其母之岁，陟岵永叹以债言不可去，疚孰甚焉。今君及此言，是君以钟鼎养，巩祚得以林泉养也；是君之有功于斯文甚巨，有功于我平生出处本末又甚巨也。憬然曰：《既醉》之诗曰："孝子不匮，永锡尔类。"异日两家邮筒相问讯于五千里之外，宜临风而诵是诗。廖君曰：善！盍书之？遂书之。下以志友朋聚散之感，中以祝廖君政成，上以为邓太恭人寿。

道光十九年□月榖旦，赐同进士出身、前礼部主客司主事、宗人府主事仁和通家子龚巩祚顿首拜撰，赐同进士出身、翰林院编修世愚侄何绍基顿首拜书。

——据《南海廖维则堂家谱》卷二《艺文》，民国十九年刻本

问经堂记

（1839年5月22日前）

乾隆中，杭州先正曰卢学士，所居曰抱经堂。登是堂也，无杂宾，无杂言焉。今大学士仪征阮公所燕居曰揅经室。入是室也，无杂宾，无杂言焉。夫言之庞，由学之歧也；所居之猥缛，由嗜好之俚也；宾客之䕸孰洿哗，由主人之不学也。

京师宣武坊，有堂辟然，曰问经堂。主人出，窥其容，颀然者，聆其欬，铿然者，试其行，肫然者，从之游，效其威仪，逮然者。虽以龚巩祚之吴然喜言百家，登是堂，愀乎非五经之简毕不敢言焉。主人陈其氏，庆镛其名，颂南其字，福州其籍，户部主事其官，曩尝与巩祚游阮公之门者也。巩祚题其楣之左偏。

——据朱氏二刻本《定盦文集补编》卷四

致何绍基、何绍业书[①]

（1839年5月22日）

贞兄、毅兄均览：所欲言多，胪如后：

一、毅兄为我作岭外度牒，勿忘勿忘，万勿草草。此我晚年踪迹关系，为霞满天，拜君之赐。

一、昨为陈颂南作一小文颇佳，录出呈两兄教，并望便中持付颂南，且告之曰：昨书于高丽笺者非定本，此定本也。应酬文至此，亦不恶矣。

一、弟十九日动身。动身后小有善后事宜，昨以面托贞兄，谅不我厌。特再申请，忘其颜厚。

一、为我写一五言小楹贴赠别，集杜句“海内文章伯，周南太史公”，毋论两兄孰款，皆妙。

一、闻海秋言，欲约贞兄及颂南偕我作郊外之游，此事断无此暇晷矣。断字可删。非客气也。斋头蜀笋，风味奇俊，惠我少许。

一、闽中[②]吴布政处因缘如此，不必再强为我作合。弟如刊拙集于粤中，此亦一种。

一、十九日以前，谅尚可一见。伫候贞兄典浙试矣。

一、弟昨向芝龄座师乞光和量打本，已允打数纸见予。如得两纸，当存一纸于所办册中，当于动身前交上。此一心事也。

即候

贞兄、毅兄道安

巩祚临歧所状　己亥四月初十日

——据罗振玉《雪堂类稿·戊　长物簿录（二）》第766页，

《雪堂书画隅录·册卷·49. 国朝名贤书札集册》，

辽宁教育出版社2003年版，原件为罗振玉旧藏

---

① 何绍业（1799—1839），字子毅，号芸轩，一号琴庄，湖南道州人。何凌汉次子，与兄绍基孪生，出嗣伯父何凌灏为子。荫生。候选县主簿。

② “闽中”，原作“关中”，误，校改。道光十九年，吴荣光为福建布政使（参钱实甫《清代职官年表》第3册，第1907页，中华书局1980年版）。

己亥六月重过扬州记

（**1839** 年 **7** 月）

居礼曹，客有过者曰：卿知今日之扬州乎？读鲍照《芜城赋》，则遇之矣。余悲其言。

明年，乞假南游，抵扬州。属有告籴谋，舍舟而馆。既宿，循馆之东墙，步游得小桥。俯溪，溪声讙。过桥，遇女墙啮可登者，登之，扬州三十里，首尾屈折高下见。晓雨沐屋，瓦鳞鳞然，无零甃断甓，心已疑礼曹过客言不实矣。入市，求熟肉，市声讙；得肉，馆人以酒一瓶、虾一筐馈。醉而歌，歌宋、元长短言乐府，俯窗呜呜，惊对岸女夜起，乃止。客有请吊蜀冈者，舟甚捷，帘幕皆文绣，疑舟窗蠡觳也，审视，玻璃五色具。舟人时时指两岸曰：某园故址也，某家酒肆故址也，约八九处，其实独倚虹园圮无存。曩所信宿之西园，门在，题榜在，尚可识，其可登临者尚八九处；阜有桂，水有芙渠菱芡，是居扬州城外西北隅，最高秀。南览江，北览淮，江、淮数十州县治，无如此冶华也。忆京师言，知有极不然者。

归馆，郡之士皆知余至，则大讙，有以经义请质难者，有发史事见问者，有就询京师近事者，有呈所业若文、若诗、若笔、若长短言、若杂著、若丛书乞为序、为题辞者，有状其先世事行乞为铭者，有求书册子、书扇者，填委塞户牖，居然嘉庆中故态。谁得曰今非承平时耶？惟窗外船过，夜无笙琶声，即有之，声不能彻旦。然而女子有以栀子华发为贽求书者，爰以书画环瑱互通问，凡三人，凄馨哀艳之气，缭绕于桥亭舰舫间，虽澹定，是夕魂摇摇不自持。余既信信，拿流风，捕馀韵，乌睹所谓风号雨啸、鼯狖悲、鬼神泣者？嘉庆末，尝于此和友人宋翔凤侧艳诗，闻宋君病，存亡弗可知，又问其所谓赋诗者，不可见，引为恨。

卧而思之，余齿垂五十矣。今昔之慨，自然之运，古之美人名士富贵寿考者几人哉？此岂关扬州之盛衰，而独置感慨于江介也哉？抑予赋侧艳则老矣；甄综人物，搜辑文献，仍以自任，固未老也。天地有四时，莫病于酷暑，而莫善于初秋，澄汰其繁缛淫蒸，而与之为萧疏澹荡，泠然瑟然，而不遽使人有苍莽寥泬之悲者，初秋也。今扬州，其初秋也欤？予之身世，虽乞籴，自信不遽死，其尚犹丁初秋也欤？作《己亥六月重过扬州记》。

——据吴刻本《定盦续集》卷三

邵子显校刊娄东杂著序

（1839年7月）

国家以苏州、松江、太仓州为一道，睿皇帝朝，命家大人分巡之，自珍实侍任。凡关甄综人物，搜辑掌故之役，大人未尝不以使自珍焉。大人去治十五年矣。自珍仕京师，宾客且尽，遗闻坠欢，无可语者，凄黯而已。

岁已亥，乞籴南下，信信扬州。扬州教谕邵子显，太仓人也，方校刊《娄东杂著》成。自宋始，迄于当代，凡五十六部，大抵四库所未录，藏弆家所未见。邵君有心哉！

苏若松未之闻也，若徽州，若吾浙西三府，若扬州，若常州，爱其乡先辈，而乐以其言饷天下者，岂乏其人，何居乎不效子显之所为？尚书陶澍尝语李兆洛曰：愿辑本朝江左人书，萃四库已收未收者。李辞兹事体大，不敢承。噫，江左百数州县耳，使一州有一邵子显，各纂其州，予限七年，此事何患不成？春秋时，周室有百四十国之书，固出自百四十国者也，仲尼赖之。此事成，可以傲嬴刘，媲柱下，储以俟后圣。

邵君为予渡河所见第一士。邵君饷书为渡河第一乐。曩予营别墅于昆山县，距太仓一舍。天如予我以萧闲，著述于其中，当效邵君之所为，且挐舟商榷之。

——据吴刻本《定盦续集》卷三

跋钱南园临《枯树赋》

（1839年10月7日—20日）

予在髫龄，侍父于徽州官廨，任征讨文献之役。卷轴随身，以旧藏钱侍御南园书帙为可珍玩，是皆先大父匏伯公官滇池时所得。南园直声震天下，望重兰台，一时士大夫相与倾慕。其书胎习褚法，独树一帜，不随时流徒逞姿媚，足以征风节之高矣。己亥九月，仁和龚自珍记于羽琌山馆。

——据严宝善《贩书经眼录》卷五，《龚定庵吴窸斋跋钱南园临枯树赋一册》，浙江古籍出版社1994年版，原件为湘潭黎氏旧藏

徐泰母碣

（1839年）

侯官林氏女，为上海徐兆洙妻；期而寡；遗腹子曰泰。泰从林受《孝经》。既长，好文章，笃于朋友，龚自珍友之。告自珍曰："吾母平生再刲股，一疗吾外王母疾，再疗吾王母疾，皆愈，亲族无知者。寡十四岁而卒。卒岁馀，吾祖母病眩瞀，家人恐。病者忽自语：'愈矣，适四娘立吾侧，饮吾茶。'果愈，侍病者皆泣。'四娘'者，吾父于诸同产季也。"

道光十九年，诏旌上海县徐兆洙妻林氏，泰立石墓侧，使自珍铭。铭曰：

生以肉疗母，死以魂翼母，宜有德有文之子炽尔后。

——据《定盦续集》卷四

病梅馆记

（1839年—1840年）

江宁之龙蟠，苏州之邓尉，杭州之西溪，皆产梅。

或曰：梅以曲为美，直则无姿；以欹为美，正则无景；梅以疏为美，密则无态。固也。此文人画士，心知其意，未可明诏大号，以绳天下之梅也；又不可以使天下之民，斫直，删密，锄正，以夭梅、病梅为业以求钱也。梅之欹、之疏、之曲，又非蠢蠢求钱之民，能以其智力为也。有以文人画士孤癖之隐，明告鬻梅者，斫其正，养其旁条，删其密，夭其稚枝，锄其直，遏其生气，以求重价，而江、浙之梅皆病。文人画士之祸之烈至此哉！

予购三百盆，皆病者，无一完者，既泣之三日，乃誓疗之、纵之、顺之，毁其盆，悉埋于地，解其棕缚；以五年为期，必复之全之。予本非文人画士，甘受诟厉，辟病梅之馆以贮之。呜呼！安得使予多暇日，又多闲田，以广贮江宁、杭州、苏州之病梅，穷予生之光阴以疗梅也哉？

——据吴刻本《定盦续集》卷三

上清真人碑书后

（1839年—1841年）

余平生不喜道书，亦不愿见道士，以其剿用佛书门面语，而归墟只在长生，其术至浅易，宜其无瑰文渊义也。独于六朝诸道家，若郭景纯、葛稚川、陶隐居一流，及北朝之郑道昭，则又心喜之，以其有飘飘放旷之乐，远师庄周、列御寇，近亦不失王辅嗣一辈遗意也，岂得与五斗米弟子并论而并轻之耶？

至唐而又一变，唐之道家，最近刘向所录房中家，唐世武曌、杨玉环皆为女道士，而至真公主奉张真人为尊师。一代妃主，凡为女道士，可考于传记者四十馀人，其无考者，杂见于诗人风刺之作；鱼玄机、李治辈应之于下，韩愈所谓“云窗雾阁事窈窕”，李商隐又有“绛节飘摇空国来”一首，尤为妖冶，皆有唐一代道家支流之不可问者也。

因跋《上清真人碑》，忽然感此，牵连记。姑苏女士阿箾侍，附记。

——据吴刻本《定盦文集补·续录》

致吴葆晋书[①]

（1840年春）

虹生十四兄亲家年大人侍右：别吾虹生十阅月，固未尝有只字与一

① 此信见娟镜楼本《定盦遗著·与吴虹生书》之十二，亦见《中国学报》本《与吴虹生笺》第十一通，王佩诤校本题《与吴虹生书〔十二〕》。

切朋旧，并无只字与虹生，盖欲致虹生书，即万言不能了矣。近来胸中怕触动哀乐事。而弟颓放无似，往来吴越间，舟中之日居多，在家则老人且不得萧闲如先辈林下之乐，况弟乎？出门则干求诸侯，不与笔砚亲。幸老人有别业在苏州府属昆山县城，距杭州可三日程，弟月必一至，内子亦暂顿于是。弟至其地，则花竹蔚然深秀，有一小楼，面山，楼中置笔砚，弟偷闲暂坐卧于是。今日北客欲行，催我作书与虹生，墨不及浓，即在此楼之所为也。

弟去年出都日，忽破诗戒，每作诗一首，以逆旅鸡毛笔书于帐簿纸，投一破簏中；往返九千里，至腊月二十六日抵海西别墅，发簏数之，得纸团三百十五枚，盖作诗三百十五首也。中有留别京国之诗，有关津乞食之诗，有忆虹生之诗，有过袁浦纪奇遇之诗。刻无抄胥，然必欲抄一全分寄君读之，则别来十阅月之心迹，乃至一坐卧、一饮食，历历如绘。此诗夏日必到大川店，今日固不暇也，须排比之故也。奇遇一节，记君饯我于时丰斋之夕，言定盦此游，必有奇遇合。何以君能作此谶？但遇合二字甚难，遇而不合，镜中徒添数茎华发，集中徒添数首惆怅诗，供读者回肠荡气，虹生亦无乐乎闻此遇也。

江春靡靡，所至山川景物，好到一分，则忆君一分，好到十分，则忆君亦到十分。所至恨不与虹生偕，亦不知此生何日获以江东游览之乐，当面夸耀于君，博君且羡且妒，一拊掌乃至掀髯一相嘲相诟病。已矣，恐难言之矣。今秋努力，江浙两省为一副考官，目下为欲复晤龚定盦，而埋头作小楷，以冀一得当焉，何如？

去年谒孔林，有“清樽三宿孔融家”之句，爱其淳古，与绣山之弟经阁六兄言及，欲缔一重姻好于君家，为他年重到之缘，经阁许之。兹绣山书来，又承虹生作媒，欣慰！欣慰！小女灶下婢所生，名阿莼，年五岁矣，其母已死，内子鞠之。人固不论其所自生也。男子尚然，女子似可不深论。绣山降心许之，乞虹生为我致词曰：谨遵嘉命而已，繁文缛礼，弟皆不知，此后但以一纸书来为定。外有地脚一纸，乞致绣山弟，此时断断不暇作书与绣山矣。

星房、星垣两同年可常常见？见时说定盦心绪平淡，虽江湖长往，而无所牢骚，甚不忘京国也。

顺问

合潭安乐。

——据娟镜楼本《定盦遗著》

怀古田舍诗钞序

（1840年春）

平原旷野，无诗也；沮洳，无诗也；硗确狭隘，无诗也。适市者，其声嚣；适鼠壤者，其声嘶；适女闾者，其声不诚。天下之山川，莫尊于辽东。辽俯中原，逶迤万馀里，蛇行象奔，而稍稍泻之，乃卒恣意横溢，以达于岭外。大澥际南斗，竖亥不可复步，气脉所届，怒若未毕。诗有肖是者乎哉？诗人之所产，有禀是者乎哉？

夫诗必有源焉。《易》、《书》、《诗》、《春秋》之肃若泬若，周、秦间数子之缜若峍若，而莽荡，而噌吰，若敛之惟恐其坻，揫之惟恐其溢，孕之惟恐其昌洋而敷腴，则夫辽之长白、兴安大岭也有然。审是，则诗人将毋拱手却甋，肃拜植立，槁乎其不敢议，愿乎其不敢吴言乎哉！乃放之乎三千年青史氏之言，放之乎八儒、三墨、兵、刑、星气、五行，以及古人不欲明言，不忍卒言，而姑猖狂恢诡以言之之言，乃亦摭证之以并世见闻，当代故实，官牍地志，计簿客籍之言，合而以昌其诗，而诗之境乃极。则如岭之表、海之浒，磅礴浩汹，以受天下之瑰丽，泄天下之抛怒也，亦有然。

铁孙家辽东，先世扈王师入关，为正黄旗汉军人。康熙中，徙广东，隶广州将军，为广州驻防人。金戈铁马，其世胄也，而徐君用经术起家，登甲科，为剧邑令，以诗睥睨南东。友其人者，淳闷如适辽；读其诗，挹其志，雄奇如适岭、海。奓矣哉！天下山川首尾，君既扼之矣，用书君之诗之端。仁和龚巩祚序。

——据徐荣《怀古田舍诗钞》卷首，
道光间刻本

附：送徐铁孙序

龚巩祚[①]曰：平原旷野，无诗也；沮洳，无诗也；硗确狭隘，无诗也。适市者，其声嚣；适鼠壤者，其声嘶；适女闾者，其声不诚。

① “巩祚”，吴刻本（此文亦见吴刻本《定盦续集》卷三）、王佩诤校本作“自珍”。

天下之山川，莫尊于辽东。辽俯中原，逶迤万馀里，蛇行象奔，而稍稍泻之，乃卒恣意横溢，以达于[1]岭外。大澥[2]际南斗，竖亥不可复步，气脉所届，怒若未毕；要之山川首尾可言者则尽此矣。诗有肖是者乎哉？诗人之所产，有禀是者乎哉？

巩祚[3]又曰：有之。诗必有原焉，《易》、《书》、《诗》、《春秋》之肃若泬若，周、秦间数子之缜若峍若，而莽荡，而噌吰，若敛之惟恐其坻，揫之惟恐其隘，孕之惟恐其昌洋而敷腴，则夫辽之长白、兴安大岭也有然。审是，则诗人将毋拱手欲矲，肃拜植立，槁[4]乎其不敢议，愿乎其不敢[5]言乎哉！于是乃放之乎三千年青史氏之言，放之乎八儒、三墨、兵、刑、星气、五行，以及古人不欲明言，不忍卒言，而姑猖狂恢诡以言之之言，乃亦摭证之以并世见闻，当代故实，官牍地志，计簿客籍之言，合而以昌其诗，而诗之境乃极。则如岭之表、海之澨，磅礴浩汹，以受天下之瑰丽，而泄天下之拗怒也，亦有然。

徐铁孙者，家辽东，先世扈王师入关，为正黄旗汉军人。康熙中，徙广东，隶广州将军[6]，为广州驻防人。金戈铁马，其世胄也，而徐君用经术起家，登甲科，为剧邑令，以诗睥睨东南。友其人者，淳闷如适辽，雄奇如适岭、海，本末具如吾言；东南知徐君者，言徐君[7]，本末毕如吾言；乃书是言以弁君之诗之端。

抑又有异者，巩祚[8]生北方，一窥临榆，未得溯山川所原本。年四纪，居江介，不乐愁思，益思游以振奋之，忽然丐徐君磨墨，为荐士书，贷扉[9]屦，将粤行。且曰：自粤归，则闭门[10]不复游。徐君诺。侈矣哉！天下山川首尾，徐君既扼之，怒未已，其又将扼予之游事之首尾乎哉？

——据《龚定盦先生自定文稿》（抄本，
中国科学院国家科学图书馆藏）

---

① “于”，吴刻本、王佩诤校本作“乎”。
② “澥”，吴刻本同，王佩诤校本作“海”。
③ “巩祚”，吴刻本、王佩诤校本作“自珍”。
④ “槁”，吴刻本、王佩诤校本作“挢”。
⑤ “敢”下，吴刻本、王佩诤校本有“吴”字。
⑥ “广州将军”，吴刻本、王佩诤校本误作“广东将军”。
⑦ “者”下，吴刻本、王佩诤校本无“言徐君”三字。
⑧ “巩祚”，吴刻本、王佩诤校本作“自珍”。
⑨ “厞”，诸本均同，疑作“屝”。
⑩ “门”，吴刻本、王佩诤校本作“户”。

秦泰山刻石残字跋尾

（1840 年 7 月 29 日—8 月 26 日）

龚自珍获观，时庚子泰月①。自珍曰：阮公言是也。《史记》实有缺文，又有倒文，与石刻不符。前年于王侍郎兆兰②斋中，获见北宋拓碣石秦刻文，与《史记》绝异。可见文宝只解抄《史记》，非解造秦刻，作伪也③须学问耳。此秦刻石也，稚不熹，目之为秦碑。附质六舟以为然否④？

洪稚存诗曰："若将一字比一星，廿八宿中添一伐⑤。"岂料未及五十年，人间又少十九字耶？可为浩叹！自珍赘记。

——据王壮弘《碑帖鉴别常识》第 97—98 页，《善本记录二则》（其一），上海书画出版社 1985 年版，原件王春渠藏

致孔宪彝书⑥

（1840 年 9 月 9 日）

绣山仁兄阁下：客岁以谒林敬过阙里，寓君家西斋三夕，与哲弟经阁谭艺剧欢。今春接奉手书并同年吴虹生书，具聆一切。

小女乃灶婢所生，名阿莼，今年五岁。其母已死。敬承不弃，使他年得勷邸第苹蘩，荣宠之馀，载深惭悸。一切俗礼往返委折，非弟所知。王子梅云：只须阁下寄一物来为信。简明之甚。弟江左浙西，均有住址，去年曾留经阁六兄处也。

兹乘子梅东行，寄呈《己亥杂诗》一本，乞惠览。此候

---

① "自珍曰"上，吴刻本（此文亦见吴刻本《定盦文集补·续录》）、王佩诤校本脱"龚自珍获观，时道光庚子泰月"十二字。

② "兆兰"，吴刻本、王佩诤校本作"绍兰"。

③ "也"，吴刻本、王佩诤校本作"亦"。

④ "耳"下，吴刻本、王佩诤校本脱"此秦刻石也，稚不熹，目之为秦碑。附质六舟以为然否"二十一字。

⑤ "廿八宿中添一伐"，吴刻本、王佩诤校本作"二十八宿中添伐"。

⑥ 孔宪彝（1808—1863），字叙仲，号绣山，又号诗愚，山东曲阜人。道光十七年（1837）举人。由内阁中书官至内阁侍读。

侍奉曼福，文章大吉。

龚自珍叩头状
八月十四日吴下寓舍

——据《清代名人书札》第一集，
民国十六年资研社版

跋敦煌太守裴岑立海祠刻石

（1840年9月10日）

道光庚子八月望，在叔均斋中观此。固将军庆在塞外亲拓本，末行“祠”字之上，灼然是“海”字，非“德”字。仁和龚自珍记。

——据罗振玉《雪堂类稿·戊 长物簿录（一）》第101页，
《金石文字目·45. 敦煌太守裴岑立海祠刻石翁叔均藏本》，
辽宁教育出版社2003年版，原件为罗振玉旧藏

书张子絜大令荐粢所藏玲珑山馆本华山碑跋后

（1840年秋）

整纸本，初在天一阁范氏，后在嘉定钱氏，今归阮氏；笥河先生本，以丙申岁归于长乐梁芷林侍郎；成邸本，在诸城刘氏。此本由玲珑山馆马氏、洞庭钮非石介绍，归我同年阳城张子絜大令。此子絜戊子岁在京师胭脂胡同寓斋手跋也。海内纸墨云烟事，予上下三十馀年，幸皆在见闻中。

道光庚子秋，游秣陵，子絜嗣君拜尊重出此本属题记，如见故人摩娑法物逌然燕笑时。仁和龚自珍，时年四十九。

——据娟镜楼本《定盦遗著》

凤山知县常州汤公父子画像记

（1840年秋）

乾隆五十一年，台湾民林爽文叛，凤山知县武进汤大绅死之。大绅

子荀业实从，大绅创，荀业左右翼父死。常州人谋曰：“父死忠，子死孝，宜建忠孝祠以祀。”纯皇帝谕祭之文，在丽牲之石；海内士大夫，为歌诗甚多，甚信甚备。

荀业有子曰贻汾，以荫授云骑尉，官浙江副将军。既致仕，居江宁府城北之纱帽巷，仁和龚自珍访之。拜凤山君像，儒者也。又拜太学生赠振威将军崇祀忠孝祠赠公像，益悛悛有子弟之容。曰《与竹居诗》者，仅半卷，赠公所为也，其言冲平夷易。

副将军诏自珍曰：“昔之日，狂涛怒鲸间，家毁巢陨，荡乎何所遗！画像以不似而先弃，诗以不自惬而先弃，凡今所存，皆以弃而存。”呜呼！至人之于忠孝名节，炳天地而襮史册者，大抵遭遇时势，卒然而成之，必非先有规模于其胸臆者，洎其然也，庸距有迹乎？亦若是而已矣。

距凤山事五十有五年，仁和后学龚自珍再拜记。

——据吴刻本《定盦续集》卷四

为周诒朴书旧作诗卷跋[1]

（1840年10月）

作此诗[2]之期月，实庚子九月也。偶游秣陵，小住青溪一曲，萧寺中荒寒特甚，客心无可比似。子坚以素纸索书，书竟，忽觉春回肺腑，掷笔拏舟回吴门矣。仁和龚自珍并记。

[名左旁钤白文“羽琌山人”、“龙骧将军长史”二方印，第二印下，龚自珍小字注云] 此朱石梅所赠晋印，附记。

——据《龚定盦诗文真迹三种·为周诒朴书旧作诗卷》，民国二十年中华书局影印本

---

① 周诒朴，字子坚，湖南湘潭人。周系英之子，陶澍之婿。官江苏海州盐场大使。

② “此诗”，指《己亥杂诗》第二七八首（《阅历天花悟后身》）。按，《为周诒朴书旧作诗卷》所书为《己亥杂诗》第二四五首（《豆蔻芳温启瓠犀》）—二七六首（《少年虽亦薄汤武》）与第二七八首。

与人笺[①]

（1840年12月2日）

今有家于此，邻人谇其东，市人噪其西，或决水以灌其墙，或放火以烧其篱，举家惶骇，似束手无策矣。入其门，奴仆鹄立，登其庭，子姓秩然；奴仆无不畏其家长者，子姓无不畏其父兄者。然则外来者举无足虑，而其家必不遽亡。

又有家于此，宾客望门而致敬，四方财货麕至，门庭丹雘，奕奕华好。入其门，则奴仆箕踞而嬉，家长过之，无起立者；登其堂，有孙攘臂欲箠笞其祖父，祖父欲诉于宾客，面发赪而不得语。此家宁可支长久耶？

开辟以来，民之骄悍，不畏君上，未有甚于今日中国者也。今之中国，以九重天子之尊，三令五申，公卿以下，舌敝唇焦，于今数年，欲使民不吸鸦片烟而民弗许。此奴仆踞家长，子孙箠祖父之世宙也。即使英吉利不侵不叛，望风纳款，中国尚且可耻而可忧，愿执事且无图英吉利。

道光庚子冬十有一月初九日　自珍顿首

——据朱氏二刻本《定盦文集补编》卷三

书致何绍基寱词二首跋[②]

（1840年—1841年）

己亥九秋，重过袁浦，留十日，赋诗如干诗，名曰《寱词》，大抵醉梦时多，醒时少也。录二首①，寄子贞仁兄正之。

仁和龚自珍

——据《中国古代书画图目》第1册，京1—146，清龚自珍《行书七言绝句》照片，文物出版社1994年版

---

① 此信，原书目录题《与人笺五》，正文为总题《与人笺五首》之五，朱氏初刻本为《与人笺》之五（扶轮社本、王文濡本、夏田蓝本同），邃汉斋本题《与人笺八》，王佩诤校本题《与人笺［八］》。

② 其所书《寱词》二首即《寱词》第四首（亦即《己亥杂诗》第二四八首《小语精微沥耳圆》）、第八首（亦即《己亥杂诗》第二五二首《风云材略已消磨》）。

跋浯溪题名残刻

（1841年1月21日）

每欲剔浯溪、君山诸石刻，以斠《唐文粹》之误，而无好拓本。安得精好悉如此拓本耶？又平生未见《浯庼铭》，不知与《峿台》篆书结体同异何似也。牵连记。庚子小除夕，龚自珍记。

次山文格，在初唐为别调，平生游迹在君山、浯水间，如郑道昭父子之于云峰山，石刻中可补集库者也。自珍再记。

——据娟镜楼本《定盦遗著》

致吴葆晋书①

（1841年1月24日）

虹生老阁长年十四兄亲家大人侍史：阅邸抄，知坐炕之喜。江湖憔悴之人，原不必读邸抄，乃于邸抄得此一喜，使弟神往于东华矣。

弟去年游秣陵，有宜兴吴生者，索长安知交书，予以一函嘱进见，其人忽辍棹不北。今有同乡马孝廉，新发于硎，索长安知交书，仍予以一函，嘱进见。弟搜索枯肠，长安知交，固惟有一虹生，使更有数人乞书，弟亦荐向尊斋耳。马生自博雅可谈，进而教之可耳。

家大人病新起，气血大损。弟今年仍不能不出门，向来薄宋士大夫罢官后乞祠官，今之书院讲席，又出领祠之下，乃今日躬自蹈之。已就丹阳一小小讲席，岁修不及三百金，背老亲而独游，理兔园故业，青灯顾影，悴可知已。新正三日，即出门，今日为辛丑第二日，大雪中作此，老梅蜷曲，吐两三花，黯黯有别意。

前此寄《己亥杂诗》一本，想收到。刘星舫过杭州，弟时秣陵未返，未一见。长女今秋出阁，知关廑虑②，以闻。孔绣山孝廉想必计偕在京

① 此信见娟镜楼本《定盦遗著·与吴虹生书》之十一，亦见《中国学报》本《与吴虹生笺》第十二通，王佩诤校本题《与吴虹生书［十一］》。

② “虑”，《中国学报》本作“念”。

师，小女生年[①]支干，寄呈左右。前孔宅郎君支干，由尊处寄下，已收到；此事仍浼年大人为介，何如也？孔与尊府亲戚，一也；与弟有鹣鲽之好，孔所深知，二也。杭州断断无寄曲阜信之便，此后消息，只好由京师转达，不能径达曲阜，三也。此恳此恳，酾酒遥祝寄儿聪颖，他日文章如龚定盦，位业则如其阿翁，以此两言为报谢。此贺新禧，不尽。

又有欲言者：哲兄公祖竟未得一见，昨在杭，知其已投牒欲归，大吏縻之不可。不知还都下乎，抑竟归山也。如在都下，则此后消息，尚易知也。高巳生，弟访之于崇文书院，为抄夹带之士子所叱，赁书院过夏，抄夹带。不得入，遂不得见，此事绝奇！杭州之奇景也。蒋子潇想在都礼部试，马湘帆已服阕还都否？此信到，想诸君游崇效寺看海棠归，然绛蜡一枝，共读我蜡丸书可乎？

——据娟镜楼本《定盦遗著》

鸿雪因缘图记序

（**1841** 年 **8** 月 **19** 日）

《鸿雪因缘图记》者，兵部侍郎江南河道总督长白麟公之所作也。自髫丱之岁至四十岁，为图八十，是为第一卷；自四十至五十，为图复八十，为第二卷。其第一卷，阮相国、祁尚书序之矣。道光辛丑秋，自珍游淮，以内阁后进礼谒公浦上，睟乎其容，慰劳有加，使自珍缀言于第二卷之简端。微公命，自珍固有所欲言，重以公命，乌能无言？

古今名臣硕辅所遇之世不齐，为承平之臣易乎？为忧劳况瘁、盘根错节、立奇功、戡[②]大变之臣易乎？则必曰为承平者易矣。虽然，固有辨。今使所遇而永永[③]承平无事也，起家科[④]名，致身华朊，一切勿问，固不得预于贤大夫之数，其人固良易贤矣，不甘以科名华朊竟矣，不过博览书史，周知掌故，上足以备人主燕闲之顾问，宦辙所至，宏奖士类，进其春华秋实之士而扬抡之，其人虽贤，诚无甚难及者；若乃内韫韬略，外示纾馀，蓄孟门、积石于方寸，可以谈笑生风雷，而汪洋澹

① “年”下，《中国学报》本有“及”字。

② “戡”，王佩诤校本误作“勘”。

③ “永永”，王佩诤校本脱一“永”字。

④ “科”，王佩诤校本误作“功”。

涵，冲乎夷易，使人不见驶疾荡[1]骇之迹，猝有事变，投袂而起，若劲弩激箭之发，若储之数十年于其怀抱间者，之人也，盖于天下可以常、可以变之全局大势，烂熟于胸中，而不可方物以逶迤于承平华朊者也，斯岂寻常意计所能以臆轩轾者？今我麟公，则[2]殆其人哉，殆其人哉！

百有六十图，虽亦谈人伦之乐事，侈门内之祥和，簪笔以入，乘[3]轺以出，无亢厉之言，有回翔之态。公弱冠通籍于全盛之朝，家世翔华，山川清晏，宜其然也。然而微窥公行部所及，山川形势，人民谣俗，古迹今状，皆备载之，弗为无本之说与不急之言，而又问民生之疾苦，讨军实之有无，天下形势，半在于是。而姑韬晦其所学，不欲张大其名目，以托于百六十篇之绘事记云尔。即如在南河[4]著《河工器具图说》四卷，古今之奇作，天下有用之书，孰加于是！然其目不过曰谦豫编图，非其章章明验耶？

今天下承平日久，而海氛未靖，此公所以有石公验炮之举也。公以河督兼署制军，特小试其端耳。天子且益大用公，公行且总揽四海财赋而筹之，使公私上下交裕，然后入相天子，激扬清浊[5]，焕发士大夫之耳目，以振厉一世，此海宇所喁喁望公者，百六十篇皆其嚆矢也。更十年，自珍[6]当更序之，敬濡笔以俟。

道光二十一年岁次重光赤奋若孟秋上旬三日，内阁后进仁和龚自珍顿首拜纂。

——据麟庆《鸿雪因缘图记》第二集卷首，
道光二十七年刻本

跋傅征君书册

（1841年）

傅青主逸事甚多。有内阁老茶房，山西人。予癸未夏，夜直内

---

① “荡”，王佩诤校本误作“惊”。
② “殆”上，王佩诤校本脱“则”字。
③ “乘”，王佩诤校本误作“承”。
④ “南河”，王佩诤校本误作“河南”。
⑤ “浊”，王佩诤校本误作“淑”。
⑥ “当”上，王佩诤校本脱“自珍”二字。

阁，此茶房为予煮粥，说傅青主至今不曾死也。为言其婶母入山为尼，师傅青主云。俄王供事呼茶甚急，未竟其说。越十九岁，记于扬州絜园。

石韫玉而山辉、水怀珠而川媚，养生之诀也；既因方而为圭，亦遇圆而成璧，处世之方也。忽见傅青主字，忽思此数言。羽琌山民赘字于絜园。

人活百六七十岁不奇，嵇康说之。又赘。

——据娟镜楼本《定盦遗著》

跋王百穀诗文稿

（1841 年）

王穉登《南有堂集》四册，未见梓本，此其手稿。《壬寅元日》起，至《除夕亡儿之戚》诗止，未过第二岁。名则四册，乃壬寅一岁之诗文，平生之一鳞甲也，其富如此。诗接武徐昌穀、高叔嗣无愧色，文亦完密有意度，此集不流传，惜哉！如有肯梓行之者，即不分诗文排比，一则存其本真，二则唐贤笠泽有此例也。默深以为何如？道光辛丑，距此集成之二百四十年，仁和后学龚自珍盥手识于扬州魏默深舍人之寓园。

如因壬寅一集推广搜辑，则穉登书画跋及题画诗，平生所遇不过数数，亦足补沧溟之涓流也，当录十数事寄默深。珍又识。

——据娟镜楼本《定盦遗著》

述思古子议[①]

闻之观古子，观古子闻之聪古子，聪古子闻之思古子：言也者，不得已而有者也。如其胸臆本无所欲言，其才武又未能达于言，强之使言，茫茫然不知将为何等言；不得已，则又使之姑效他人之言；效他人

① 邃汉斋本题《述思古子议（讽书射策议）》（扶轮社本同）。

之言种种[1]，实不知其所以言。于是剽掠脱误，摹拟颠倒，如醉如寱以言，言毕矣，不知我为何等言。

今天下父兄，必使髫丱之子弟执笔学言，曰：功令也，功令实观天下之言。曰：功令观天下说经之言。童子但宜讽经，安知说经？是为侮经。曰：功令兼观天下怀人、赋物、陶写性灵之华言。夫童子未有感慨，何必强之为若言？然则天下之子弟，心术坏而义理锢者，天下之父兄为之。

父兄咎功令，宜变功令。变之如何？汉世讽书射策，皆善矣。讽书射策，是亦敷奏以言也。如汉世九千言足矣，则进而与之射策。射策兼策本朝事，十事中十者甲科，中七者乙科，中三四者丙科，不及三摈之。其言不得咿嚘不定，唱叹蔓衍，以避正的。宜酌定每条毋逾若干言以为式，其不能对，则庄书"未闻"二字以为式。如此则功令不缛，有司不眩，心术不欺，言语不伪。至于说经，则老年教学之先生为之，成人有德者为之，髫丱姑毋庸；私家著述，藏名山者为之，大廷姑毋庸。诗赋则私家之又不急之言也。及夫唱叹蔓衍之文章，大廷试士毋庸。

——据吴刻本《定盦续集》卷二

葛伯仇饷解

问曰：逸书曰："葛伯仇饷。"孟子说之曰："汤居亳，与葛为邻，葛伯放而不祀，汤使人问之，曰：无以共粢盛也。汤使亳众往为之耕，老弱馈食，葛伯率其民，要其有酒肉黍稻者夺之，不授者杀之。有童子饷，杀而夺之。"葛虽贫，葛伯一国之君，安得有杀人夺酒肉事？

答曰：王者取天下，虽曰天与之，人归之，要必有阴谋焉。汤居亳，与葛为邻，葛伯不祀，汤教之祀，遗以粢盛可矣；乃使亳众往为之耕，春耕、夏耘、秋收，乃囷乃米，而藏之廪，而后可以祀。其于来岁之祀则豫矣，其于岁事则已缓。亳众者何？窥国者也，策为内应者也。老弱馈者何？往来为间谍者也。葛虽贫，土可兼，葛伯放而柔，强邻圣敌，旦夕虎视，发众千百人其境，屯于其野，能无惧乎？惧而未肯以葛降，率其民而争之，又不足以御，乃姑杀其间谍者。夫黍稻之箪橐，往来两境，阴谋之所橐也，其民乃发而献之伯。仇者何？众词，大之之

[1] "言种种"，王佩诤校本作"种种言"。

词。杀者何？专词。杀一人不得言仇，仇不得言杀。史臣曰："葛伯仇饷"，得事实矣。

又曰："汤一征，自葛载。"夫葛何罪？罪在近。后世之阴谋，有远交而近攻者，亦祖汤而已矣。

——据朱氏二刻本《定盦文集补编》卷一

说中古文

成帝命刘向领校中五经秘书，但中古文之说，余所不信。秦烧天下儒书，汉因秦宫室，不应宫中独藏《尚书》，一也。萧何收秦图籍，乃地图之属，不闻收《易》与《书》，二也。假使中秘有《尚书》，何必遣晁错往伏生所受二十九篇？三也。假使中秘有《尚书》，不应安国献孔壁书，始知增多十六篇，四也。假使中秘有《尚书》，以武、宣之为君，诸大儒之为臣，百馀年间，无言之者，不应刘向始知校《召诰》、《酒诰》，始知与博士本异文七百，五也。此中秘书既是古文，外廷所献古文，遭巫蛊不立，古文亦不亡；假使有之，则是烧书者，更始之火，赤眉之火，而非秦火矣，六也。中秘既是古文，外廷自博士以迄民间，应奉为定本，斠若画一，不应听其古文家、今文家，纷纷异家法，七也。中秘有书，应是孔门百篇全经，不但《舜典》、《九共》之文，终西汉世具在，而且孔安国之所无者，亦在其中。孔壁之文，又何足贵？今试考其情事，然耶？不耶？八也。秦火后，千古儒者，独刘向、歆父子见全经，而平生不曾于廿①九篇外，引用一句，表章一事，九也。亦不传受一人，斯谓空前，斯谓绝后，此古文者，迹过如扫矣，异哉！异至于此，十也。假使中秘书并无百篇，则向作《七略》，当载明是何等篇，其不存者亡于何时，其存者又何所受也，而皆无原委，千古但闻有中古文之名，十一也。中秘既有五经，独《易》、《书》著，其三经何以蔑闻？十二也。

当帝之时，以中书校百两篇，非是。予谓：此中古文，亦张霸百两之流亚，成帝不知而误收之；或即刘歆所自序之言如此，托于其父，并无此事。古文《书》如此，古文《易》可知。宜其独与绝无师承之费直

---

① "廿"，王佩净校本作"二十"。

《易》相同，而不与施、孟、梁丘同也。《汉书》刘向一传，本非班作，歆也博而诈，固也侗而愿。

——据朱氏二刻本《定盦文集补编》卷一

最录穆天子传

《穆天子传》六卷。自第一至第四，书天子西巡狩之事。第五、第六，书畿内畋游之事，又具书盛姬事。

天子自北而西而北，凡行一万三千三百里，其征比反，史臣具书日。龚自珍谨由日推月，得月周天二十又八。

龚自珍曰：天子西征，得羽琌之山，东归，藎书于羽陵。畿内有羽陵，何也？乐羽琌之游，归而筑羽陵也。天子西征，得乐池，东归，葬盛姬于乐池。畿内有乐池，何也？乐乐池之游，归而筑乐池也。晋臣郭璞语非是，洪氏颐煊、孙氏星衍语皆非是。

此籀文也，籀文孰作之？宣王朝太史臣籀之所作也，非西周世所行之文也。曷为明之？明非古文也。孰谓为古文？晋臣荀勖以为古文也，元、明契书家因以为古文也。古文简，籀文繁，古文但有象形指事，籀文备矣，晋臣不知其异。

六卷，文阙不具，何也？荀勖云："汲郡收藏不谨。"是其故也。自珍曰：今阙文有二种：有阙甚多，不知若干名者，事更端也，写书者宜书之曰阙；有阙一二名者，事无更端，则食也，写书者宜为方空于行间，不言阙。今写定本，第一卷第一行，先书阙，乃书饮天子蠲山之上，是其例也。如此，庶读者瞭其事起讫矣。由阙故知有逸文，可摭拾欤？可。曩者刺取群书补食字，洪颐煊、孙星衍两家善矣。龚自珍取《列子》周穆王篇事，《抱朴子》君子化猿鹤、小人化虫沙事，群书中帝台事、坛山刻石事、应语之镜事，定为此传逸文，为摭逸一篇，附卷尾。

《晋书·束皙传》曰："此书本五卷，末卷乃杂书十九卷之一。"孙星衍曰："寻其文义相属，应归此传。《束皙传》别出之者，非也。"龚自珍曰：孙说是也。

今所据有元刘氏庭榦本；明吴氏琯本、何氏镗本、邵氏蕿古本、汪氏明际本，吴山、华阴两道藏本；国朝洪氏颐煊本、孙氏星衍本。洪氏、孙氏为善。

龚自珍曰：古者神君高后，所以享帝者之乐，左史之所庄记，周史之最古者。后王德薄，神人远之，天地既漓，山川衰浊，神物徂谢，下逮草木，不孕金玉。郯子之言曰："不能纪远，乃纪于近。"重以史降为儒，耳剽目诵，不如郯子，惊而削之，使天灵迹，惚恍夷于稗家，尚不得媲《国语》，不亦俭乎？

——据朱氏二刻本《定盦文集补编》卷二

秦汉石刻文录序

文体五百岁一变，书体五百岁一变，金石义例五百岁一变。自秦王[①]盟板、《楯[②]夷刻石》之岁，讫孙皓言《天发神谶刻石》之岁，中间文字之役甚众，役无当吾[③]九者之义例，摈之；书体不足以俟考文之圣，摈之；碑文无事实，摈之；事[④]实与四史无出入者，摈之。凡龚自珍所录者三十有三篇，录亦约矣。

何所据？据史。司马迁以下是也。又据史注，李贤、裴松之[⑤]是也。又据金石家，宋洪适、陈思，本朝王昶、毕沅是也。又据孤墨本，则如《华山延熹刻石》是也。

有所阙陷引为恨者乎？有之。不生晋以前，不见《熹平石经》，恨者一；不与苏望并生，不见邯郸三体石经，恨者二；东汉繁多，西汉迹蔑如也，恨者三。

若夫搜罗著录之功尚矣，策功谁为首？曰：王君绍[⑥]兰获秦二世皇帝刻[⑦]碣石之词，与史迁多不合，重刻之石，立于焦山，王绍兰为[⑧]功首。

——据顾燮光《梦碧簃石言》卷六《龚定盦集外文》，民国十四年铅印本

---

① "秦王"，王佩诤校本同，龚橙编校本作"秦昭王"。
② "楯"，王佩诤校本误作"揗"。
③ "吾"，王佩诤校本误作"我"。
④ "事"，王佩诤校本误作"乃"。
⑤ "之"下，王佩诤校本衍"以下"二字。
⑥ "绍"，原作"兆"，龚橙编校本原亦作"兆"，后改"绍"，从之。
⑦ "刻"下，王佩诤校本衍"石"字。
⑧ "功"上，王佩诤校本脱"为"字。

自晋迄隋石刻文录序

自晋迄隋之亡，垂五百岁，龚自珍所录十有四篇，录又褊矣。

何所据？据史。又何所据？据[①]总集、别集。又何所据？据地理志。又何所据？据金石家。又何所据？据孤[②]墨本如《上清真人馆坛碑》是也。

有所阙陷引为恨者乎？有之。北魏、北齐、北周，存者十倍于宋、齐、梁间，江左土薄，近水石易烂，恨者一；南北书体同时大坏，无一事足储以俟考文之圣，恨者二；作佛事功德，造象繁兴，十居八九，无关故实，非有当于吾九者之例也，恨者三；又不如祠墓之碑之近于史也，恨者四。

若夫搜罗著录之功孰为首？曰：曲阜桂馥游滇中获《爨氏碑》，出荆榛而登诸册府，盖刘宋之世一瑰秘也。桂馥为功首。

——据顾燮光《梦碧簃石言》卷六《龚定盦集外文》

---

① “总”上，王佩诤校本脱“据”字。

② “墨”上，王佩诤校本脱“孤”字。

诗选

秋夜听俞秋圃弹琵琶赋诗，书诸老辈赠诗册子尾①

（1818年前）

秋堂夜月弯环碧，主人无聊召羁客。幽斟浅酌不能豪，无复年时醉颜色。主人有恨恨重重，不是诸宾噱不工。羁客由来艺英绝，当筵跃②出气如虹。我疑慕生来拨箭，又疑王郎舞双剑。皆昔年酒徒事。曲终却是琵琶声，一代宫商创生面。我有心灵动鬼神，却无福见乾隆春。座③中亦复无知者，谁是乾隆全盛人？君言请读乾隆诗，卌④年逸事吾能知。江南花月娇良夜，海内文章盛大师。弇山罗绮高无价，仓山楼阁明如画。范阁碑书夜上天，江园箫鼓春迎驾。弇山谓毕尚书沅，仓山谓袁大令枚，范阁在浙东，有进书事，江园在扬州，有迎驾事。任吾谈笑狎诸侯，四海黄金四海游。为是升平多暇日，争将馀事管春愁。诸侯颇为春愁死，从此寰中不豪矣，词人零落酒人贫，老抱哀弦过吾子。我从琐碎搜文献，弦师笛师数征宴。铁石心肠愧未能，感慨如麻卷中见。今宵感慨又因君，娄体诗成署后尘。语予：倘赠诗，乞用吴娄东体。携向名场无姓氏，江南第一断肠人。

——据《定盦诗集定本上》第三—四页，《风雨楼丛书》本（以下简称风雨楼本）

① 据诗中“携向名场无姓氏”句，可知诗作于龚自珍嘉庆二十三年（1818年）中举人前。又，龚自珍系自嘉庆二十一年（1816年）始，因其父任苏松太兵备道而到上海侍任。其时府中宾客盈门，龚氏时有甄综人物，搜辑掌故之役，此与诗中所说“我从琐碎搜文献，弦师笛师数征宴”正相契合。故此诗写作时间之上限，当不早于嘉庆二十一年。风雨楼本《定盦诗集定本上》系此诗于“庚寅”即道光十年（王佩诤校本同），宣统三年上海秋星社石印本《龚定盦集外未刻诗》（以下简称秋星社本）则改系于“戊戌”（即道光十八年）（王文濡本、夏田蓝本同），均非。

② “跃”，原作“请”，并有邓实校注云：“原作‘跃’。此‘请’字，默深先生手改。”故径予改回。

③ “座”，秋星社本、王文濡本、夏田蓝本同，王佩诤校本误作“席”。

④ “卌”，秋星社本、王文濡本、夏田蓝本同，王佩诤校本误作“卅”。

吴山人文徵、沈书记锡东饯之虎丘[①]

（1819 年 2 月）

一天幽怨欲谁谙？词客如云气正酣。我有箫心吹不得，落梅[②]风里别江南。

——据《定盦集外未刻诗》第一页己卯诗，《风雨楼丛书》本（以下简称风雨楼本）

题吴南芗东方三大图。图为登州蓬莱阁，为泰州山，为曲阜圣陵[③]

（1819 年 2 月）

禽父始宅奄，犹未荒大东。周王有命[④]祀，名山止龟蒙。尚父赐履海，泱泱表大风。时无神仙言，不睹金银宫。春秋贬宋父，坐失玉与弓。祊田富汤沐，季旅何懵懵！秦穆作西畤，帝醉终可逢。恒无三脊茅，遂辍登山踪。顽哉鲁与齐，灵气不牖衷。孤负介海岱，海深岱徒崇。素王张三世，元始而麟终。文成号数万，太平告成功。其文富沧海，其旨高苍穹。于是海岱英，尽入孔牢笼。熙朝翠华至，九跪迎上公。厥典盛谒林，汉后无兹隆。惜哉有阙遗，未举金泥封。小臣若上议，廷臣三日聋。首谒孔林毕，继请行升中。继请射沧海，三事碑三通。古体日霾晦，但嗤秦汉雄。周情与孔思，执笔思忡忡。

——据风雨楼本《定盦集外未刻诗》第一页己卯诗

---

① 据诗中“落梅风里别江南”句，知作于早春。

② “梅”，王佩诤校本作“花”。但除风雨楼本《定盦集外未刻诗》外，秋星社本、王文濡本、夏田蓝本亦作“梅”，龚自珍之母段驯亦有诗题为《珍儿计偕北上，有“落梅风里别江南”之句，亲朋相和，余亦咏绝句四首》（见哈尔滨师范大学图书馆所藏清抄本《金坛段女史龚太夫人遗诗、仁和龚女史朱太夫人遗诗》），以上均可证：王佩诤校本此字作“花”实误。

③ “泰州山”，原作“大山”。题下有邓实校注云：“实按，原本‘大山’作‘泰州山’。”王佩诤校本据改，从之。

④ “命”，秋星社本、王文濡本、夏田蓝本同，王佩诤校本误作“名”。

驿鼓三首[1]

（1819年春）

河灯驿鼓满天霜，小梦温馨乱客肠。夜久罗帱梅弄影，春寒银铫药生香。慈闱病减书频寄，稚子功闲日渐长。欲取离愁暂抛却，奈君针线在衣裳。

钗满高楼灯满城，风花未免态纵横。长途藉此销英气，侧调安能犯正声？绿鬓人嗤愁太早，黄金客怒散无名。吾生万事劳心意，嫁得狂奴孽已成。

书来恳款见君贤，我欲收狂渐向禅。早被家常磨慧骨，莫因心病损华年。花看天上祈庸福，月堕怀中听幻缘。一卷金经香一炷，忏君自忏法无边。

——据风雨楼本《定盦集外未刻诗》
第二—三页己卯诗

饮少宰王定九丈鼎宅，少宰命赋诗[2]

（1819年春、夏间）

天星烂烂天风长，大鼎次鼐罗华堂。吏部大夫宴宾客，其气上引为文昌。主人佩珠百有八，珊瑚在冒凝红光。再拜醻客客亦拜，满庭气肃如高霜。黄河华岳公籍贯，秦碑汉碣公文章。恢博不弃贱士议，授我笔

---

① 题下龚橙原注云："此似庚辰作，橙注。"据此，似有可能作于1820年。但诗中"我欲收狂渐向禅"句，与《杂诗，己卯自春徂夏，在京师作，得十有四首》第十四首所云"洗尽狂名消尽想，本无一字是吾师"语义相近，"花看天上祈庸福"句，亦与该组诗第二首所云"文格渐卑庸福近，不知庸福究何如"语义相通，由此看来，《驿鼓三首》作于1819年的可能，尚不能完全排除，故仍系于此。

② 据诗题知此诗作于王鼎任"少宰"即吏部侍郎期间。按，王鼎任吏部侍郎的时间，始于嘉庆二十一年六月二十九日（丁丑），讫于嘉庆二十四年闰四月十八日（己酉）（参《清史稿》卷一八六《部院大臣年表五上》，中华书局1976—1977年版）。在此期间内，龚自珍仅于嘉庆二十四年（1819年）因应会试至京，故该诗写作时间应为嘉庆二十四年春龚自珍抵京后迄闰四月十八日以前。风雨楼本《定盦诗集定本上》系此诗于"庚寅"即道光十年（王佩诤校本同），秋星社本则改系于"戊戌"即道光十八年（王文濡本、夏田蓝本同），均非。

砚温恭良。择言避席何所道？敢道公之前辈韩城王：与公同里复同姓，海内侧伫岂但吾徒望。状元四十宰相六十晚益达，水深土厚难窥量。维时纯庙久临御，宇宙瑰富如成康。公之奏疏秘中禁，海内但见力力持朝纲。阅世虽深有血性，不使人世一物磨锋芒。迩来士气少凌替，毋乃大官表师空趋跄。委蛇貌托养元气，所惜内少肝与肠。杀人何必尽砒附，庸医至矣精消亡。公其整顿焕精采，勿徒须鬓矜斑苍①。乾隆嘉庆列传谁？第一历数三满三汉中书堂。国有正士士有舌，小臣敬睹吾皇福大如纯皇。

——据风雨楼本《定盦诗集定本上》第二页

杂诗，己卯自春徂夏，在京师作，得十有四首

（1819年春、夏间）

少小无端爱令名，也无学术误苍生。白云一笑懒如此，忽遇天风吹便行。

文格渐卑庸福近，不知庸福究何如？常州庄四能怜我，劝我狂删乙丙书。庄君卿珊语也。

情多处处有悲欢，何必沧桑始浩叹？昨过城西晒书地，蠹鱼无数讯平安。过门楼胡同宅。

手种江山千树花，今年负杀武陵霞。梦中自怯才情减，醒又缠绵感岁华。

庞眉名与段公齐，一脉东原高第题。回首外家书帙散，大儒门祚古难跻。谒高邮王先生，座主伯申侍郎之父也，八旬健在，夙与外王父段先生著述齐名。

昨日相逢刘礼部，高言大句快无加。从君烧尽虫鱼学，甘作东京卖饼家。就刘申受问公羊家言。

① “苍”下，原有邓实校注云：“实按，原本此十二句，有魏默深先生手笔改作‘公之奏疏秘中禁，海内但知元老持朝纲。阅世虽深有血性，不使朝宁争锋芒。迩来士气少凌替，如鱼逐队空趋跄。委蛇貌托养元气，畴肯报国输肝肠。杀人何必尽砒附，庸医至矣精消亡。得公整顿换士气，岂惟须鬓矜斑苍’云云。孝珙注曰：‘宜录从原。’”按，龚橙之字孝拱，一作孝珙。

十年提倡受恩身，惨绿年华记忆真。江左名场前辈在，敢将名氏厕陈人。谢吾师蒋丹林副宪语。

偶赋山川行路难，浮名十载避诗坛。贵人相讯劳相护，莫作人间清议看。谢姚亮甫丈席上语。

万柳堂前一柳无，词流散尽散樵苏。山东不少升平相，为溯前茅冯益都。同人访万柳堂址。

荷叶黏天玉蝀桥，万重金碧影如潮。功成倘赐移家住，何必湖山理故箫？玉蝀桥马上戏占。

交臂神峰未一登，梦吞丹篆亦何曾？丈夫三十愧前辈，识字游山两不能。江都汪孟慈见示其先人所为铁笔篆书，所篆乃黄山三十六景也。枨触昔游。

楼阁参差未上灯，菰芦深处有人行。凭君且莫登高望，忽忽中原暮霭生。题陶然亭壁。

东抹西涂迫半生，中年何故避声名？才流百辈无餐饭，忽动慈悲不与争。

欲为平易近人诗，下笔清深不自持。洗尽狂名消尽想，本无一字是吾师。

——据风雨楼本《定盦集外未刻诗》
第三—四页已卯诗

题红蕙花诗册尾并序

（1819 年冬）

苏州袁廷梼，字又凯，有王晋卿、顾仲瑛之遗风，文酒声伎，江南北罕俪者。当时座客，极东南选，而家大人未第时，亦曾过其宅。君死后，家资泯然。今年冬，有皙而秀者，来谒于苏松太道官署，寒甚，出晋砚求易钱，则又凯嗣君也。大人赠以资，不受其砚。噫！西华葛帔，刘竣著书，所从来久矣。钮非石亦其座上客，非石尝为君致洞庭山红蕙花一本。君大喜，贮以汝州瓷，绘以宣州纸，颜其室曰“红蕙花斋”，名其诗文曰《红蕙斋集》，刻其管曰红蕙斋笔；又自制《红蕙花乐府》，付梨园部；又征人赋红蕙诗，海内词流，吟咏殆遍。今嗣君抱来乌丝阑素册高尺许，皆将来蕙故也。君之风致可想见矣。余悲盛事不传，感而题于册尾。

香满吟笺酒满卮，枫桥宾客夜灯时。故家池馆今何许？红蕙花开空染枝。

读罢一时才子句，骚香汉艳各精神。十年我恨生差晚，不见风流种蕙人。

歌板无聊舞袖凉，江南词话断人肠。人生合种闲花草，莫遣黄金怨国香。

眼前谁是此花身？寂寞猩红万古春。花有家乡依替管，五湖添个泛舟人。非石云："山中此花易得。"余固有买宅洞庭之想，故云尔。

——据风雨楼本《定盦集外未刻诗》
第四—五页己卯诗

行路易

（1819 年）

东山猛虎不吃人，西山猛虎吃人，南山猛虎吃人，北山猛虎不吃[①]人。漫漫趋避何所已？玉帝不遣牖下死，一双瞳神射秋水。袖中芳草岂不香？手中玉麈岂不长？中妇岂不姝？座客岂不都？江大水深多江鱼，江边何哓呶？人不足，盱有馀，夏父以来目矍矍[②]。我欲食江鱼，江水涩咙喉，鱼骨亦不可以餐。冤屈复冤屈，果然龙蛇蟠我喉舌间，使我说天九难、说地九难、踉跄入中门。中门一步一荆棘，大药不疗膏肓顽，鼻涕一尺何其孱！臣请逝矣逝勿还。嘈嘈舟师，三五詈汝：汝以白昼放歌为可惜，而乃脂汝辖；汝以黄金散尽为复来，而乃鞭其腘。红玫瑰，青镜台，美人别汝光徘徊。膈膈膊膊，鸡鸣狗鸣；淅淅索索，风声雨声；浩浩荡荡，仙都玉京。蟠桃之花万丈明，淮南之犬彳亍行；臣岂不如武皇阶下东方生？

乱曰：三寸舌，一枝笔，万言书，万人敌，九天九渊少颜色。朝衣东市甘如饴，玉体须为美人惜。

——据风雨楼本《定盦集外未刻诗》
第一—二页己卯诗

① "吃"，王文濡本、夏田蓝本、王佩诤校本作"食"。

② "矍矍"，王文濡本、夏田蓝本同。王佩诤校本校注云："'矍矍'应作'瞿瞿'。"

梦得“东海潮来月怒明”之句，醒，足成一诗[①]

（1819年）

昙誓天人度有情，上元旌节过双成。西池酒罢龙娇语，东海潮来月怒明。梵史竣编增楮寿，花神宣敕赦词精。不知半夜归环佩，问是空峒第几声？空峒，天上琴名。

——据风雨楼本《定盦集外未刻诗》第二页己卯诗

又成一诗

（1819年）

东海潮来月上弦，空峒抚罢静诸天。西池一宴无消息，替管桃花五百年。

——据风雨楼本《定盦集外未刻诗》第二页己卯诗

邻儿半夜哭

（1819年）

邻儿半夜哭，或言忆前生；前生何所忆？或者恋[②]文名。我有一箧书，属草殊未成，涂乙迨一纪，甘苦万千并！百忧消中夜，何如坐经营？剪烛蹶然起，婢笑妻复嗔。万一明朝死，堕地泪纵横。

——据风雨楼本《定盦集外未刻诗》第二页己卯诗

---

① 原题《纪梦》，题下有邓实校注云：“原本作《梦得‘东海潮来月怒明’之句，醒，足成一诗》，此为孝珙所改。”据改。

② “恋”，王文濡本、夏田蓝本、王佩诤校本误作“变”。

舟到[①]

（1820年春）

舟到西山岸，寻幽迤逦斜。居然六七里，无境不烟霞。遂发石公寺，言[②]过神女家。云和风静里，已度万梅花。

——据《昭代名人尺牍续集》卷九，龚自珍《与徐廉峰书》，宣统三年影印本（下同）

风意

（1820年春）

风意中流引，香烟古[③]屿迟。悠扬闻杜若，仿佛邀蛾眉。白日憺明镜，春空飘彩旗。湖东一回首，万古长相思。

——据《昭代名人尺牍续集》卷九，龚自珍《与徐廉峰书》

发洞庭，舟中怀钮非石树玉、叶青原昶

（1820年春）

西山春昼别，两袖落梅风。不见小龙渚，犹[④]闻隔渚钟。樽前菰[⑤]

① 以下四诗即《昭代名人尺牍续集》卷九龚自珍《与徐廉峰书》所附四诗，原均无题。风雨楼本《定盦集外未刻诗》录入其中第三、四首，分别题为《发洞庭，舟中怀钮非石树玉、叶青原昶》与《此游》，系于“庚辰”。王佩诤校本将第一、二两首与第四首，统称“《此游》三首”，非是。今仿风雨楼本《定盦集外未刻诗》为《此游》诗命题之例，将第一、二两首分别题为《舟到》、《风意》。

② “言”，王佩诤校本作“定”。

③ “古”，王佩诤校本作“在”。

④ “犹”，风雨楼本、秋星社本、王文濡本、夏田蓝本、王佩诤校本作“尚”。

⑤ “菰”，风雨楼本、秋星社本、王文濡本、夏田蓝本、王佩诤校本作“荇”。

叶白，舵尾茗[①]华红。仙境杳然杳，酸吟雨一篷。

——据《昭代名人尺牍续集》卷九，
龚自珍《与徐廉峰书》

此游

（1820 年春）

此游好补前游罅，挥手云声浩不闻。两度山灵濡笔记，钱唐君访洞庭君。余家钱唐，戏用唐小说为此。[②]

——据风雨楼本《定盦集外未刻诗》
第五页庚辰诗

过扬州

（1820 年春）

春灯如雪浸兰舟，不载江南半点愁。谁信寻春此狂客，一茶一偈过[③]扬州。

——据风雨楼本《定盦集外未刻诗》
第五页庚辰诗

庚辰春日重过门楼胡同故宅[④]

（1820 年春）

城西郎官屯，多官阅一宅。家公昔为郎，有此湫隘室。朝阳与夕阳，屋角红不积。春雨复秋雨，双扉故钉啮。无形不知老，有质乃易

① “茗”，风雨楼本、秋星社本、王文濡本、夏田蓝本、王佩诤校本作“茶”。

② 诗尾自注，《昭代名人尺牍续集》本原作：“戏用唐人小说，余籍钱唐故也。”

③ “过”，秋星社本、王文濡本、夏田蓝本同，王佩诤校本误作“到”。

④ 此诗亦见秋星社本、王文濡本、夏蓝田本，王佩诤校本失录。

蚀。往事思之悔，至理悟独立。中有故我魂，三呼如欲出。

——据风雨楼本《定盦集外未刻诗》
第五—六页庚辰诗

因忆两首

（1820 年春）

因忆横街宅，槐花五丈青。文章酸辣早，年十三，住横街宅。严江宋先生评其文曰："行间酸辣"《知觉》鬼神灵。作《知觉辨》一首，是文集之托始。大挠支干始，是为甲子岁。中年记忆荧。东墙凉月下，何客又横经？

因忆斜街宅，情苗茁一丝。银缸吟小别，书本画相思。亦具看花眼，年八岁，是为嘉庆己未，住斜街宅，宅有山桃花。难忘授《选》时。家大人于其放学后，抄《文选》授之。泥牛入沧海，执笔向空追。

——据风雨楼本《定盦集外未刻诗》
第六页庚辰诗

紫云回三叠有序

（1820 年春）

宋于庭妹之夫曰缪中翰，分校礼部试，于庭以回避不预试。予按乐府有《紫云回》之曲，其词不传，戏补之，送于庭出都。

安香舞罢杜兰催，水瑟冰璈各费才。别有伤心听不得，珠帘一曲《紫云回》。

神仙眷属几生修，小妹承恩阿姊愁。宫扇已遮帘已下，痴心还伫殿东头。

上清丹箓姓名讹，好梦留仙夜夜多。争似芳魂惊觉早，天鸡不曙渡银河。

——据风雨楼本《定盦集外未刻诗》
第八页庚辰诗

客春，住京师之丞相胡同，有《丞相胡同春梦诗》二十绝句。春又深矣，因烧此作，而奠以一绝句

（1820 年春）

春梦撩天笔一枝，梦中伤骨醒难支。今年烧梦先烧笔，检点青天白昼诗。

——据风雨楼本《定盦集外未刻诗》第六页庚辰诗

春晚送客

（1820 年春）

潞水滔滔南向流，家书重叠附征邮。行人临发长亭晚，更折梨花寄暮愁。

——据风雨楼本《定盦集外未刻诗》第六页庚辰诗

逆旅题壁，次周伯恬原韵①

（1820 年夏）

名场阅历莽无涯，心史纵横自一家。秋气不惊堂内燕，夕阳还恋路旁鸦。东邻嫠老难为妾，古木根深不似花。何日冥鸿踪迹遂，美人经卷葬年华。

——据风雨楼本《定庵集外未刻诗》第八—九页庚辰诗

---

① 龚自珍于嘉庆二十五年（庚辰）五月初以前离京南下，五月底以前抵上海（参拙著《龚自珍年谱考略》嘉庆二十五年谱，商务印书馆 2004 年版），此诗与以下二诗当均作于这一时段。

赠伯恬

（**1820** 年夏）

毗陵十客献清文，五百狻猊屡送君。从此周郎闭门卧，落花三月断知闻。五百狻猊在卢沟桥。①

——据风雨楼本《定庵集外未刻诗》
第九页庚辰诗

广陵舟中为伯恬书扇

（**1820** 年夏）

红豆生苗春水波，齐梁人老奈愁何！逢君只合千场醉，莫恨今生去日多。

——据风雨楼本《定盦集外未刻诗》
第九页庚辰诗

赵晋斋魏、顾千里广圻、钮非石树玉、吴南芗文徵、江铁君沅，同集虎丘秋宴作

（**1820** 年秋）

尽道相逢日苦短，山南山北秋方腴。儿童敢笑诗名贱，元气终须老辈扶。四海典彝既旁达，两山金石谁先储。赵、钮各有金石著录之言。影形各各照秋水，渣滓全空一世无。

——据风雨楼本《定盦集外未刻诗》
第六—七页庚辰诗

---

① “桥”下，原有“魏曰：卢沟桥安有五百狻猊”十一字（秋星社本、王文濡本、夏田蓝本同），系魏源批语。

戒诗五章[①]

（1820年秋）

蚤年撄心疾，诗境无人知。幽想杂奇悟，灵香何郁伊？忽然适康庄，吟此天日光。五岳走骄鬼，万马朝龙王。不遇善知识，安知因地孽？戒诗当有诗，如偈亦如喝。

百脏发酸泪，夜涌如原泉。此泪何所从？万一诗祟焉。今誓空尔心，心灭泪亦灭。有未灭者存，何用更留迹？

行年二十九，电光岂遽收？观河生百喟，何如泛虚舟？当喜我必喜，当忧我辄忧。尽此一报形，世法随沉浮。天龙为我喜，波旬为我愁。波旬尔勿愁，咒汝械汝头。

律居三藏一，天龙所护持。我今戒为诗，戒律亦如之。堕落有时有，三涂报则否。舌广而音宏，天女侍前后。遍召忠孝魂，座下赐卮酒。屈曲缭戾情，千义听吾剖。不到辩才天，安用哆吾口？

我有第一谛，不落文字中。一以落边际，世法还具通。横看与侧看，八万四千好。泰山一尘多，瀚海一蛤少。随意撮举之，龚子不在斯。百年守尸罗，十色毋陆离。

——据风雨楼本《定盦集外未刻诗》
第十页庚辰诗

寒夜读归夫人佩珊[②]赠诗，有“删除荩箧闲诗料，湔洗春衫旧泪痕”之语，怃然和之

（1820年）

风情减后闭闲门，襟尚馀香袖尚温。魔女不知侵戒体，天花容易陨

① 据龚自珍《跋破戒草》所云：“余自庚辰之秋戒为诗，于弢语言、简思虑之指言之详”，知《戒诗五章》作于庚辰秋。

② 诗题中，“佩珊”上本无“夫人”二字。题下有邓实校注：“原本‘佩珊’上有‘夫人’二字”（秋星社本同），据补。王佩诤校本补“夫人”二字于“佩珊”下，非是。

灵根。蘼芜径老春无缝，薏苡谗成泪有痕。多谢诗仙频问讯，中年百事畏重论。

——据风雨楼本《定盦集外未刻诗》
第八页庚辰诗

观心

（1820年）

结习真难尽，观心屏见闻。烧香僧出定，哗梦鬼论文。幽绪不可食，新诗如乱云。鲁阳戈纵挽，万虑亦纷纷。

——据风雨楼本《定盦集外未刻诗》
第五页庚辰诗

又忏心一首

（1820年）

佛言劫火遇皆销，何物千年怒若潮？经济文章磨白昼，幽光狂慧复中宵。来何汹涌须挥剑，去尚缠绵可付箫。心药心灵总心病，寓言决欲就灯烧。

——据风雨楼本《定盦集外未刻诗》
第五页庚辰诗

偶感

（1820年）

昆山寂寂弇山寒，玉佩琼琚过眼看。一事飞腾羡前辈，升平时世读书官。

——据风雨楼本《定盦集外未刻诗》
第六页庚辰诗

咏史

（1820 年）

宣室今年起故侯，衔兼中外辖黄流。金銮午夜闻乾惕，银汉千寻泻豫州。猿鹤惊心悲皓月，鱼龙得意舞高秋。云梯关外茫茫路，一夜吟魂万里愁。

一样苍生系庙廊，南风愁绝北风狂。羽书颠倒司农印，幕府纵横急就章。奇计定无宾客献，冤氛可顾子孙殃？何年秘阁①搜诗史，输与山东客话长。

——据风雨楼本《定盦集外未刻诗》
第八页庚辰诗

读公孙弘传

（1820 年）

三策天人礼数殊，公孙相业果何如？可怜秋雨文园客，身是赀郎有谏书。

——据风雨楼本《定盦集外未刻诗》
第九页庚辰诗

马

（1820 年）

八极曾陪穆满游，白云往事使人愁。最怜汗血名成后，老踞残刍立仗头。

——据风雨楼本《定盦集外未刻诗》
第九页庚辰诗

---

① “阁”，秋星社本、王文濡本、夏田蓝本同，王佩诤校本误作“客”。

吴市得题名录一册，乃明崇祯戊辰科物也，题其尾一律

（1820年）

天心将改礼闱征，养士犹传十四陵。板荡人才科目重，蓁芜文体史家凭。朱衣点过无光气，淡墨堆中有废兴。资格未高沧海换，半为义士半为僧。

——据风雨楼本《定盦集外未刻诗》第九页庚辰诗

才尽

（1820年）

才尽不吟诗，非关象喙危。青山有隐处，白日无还期。病骨时流恕，春愁古佛知。观河吾见在，莫畏镜中丝。

——据风雨楼本《定盦集外未刻诗》第九页庚辰诗

铁君惠书，有“玉想琼思”之语，衍成一诗答之

（1820年）

我昨青鸾背上行，美人规劝听分明。不须文字传言语，玉想琼思过一生。

——据风雨楼本《定盦集外未刻诗》第九—十页庚辰诗

暮雨谣三叠

（1821年春）

暮雨怜幽草，曾亲撷翠人。林塘三百步，车去竟无尘。
雨气侵罗袜，泥痕黦画裳。春阴太萧瑟，归费夕炉香。
想见明灯下，帘衣一桁单。相思无十里，同此凤城寒。

——据同治七年吴煦刻本《定盦文集补·古今体诗·破戒草》（以下简称吴刻本《破戒草》）第二页辛巳诗

周信之明经中孚手拓吴兴收藏家吴、晋、宋、梁四朝砖文八十七种见贻，赋小诗报之[①]

（1821年春）

人间汉砖有五凤，广陵尚书色为动。阮公元。十笏黄金网致回，欧阳欲语暗犹梦。欧阳公尝恨平生见东汉人字多，见西汉字少。西京气体谁比邻？下有六代之芳尘。我生所恨与欧异，但恨金石南天贫。尝著录吴、东晋、宋、齐、梁、陈六代金石刻，不过十种，而北魏、北齐、北周乃十倍之。非金非石非诔谥，兽面鱼形错文字。清华想见《馆坛碑》，梁《上清真人许君馆坛碑》，顾亭林犹见拓本，今人间无片楮矣。倔强偏殊《国山》制。赤乌砖字势，绝不与《国山碑》同。君言解馋良不恶，通人识小聊为乐。君著《金石小品录》。翠墨淋漓茧纸香，余亦装潢塍《瘗鹤》。凡著录六朝石刻，以《瘗鹤铭》为殿，而砖文则又为附见矣。就中吉语纷蝉嫣，作诗谢君君辗然。生儿且觅二千石，亦砖文语。出地何愁八百年。旧蓄"王大令保母"砖拓本，有"后八百载君子知之"语。

——据吴刻本《破戒草之馀》第一页辛巳诗

① 道光元年（辛巳）春，龚自珍离沪赴京为官，当年未回南方。此诗在《破戒草之馀》中，次于辛巳诗之首，当系北上赴京前所作。

吴市得旧本制举之文，忽然有感，书其端①

（1821 年 4 月前）

红日柴门一丈开，不须逾济与逾淮。家家饭熟书还熟，羡杀承平好秀才。

耆旧辛勤伏案成，当年江左重科名。郎君座上谈何易，此事人间有正声。

国家治定功成日，文士关门养气时。乍洗苍苍莽莽态，而无儳儳恛恛词。

刻画精工值万钱，青灯几辈细丹铅。南山竹美兰膏贱，累我神游百廿年。以康熙三十年镌成，丹铅之徒，亦必康熙前辈矣。②

——据吴刻本《破戒草之馀》

第一页辛巳诗

萧县顾椒坪工诗，隐于逆旅，恒自斲刍秣，伺过客，乞留诗，欲阴以物色天下士。亦留一截句③

（1821 年 5 月）

诗人萧县顾十五，马后谈诗世罕闻。如此深心如此法，奈何长作故将军。顾尝仕。

——据吴刻本《破戒草之馀》

第一—二页辛巳诗

---

① 该组诗诗题同自刻本《破戒草之馀》。该组诗亦见风雨楼本《定盦诗集定本上》第四页，题为《吴市得旧本制举文，书其端》，题下有邓实校注："原作《吴市得旧本制举之文，忽然有感，书其端》，今从孝珙手删。"又，道光元年（辛巳），龚自珍由苏州赴京的时间，不晚于农历三月底（参拙著《龚自珍年谱考略》道光元年谱），该组诗自当作于此前。

② 风雨楼本第四首诗末自注，"镌"下无"成"字，"亦"下无"必"字。

③ 道光元年四月初三日，龚自珍赴京途中，曾在扬州与友人同游筱园（参拙著《龚自珍年谱考略》道光元年谱）。据此推算，其抵京时间当在农历四月下旬，故此诗当作于农历四月。

城北废园将起屋，杂花当楣，施斧斤焉。与冯舍人启蓁过而哀之，主人诺，冯得桃，余得海棠。作救花偈示舍人

（1821 年 5 月）

门外闲停油壁车，门中双玉降臣家。因缘指点当如是，救得人间薄命花。

——据吴刻本《破戒草》
第二页辛巳诗

夜直

（1821 年秋）

天西凉月下宫门，夕拜人来第一番。蜡烛饱看前辈影，屋梁高待后贤扪。累朝朱签及丝纶簿，皆庋床顶，须梯而升，皆史官底本也。沉吟章草听钟漏，迢递湖山赴梦魂。安得上言依汉制？诗成侍史佐评论。

——据吴刻本《破戒草》
第三页辛巳诗

柬陈硕甫奂，并约其偕访归安姚先生

（1821 年冬）

中夜栗然惧，沉沉生鬓丝。开门故人来，惊我容颜羸。霜雪满天地，子来宁无饥？且坐互相视，冰落须与眉。

切切两不已，喁喁心腑温。自入国西门，此意何曾宣。饴我客心苦，驱我真气还。华冠闯然人，公等何所论？

进退两无依，悲来恐速老。愁魂中夜驰，不如起为道。枯庵有一

士，长贫颜色好。避人偕访之，一觌永相保。

——据吴刻本《破戒草》
第二页辛巳诗

冬日小病寄家书作

（1821 年冬）

黄日半窗暖，人声四面希。饧箫咽穷巷，沉沉止复吹。小时闻此声，心神辄为痴。慈母知我病，手以棉覆之。夜梦犹呻寒，投于母中怀。行年迨壮盛，此病恒相随。饮我慈母恩，虽壮同儿时。今年远离别，独坐天之涯。神理日不足，禅悦讵可期。沉沉复悄悄，拥衾思投谁？予每闻斜日中箫声则病，莫喻其故，附记于此。

——据吴刻本《破戒草》
第二—三页辛巳诗

能令公少年行有序

（1821 年）

序曰：龚子自祷祈之所言也。虽弗能遂，酒酣歌之，可以怡魂而泽颜焉。

蹉跎乎公！公今言愁愁无终。公毋哀吟娅姹声沉空，酌我五石云母钟，我能令公颜丹鬓绿而与年少争光风，听我歌此胜丝桐。貂毫署年年甫中，著书先成不朽功，名惊四海如云龙，攫拏不定光影同。征文考献陈礼容，饮酒结客横才锋。逃禅一意皈宗风，惜哉幽情丽想销难空。拂衣行矣如奔虹，太湖西去青青峰。一楼初上一阁逢，玉箫金琯东山东。美人十五如花秾，湖波如镜能照容，山痕宛宛能助长眉丰。一索钿盒知心同，再索斑[①]管知才工，珠明玉暖春朦胧。吴歈楚词兼国风，深吟浅吟态不同，千篇背尽灯玲珑。有时言寻缥缈之孤踪，春山不妒春裙红。笛声叫起春波龙，湖波湖雨来空濛。桃花乱打兰舟篷，烟新月旧长相

---

① “斑”，原作“班”，据道光间自刻本《破戒草》（以下简称自刻本）改。

从。十年不见王与公，亦不见九州名流一刺通。其南邻北舍谁欤[①]相过从？痀瘘丈人石户农，嵚崎楚客，窈窕吴侬，敲门藉书者钓翁，探碑学拓者溪僮。卖剑买琴，斗瓦输铜，银针玉薤芝泥封，秦疏汉密齐梁工。佉经梵刻著录重，千番百轴光熊熊，奇许相藉错许攻。应客有玄鹤，惊人无白骢。相思相访溪凹与谷中，采茶采药三三两两逢，高谈俊辩皆沉雄。公等休矣吾方慵，天凉忽报芦花浓，七十二峰峰峰生丹枫。紫蟹熟矣胡麻馕，门前钓榜催词筩。余方左抽豪，右按谱，高吟角与宫，三声两声棹唱终，吹入浩浩芦花风，仰视一白云卷空。归来料理书灯红，茶烟欲散颓鬟浓。秋肌出钏凉珑松，梦不堕少年烦恼丛。东僧西僧一杵钟，披衣起展《华严》筒。噫嚱！少年万恨填心胸，消灾解难畴之功？吉祥解脱文殊童，著我五十三参中。莲邦纵使缘未通，他生且生兜率宫。

——据吴刻本《破戒草》
第一——二页辛巳诗

明日重寻去[②]

（1821年）

明日重寻去，晴光在白蘋。低回问芳草：骞汝是何人？

——据上海图书馆藏抄本《定盦文集》
卷九辛巳诗

夜读番禺集，书其尾

（1821年）

灵均出高阳，万古两苗裔。郁郁文词宗，芳馨闻上帝。

---

① “欤”，自刻本、邃汉斋本、扶轮社本、王文濡本、夏田蓝本同，王佩净校本作“与”。

② 此诗，诸刊本以迄王佩净校本均未载。又，此诗在该书辛巳诗中原次于《暮雨谣三叠》与《城北废园将起屋，杂花当楣，施斧斤焉。与冯舍人启蓁过而哀之，主人诺，冯得桃，余得海棠。作救花偈示舍人》之间。

奇士不可杀，杀之成天神。奇文不可读，读之伤天民。

——据吴刻本《破戒草》
第三页辛巳诗

奴史问答

(1821年)

朝犇一卮，五百学士偷文词。暮酒一杓，四七辨士记崖略。长眉写书小史云：主人者谁？入亦无姝，出亦无车。一史致词：出无车，迷不知东街与西街，怀中堕出西海图；入无姝，但见瑶琴愔愔，红烛华都。主人中夜起，弹琴对烛神踟蹰。邻宅大夫，私问奴星：主人者谁？朝诵圣贤文，夕诵圣贤文。奴言从主人一纪有馀，主人朝癯夕腴，夕腴朝又癯。尚不见主人之眉发美与丑，惟闻喃喃呢呢朝诵贝叶文，夕诵贝叶文。比来长安，出亦无车，入亦无姝；日籍[①]酒三五六斤，苦犇亦三斤。长安无客不踏主人门。客称主人人一喙，不知主人谁喜谁所嗔[②]。岁星在前奴在后，又闻昨夜宅神巷鬼言：包山老龙馋不得归，谈破长安万张口。万张口奴皆闻之。奴能算天九，算地九，能使梭化龙而雷飞，石赴波而海走；又能使大荒之山麒麟之角移赠狗。奴不信主人行藏似谁某。

——据吴刻本《破戒草》
第三—四页辛巳诗

小游仙词十五首

(1821年)

历劫丹砂道未成，天风鸾鹤怨三生。是谁指与游仙路？抄过蓬莱隔

① “籍”，邃汉斋本、扶轮社本、王文濡本、王佩诤校本同，自刻本作“藉”（夏田蓝本同）。

② “嗔”，原作“瞋”（邃汉斋本、扶轮社本、王文濡本、夏田蓝本同），据自刻本、王佩诤校本改。

岸行。

九关虎豹不讥诃，香案偏头院落多。赖是小时清梦到，红墙西去即银河。

玉女窗中梳洗成，隔纱偷眼大[①]分明。侍儿不敢频频报，露下瑶阶湿姓名。

珠帘揭处佩环摇，亲荷天人语碧霄。别有上清诸女伴，隔窗了了见文箫。

寒暄上界本来希，不怨仙官识面迟。侥幸梁清一私语，回头还恐岁星疑。

雅谜飞来半夜风，鳌山徒侣沸春空。顽仙一觉浑瞒过，不在玉龙曼羡中。

丹房不是漫相容，百劫修成忍辱功。几辈凡胎无觅处，仙姨初豢可怜虫。

露重风多不敢停，五铢衫子出云屏。朝真袖屦都依例，第一难笺《璎珞经》。

不见兰旌与桂旄，《九歌》吹入凤凰箫。云中挥手谁相送，依约湘君旧姓姚。

仙家鸡犬近来肥，不向淮王旧宅飞。却踞金床作人语，背人高坐著天衣。

谛视《真诰》久徘徊，仙楮同功一茧裁。姊妹劝书尘世字，莫瞋仓颉不仙才。

秘籍何人领九流，一编《鸿宝》枕中抽。神光照见黄金字，笑到[②]仙人太乙舟。

金屋能容十种仙，春娇簇簇互疑年。我来敢恨初桄窄，曾有人居大梵天。

吐火吞刀诀果真，云中不见幻师身。上方倘有东黄祝，先乞灵符制雹神。雹神姓李，见《神仙鉴》。

众女蛾眉自尹邢，风鬟露鬓觉伶俜。扪心半夜清无寐，愧负银河织女星。

——据吴刻本《破戒草之馀》
第二一三页辛巳诗

---

① “大”，邃汉斋本、扶轮社本、王文濡本、夏田蓝本、王佩诤校本同，自刻本作“太”。

② “到”，邃汉斋本、扶轮社本、王文濡本、夏田蓝本、王佩诤校本同，自刻本作“倒”。

野云山人惠高句骊香，其气和澹，诗酬之[①]

（1821年底）

但来箕子国，都识画师名。云是王宫物，申之异域情。和知邦政美[②]，澹卜主心清。为报东华侣，何人讼客卿？是年，东国上书，辨官书中记其世系有误，语特婉至。

——据吴刻本《破戒草之馀》第三页辛巳诗

辛巳除夕，与彭同年蕴章同宿道观中，彭出平生诗，读之竟夜，遂书其卷尾

（1822年1月22日）

亦是三生影，同听一杵钟。挑灯人海外，拔剑梦魂中。雪色憺恩怨，诗声破苦空。明朝客盈座，谁信去年踪？

——据吴刻本《破戒草》第四页辛巳诗

桐君仙人招隐歌有序

（1822年春）

吴舍人嵩梁尝与妇蒋及两姬人约，偕隐桐江之九里梅花村，不能果也，颜京邸所居曰“九里梅花村舍”，以自慰藉。尝以春日，

① 此诗自注所云“东国上书”及清廷所做相应处理事，《清宣宗实录》（台湾华文书局影印《大清历朝实录》本）卷二十七，道光元年（辛巳）十二月辛巳（初五日，1821年12月28日）有载。据此，本诗当作于1821年底。

② “美”，原作“羡”（邃汉斋本、扶轮社本、王文濡本、夏田蓝本同），据自刻本、王佩诤校本改。

辩车枉存道观。因献此诗，盖代山灵招此三人也。

春人昼梦梅花眠，醒闻杂佩声璆然。初疑三神山，影落窗户何娟娟！又疑三明星，灼灼飞下太乙船。三人皆隶桐君仙，山灵一谪今千年。胡不相逢桐江之滨理钓舷？又胡不采药桐山巅？乃买黄尘十丈之一廛，殳书大署庭之楞。梅花九里移幽燕，毋乃望梅止渴梅所怜。过从谁欤客盈千，一客对之中悁悁。亦有幻境胸缠绵，心灵构造难具宣。乃在具区之西、莫釐之北，大小龙渚相毗连。自名春人坞，楼台窈窕春无边。俯临太湖春水阔，仰见缥缈晴空悬。中间红梅七八九，轮囷古铁花如钱。两家息壤殊不远，江东浙东一棹堪洄沿。相嘲相慰亦有年，今朝笔底东风颠。请为莫釐龙女破颜曲，换我桐君仙人招隐篇，相祈相祷春阳天。开帘送客一惝恍，帘外三日生春烟。

——据吴刻本《破戒草》
第四—五页壬午诗

柬秦敦夫编修二章有序

（1822年9月—11月）

辛巳秋，始辱编修惠访余居，岁馀，无三日不相见。编修固乾隆朝耆旧也，阅人多，心光湛然，而气味沉厚，温温然耐久长。适其家有汉物二，故遂假譬喻之词，为二诗以献，亦冀读余诗者，想见其为人。

君家有古镜，曾照汉时妆。三日不相见，思之心徊徨。愿身为镜奁，护此千岁光。镜

君家有熏炉，曾熏汉时香。三日不摩挲，活碧生微凉。愿身为炉烟，续续君子旁。熏炉

——据吴刻本《破戒草》
第六—七页壬午诗

十月廿夜大风，不寐，起而抒怀[①]

（1822年12月4日）

西山风伯骄不仁，虓如醉虎驰如轮；排关绝塞忽大至，一夕炭价高千缗。城南有客夜兀兀，不风尚且凄心神。家书前夕至，忆我人海之一鳞。此时慈母拥灯坐，姑唱妇和双劳人。寒鼓四下梦我至，谓我久不同艰辛。书中隐约不尽道，惚恍悬揣如闻呻。我方九流百氏谈宴罢，酒醒炯炯神明真。贵人一夕下飞语，绝似风伯骄无垠。平生进退两颠簸，诘屈内讼知缘因。侧身天地本孤绝，矧乃气悍心肝淳！欹斜谑浪震四坐，即此难免群公瞋。名高谤作勿自例，愿以自讼上慰平生亲。纵有噫气自填咽，敢学大块舒轮囷？起书此语灯焰死，狸奴瑟缩偎帱茵。安得眼前可归竟归矣，风酥雨腻江南春。

——据吴刻本《破戒草》
第七—八页壬午诗

汉朝儒生行[②]

（1822年）

汉朝儒生不青紫，二十高名动都市。《易》通田何《书》欧阳，三十方补掌故史。门寒地远性傥荡，出门无阶媚天子。会当大河决酸枣，愿入薪楗三万矢。路逢绛灌拜马首，拜则槃辟人不喜。归来仰屋百喟生，著书时时说神鬼。生不逢高皇骂儒冠，亦不遇灞陵轻少年。爱读武皇传，不遇武皇祠神仙。神仙解词赋，《大人》一奏凌云天。枕中黄金岂无药？更生误读淮王篇。自言汉家故事网罗尽，胸中语秘世莫传。略传[③]将军之客数言耳，不惜箝我歌当筵。一歌使公惧，再歌使公悟，我歌无罪公无怒！汉朝西海如郡县，蒲萄天马年年见。匈奴左臂乌孙王，

---

① 据诗中“寒鼓四下梦我至”句，知此诗作于道光二年（壬午）十月二十后半夜四更，亦即1822年12月4日凌晨1—3时。

② 此诗亦见风雨楼本《定盦诗集定本上》第四—六页，题下有龚橙注云：“此丁亥误入，橙注。”录此备参。

③ “略传”，风雨楼本作“传者”。

七译来同藁街宴。武昭以还国威壮，狗监鹰[1]媒尽边将。出门攘臂攫牛羊，三载践更翻沮丧。三十六城一城反，都护上言请勤远。期门或怒或阴喜，喜者何心怒则愤。关西籍甚良家子，卅年久绾军符矣。不结椎埋儿，不长鸣珂里；声名自震大荒西，饮马昆仑荡海水。不共郅支生，愿逐楼兰死。上书初到公卿惊，共言将军宜典兵，麟生凤降岂有种？况乃一家中国犹弟兄。旌旗五道从天落，小印如斗大如斛，尽隶将军一臂呼，万人侧目千人诺。山西少年感生泣，羽林群儿各努力，共知汉主拔孤根，坐见孤根壮刘室。不知何姓小侯瞋，不知何客惎将军？将军内顾忽疑惧，功成定被他人分。不如自亲求自附，飞书请隶嫖姚部。上言乞禁兵，下言避贤路。笑比高皇十八侯，自居虫达曾无羞。此身愿爵关内老，黄金百斤聊可保。呜呼！汉家旧事无人知，南军北军颇有私。北军似姑南似嫂，嫂疏姑戚群僮窥。可怜旧事无人信，门户千秋几时定？门户原非主上心，诛荡吾知汉皇圣。是时书到甘泉夜，答诏徘徊未轻下；密问三公是与非，沮者不坚语中罢。廋[2]词本冀公卿谅，末[3]议微闻道涂骂。拙哉某将军！非火胡自焚？非蚕胡自缚？非蛩胡自螫？有舌胡自挢？有臂[4]胡自掣？军至矣，刺史迎，肥牛之腱万镬烹。军过矣，掠童女，马踏燕支贱如土。嬴家长城如一环，汉家长城衣带间。嬴家正为汉家用，坐见入关仍出关。入关马行[5]疾，出关马无力。丞华厩里芝草稀，水衡金贱苦乏绝。卜式羊蹄尚无用，相如黄金定何益？珠厓可弃例弃之，夜过茂陵闻太息。汉家庙食果何人？未必卫霍无侪伦。酎[6]金失侯亦有命，人生那用多苦辛！噫嚱！人生那用长苦辛！勿向行[7]间老，老阅风霜亦枯槁。千尺寒潭白日沉，将军之心如此深！后世读书者，毋向兰台寻；兰台能书汉朝事，不能尽书汉朝千百心。儒林丈人识[8]

---

① “鹰”，自刻本、邃汉斋本、风雨楼本、王文濡本、夏田蓝本同，扶轮社本、王佩诤校本误作“膺”。

② “廋”，原作“庾”（邃汉斋本、扶轮社本同），据自刻本、风雨楼本、王文濡本、夏田蓝本、王佩诤校本改。

③ “末”，原作“未”，据自刻本、邃汉斋本、扶轮社本、风雨楼本、王文濡本、夏田蓝本、王佩诤校本改。

④ “臂”，风雨楼本作“肘”。

⑤ “行”，风雨楼本作“蹄”。

⑥ “酎”，自刻本、风雨楼本作“酬”。

⑦ “行”，原作“人”（邃汉斋本、扶轮社本、王文濡本、夏田蓝本、王佩诤校本同），据自刻本、风雨楼本改。

⑧ “识”，风雨楼本作“为”。

此吟。

——据吴刻本《破戒草》
第五—六页壬午诗

投宋于庭翔凤

（1822 年）

游山五岳东道主，拥书百城南面王。万人丛中一握手，使我衣袖三年香。

——据吴刻本《破戒草》
第六页壬午诗

投包慎伯世臣

（1822 年）

郑人能知邓析子，黄祖能知祢正平。乾隆狂客发此议，君复掉罄今公卿。

——据吴刻本《破戒草》
第六页壬午诗

馎饦谣①

（1822 年）

父老一青钱，馎饦如月圆；儿童两②青钱，馎饦大如钱。盘中③馎饦贵一钱，天上明月瘦一边。噫！市中之馂兮天上月，吾能料汝二物之盈虚兮，二物照我为过客。月语馎饦：圆者当缺。馎饦语月：循环无

① 此诗亦见风雨楼本《定盦诗集定本上》第六页。

② “两”，风雨楼本作“一”。

③ “盘中”，风雨楼本作“人间”。

极；大如钱，当复如月圆。呼儿语若：后五百岁，俾饱而玄孙。

——据吴刻本《破戒草》
第七页壬午诗

送刘三

（1822 年）

［方水从吾游久矣，而气益浮，中益浅，吾虑其出门而悔吝多也。然吾方托以大事，倚杖之如右手，以其人实质直无可疑者，特不学无术耳。爰勖以一诗送其行。］①

刘三今义士，愧杀读书人。风雪衔杯罢，关山拭剑行。英年须阅历，侠骨岂沉沦？亦有恩仇托，期君共一身。

——据吴刻本《破戒草》第七页壬午诗，小序据陈元禄
《羽琌逸事》（稿本，上海图书馆藏）补

黄犊谣，一名佛前谣，一名梦为儿谣

（1822 年）

黄犊踯躅，不离母腹。踯躅何求？乃不如犊牛。一解
昼则壮矣，夜梦儿时。岂不知归？为梦中儿。二解
无闻于时，归亦汝怡。矧有闻于时，胡不知归？三解
归实阻我，求佛其可。念佛梦醒，佛前涕零。四解
佛香漠漠，愿梦中人安乐。佛香亭亭，愿梦中人苦辛。苦辛恒同，乐亦无穷。五解
噫嘻噫嘻！归苟乐矣，儿出辱矣。梦中人知之，佛知之夙矣！六解

——据吴刻本《破戒草》
第七页壬午诗

---

① 娟镜楼本《定盦先生年谱外纪》卷上所录此小序，“如”下衍“左”字，“质”下脱“直”字，“勖”字误作“最”字。

歌哭

（1822 年）

阅历名场万态更，原非感慨为苍生。西邻吊罢东邻贺，歌哭前贤较有情。

——据吴刻本《破戒草之馀》
第三页壬午诗

送南归者

（1822 年）

布衣三十上书回，挥手东华事可哀。且买青山且鼾卧，料无富贵逼人来。

——据吴刻本《破戒草之馀》
第三页壬午诗

荐主周编修贻徽属题尊甫小像，献一诗

（1822 年）

科名几辈到儿孙？道学宗风毕竟尊。我作新诗侑公笑，祝公家法似榕门。陈文恭公，其乡先辈也。

——据吴刻本《破戒草之馀》
第三—四页壬午诗

城南席上谣，一名嘲十客谣，一名聒聒谣

（1822年）

一客谈古文，梦见仓颉飨籀史。一客谈山川，掌纹西流作弱水。一客谈高弧，神明悒悒念弧矢，泰西深瞳一何似！一客谈宗彝，路逢破铜拭双眦，发丘中郎倘封尔。一客谈遗佚，日挟十钱入西市，五钱麦糊五钱纸，年年东望日本使。一客谈雠书，虱胫偏旁大排比。一客谈诂训，夜祠洨长配颜子，不信识字忧恼始。一客谈虫鱼，草间闻蛙卧帖耳。一客谈掌故，康熙老兵偻而俟。一客谈《公羊》，端门血书又飞矣。

——据风雨楼本《定盦集外未刻诗》

第十—十一页壬午诗

女士有客海上者，绣大士像，而自绣己像礼之，又绣平生诗数十篇缀于尾[1]

（1823年1月26日—2月10日）

珠帘翠幕栖婵娟，不闻中有坚牢仙。美人十五气英妙，自矜辨慧能通禅。遂挟奇心恣缥缈，别以沉痼搜缠绵。吟诗十九作空语，夙生入梦为龙天。妆成自写心所悟，宗风窈窕非言诠。维摩昨日扶病过，落花正绕蒲团前。欲骂绮语心未忍，自顾结习同无边。散花未尽勿饶舌，待汝撒手归来年。

——据吴刻本《破戒草》

第八页壬午诗

① 据龚自珍致邓传密手札，其道光二年冬离京南下的时间不早于十一月十一日，之后“冒三十三日之冰雪”抵沪，则抵沪时间应在十二月十四日或稍后，故此诗当作于十二月十五日至三十日间（1823年1月26日—2月10日）。

李复轩秀才学璜惠序吾文，郁郁千馀言，诗以报之[①]

（1823年1月26日—2月10日）

李家夫妇各一集，数典唐宋元明希。妇才善哀君善怒，哀以沉造怒则飞。君配归夫人，著诗千馀篇。江郎昨日骂金粉，谓尔难脱千生靰[②]。其言往往俊伤骨，岁晏怀哉共所归。江铁君尝劝君夫妇学道，看内典，虑君之不能从也。

——据吴刻本《破戒草》
第八页壬午诗

夜坐

（1823年春）

春夜伤心坐画屏，不如放眼入青冥。一山突起丘陵妒，万籁无言帝坐灵。塞上似腾奇女气，江东久陨少微星。从来不蓄湘累问，唤出嫦娥诗与听。

沉沉心事北南东，一睨人材海内空。壮岁始参周史席，髫年惜堕晋贤风。功高拜将成仙外，才尽回肠荡气中。万一禅关砉然破，美人如玉剑如虹。

——据吴刻本《破戒草之馀》
第四—五页癸未诗

暮春以事诣圆明园，趋公既罢，因览西郊形胜，最后过澄怀园，和内直友人春晚退直诗六首

（1823年4月中旬—5月上旬）

西郊富山水，天子驻青旗。元气古来积，群灵咸是依。九重阿阁

① 此诗与上诗当作于同一时段。

② “靰”，自刻本、邃汉斋本、扶轮社本、王文濡本、夏田蓝本同，王佩诤校本作“羁”。

外，一脉太行飞。何必东南美？宸居静紫微。

一翠扑人冷，空濛溯却遥。湖光飞阙外，宫月淡林梢。春暮烟霞润，天和草木骄。桃花零落处，上苑亦红潮。

恍惚西湖路，其如怅望何？期门瞩威武，贱士感蹉跎。囿沼输鱼跃，峰峦羡鸟过。周陆新令在，不得睹卷阿。雍正二年，设八旗官兵处，今额倍于初额。

掌故吾能说，雍乾溯以还。禅心辟初地，小幸集清班。遂进群藩宴，兼怡圣母颜。升平六十载，乃大启三山。曰静宜，曰静明，曰清漪，皆乾隆中建。

警跸闻传膳，枢廷述地方。凡车驾有所幸，谓之传地方。宸游兼武备，香山有健锐、火器二营。大典在官常。禁额如云起，仙人隔仗望。万重珊翠里，不数尚书郎。

此地求沿革，当年本合并。林岚陪禁近，祠庙仰勋名。水榭分还壮，云廊改更清。诸公齐努力，谁得似桐城。澄怀本张文和公赐园，今内直诸公分居之，又才澄怀之半耳。

——据吴刻本《破戒草》
第九页癸未诗

寄古北口提督杨将军芳①

（1823年8月5日前）

绝塞今无事，中原况有人。升平闲将略，明哲保孤身。莫以同朝忌，惭非贵戚伦。九重方破格，肺腑待奇臣。

据吴刻本《破戒草》
第八—九页癸未诗

辨仙行

（1823年8月5日前）

噫嚱！癯仙之癯毋乃贫，长卿所赋亦失真。我梦游仙辨厥因，斋庄

① 《破戒草》癸未诗尾自记云：“自癸未七月至乙酉十月，以居忧无诗。”故此诗当作于道光三年（癸未）上半年农历六月二十九日（1823年8月5日）前。以下癸未诗均同此例。

精白听我云：仙者乃非松乔伦，亦无英魄与烈魂，彼但堕落鬼与神。太一主宰先壹壶[①]，帝一非五邪说泯。唐尧姬旦诚仙人，厥光下界呼星辰。不然诗书所说陈，谁在帝左福下民？五行阴骘谁平均？享用大乐须韶钧，蓬蓬槱燎高荐禋，号曰宗祖冠以神。其次官贵貌必文，周任史佚来斌斌，配食漆吏与楚臣。六艺但许庄骚邻，芳香恻悱怀义仁。荒唐心苦余所亲，我才难馈仙官贫。侧闻盲左位颇尊，姬孔而降三不湮。大篆古文上帝珍，帝命勒之天上珉，椎拓万本赐解人。鲁史书秋复书春，二百四十一瞋陈。九皇五伯升且沦，大桡以来未浃旬。为儒为仙无滓尘，万古只似人间寅；使汝形气长和淳。一双仙犬无狂獉，人间儒派方狺狺；饥龙悴风气不伸，凤兮欲降上帝瞋[②]。钼商所获为谪麟，慎旃莫往罹采薪。公羊家言获麟，薪采之也。

——据吴刻本《破戒草》
第九—十页癸未诗

送端木鹤田出都

（1823年8月5日前）

天人消息问端木，著书自署青田鹤。此鹤南飞誓不回，有鸾送向城头哭。鸾鹤相逢会有时，各悔高名动寥廓。君书若成愿秘之，不扃三山置五岳。

——据吴刻本《破戒草》
第十页癸未诗

柬王征君萱铃[③]，并约其偕访归安姚先生

（1823年8月5日前）

归安醰醰百怪宗，心夷貌惠难可双。征君力定乃其亚，大吕合配黄

---

① “壹壶”，自刻本、扶轮社本、王文濡本、夏田蓝本同（邃汉斋本误作“壹壹”），王佩诤校本作“氤氲”。

② “瞋”，自刻本、邃汉斋本、扶轮社本、王文濡本、夏田蓝本同，王佩诤校本误作“嗔”。

③ “铃”，自刻本、邃汉斋本、扶轮社本同，王文濡本、夏田蓝本、王佩诤校本作“龄”。

钟撞。

归安一身四气有，举世但睹为秋冬。亟拉征君识姚子，高山大壑长相逢。

——据吴刻本《破戒草》
第十页癸未诗

飘零行，戏呈二客

（1823年8月5日前）

一客高谈无①转轮，一客高谈有②转轮。不知泰华嵩衡外，何限周秦汉晋人。

臣将请帝之息壤，惭愧飘零未有期。万一飘零文字海，他生重定定庵诗。

——据吴刻本《破戒草》
第十—十一页癸未诗

午梦初觉，怅然诗成

（1823年8月5日前）

不似怀人不似禅，梦回清泪一潸然。瓶花帖妥炉香定，觅我童心廿六年。

——据吴刻本《破戒草之馀》
第四页癸未诗

---

① "无"，原作"有"（邃汉斋本、扶轮社本、王文濡本、夏田蓝本、王佩诤校本同），据自刻本、风雨楼本改。

② "有"，原作"无"（邃汉斋本、扶轮社本、王文濡本、夏田蓝本、王佩诤校本同），据自刻本、风雨楼本改。

漫感

（**1823** 年 **8** 月 **5** 日前）

绝域从军计惘然，东南幽恨满词笺。一箫一剑平生意，负尽狂名十五年。

——据吴刻本《破戒草之馀》
第四页癸未诗

人草藁

（**1823** 年 **8** 月 **5** 日前）

陶师师娲皇，抟土戏为人。或则头帖帖，或则头颟颟。丹黄粉墨之，衣裳百千身。因念造物者，岂无属稿辰？兹大伪未具，娲也知艰辛。磅礴匠心半，斓斑土花春。剧场不见收，我固怜其真。谥曰人草藁，礼之用上宾。

——据吴刻本《破戒草之馀》
第五页癸未诗

三别好诗有序①

（**1823** 年 **8** 月 **6** 日后）

余于近贤文章，有三别好焉。虽明知非文章之极，而自髫年好之，至于冠益好之。兹得春三十有一，得秋三十有二，自揆造述，绝不出三君，而心未能舍去。以三者皆于慈母帐外灯前诵之；吴诗出口授，故尤缠绵于心；吾方壮而独游，每一吟此，宛然幼小依膝

---

① 此组诗在癸未诗中似属例外。龚自珍生于乾隆五十七年七月初五日，此三诗小序既云“得春三十有一，得秋三十有二”，则诗应作于七月初一日后。考虑到其母段驯卒于道光三年（癸未）七月初一日，讣闻至京应不早于七月上旬（1823 年 8 月 6 日—15 日）的某日，故此三诗当作于 1823 年 8 月 6 日至同月其闻讣以前。

下时。吾知异日空山，有过吾门而闻且高歌，且悲啼，杂然交作，如高宫大角之声者①，必是三物也。各系以诗：

莫从文体问高卑，生就灯前儿女诗。一种春声忘不得，长安放学夜归时。右题吴骏公《梅村集》。

狼藉丹黄窃自哀，高吟肺腑走风雷。不容明月沉天去，却有江涛动地来。右题方百川遗文。

忽作泠然水瑟鸣，梅花四壁梦魂清。杭州几席乡前辈，灵鬼灵山独此声。右题宋左彝《学古集》。

——据吴刻本《破戒草之馀》
第四页癸未诗

补题李秀才增厚《梦游天姥图》卷尾有序

（1825年12月10日—1826年1月7日）

《梦游天姥图》者，昆山李秀才以嘉庆丙子应北直省试，思亲而作也。君少孤，母夫人鞠之，平生未曾一朝夕离。以就婚、应试，往返半年，而作是图。图中为梦魂所经，山殊不类镜湖山之状。其曰天姥者，或但断取字义，非太白诗意也。越九年乙酉，属余补为诗，书于帧尾。时母夫人辞世已年馀，而余亦母丧阕才一月，勉复弄笔，未能成声。

李郎断梦无寻处，天姥峰沉落照间。一卷临风开不得，两人红泪湿青山。

——据吴刻本《破戒草》
第十一页乙酉诗

咏史

（1825年冬）

金粉东南十五州，万重恩怨属名流。牢盆狎客操全算，团扇才人踞

---

① “者”，邃汉斋本、扶轮社本、王文濡本、夏田蓝本、王佩诤校本同，自刻本作“音”。

上游。避席畏闻文字狱，著书都为稻粱谋。田横五百人安在，难道归来尽列侯？

——据吴刻本《破戒草》
第十一页乙酉诗

乙酉腊，见红梅一枝，思亲而作，时小客昆山

（1826年1月8日—2月6日）

一十四年事，胸中盎盎春。南天初返棹，东阁正留宾。全家南下之岁，迄今十有四年。芳意惊心极，愁容入梦频。娇儿才竟尽，不赋早梅新。

绛蜡高吟者，年年哭海滨。明年除夕泪，洒作北方春。母在人间，百事予不知也。记丙子至戊寅三除夕，烧蜡两枝，供红梅、牡丹各一枝，读《汉书》竟夜。天地埋忧毕，舟车祖道频。明春复入都矣。何如抱冰雪，长作墓庐人？杭州墓上植梅五十本。

——据吴刻本《破戒草》
第十一页乙酉诗

乙酉除夕，梦返故庐，见先母及潘氏姑母

（1826年2月6日）

门内沧桑事，三人隐痛深！凄迷生我处，宛转梦中寻。窗外双梅树，床头一素琴。醒犹闻絮语，难谢九原心。余以乾隆壬子生马坡巷，先大父中宪公戊申年归田所买宅也，今他人有之。

——据吴刻本《破戒草》
第十一—十二页乙酉诗

乙酉十二月十九日，得汉凤纽白玉印一枚，文曰“婕伃妾赵”，既为之说载文集中矣，喜极赋诗，为寰中倡。时丙戌上春也[①]

（1826 年 2 月 7 日—3 月 8 日）

寥落文人命，中年万恨并。天教弥缺陷，喜欲冠平生。掌上飞仙堕，怀中夜月明。自夸奇福至，端不换公卿。

入手消魂极，源[②]流且莫宣。姓疑钩弋是，人在丽华先。暗寓拼飞势，休寻《德象篇》。定谁通小学，或者史游镌？孝武钩弋夫人亦姓赵氏，而此印末一字为鸟篆，鸟之喙[③]三，鸟之趾二，故知隐寓其号矣。《德象篇》，班婕伃所作。史游作《急就章》中有“缍”字，碑本[④]正作“婕”。史游与飞燕同时，故云尔。

夏后苕华刻，周王重璧台。姒书无拓本，姬室有荒苔。小说冤谁雪？灵踪闷忽开。尝论《西京杂记》出六朝手，所称汉人语多六朝语，未可信。客曰：“得印所以报也。”更经千万寿，永不受尘埃。玉纯白，不受土性。

引我飘飖[⑤]思，他年能不能？狂胪诗万首，拟遍征寰中作者为诗。高供阁三层。拓以甘泉瓦，燃之内史灯。内史第五行灯，亦予所藏。东南谁望气？照耀玉山棱。予得地十笏于玉山之侧，拟[⑥]构宝燕阁它日居之。

——据吴刻本《破戒草》
第十二页丙戌诗

---

① 风雨楼本《定盦诗集定本上》此诗题为《纪得汉凤纽“婕伃妾赵”玉印》，题下有邓实校注：“原作《乙酉十二月十九日，得汉凤纽白玉印一枚，文曰‘婕伃妾赵’，既为之说载文集中矣，喜极赋诗，为寰中倡。时丙戌上春也》，今从孝拱手删。”

② “源”，自刻本、邃汉斋本、风雨楼本同，扶轮社本、王文濡本、夏田蓝本、王佩诤校本作“原”。

③ “喙”，原作“啄”（邃汉斋本、扶轮社本、王文濡本、夏田蓝本、王佩诤校本同），据自刻本、风雨楼本改。

④ “碑”下，自刻本、邃汉斋本、风雨楼本亦有“本”字，扶轮社本、王文濡本、夏田蓝本、王佩诤校本脱“本”字。

⑤ “飖”，自刻本、邃汉斋本、扶轮社本、风雨楼本、王文濡本、夏田蓝本同，王佩诤校本作“摇”。

⑥ “构”上，自刻本、邃汉斋本、扶轮社本、王文濡本、夏田蓝本、王佩诤校本亦有“拟”字，风雨楼本无“拟”字。

纪游[1]

（1826 年春）

春小兰气淳，湖空月华出。未可通微波，相将踏幽石。一亭复一亭，亭中乍曛黑。千春几辈来，何况婵媛客？离离梅绽蕊，皎皎鹤梳翮。鹤性忽然驯，梅枝未忍折。并坐恋湖光，双行避藓[2]迹。低睐有谁窥？小语略闻息。须臾四无人，颜弱未工热。安知此须臾，非隶仙灵籍？侍儿各寻芳，自荐到扶掖。光景不少留，群山媚暝色。城阃催上灯，香舆伫烟陌。温温怀肯忘？暧暧眴靡及。只愁洞房中，馀寒在鸳屧。

——据吴刻本《破戒草》
第十二—十三页丙戌诗

后游[3]

（1826 年春）

破晓霜气清，明湖敛寒碧。三日不能来，来觉情瑟瑟。疏梅最淡冶，今朝似愁绝。寻常苔藓痕，步步生悱恻。寸寸蚴蟉枝，几枝扪手历；重重燕支蕾，几朵挂钗及。花外一池冰，曾照低鬟立，仿佛衣裳香，犹自林端出。前度未吹箫，今朝好吹笛。思之不能言，扪心但先热。我闻色界天，意痴离言说。携手或相笑，此乐最为极！天法吾已受，神亲形可隔。持以语梅花，花颔略如石。归途又城阃，朱门叩还入，袖出三四花，敬报春消息。

——据吴刻本《破戒草》
第十三页丙戌诗

---

① 此诗当作于道光六年（丙戌）春，龚自珍北上赴京前。

② “藓”，原作“苏”（邃汉斋本、扶轮社本同），据自刻本、王文濡本、夏田蓝本、王佩诤校本改。

③ 此诗当作于道光六年（丙戌）春，龚自珍北上赴京前。

夏进士诗[①]

（1826 年春）

我欲补谥法，曰冲暨曰淳。持此当谥谁？夏璜钱塘人。
我生有朋友，十六识君始。我壮之四年，君五十一死。
君熟于左氏，只字诵无遗；下及廿二史，名姓胸累累。
形亦与君忘，神亦与君忘。策左五百事，赌史三千场。
识君则在北，哭君在杭州。时乙酉既腊，西湖寒不流。
作夏进士诗，名姓在吾集。如斯而已乎？报君何太啬！

——据吴刻本《破戒草》
第十三页丙戌诗

京师春，尽夕大雨书怀，晓起柬比邻李太守威、吴舍人嵩梁

（1826 年春）

春风漫漫春浩浩，生人死人满春抱。死者周秦汉晋才几时？生者长吟窈窕天之涯。闭门三日欲肠断，山桃海棠落皆半，东皇漓然下春霰。西邻舍人既有怊怅词，对门太守禅定亦恼乱。太守置酒当春空，舍人言愁愁转工。三人文章乃各异，心灵恻怆将毋同？文章之事蔑须有，心灵之事益负负。蟠天际地能几时，万恨沉埋向谁咎？归来春霰欲成雨，春城万家化洲渚。山妻贻我珊瑚枝，劝读《骚经》二十五。不惜珊瑚碎，长吟未免心肝苦，不如复饮求醁醽，人饮获醉我获醒，逌然万载难酩酊。一灯晃晃摇春屏，四更急雨何曾停，恍如波涛卧洞庭。嗟哉此灯此雨不可负，披衣起注《阴符经》。

——据吴刻本《破戒草》
第十三—十四页丙戌诗

---

① 此诗当作于道光六年（丙戌）春，龚自珍北上赴京前。

美人

(1826年春)

美人清妙遗九州，独居云外之高楼。春来不学空房怨，但折梨花照暮愁。

——据吴刻本《破戒草》
第十四页丙戌诗

以奇异金石文字拓本十九种，寄秦编修恩复扬州，而媵以诗

(1826年5月)

异人延年无异方，能使寸田生异香；食古欲醉醉欲狂，娱魂快意宜文章，以代参术百倍强。秦君耄矣癖弗荒，何以明我长毋忘？我拓古文璆琳琅，熏以桂椒袭以缃，楮精墨匀周豪芒，愿君自发君吉阳。获燕三喙芝三英，中有赵绠伃印拓本一事，曩赵君魏以为芝英篆也。慈鬘[1]公侍姬字。著录客亦商；客其谁欤有郑堂，江君藩。同声念我北斗旁。桂树珑璟白昼长，园亭清夏卮酒黄；如作器者言词良，长生长乐乐未央！

——据吴刻本《破戒草》
第十四页丙戌诗

二哀诗有序

(1826年夏)

为谢学士阶树、陈修撰沆作也。两君皆以巍科不自贤，谓高官

① "鬘"，原作"鬟"（邃汉斋本、扶轮社本、王文濡本、夏田蓝本同），据自刻本、王佩诤校本改。

上第外，有各家师友文字，皆乐相亲近，而许贡其言说。辛巳冬迄癸未夏，数数枉存余，求师友，有造述，皆示余。余僭疏古近学术源流，及劝购书，皆大喜。学士德量尤深，莫测所至。修撰闭门，斐然怀更定之志，殊未成，而忽然以同逝，命也。作《二哀诗》，时丙戌夏。

读书先望气，谢九癯而温。平生爱太傅，非徒以其孙。翰林两抗疏，志欲窥大源。春华不自赏，壮岁求其根。谁谓寻求迟？迈越篱与藩。造物吝君老，一丘埋兰荪。

读书先审器，陈君虚且深。荣名知自鄙，闻道以自任。闻道岂独难？信道千黄金。遂使山川外，某某盈君襟。幸哉有典则，惜哉未酣沉。手墨浩盈把，甄搜难为心。

——据吴刻本《破戒草》
第十五—十六页丙戌诗

祭程大理同文于城西古寺而哭之[①]

（**1826**年夏、秋间）

忆昔先皇己未年，家公与公相后先，家公肃肃公跌宕，斜街老屋长羸天，闺中名德绝天下，吴玖夫人。鸣琴说诗锵珮瑱。卅年父执朝士尽，同首髻丱中悁悁。

姬刘皆世太史氏，公乃崛起孤根中。公才十伯古太史，曰邦有献献有宗。英文巨武郁浩汹，天图地碣森宠炭。贱子不文复不达，愧披后哲称程龚。

北斗真人返大荒，彭铿史佚来趋跄。藉书不与上天去，天上定有千缥缃。予与公辛壬间相藉书，无虚日。天上岂无一尊酒？为我降假僚友旁。

① 风雨楼本《定盦诗集定本上》第九页录此组诗之前二首，题为《祭程大理同文于城西古寺，哭之》，题下有邓实校注："原本有'而'字"。又，此组诗与《二哀诗有序》同为追悼道光三年至五年，作者因回南方居丧，而未能参与相关祭吊活动的已逝京华故交（程卒于道光三年，谢、陈均卒于道光五年，参拙著《龚自珍生平与诗文新探·读〈龚自珍全集〉札记·二、关于谢阶树、陈沆与程同文的卒年》，天津人民出版社1992年版），故应与之作于同一时段或稍后。

掌故虽徂元气在，仰窥七曜森光芒。

——据吴刻本《破戒草》
第十六页丙戌诗

同年生胡户部培翚集同人祀汉郑司农于寓斋，礼既成，绘为卷子。同人为歌诗，龚自珍作祀议一篇质户部，户部属檃括其指，为韵语以谐之①

（1826年8月8日后）

我稽十三经，名目始南宋。异哉北海君，先期适兼综。《诗》笺附庸《毛》，《易》爻辰无用。《尚书》有今文，只义馈贫送，四辨馈《尧典》，三江馈《禹贡》。《鲁论》与《孝经》，逸简不可讽。《尔雅》剩一鳞，引家亦摭弄。排何《发墨守》，此狱不可讼，吾亦姑置之，说长惧惊众。唯有孟七篇，千秋等尘封。我疑《经籍志》，著录半虚哄，义与歆莽违，下笔费弥缝，何况东汉年，此书未珍重。余生恶《周礼》，《考工》特喜诵。封建驳子舆，心肝为隐痛。五帝而六天，诞妄谶所中。同时有四君，伟识引余共。堂堂十七篇，姬公发孔梦。经文纯金玉，注义峙麟凤。吾曹持议平，功罪勿枉纵。郑功此第一，千秋合崇奉。郑兼治十三经，人间完本有《诗》、《三礼》；辑录本有《箴膏肓》、《起废疾》、《发墨守》，《易》、《书》、《鲁论》、《孝经》、《尔雅》注也。《孟子注》见隋《经籍志》，隋《志》殆未可信。庄君绶甲、宋君翔凤、刘君逢禄、张君瓒昭言封建，皆信《孟子》，疑《周礼》，海内四人而已；张说为尤悲也。

——据吴刻本《破戒草之馀》
第五—六页丙戌诗

① 道光六年（丙戌），胡培翚系于七月初五日（1826年8月8日）“集同人祀汉郑司农于寓斋”（参拙著《龚自珍年谱考略》道光六年谱）。此诗当作于是日或稍后。

丙戌秋日，独游法源寺，寻丁卯、戊辰间旧游，遂经过寺南故宅，惘然赋

（**1826** 年秋）

髫年抱秋心，秋高屡逃塾。宕往不可收，聊就寺门读。春声满秋空，不受秋束缚。一叟寻声来，避之入修竹。叟乃喷古笑，烂漫晋宋谑。寺僧两侮之，谓一猿一鹤。归来慈母怜，摩我百怪腹。言我衣裳凉，饲我芋栗熟。万恨未萌芽，千诗正珠玉。醰醰心肝淳，莽莽忧患伏。浩浩支干名，漫漫人鬼箓。依依灯火光，去去门巷曲。魂魄一惝恍，径欲叩门宿。千秋万岁名，何如小年乐？叟为金坛段清标，吾母之叔父也。

——据吴刻本《破戒草》
第十六—十七页丙戌诗

秋心三首

（**1826** 年秋）

秋心如海复如潮，但有秋魂不可招。漠漠郁金香在臂，亭亭古玉佩当腰。气寒西北何人剑？声满东南几处箫。斗大明星烂无数，长天一月坠林梢。

忽筮一官来阙下，众中俯仰不材身。新知触眼春云过，老辈填胸夜雨沦。《天问》有灵难置对，《阴符》无效勿虚陈。晓来客籍差夸富，无数湘南剑外民。

我所思兮在何处？胸中灵气欲成云。槎通碧汉无多路，土蚀寒花又此坟。某水某山迷姓氏，一钗一佩断知闻。起看历历楼台外，窈窕秋星或是君。

——据吴刻本《破戒草》
第十七页丙戌诗

有所思

（1826年）

妙心苦难住，住即与之期。文字都无著，长空有所思。茶香砭骨后，花影上身时。终古天西月，亭亭怅望谁？

——据吴刻本《破戒草》第十四页丙戌诗

反祈招有序

（1826年）

序曰：《反[①]祈招》何为而作也？夫瑶池有白云之[②]乡，赤乌为美人之地，舂山宝玉异华之所自出，羽陵异书之所藏。凡厥数者，有一于此，老焉可矣，何必祇宫为哉？穆王自赋诗有之曰："居乐甚寡。"即穆王实录也。

夷考王自入南郑以还，郁郁多故，东土山川非清和，人寿至促夭，㛹㛹盛姬，返跸道死，左右既无以为娱，车马所费，用度不足，更制锾赎，以充军国，史臣以耄荒书之。恩爱死亡，金钱乏绝，暮气迫于馀生，丑名垂于青史，贵为天子，何异鳏民？享国百年，何翅朝露？

盖西王母早见及此也，是以其谣有之曰："将子毋死，尚复能来。"岂非悼此乐之不重，识人命之至短？讽之以留八骏之驭，决之以舍万乘之尊，窕窈伤骨，飘飖[③]动心者乎？穆王不悟，不以乐生，乃以戚死。呜呼！慕虚名，受实祸，此其最古者矣。万乘且然，何况下士？

尝以暇日读《祈招》之诗，翩然反之，作诗二章，以贻后之自桎梏者，所以祛群言，果孤往。世有确士，必曰：夫龚子之志荒矣！

---

① 风雨楼本《定盦诗集定本上》中，此小序"反"上无"序曰"二字，"反"下有邓实校注云："原本'反'字上有'序曰'二字，今从孝拱手删。"

② "云"下，风雨楼本无"之"字。

③ "飖"，风雨楼本同，王佩诤校本作"摇"。

春①之厓，白云满家，褰其异花。何山不可死，使我东徂？
春②之麓，白云盈谷，褰其异玉。何山不可死，使我东复？

——据吴刻本《破戒草》
第十四—十五页丙戌诗

烬馀破簏中，获书数十册，皆慈泽也，书其尾

（1826年）

欲溯百忧始，残书乱一堆。青灯尔何寿？卅载影霏微。乍读慈容在，长吟故我非。收魂天未许，噩梦夜仍飞。

——据吴刻本《破戒草》
第十五页丙戌诗

投李观察宗传

（1826年）

吏治缘经术，千秋几合并？清时数人望，依旧在桐城。肃穆真儒气，沉雄壮岁名。汪汪无尽意，对面即沧瀛。

——据吴刻本《破戒草》
第十六页丙戌诗

赋忧患

（1826年）

故物人寰少，犹蒙忧患俱。春深恒作伴，宵梦亦先驱。不逐年华改，难同逝水徂。多情谁似汝？未忍托禳巫。

——据吴刻本《破戒草》
第十六页丙戌诗

①② “春”，风雨楼本作“春”，下有邓实校注：“吴本作‘春’。”

堕一齿戏作

（1826 年）

与我相依卅五年，论文说法赖卿宣。感卿报我无常信，瘗向垂垂花树边。

——据吴刻本《破戒草》
第十八页丙戌诗

梦中述愿作

（1826 年）

湖西一曲坠明珰，猎猎纱裙荷叶香。乞貌风鬟陪我坐，他身来作水仙王。第三句一作“许藉卿卿从祀我”。

——据吴刻本《破戒草之馀》
第五页丙戌诗

释言四首之一

（1826 年）

东华环顾愧群贤，悔著新书近十年。木有彣彰[①]曾是病，虫多言语不能天。略耽掌故非劻济，敢侈心期在简编。守默守雌容努力，毋劳上相损宵眠。

——据吴刻本《破戒草之馀》
第五页丙戌诗

---

① “彣彰”，自刻本、邃汉斋本、扶轮社本、王文濡本、夏田蓝本同，王佩诤校本作“文章”。按，赵翼《闻心馀京邸病风却寄》（上海古籍出版社 1997 年版《瓯北集》题为《寄心馀》）诗第二首有句云：“木有文章原是病。”钱钟书谓：龚氏“木有彣彰曾是病”句即本于此，而“改‘文章’为‘彣彰’”（《谈艺录》，中华书局 1984 年版，第 135 页）。

同年生徐编修宝善斋中夜集，观其六世祖健庵尚书遂园修禊卷子，康熙三十年制也。卷中凡二十有二人。遂园在昆山城北，废趾[①]余尝至焉。编修属书卷尾[②]

（1826 年末—1827 年初）

昆山翰林召词客，酒如渌波灯如雪。八人忽共游康熙，二十二贤照颜色。七客沉吟一客言，请言君家之遂园。一花一石有款识，袖中拓本春烟昏，背烟酹起尚书魂。

二十二贤不可再，玉山峨峨自千载。东南文献嗣者谁？剔之综之抑有待。布衣结客妄自尊，流连卿等多酒痕。十载狂名扫除毕，一丘倘遂行闭门，以属大人君子孙。康熙朝士评三徐曰：公肃，仁人君子；健庵，大人君子；果亭，正人君子。

——据吴刻本《破戒草》
第十七—十八页丙戌诗

寒月吟有序

（1826 年末—1827 年 1 月）

《寒月吟》者，龚子与其妇何岁暮共幽忧之所作也。相喻以所怀，相勖以所尚，郁而［能涤、憔而］[③] 能畅者也。

夜起数山川，浩浩共月色。不知何山青，不知何川白。幽幽东南隅，似有偕隐宅。东南一以望，终恋杭州路。城里虽无家，城外却有墓。相期买一丘，毋远故乡故。而我屏见闻，而汝养幽素。舟行百里间，须见墓门树。南向发此言，恍欲双飞去。

双飞去未能，月浸衣裳湿。愀焉静念之，劳生几时歇？劳者本庸

---

① “趾”，扶轮社本、王文濡本、王佩诤校本同，自刻本、遂汉斋本、夏田蓝本作“址”。

② 此诗是道光六年岁暮，作者应邀参加在徐宝善寓斋举行的消寒第二集所作（参拙著《龚自珍年谱考略》道光六年谱）。

③ “郁而”下，原脱“能涤、憔而”四字（遂汉斋本、扶轮社本、王文濡本、夏田蓝本、王佩诤校本同），据自刻本补。

流，事事乏定识。朴愚伤于家，放诞忌于国。皇天误矜宠，付汝忧患物。再拜何敢当，藉以战道力。何期闺闱中，亦荷天眷别。多难淬心光，黾勉共一室。忧患吾故物，明月吾故人。可隐不偕隐，有如月一轮。心迹如此清，容光如此新。

我读先秦书，莱子有逸妻。闺房以逸传，此名蹈者希。勿慕厥名高，我知厥心悲。定多不传事，子孙无由知。岂但无由知，知之反涟洏。羞登中垒传，耻勒度尚碑。一逸处患难，所全浩无涯；一逸谢万古，冥冥不可追。示君读书法，君慧肯三思。

我生受之天，哀乐恒过人。我有平生交，外氏之懿亲。自我慈母死，谁馈此翁贫？江关断消息，生死知无因。八十罹饥寒，虽生犹僇民。昨梦来哑哑，心肝何清真！翁自须发白，我如髫丱淳。梦中既觞之，而复留遮之，挽须搔爬之，磨墨揄揶之，呼灯而烛之，论文而哗之。阿母在旁坐，连连呼叔爷。今朝无风雪，我泪浩如雪。莫怪泪如雪，人生思幼日。谓金坛段玉立，字清标，为外王父段若膺先生之弟。

侵晓邻僧来，馈我佛前粥。其香何清严，腊供今年足。我因思杭州，不仅有三竺。东城八九寺，寺寺皆修竹。何年舍家去，慧业改所讬。掘笋慈风园，参茶东父屋。钟鱼四围静，扫地洁如沐。白昼为之长，倦骸为之肃。供黄梅一枝，朝朝写《圆觉》。慈父深于相宗，钱居士东父则具教、律、禅、净四门，乃吾师也。

——据吴刻本《破戒草》
第十八—十九页丙戌诗

元日书怀

（1827 年 1 月 27 日）

癸秋以前为一天，癸秋以后为一天。天亦无母之日月，地亦无母之山川。孰赢孰绌孰付予？如奔如雷如流泉。从兹若到岁七十，是别慈亲卅九年。癸未失恃，三十二岁。日者谓予当七十一岁。

——据吴刻本《破戒草》
第十九页丁亥诗

退朝遇雪，车中忽然有怀，吟寄江左

（1827年春）

青琐门边雪，还疑海上看。花花万行树，鹤鹤一闲官。幽想忽飞去，无由生彩翰。江东谢道韫，忆我早朝寒。

——据吴刻本《破戒草》
第十九页丁亥诗

春日有怀山中桃花，因有寄

（1827年春）

东风淋浪卷海来，长安人道青春回。春回不到穷巷里，忽忆山中花定开。山中花开，白日皓皓。明妆子谁？温馨清妙。夕爇熏炉捣蕙尘，朝缄清泪邮远人。粉光入墨墨光腻，昨日正得江南鳞：葆君青云心，勿吟招隐吟，花开岁岁勿相忆，待君十载来重寻。我有答君诗，殷勤兼报桃花知：勿惜明镜光，为我分光照花枝；勿惜颒面水，为我浴花倾胭脂。但惜芳香珍重之幽意，勿使满园蝴蝶窥。托君千万词，词意不可了。长安桃李渐渐明，何似春山此时好？春纵好，山寂寂，清琴玉壶罢消息，蜡烛弹棋续何夕？安能坐此愁阳春，不如归侍妆台侧。

——据吴刻本《破戒草之馀》
第六页丁亥诗

枣花寺海棠下感春而作

（1827年春）

词流百辈花间尽，此是宣南掌故花。大隐金门不归去，又来萧寺问年华。

——据吴刻本《破戒草》
第二十三页丁亥诗

述怀呈姚侍讲元之　有序

（1827年春）

忆在江左之岁，喜从人藉书，人来藉者尤盛。钮非石树玉、何梦华元锡助其搜讨。凡文渊阁未著录者，及流传本之据善本校者，必辗转录副归。辛巳之京师，则有程大理同文、秦编修恩复两君，皆与予约，每得一异书，互相藉抄，无虚旬。无何，大理使关东，编修还扬州，而余竟以母忧去。先母忧半年，吾家火。至丙戌，复之京师，距煨烬已五年，书颇少；又客籍皆变易，好事者稀，此事阒寂久矣。丁亥春，姚侍讲忽来藉乙部诸书。以岁月之不居也，与学殖之就荒落也，感而作诗。

祭书岁岁溯从壬，自壬午灾后，岁以酒醢祭亡书百种。无复搜罗百氏心。为道敢云能日损，崇朝结习触何深！上方《委宛》空先读，阮公元抚浙日，进七阁未著录书百种，睿庙时锡名《委宛别藏》，副墨浙中有之。同志徐王仗续寻。星伯舍人，北堂征君，搜罗精博，日下无过之者。定有雄文移七阁，跂公好事冠儒林。

——据吴刻本《破戒草》
第二十四页丁亥诗

西郊落花歌

（1827年4月22日）

出丰宜门一里，海棠大十围者八九十本。花时车马太盛，未尝过也。三月二十六日，大风；明日风少定，则偕金礼部应城、汪孝廉潭、朱上舍祖毂、家弟自毂出城饮而有此作。

西郊落花天下奇，古来但赋伤春诗。西郊车马一朝尽，定盦先生沽酒来赏之。先生探春人不觉，先生送春人又嗤。呼朋亦得三四子，出城失色神皆痴。如钱唐潮夜澎湃，如昆阳战晨披靡；如八万四千天女洗脸罢，齐向此地倾胭脂。奇龙怪凤爱漂泊，琴高之鲤何反欲上天为？玉皇宫中空若洗，三十六界无一青蛾眉。又如先生平生之忧患，恍惚怪诞百出难穷期。先生读书尽三藏，最喜维摩卷里多清词，又闻净土落花深四寸，冥目观想尤神驰。西方净国未可到，下笔绮语何漓漓！安得树有不尽之花更雨新好者，三百六十日常是落花时！

——据吴刻本《破戒草》

第二十三—二十四页丁亥诗

自春徂秋，偶有所触，拉杂书之，漫不诠次，得十五首

（**1827**年春、秋间）

道力战万籁，微芒课其功。不能胜寸心，安能胜苍穹？相彼鸾与凤，不栖枯枝松。天神倘下来，清明可与通。返听如有声，消息鞭愈聋。死我信道笃，生我行神空。障海使西流，挥日还于东。

黔首本骨肉，天地本比邻。一发不可牵，牵之动全身。圣者胞与言，夫岂夸大陈？四海变秋气，一室难为春。宗周若蠢蠢，嫠纬烧为尘。所以慨慷[①]士，不得不悲辛！看花忆黄河，对月思西秦。贵官勿三思，以我为杞人。

名理孕异梦，秀句镌春心。庄骚两灵鬼，盘踞肝肠深。古来不可兼，方寸我何任？所以志为道，澹宕生微吟。一箫与一笛，化作太古琴。

我有秦时镜，窈窕龙鸾痕。我有汉宫玉，触手犹生温。我有墨九行，惊鸿若可扪。玉皇忽公道，奇福三至门。欲供三炷香，先消万古魂。古春伴忧患，诘屈生酸謇。且摺三千本，赠与人间存。

朝从屠沽游，夕拉驺卒饮。此意不可道，有若茹大鲠。传闻智勇人，伤心自鞭影。蹉跎复蹉跎，黄金满虚牝。匣中龙剑光，一鸣四壁静；夜夜辄一鸣，负汝汝难忍。出门何茫茫，天心牖其逞。既窥豫让桥，复瞰轵深井。长跪奠一卮，风云扑人冷。

造化大痈痔，斯言韩柳共。我思文人言，毋乃太惊众。儒家守门户，家法毋徇纵。事天如事亲，谁云小儿弄。我身我不有，周旋折旋

① “慨慷”，自刻本、邃汉斋本、扶轮社本、王文濡本、夏田蓝本同，王佩诤校本作“慷慨”。

奉。不然命何物，夏后氏特重。亦有卫武公，靡乐在矇诵。智慧固不工，趋避矧无用。一日所履历，一夕自甄综。神明甘如饴，何处容隐痛？沉沉察其几，默默课于梦。少年谰语多，斯言粹无缝。患难汝何物，屹者为汝动。

我生爱前辈，匪尽获我心。论交少年场，岁月逝骎骎。少年太飞扬，由哀乐不深。礌硠听高谭，有谛难为寻。风霜欺脆枝，金石成苦音。前辈即背谬，厥谬亦沉沉。

弱龄羡高隐，端居媚幽独。晨诵《白驹》诗，相思在空谷。稍长诵楚些，《招魂》招且读。陈为乐之方，巫阳语何缛？嘉遯苦太清，行乐苦太浊；愿言移歌钟，来就伊人躅。天涯富兰蕙，吾心富丘壑。蹉跎复蹉跎，芳流两寂寞。忽忽生遐心，终朝闷金玉。

一代功令开，一代人材起。虽生云礽朝，实增祖宗美。曰开国之留，其言在青史。何代无先君？何时无哲士？煌煌祖宗心，斯人独称旨。天姿若麟凤，宏加以切劘。稽古有遥源，遵王无覂轨。在昔与先民，三称口容止。少壮心力殚，匪但求荣仕，有高千载心，为本朝瑰玮。人或玷功令，功令不任诽。屋漏胎此心，九庙赫在咫。天步其艰哉，光岳钟难恃。盲风[①]六合来，初日照濛汜。抱此葵藿孤，斯人拙无比！一夫起锄之，万夫孰指使？一夫怒用目，万夫怒用耳。目怒活犹可，耳怒杀我矣。去去亦何求？买山请归尔。不先百年生，难向苍苍理。著书落人间，高名亦难毁。其言明且清，胡由妒神鬼？大药可延年，名山可送死。死生竟何憾？将毋九庙耻。

兰台序九流，儒家但居一。诸师自有真，未肯附儒术。后代儒益尊，儒者颜益厚。洋洋朝野间，流亦不止九。不知古九流，存亡今孰多？或言儒先亡，此语又如何？

寿短苦心长，心绪每不竟。岂徒庸庸流，赍志有贤圣。为鬼那能续？他生渺茫更。所以难放达，思得贤子孙。继志与述事，大哉孝之源。长夜集百端，早起无一言。倘能心亲心，即是续亲寿。呼儿将告之，衋然先自疚。

中年何寡欢？心绪不缥缈。人事日龌龊，独笑时颇少。忽忆姚归安，锡我箴铭早：雅俗同一源，盍向源头讨？汝自界限之，心光眼光小。万事之波澜，文章天然好。不见六经语，三代俗语多。孔一以贯

---

① “盲风”，原作“盲气”（扶轮社本、王文濡本、夏田蓝本、王佩诤校本同），邃汉斋本作“盲气”，据自刻本改。

之，不一待如何？实悟实证后，无道亦无魔。

晓枕心气清，奇泪忽盈把。少年爱恻悱，芳意嫭幽雅。黄尘澒洞中，古抱不可写。万言摧烧之，奇气又瘖哑。心死竟何云？结习幸渐寡。忧患稍稍平，此心即佛者。独有爱根在，拔之謈难下。梦中慈母来，絮絮如何舍？

危哉昔几败，万仞堕无垠。不知有忧患，文字樊其身。岂但恋文字，嗜好杂甘辛。出入仙侠间，奇悍无等伦。渐渐疑百家，中无要道津。纵使精气留，碌碌为星辰。闻道幸不迟，多难乃缘因。空王开觉路，网尽伤心民。

戒诗昔有诗，庚辰诗语繁。第一欲言者，古来难明言。姑将谲言之，未言声又吞。不求鬼神谅，矧向生人道？东云露一鳞，西云露一爪；与其见鳞爪，何如鳞爪无？况凡所云云，又鳞爪之馀。忏悔首文字，潜心战空虚。今年真戒诗，才尽何伤乎！

——据吴刻本《破戒草》
第二十—二十三页丁亥诗

四月初一日投牒更名易简

（1827年4月26日）

匪慕宋朝苏易简，翻似汉朝刘更生。从此请歌行路易，万缘简尽罢心兵。

——据吴刻本《破戒草之馀》
第八页丁亥诗

哭郑八丈师愈，秀水人

（1827年夏）

醇古澹泊士，滔滔辩有馀。青灯同一笑，恍到我生初。顽福曾无分，清才清不臞。四方帆马兴，千幅凤鸾书。为有先生在，东南意不孤。论交三世久，问字两儿趋。余两幼儿曰橙，曰陶，丈为启蒙，设皋比焉。天命虽秋肃，其人春气腴[①]。乡音哗謇謇，破帽侧吾吾。傥荡为文罢，欹斜使酒馀。心肝纤滓尽，孝友阖门俱。科第中年滄，星壬暮癖殊。卜云来日少，笑指逝川徂。老健偏奇绝，神明少壮无。别离刚岁换，问讯讶春疏。讣至全家诧，三思忽牖予：由来炊火绝，穷死一黔娄。天道古如此，知之何晚欤？不知段青标丈。与李，复轩茂才。今夕复何如？

——据吴刻本《破戒草》
第二十四—二十五页丁亥诗

秋夜花游

（1827年秋）

海棠与江蓠，同艳异今古。我折江蓠花，间以海棠妩。狂呼红烛来，照见花双开。恨不称花意，踟蹰清酒杯。酒杯清复深，秋士多春心。且遣秋花妒，毋令秋魄沉。云何学年少？四座花齐笑。踯躅取鸣琴，弹琴置当抱。灵雨忽滂沱，仙真窗外过。云中君至否？不敢问星娥。

——据吴刻本《破戒草之馀》
第八—九页丁亥诗

东陵纪役三首[②]

（1827年11月4日—18日）

天伣徽音在，龙飞故剑亡。两宫仪斐亹，七萃泪淋浪。郁律川原势，低徊葆吹长。东行三百里，何处白云乡？

---

① “腴”，原作“腴”（邃汉斋本、扶轮社本同），据自刻本、王文濡本、夏田蓝本、王佩诤校本改。

② 此组诗系作者记述其被派参与孝穆皇后梓宫移东陵之役之作（后因地宫渗水，孝穆皇后梓宫改葬西陵龙泉峪）。该役始于道光七年九月十三日（据《清宣宗实录》卷一二五），作者参与此役止于九月二十二日（据“旬日梦魂间”句），故诗当作于是年九月下半月。

帝子华年小，初弦宝月沉。端娴三肃礼，悯动六宫深。徙[①]殡飞秋雪，迎神下彩禽。松楸依在咫，慈孝万年心。

阁事疏朝请，君恩许看山。口衔星宿去，袖拂凤凰还。望眼将连海，诗声欲过关。云旗风马队，旬日梦魂间。

——据吴刻本《破戒草之馀》
第九页丁亥诗

九月二十七夜梦中作

（**1827**年**11**月**15**日）

官梅只作野梅看，似是宋句。月地云阶一倍寒。翻是桃花心不死，春山佳处泪阑干。

——据吴刻本《破戒草之馀》
第十页丁亥诗

梦中作四截句十月十三夜也

（**1827**年**12**月**1**日）

抛却湖山一笛秋，人间无地署无愁。忽闻海水茫茫绿，自拜南东小子侯。

黄金华发两飘萧，六九童心尚未消。叱起海红帘底月，四厢花影怒于潮。

恩仇恩仇日苦短，鲁戈如麻天不管。宾客漂流半死生，此公又筑忘忧馆。

一例春潮汗漫声，月明报有大珠生。紫皇难慰花迟暮，交与鸳鸯诉不平。

——据吴刻本《破戒草之馀》
第十页丁亥诗

① “徙”，原作“徒”（邃汉斋本、扶轮社本、王文濡本、夏田蓝本、王佩诤校本同），据自刻本改。

撰羽琌山馆金石墨本记成，弁端二十字

（**1827** 年）

坐耗苍茫想，全凭琐屑谋。羽琌山不见，万轴替人愁。

——据吴刻本《破戒草》
第十九页丁亥诗

自写寒月吟卷成，续书其尾

（**1827** 年）

曩者各不死，多生业未空。天仍磨慧骨，佛倘鉴深功。意识千秋上，光阴八苦中。即将良友待，落落亦高风。

——据吴刻本《破戒草》
第十九页丁亥诗

婆罗门谣

（**1827** 年）

婆罗门，来西胡。勇不如宗喀巴，智不如耶稣。绣衣花帽，白若鹄凫。娶妻幸得阴山种，玉颜大脚其仙乎？女儿十五卖金线，归来洗手礼曼殊。礼曼殊，膜额角。天见膜额角，地见断牛肉。地不涌谄药叉，天不降佞罗刹。曼殊大慈悲、大吉祥，千年大富万年乐。

——据吴刻本《破戒草》
第十九—二十页丁亥诗

同年生吴侍御杰疏请唐陆宣公从祀瞽宗，得俞旨行，侍御属同朝为诗，以张其事，内阁中书龚自珍献侑神之乐歌

（1827 年）

历在圣清，君师天下。提命有位，暨于髦[①]士，以古为矩。孰为臣鉴？孰师表汝？甄综祭法，于礼之庑。

唐步方中，主聩臣聋。天将聪明之，乃生陆公。天厚有唐，降三代英，而左右德宗。如仲山甫，纳言姬邦。

圣源既远，其流反反。坐谈性命，其语喑喑，喑喑龂龂，其徒百千。何施于家邦？何裨于孔编？小大稽首，以攘牺牷。

御史臣杰，职是标举。曰圣之的，以有用为主。炎炎陆公，三代之才。求政事在斯，求言语在斯，求文学之美，岂不在斯？

我有髦[②]士，执笏受膰，毋过貌儒之门。我告髦[③]士，暨百有位，木无二本，川无二源，道无二歧；请以一贯之，名臣是师。

——据吴刻本《破戒草》
第二十页丁亥诗

歌筵有乞书扇者

（1827 年）

天教伪体领风花，一代人材有岁差。我论文章恕中晚，略工感慨是名家。

——据吴刻本《破戒草》
第二十五页丁亥诗

①②③ “髦”，邃汉斋本、扶轮社本、王文濡本、夏田蓝本、王佩诤校本同，自刻本、风雨楼本作“髦”。

梦中作

（1827 年）

不是斯文掷笔骄，牵连姓氏本寥寥。夕阳忽下中原去，笑咏风花殿六朝。

——据吴刻本《破戒草》
第二十五页丁亥诗

伪鼎行

（1827 年）

皇帝七载，青龙丽于丁，招摇西指，爰有伪鼎爆裂而砰磅。孺子啜泣相告，隶妾骇惊。龚子走视，碎如琉璃一何脆且轻！佤离疥癞百丑千怪如野干形，厥怒虎虎不鸣如有声。然而无有头目，卓午不受日，当夜不受月与星；徒取云雷傅汝败漆朽壤，将以盗膻腥。内有饕餮之馋腹，外假浑沌自晦逃天刑。四凶居其二，帝世何称？主人之仁不汝埋榛荆，俾登华堂函牛羊，垂四十载，左揖棽钟右与鏖镬并。主人不厌敕汝，汝宜自憎！福极而碎，碎如琉璃脆且轻。东家有饮器，昨堕地碎声嘤嘤；西家有屠狗盎，今日亦堕地不可以盛。千年决无土花蚀，万年吊古之泪无由生。吁！宝鼎而碎则可惜，斯鼎而碎兮于何取荣名？请诹龚子《伪鼎行》！

——据吴刻本《破戒草》
第二十五页丁亥诗

四言六章有序

（1827 年）

龚子扫彻悟禅师塔作也。[塔]① 在西直门外红螺寺。

① “在”上，自刻本、风雨楼本有“塔”字，据补。

悠悠生民，孰不有觉？孰知固然？孰知生之靡乐？其一

孰为大人？蟠物之先。以阐以引，引我生民。其二

吁嗟小子，闻道不迟。造作辨聪，百车文词。电光暂来，一贫无遗。不可捉搦，倏既逝而。其三

唏其逝矣，不可恃矣。恃先觉之言，其言明明。无言不售，无谋不成，无坚不摧，以祈西生。其四

先觉谁子[①]？西山彻公。我受之东父，以来报功。云何报功？余左挈东父，右随慈公，又挟江子，四人心同，以旅于西邦。浙居士钱东父、吴中居士江铁君、慈风和上与余四人者，皆奉彻公书，笃信赞叹。其五

既至于西，西人浩浩。余慈母在焉，迎予而劳。各知其夙，而无忆悼。遐哉迩哉！孰肯不到？亦唯彻公是报。其六

——据吴刻本《破戒草》
第二十五页丁亥诗

菩萨坟有序

（1827年）

菩萨坟者，亦曰公主坟，辽圣宗第十女墓也。小字菩萨，未嫁而死，《辽史》无传。北方海棠少，此地始生之。自是海棠之盛，逾于江国，土人因以海棠谥主云。坟在西山无相寺。

菩萨葬龙沙，魂归玉帝家。馀春照天地，私谥亦高华。大脚鸾文勒，明妆豹尾车。南朝人未识，拜杀断肠花。

——据吴刻本《破戒草之馀》
第六页丁亥诗

① “子”，原作“予”（邃汉斋本同），据自刻本、扶轮社本、风雨楼本、王文濡本、夏田蓝本、王佩诤校本改。

太常仙蝶歌有序

（1827年）

太常仙蝶，士大夫知之稔矣，曷为而歌之？蝶数数飞入姚公家，吾歌为姚公也。姚公者，太常少卿仁和姚公祖同也。公为大吏历五省，易事难说，见排挤，不安其位，公岳立不改，虽投闲，人忌之者尚众。异哉！蝶能识当代正人，不惟故实之流传而已。吾歌以纪之，且招蝶也。

恭闻故实太常寺，蝶寿三百犹有加。衔玉皇之明诏，视台阁犹烟霞。不闻愿见即①许见，矧闻飞入太常家？本朝太常五百辈，意者公其飞仙之身耶？仙人正人事一贯，天上岂有仙奸邪！所以公立朝，人不识，仙灵识公非诬夸。慰此蹇蹇，其来衙衙。感德辉而下上，助灵思之纷挐。我闻此事，就公求茶。道焰十丈，不敌童心一车。鸾漂凤泊咄咄发空喟，云情烟想寸寸凌幽遐。人生吉祥缥缈罕并有，何必中秋儿女睹璧月之流华？玉皇使者识我否？寓园亦在城之涯。幽忧②灵气怒百倍，相思迟汝五出红梨花。予寓斋红梨一树，京师无其双也。

——据吴刻本《破戒草之馀》
第六—七页丁亥诗

世上光阴好

（1827年）

世上光阴好，无如绣阁中。静原生智慧，愁亦破鸿濛。万绪含淳待，三生设想工。高情尘不滓，小别泪能红。玉茁心苗嫩，珠穿耳性聪。芳香笺艺谱，曲盏数窗栊。远树当山看，云行③入抱空。枕停如愿

---

① “即”，原作“不”（邃汉斋本、扶轮社本、王文濡本、夏田蓝本、王佩诤校本同），据自刻本、风雨楼本改。

② “忧”，原作“夏”（邃汉斋本、扶轮社本、王文濡本、夏田蓝本、王佩诤校本同），据自刻本、风雨楼本改。

③ “云行”，林昌彝《射鹰楼诗话》（上海古籍出版社1988年版）卷十引此诗，作“行云”。

月，扇避不情风。昼漏长千刻，宵缸梦几通。德容师窈窕，字体记玲珑。朱户春晖别，蓬门淑晷同。百年辛苦始，何用嫁英雄？

——据吴刻本《破戒草之馀》
第七页丁亥诗

投钱学士林

（1827 年）

晚达高名大隐身，对门踪迹各清真。恍逢月下骑鸾客，何处容他啖肉人！

——据吴刻本《破戒草之馀》
第七页丁亥诗

顾丈千里得唐睿宗书顺陵碑，远自吴中见寄。余本以南北朝磨崖各一种悬斋中，得此而三，书于帧尾

（1827 年）

南书无过《瘗鹤铭》，北书无过《文殊经》。忽然二物相顾哑，排闼一丈蛟龙青。《文殊经》在山东水牛山。

唐二十帝帝书圣，合南北手为唐型。会见三物皆却走，召伯虎敦赫在庭！召伯虎敦百有三名，余所获器也。

——据吴刻本《破戒草之馀》
第七—八页丁亥诗

常州高材篇，送丁若士履恒

（1827 年）

丁君行矣龚子忽有感，听我掷笔歌常州。天下名士有部落，东南无与常匹俦！我生乾隆五十七，晚矣不及瞻前修。外公门下宾客盛，谓金

坛段先生。始见臧在东顾子述来哀哀。奇才我识恽伯子，绝学我识孙季逑，最后乃识掌故赵，味辛。献以十诗赵毕酬。三君折节遇我厚，我益喜逐常人游。乾嘉辈行能悉数，数其派别征其尤：《易》家人人本虞氏，毖纬户户知何休；声音文字各窔奥，大抵钟鼎工冥搜；学徒不屑谈贾孔，文体不甚宗韩欧；人人妙擅小乐府，尔雅哀怨声能遒；近今算学乃大盛，泰西客到攻如雠。常人倘欲问常故，异时就我来谘诹。勿数肴羞数平辈，蔓及洪孟慈管孝逸庄卿山张翰风周伯恬。其馀鼎鼎八九子，奇人一董方立先即邱。所恨不识李夫子，申耆。南望夜夜穿双眸，曾因陆子祁生屡通讯，神交何异双绸缪？识丁君乃二十载，下上角逐忘春秋。丁君行矣龚子忽有感，一官投老谁能留？珠联璧合有时有，一散人海如凫鸥。噫！才人学人一散人海如凫鸥，明日独访城中刘。申受丈。

——据吴刻本《破戒草之馀》第八页丁亥诗

猛忆

（1827年）

狂胪文献耗中年，亦是今生后起缘。猛忆儿时心力异，一灯红接混茫前。

——据吴刻本《破戒草之馀》第九页丁亥诗

铭座诗

（1827年）

精微惚恍，少所乐兮。躬行且践，壮所学兮。曰以事天，敢不诺兮？事无其耦，生靡乐兮。人无其朋，孤往何索兮？藉琐耗奇，嗜好托兮。浮湛不返，徇流俗兮。吁！琐以耗奇兮①，不如躬行以耗奇之约

① “奇”下，风雨楼本无“兮”字，有邓实校注云：“原本有‘兮’字。”

兮。回念故我，在寥廓兮。我诗座右，荣我独兮。

——据吴刻本《破戒草之馀》
第九页丁亥诗

李中丞宗瀚家获观古拓隋丁道护书启法寺[1]碑，狂书一诗

（1827 年）

羽琌山馆三百墨，妒君一纸葵花色。何不赠归羽琌山，置之汉玉秦金侧。

——据吴刻本《破戒草之馀》
第九—十页丁亥诗

程秋樵《江楼听雨卷》，周保绪画

（1827 年）

周郎心与笔氤氲，天外惊涛落纸闻。绝忆中唐狂杜牧，高楼风雨定斯文。

贾谊长沙谪未还，江东文酒绪阑珊。论文剩有何无忌，指点吾徒梦里山。

——据风雨楼本《定盦集外未刻诗》
第十一页丁亥诗

---

① “寺”，原作“师”（自刻本、邃汉斋本、扶轮社本、王文濡本、夏田蓝本、王佩诤校本同），误，校改。按，《启法寺碑》拓本系李宗瀚“静娱室四宝”之一（见《临川李氏静娱室四宝》影印本，第一册）。李宗瀚本人作有《静娱室八咏·隋丁道护书启法寺碑》诗（见《静娱室偶存稿》，道光十六年刻本，卷下）。

张诗舲前辈游西山归索赠[①]

（1830年）

鸾吟凤䠒下人寰，绝顶题名振笔还。樵客忽传仙墨满，禁中才子昨游山。

去年扈从东巡守，玉佩琼琚大放辞。等是才华不巉削，愿携康乐诵君诗。

畿辅千山忽长雄，太行一臂怒趋东。祝君腰脚长如意，吟遍蜿蜒北干龙。《禹贡》："太行恒山，至于碣石，入于海。"则形家所称北干龙也。君去年出山海关，今年游西山，已睹太行首尾。

——据风雨楼本《定盦集外未刻诗》第十二页

题鹭津上人书册

（1831年）

上人不知何代客，手书古德双箴铭。圭峰慈云各一偈，台宗贤宗无渭泾。上人定生南宋后，慈云忏师其祖庭。绝似初本《破邪序》，不数伪刻《遗教经》。永兴逸少具可作，双赴腕底输精灵。别有法乳出智永，骨真髓肖无瞒诇。真脏见获祖祢定，此原此委吾泻瓶。师乎岂堕文字海？小游戏耳大典型。嗟予学书苦浊恶，百廿种病无参苓。腕僵爪怒习气重，抑左申右欹不宁。子昂墨猪素所鄙，玄宰佻达如蜻蜓。古今幽光那悉数？珠霾沧海玉阏扃。香花旦旦愿供养，诗赞侑之师其听。由于虚和绝点翳，所以高秀干青冥。气庄志定敛肃肃，笔冲墨粹神亭亭。笔未著纸早有字，纸上笔墨翻不停。天女身骑落花下，顾眄中有风与霆。青鸾紫凤虽冶逸，翔啄一一梳其翎。荡扫万古五浊恶，不示迹象留芳馨。美人眉宇定疏朗，才许缥缈而娉婷。愁容虽然亦幽窈，梦雨何似皎月

---

① 此组诗，原书系于辛卯，即道光十一年（王佩诤校本同），误。从诗中可知，龚自珍作诗的上一年，张祥河曾"出山海关"，"扈从东巡守"。而据张茂辰等《先温和公年谱》（同治间刻本）所载，张祥河生平只有一次"扈从东巡守"，事在道光九年。故此组诗当作于庚寅，即道光十年。

莹？毫端妙藏相丈六，八十种好无定形。横看竖看八万态，朝离暮合碧化青。以诗通禅古多有，以禅通字譬喻醒。师如法王法自在，吾誓愿学终吾龄①。明珠什袭三百颗，颗颗夜射春天星。羽琌山人函著录，十华三秘吉金乐石晖珑玲。

——据风雨楼本《定盦集外未刻诗》
第十一—十二页辛卯诗

题兰汀郎中园居三十五韵。郎中名那兴阿，内务府正白旗人，故尚书苏楞额公之孙。园在西淀圆明园南四里，淀人称曰苏园

（1834年）

山林与钟鼎，时命视所遇。菀枯良难论，神明各成痼。我当少年时，盛气何跋扈，妄思兼得之，咄咄托豪素。蹉跎复蹉跎，造物尚我妒。一官虱人海，开口见牴牾。羽陵虽草创，江东渺云树。经济本非材，进退岂有据？羸马嘶黄尘，默默入冷署。居然成两负，有若沾泥絮。伟哉造物偏，福命别陶铸。熊鱼许兼两，岂曰匪天助？兼之者谁欤？之子美无度。兰汀司空孙，华年擅朝誉。勋戚迈百年，风烟乔木故。貂褕驰朱轮，而不傲韦布。兄弟直明光，车盖瀼晓露。瑶池侍宴归，宾客杂鸥鹭。有园五百笏，有木三百步，清池足荷芰，怪石出林樚。禁中花月生，天半朱霞曙。黄封天府酒，白鹿上方胙。诗垒挟谈兵，文场发武库。收藏浩云烟，赝鼎不参预，金题间玉躞，发之羡且怖。读罢心怦怦，愿化此中蠹。羽陵书画籍，对此不足簿。唐有何将军，晋有谢太傅，谢无宾客传，传何者郑杜。我生老著述，岁月输君富，梦景落江湖，束缚那得去？遁五志终决，壮六迹犹伫。一丘纵华予，林林朱颜暮。幽幽空谷驹，莽莽江关赋。长为山泽癯，谅君肯南顾。

——据风雨楼本《定盦集外未刻诗》
第十二—十三页甲午诗

① “终吾龄”，秋星社本、王文濡本、夏田蓝本同。王佩诤校本作“修吾今”。

寓苏园五日，临去，郎中属题水流云在卷子，二首

（1834年）

水作主人云是客，云留五日尚缠绵。不知何处需霖雨，去慰苍生六月天。时予预考试差，故郎中以膺①使祝予。

云为主人水为客，云心水心同脉脉。水流终古在人间，那得与云翔紫极？君官内务府，予奉职外廷，故云耳。

——据风雨楼本《定盦集外未刻诗》
第十三页甲午诗

同年冯文江官广西土西隆州，以事得谴，北如京师，老矣，将南归鸳鸯湖，索诗赠行

（1836年）

冯君才大行孔修，少年挟策长安游。金门献赋不见收，一官谪去南蛮陬。僮花仡鸟盈炎州，爰有土司新改流。土城十雉山之幽，榕树漠漠天风遒。白象在菁蛇在湫，山鬼睇月兰桂愁。士官部族各有酋，中华姓苑愕弗搜。芦笙铜鼓沸以啾，可骇可喜姑可留。狂吟百篇森百忧，男儿到此非封侯，雄长鼪鼯狖与猴。岂知造物忌未休，龄之龁之诇且求，书下下考一牒投。君辞瘴疠走挟辀，拂衣逝矣鹰脱韝，北还京华寻故俦，访我别我城南头。此别誓买三版舟，暂还乡里狐枕丘，宦海浩浩君身抽，魂安梦稳非赃赇。走万里路汔小休，闭门风雨百感瘳，樵青明婳宜菱讴，菱田孰及鸳湖秋？

——据风雨楼本《定盦集外未刻诗》
第十三页丙申诗

---

① “膺”，王文濡本、夏田蓝本、王佩诤校本均误作“应”。

题王子梅《盗诗图》

（1837 年 8 月）

岁丁酉初秋，龚子为逐客。室家何抢攘，朝士亦齮龁。古书乱千堆，我书高一尺。呼奚抱之走，播迁得小宅。当我未迁时，投刺喜突兀。刺字秦汉香，入门奇气溢。衣裾莓苔痕，乃是泰岱色。尊甫宰山左，弱岁记通籍。年家礼数谦，才地笑谈勃。愁眉暂飞扬，窘抱一开豁。琅琊晋高门，龙优豹乃劣。读我同年诗，奇梦肖奇笔。令①叔诗效韩，字字扪崋崒。我欲跻登之，气馁言恐窒。君才何槃槃，体制偏胪列。君状亦觥觥，可啖健牛百。早抱名山心，溧锦自编辑。愧予汗漫者，老不自收拾。壮岁富如此，他年充栋必。奇宝照庭户，光怪转纡郁。自言有所恨，客岁遇山贼，劫掠资斧空，祸乃及子墨。今所补存者，贼手十之七。我独不吊诗，吊贺意相埒。若辈遍朝市，何必尽胠箧？若辈忌语言，贼吓君语。明目恣恐吓。语言即文字，文字真韬匿。贼语可悟道，又可抵阅历。我喜攻人短，君当宥狂直。从来才大人，面目不专壹。菁英贵酝酿，芜蔓宜抉剔。叶剪孤花明，云净宝月出。清词勿须多，好句亦须割，剥蕉层层空，结穗字字实。愿君细商量，惜君行将发。我贫无酒钱，不得留君啜。君行当复还，鹿鸣燕笙瑟，迟君菊花天②，再与畅胸臆。室家幸粗定，笔砚苏其魄。送君言难穷，东望气漻泬。

——据风雨楼本《定盦集外未刻诗》
第十三—十四页丁酉诗

会稽茶

（1838 年 8 月 20 日—9 月 18 日）

茶以洞庭山之碧萝春为天下第一，古人未知也。近人始知龙井，亦未知碧萝春也。会稽茶乃在洞庭、龙井间，秀颖似碧萝而色

① “令”，原作“今”（秋星社本同），据王文濡本、夏田蓝本、王佩诤校本改。

② “天”，秋星社本、王文濡本、夏田蓝本同。王佩诤校本误作“大”。

白，与浓绿者不同。先微苦，涤脾，甘甚久，与龙井骤芳甘不同；凡所同者，山水芳馨之气也。其村名曰平水，平水北七里曰花山，土人又辩花山种细于平水，外人益不知。戊戌七月，会稽人来馈此。予细问其天时、地力、人力，大抵花山采以清明，平水采以谷雨。明年当谒天台大师塔，归路访禹陵旧游，再诣稽山。印之诗以代发愿：明年不反棹浙江，有如此茶矣！

茶星夜照越江明，不使风篁即龙井负重名。来岁天台归楫罢，春波吸尽镜湖平。

——据风雨楼本《定盦集外未刻诗》
第十四—十五页戊戌诗

题梵册

（1838年）

儒但九流一，魁儒安足为？西方大圣书，亦扫亦包之。即以文章论，亦是九流师。释迦谥文佛，渊哉劳我思。

——据风雨楼本《定盦集外未刻诗》
第十五页戊戌诗

以“子绝四”一节题，课儿子为帖括文，儿子括义云：“天地不仁，以万物为刍狗；圣人不仁，以天地为刍狗。”阅之大笑，成两绝句示之

（1838年）

造物戏我久矣，我今聊复戏之。谁遣春光漏泄？难瞒一介痴儿。
造物尽有长技，死生得丧穷通。何物敌他六物？从今莫问而翁。

——据风雨楼本《定盦集外未刻诗》
第十五页戊戌诗

退朝偶成

（1838年）

夕月隆宗下，朝霞景运升。天高容婞直，官简易趋承。口彀渐如炙，心轮莫是冰？屠龙吾已矣，羞把老蛟罾。

——据风雨楼本《定盦诗集定本上》
第十三—十四页戊戌诗

乞籴保阳①

（1839年1月9日后）

［长安有一士，方壮鬓先老。］② 读书一万卷，不博侏儒饱。掌故二百年，身先执戟老。苦不合时宜，身名坐枯槁。今年夺俸钱，造物簸弄巧。相彼蚴蟉梅，风雪压攲倒。剥啄讨屋租，诟厉杂僮媪。笔砚欲相吊，藏书恐不保。妻子忽献计，宾朋佥谓好。故人有大贤，盍乞救援早！如臧孙乞籴，素王予上考。西行三百里，遂抵保阳道。

大贤为谁欤？邈邈我托公。壁立四千仞，气象如华嵩！见我名刺笑，不待阍言通。苍生何芸芸？帝命苏其穷。故人亦苍生，此责在吾躬。置酒急酌之，暖此冬心冬。三凤出堂后，峙立皆温恭。冬心暖未已，馈我孤馆中。朝馈四簋溢，夕馈益丰隆。贱士不徒感，默默扪其衷。

默默何所扪？忆丙子丁丑。家公领江海，四坐尽宾友。东南骚雅士，十或来八九，家公遍觞之，馆亦翘材有。我器量不宏，我情谊不厚，岂无绨袍赠？或忘穆生酒，求釜但与庾，求奇莫与偶。呜呼此一念，浇漓实可丑。上伤造物和，下令福德朽。所以壮岁贫，天意蓄报久。昔也雏凤蹲，今也饿鸭走。既感目前仁，自惭往日疚。我昔待宾客，能如托公否？

---

① 原题《过保阳四首》，题下有邓实校注："原作《乞籴保阳》。"又，据诗中"昨日林尚书，衔命下海滨"二句，知此组诗作于林则徐离京赴粤禁烟之后。按林则徐系于道光十八年十一月二十三日（1839年1月8日）离京赴粤（参《林则徐集·日记》第316页，中华书局1962年版），故诗当作于此后不久。

② "老"下，有邓实校注："实按，此首二句为孝琪（应作'珙'——编者注）所增。"

嫠不恤其纬，忧天如杞人。贱士方奇穷，乃复有所陈：冀州古桑土，张堪往事新。我观畿辅间，民贫非土贫，何不课以桑，治织纴组紃？昨日林尚书，衔命下海滨，方当杜海物，氄毳拒其珍。中国如富桑，夷物何足攟？我不谈水利，我非剿迂闻。无稻尚有秋，无桑实负春。妇女不懒惰，畿辅可一淳。我以此报公，谢公谢斯民。

——据风雨楼本《定盦集外未刻诗》
第十五—十六页戊戌诗

己亥杂诗（三百十五首选一百九十首）

著书何似观心贤[①]

（**1839** 年 **6** 月 **4** 日—**21** 日）

著书何似观心贤，不奈卮言夜涌泉。百卷书[②]成南渡岁，先生[③]续集再编年。

——据同治七年吴煦刻本《定盦文集补·己亥杂诗三百十五首》
（以下简称吴刻本《己亥杂诗》）第一首

我马玄黄盼日曛

（**1839** 年 **6** 月 **4** 日—**21** 日）

我马玄黄盼日曛，关河不窘故将军。百年心事归平淡，删尽蛾眉《惜誓》文。

——据吴刻本《己亥杂诗》第二首

---

① 据《己亥杂诗》，龚自珍于道光十九年四月二十三日（1839 年 6 月 4 日）离京南下，五月十二日（1839 年 6 月 22 日）行抵清江浦。以下诸诗，凡题下注明“1839 年 6 月 4 日—6 月 21 日”者，均选自其离京后，至清江浦前之途中所作。

② “百卷书”，《风雨楼丛书·定盦诗集定本下》（以下简称风雨楼本）作“全集写”，下有邓实校注：“原本作‘百卷书’，此孝珙手改。”

③ “先生”，风雨楼本作“定盦”，下有邓实校注：“原本作‘先生’，此孝珙手改。”

罡风力大簸春魂

（**1839** 年 **6** 月 **4** 日—**21** 日）

罡[1]风力大簸春魂，虎豹沉沉卧九阍。终是落花心绪好，平生默感玉皇恩。

——据吴刻本《己亥杂诗》第三首

此去东山又北山

（**1839** 年 **6** 月 **4** 日—**21** 日）

此去东山又北山，镜中强半尚红颜。白云出处从无例，独往人间竟独还。余不携眷属傔从，雇两车，以一车自载，一车载文集百卷[2]出都。

——据吴刻本《己亥杂诗》第四首

浩荡离愁白日斜

（**1839** 年 **6** 月 **4** 日—**21** 日）

浩荡离愁白日斜，吟鞭东指即天涯。落红不是无情物，化作春泥更护花。

——据吴刻本《己亥杂诗》第五首

① “罡”下，风雨楼本原注：“孝珙云：‘罡’字太俗，似即‘罡’。”

② “集”下，风雨楼本无“百卷”二字。自注之尾，风雨楼本有邓实校注：“‘文集’下，有‘百卷’二字。”

亦曾橐笔侍銮坡

（**1839** 年 **6** 月 **4** 日—**21** 日）

亦曾橐笔侍銮坡，午夜天风伴玉珂。欲浣春衣仍护惜，乾清门外露痕多。

——据吴刻本《己亥杂诗》第六首

廉锷非关上帝才

（**1839** 年 **6** 月 **4** 日—**21** 日）

廉锷非关上帝才，百年淬厉电光开。先生宦后雄谈减，悄向龙泉祝一回。

——据吴刻本《己亥杂诗》第七首

太行一脉走蝹蜿

（**1839** 年 **6** 月 **4** 日—**21** 日）

太行一脉走蝹蜿，莽莽畿西虎气蹲。送我摇鞭竟东去，此山不语看中原。别西山。

——据吴刻本《己亥杂诗》第八首

进退雍容史上难

（**1839** 年 **6** 月 **4** 日—**21** 日）

进退雍容史上难，忽收古泪出长安。百年綦辙低徊遍，忍作空桑三宿看。先大父宦京师，家大人宦京师，至小子，三世百年矣。以己亥岁四月二十三日出都。

——据吴刻本《己亥杂诗》第一〇首

出事公卿溯戊寅

（**1839** 年 **6** 月 **4** 日—**21** 日）

出事公卿溯戊寅，云烟万态马蹄湮。当年筮仕还嫌晚，已哭同朝三百人。

——据吴刻本《己亥杂诗》第一三首

颓波难挽挽颓心

（**1839** 年 **6** 月 **4** 日—**21** 日）

颓波难挽挽颓心，壮岁曾为九牧箴。钟簴苍凉行色晚，狂言重起廿年喑。

——据吴刻本《己亥杂诗》第一四首

许身何必定夔皋

（**1839** 年 **6** 月 **4** 日—**21** 日）

许身何必定夔皋，简要清通已足豪。读到嬴刘伤骨事，误渠毕竟是锥刀。

——据吴刻本《己亥杂诗》第一五首

金门缥缈廿年身

（**1839** 年 **6** 月 **4** 日—**21** 日）

金门缥缈廿年身，悔向云中露一鳞。终古汉家狂执戟，谁疑臣朔是星辰？

——据吴刻本《己亥杂诗》第一七首

消息闲凭曲艺看

（**1839** 年 **6** 月 **4** 日—**21** 日）

消息闲凭曲艺看，《考工》古字太丛残。五都黍尺无人校，抢攘廛间一饱难。过市肆有感。

——据吴刻本《己亥杂诗》第二〇首

满拟新桑遍冀州

（**1839** 年 **6** 月 **4** 日—**21** 日）

满拟新桑遍冀州，重来不见绿云稠。书生挟策成何济？付与维南织女愁。曩陈北直种桑之策于畿辅大吏。

——据吴刻本《己亥杂诗》第二一首

车中三观夕惕若

（**1839** 年 **6** 月 **4** 日—**21** 日）

车中三观夕惕若，七藏灵文电熠若。忏摩重起耳提若，三普贯珠累累若。余持陀罗尼已满四十九万卷，乃新定课程，日颂《普贤》、《普门》、《普眼》之文。①

——据吴刻本《己亥杂诗》第二二首

谁肯栽培木一章

（**1839** 年 **6** 月 **4** 日—**21** 日）

谁肯栽培木一章？黄泥亭子白茅堂。新蒲新柳三年大，便与儿孙作

---

① 自注之尾，风雨楼本原注："魏云：'诗不入格。'"

屋梁。道旁风景如此。

——据吴刻本《己亥杂诗》第二四首

秀出天南笔一支

（1839 年 6 月 4 日—21 日）

秀出天南笔一支，为官风骨称其诗。野棠花落城隅晚，各记春骝恋⿱马马[①]时。别石屏朱丹木同年䧙。丹木以引见入都，为予治装，与予先后出都。

——据吴刻本《己亥杂诗》第二七首

不是逢人苦誉君

（1839 年 6 月 4 日—21 日）

不是逢人苦誉君，亦狂亦侠亦温文。照人胆似秦时月，送我情如岭上云。别黄蓉石比部玉阶。蓉石，番禺人。

——据吴刻本《己亥杂诗》第二八首

觥觥益阳风骨奇

（1839 年 6 月 4 日—21 日）

觥觥益阳风骨奇，壮年自定千首诗。勇于自信故英绝，胜彼优孟俯仰为。别汤海秋户部鹏。

——据吴刻本《己亥杂诗》第二九首

---

① “⿱马马”，风雨楼本作“马”，下有邓实校注：“原作‘⿱马马’。”

事事相同古所难

(**1839** 年 **6** 月 **4** 日—**21** 日)

事事相同古所难，如鹣如鲽在长安。自今两戒河山外，各逮而孙盟不寒。光州吴虹生葆晋，与予戊寅同年，己丑同年，同出清苑王公门，殿上试同不及格，同官内阁，同改外，同日还原官。

——据吴刻本《己亥杂诗》第三〇首

本朝闽学自有派

(**1839** 年 **6** 月 **4** 日—**21** 日)

本朝闽学自有派，文字醰醰多古情。新识晋江陈户部，谈经颇似李文贞。别陈颂南户部庆镛。

——据吴刻本《己亥杂诗》第三一首

何郎才调本孪生

(**1839** 年 **6** 月 **4** 日—**21** 日)

何郎才调本孪生，不据文家为弟兄。嗜好毕同星命异，大郎尤贵二郎清。别道州何子贞绍基、子毅绍业兄弟。近世孪生，皆据质家为兄弟。

——据吴刻本《己亥杂诗》第三二首

少慕颜曾管乐非

(**1839** 年 **6** 月 **4** 日—**21** 日)

少慕颜曾管乐非，胸中海岳梦中飞。近来不信长安隘，城曲深藏此布衣。别会稽少白山人潘谘。

——据吴刻本《己亥杂诗》第三三首

猛龙当年入海初

（1839年6月4日—21日）

猛龙当年入海初，娑婆曾否有仓佉？只今旷劫重生后，尚识人间七体书。别镇国公容斋居士。居士睿亲王子，名裕恩，好读内典，遍识额纳特珂克、西藏、西洋、蒙古、回部及满、汉字；又校订全藏，凡经有新旧数译者，皆访得之，或校归一是，或两存之，或三存之，自释典入震旦以来，未曾有也。

——据吴刻本《己亥杂诗》第三四首

丱角春明入塾年

（1839年6月4日—21日）

丱角春明入塾年，丈人摩我道崭然。恍从魏晋纷纭后，为溯黄农浩渺前。别大兴周丈之彦。

——据吴刻本《己亥杂诗》第三五首

五十一人皆好我

（1839年6月4日—21日）

五十一人皆好我，八公送别益情亲。他年卧听除书罢，冉冉修名独怆神。别南丰刘君良驹、南海桂君文耀、河南丁君彦俦、云南戴君絅孙、长白奎君绶、闽黄君骧云、江君鸿升、枣强布君际桐。时己丑同年留京五十一人，匆匆难遍别，八君及握手一为别者也。吴虹生已见前。

——据吴刻本《己亥杂诗》第三八首

朝藉一经覆以簦

（1839年6月4日—21日）

朝藉一经覆以簦，暮还一经龛已灯。龙华相见再相谢，藉经功德龙泉僧。别龙泉寺僧唯一。唯一，施南人。

——据吴刻本《己亥杂诗》第三八首

北方学者君第一

（1839年6月4日—21日）

北方学者君第一，江左所闻君毕闻。土厚水深词气重，烦君他日定吾文。别许印林孝廉瀚。印林，日照人。

——据吴刻本《己亥杂诗》第四〇首

子云识字似相如

（1839年6月4日—21日）

子云识字似相如，记得前年隔巷居。忙杀奚僮传拓本，一行翠墨一封书。别吴子苾太守式芬。子苾，海丰人。

——据吴刻本《己亥杂诗》第四一首

夹袋搜罗海内空

（1839年6月4日—21日）

夹袋搜罗海内空，人材毕竟恃宗工。笥河寂寂覃溪死，此席今时定属公。别徐星伯前辈松。星伯，大兴人。

——据吴刻本《己亥杂诗》第四二首

霜毫掷罢倚天寒

（1839 年 6 月 4 日—21 日）

霜毫掷罢倚天寒，任作淋漓淡墨看。何敢自矜医国手？药方只贩古时丹。己丑殿试，大指祖王荆公上仁宗皇帝书。

——据吴刻本《己亥杂诗》第四四首

眼前二万里风雷

（1839 年 6 月 4 日—21 日）

眼前二万里风雷，飞出胸中不费才。枉破期门佽飞胆，至今骇道遇仙回。记己丑四月二十八日事。

——据吴刻本《己亥杂诗》第四五首

终贾华年气不平

（1839 年 6 月 4 日—21 日）

终贾华年气不平，官书许读兴纵横。荷衣便识西华路，至竟虫鱼了一生。嘉庆壬申岁，校书武英殿，是平生为校雠之学之始。

——据吴刻本《己亥杂诗》第四七首

万事源头必正名

（1839 年 6 月 4 日—21 日）

万事源头必正名，非同综核汉公卿。时流不沮狂生议，侧立东华伫佩声。官内阁日，上书大学士，乞到阁看本。

——据吴刻本《己亥杂诗》第四八首

东华飞辩少年时

（**1839** 年 **6** 月 **4** 日—**21** 日）

东华飞辩少年时，伐鼓撞钟海内知。牍尾但书臣向校，头衔不称纲其词。在国史馆日，上书总裁，论西北塞外部落原流，山川形势，订《一统志》之疏漏。初五千言，或曰：非所职也。乃上二千言。

——据吴刻本《己亥杂诗》第四九首

千言只作卑之论

（**1839** 年 **6** 月 **4** 日—**21** 日）

千言只作卑之论，敢以虚怀测上公？若问汉朝诸配享，少牢乞祔叔孙通。在礼部上书堂上官，论四司政体宜沿宜革者三千言。

——据吴刻本《己亥杂诗》第五〇首

客星烂烂照天潢

（**1839** 年 **6** 月 **4** 日—**21** 日）

客星烂烂照天潢，许署头衔著作郎。翠墨未干仙字蚀，云烟半榻掖门旁。官宗人府，奉旨充玉牒馆纂修官。予草创章程，未竟其事，改官去。

——据吴刻本《己亥杂诗》第五一首

半生中外小回翔

（**1839** 年 **6** 月 **4** 日—**21** 日）

半生中外小回翔，樗丑翻成恋太阳。挥手唐朝八司马，头衔老署退锋郎。选授楚中一司马矣，不就，供职祠曹如故。

——据吴刻本《己亥杂诗》第五三首

科以人重科益重

（1839 年 6 月 4 日—21 日）

科以人重科益重，人以科传人可知。本朝七十九科矣，搜辑科名意在斯。八岁，得旧《登科录》读之，是搜辑二百年科名掌故之始。

——据吴刻本《己亥杂诗》第五四首

手校斜方百叶图

（1839 年 6 月 4 日—21 日）

手校斜方百叶图，官书似此古今无。只今绝学真成绝，册府苍凉六幕孤。程大理同文修《会典》，其理藩院一门及青海、西藏各图，属予校理，是为天地东西南北之学之始。大理没，予撰《蒙古图志》竟不成。

——据吴刻本《己亥杂诗》第五五首

孔壁微茫坠绪穷

（1839 年 6 月 4 日—21 日）

孔壁微茫坠绪穷，笙歌绛帐启宗风。至今守定东京本，两庑如何阙马融？戊子岁，成《尚书序大义》一卷，《太誓答问》一卷，《尚书马氏家法》一卷。

——据吴刻本《己亥杂诗》第五六首

姬周史统太销沉

（1839 年 6 月 4 日—21 日）

姬周史统太销沉，况复炎刘古学暗。崛起有人扶左氏，千秋功罪总刘歆。癸巳岁，成《左氏春秋服杜补义》一卷，其刘歆竄益左氏显然有迹者，为《左氏决疣》一卷。

——据吴刻本《己亥杂诗》第五七首

张杜西京说外家

（1839年6月4日—21日）

张杜西京说外家，斯文吾述段金沙。导河积石归东海，一字源流奠万哗。年十有二，外王父金坛段先生授以许氏部目，是平生以经说字、以字说经之始。

——据吴刻本《己亥杂诗》第五八首

端门受命有云礽

（1839年6月4日—21日）

端门授命有云礽，一脉微言我敬承。宿草敢祧刘礼部，东海绝学在毗陵。年二十有八，始从武进刘申受受《公羊春秋》，近岁成《春秋决事比》六卷。刘先生卒十年矣。

——据吴刻本《己亥杂诗》第五九首

华年心力九分殚

（1839年6月4日—21日）

华年心力九分殚，泪渍蟫鱼死不干。此事千秋无我席，毅然一炬为归安。抱①功令文②二千篇，见归安姚先生学塽。先生③初奖藉之，忽正色曰：我文著墨不著笔，汝文笔墨兼用。乃自烧功令文。

——据吴刻本《己亥杂诗》第六〇首

① “抱”，风雨楼本作“以”。

② “文”下，风雨楼本无“二千篇”三字。

③ “生”下，风雨楼本无“初奖藉之，忽正色”七字。

轩后孤虚纵莫寻

（1839 年 6 月 4 日—21 日）

轩后孤虚纵莫寻，汉官戊己两言深。著书不为丹铅误，中有风雷老将心。定裴骃《史记集解》之误，为《孤虚表》一卷，《古今用兵孤虚图说》一卷。

——据吴刻本《己亥杂诗》第六一首

古人制字鬼夜泣

（1839 年 6 月 4 日—21 日）

古人制字鬼夜泣，后人识字百忧集。我不畏鬼复不忧，灵文夜补秋灯碧。尝恨许叔重见古文少，据商周彝器秘文，说其形义，补《说文》一百四十七字，戊戌四月书成。

——据吴刻本《己亥杂诗》第六二首

经有家法夙所重

（1839 年 6 月 4 日—21 日）

经有家法夙所重，诗无达诂独不用。我心即是四始心，泬寥再发姬公梦。为《诗非序》、《非毛》、《非郑》各一卷。予说《诗》以涵泳经文为主，于古文毛、今文三家，无所尊，无所废。

——据吴刻本《己亥杂诗》第六三首

熙朝仕版快茹征

（1839 年 6 月 4 日—21 日）

熙朝仕版快茹征，五倍金元十倍明。扬扢千秋儒者事，《汉官仪》

后一书成。年十四，始考古今官制，近成《汉官损益》上下二篇，《百王易从论》一篇，以竟髫年之志。

——据吴刻本《己亥杂诗》第六四首

文侯端冕听高歌

（**1839** 年 **6** 月 **4** 日—**21** 日）

文侯端冕听高歌，少作精严故不磨。诗渐凡庸人可想，侧身天地我蹉跎。诗编年始嘉庆丙寅，终道光戊戌，勒成二十七卷。

——据吴刻本《己亥杂诗》第六五首

十仞书仓郁且深

（**1839** 年 **6** 月 **4** 日—**21** 日）

十仞书仓郁且深，为夸目录散黄金。吴回一怒知天意，无复龙威禹穴心。年十六，读《四库提要》，是平生为目录之学之始。壬午岁，不戒于火，所搜罗七阁未收之书，烬者什八九。

——据吴刻本《己亥杂诗》第六七首

北游不至独石口

（**1839** 年 **6** 月 **4** 日—**21** 日）

北游不至独石口，东游不至卢龙关。此记游耳非著作，马蹄蹀躞书生孱。东至永平境，北至宣化境，实未睹东北两边形势也，为《纪游》合一卷。

——据吴刻本《己亥杂诗》第六八首

吾祖平生好孟坚

（**1839** 年 **6** 月 **4** 日—**21** 日）

吾祖平生好孟坚，丹黄郑重万珠圆。不材窃比刘公是，请肄班香再十年。为《汉书补注》不成，读《汉书》，随笔得四百事。先祖匏伯公批校《汉书》，家藏凡六七通，又有手抄本。

——据吴刻本《己亥杂诗》第六九首

麟经断烂炎刘始

（**1839** 年 **6** 月 **4** 日—**21** 日）

麟经断烂炎刘始，幸有兰台聚秘文。解道何休逊班固，眼前同志只朱云。癸巳岁，成《西汉君臣称春秋之义考》一卷。助予整齐之者，同县朱孝廉以升。

——据吴刻本《己亥杂诗》第七〇首

剔彼高山大川字

（**1839** 年 **6** 月 **4** 日—**21** 日）

剔彼高山大川字，簿我玉箧金扃中。从此九州不光怪，羽陵夜色春熊熊。年十七，见石鼓，是收石刻之始。撰《金石通考》五十四卷，分存、佚、未见三门，书未成，成《羽琌山金石墨本记》五卷。郭璞云："羽陵，即羽琌也。"

——据吴刻本《己亥杂诗》第七一首

登乙科则亡姓氏

（**1839** 年 **6** 月 **4** 日—**21** 日）

登乙科则亡姓氏，官七品则亡姓氏。夜奠三十九布衣，秋灯忽吐苍虹气。撰《布衣传》一卷，起康熙，迄嘉庆，凡三十九人。

——据吴刻本《己亥杂诗》第七四首

不能古雅不幽灵

（**1839** 年 **6** 月 **4** 日—**21** 日）

不能古雅不幽灵，气体难跻作者庭。悔杀流传遗下女，自障纨扇过旗亭。年十九，始倚声填词，壬午岁勒为六卷，今颇悔存之。

——据吴刻本《己亥杂诗》第七五首

文章合有老波澜

（**1839** 年 **6** 月 **4** 日—**21** 日）

文章合有老波澜，莫作鄱阳夹漈看。五十年中言定验，苍茫六合此微官。庚辰岁，为《西域置行省议》、《东南罢番舶议》两篇，有谋合刊之者。

——据吴刻本《己亥杂诗》第七六首

厚重虚怀见古风

（**1839** 年 **6** 月 **4** 日—**21** 日）

厚重虚怀见古风，车裀五度照门东。我焚文字公焚疏，补纪交情为纪公。壬辰夏，大旱，上求直言。大学士蒙古富公俊五度访之，予手陈当世急务八条。公读至汰冗滥一条，动色以为难行，馀颇欣赏。予不存于集中。

——据吴刻本《己亥杂诗》第七七首

狂禅辟尽礼天台

（**1839** 年 **6** 月 **4** 日—**21** 日）

狂禅辟尽礼天台，掉臂琉璃屏上回。不是瓶笙花影夕，鸠摩枉译此经来。丁酉九月二十三夜，不寐，闻茶沸声，披衣起，菊影在扉，忽证《法华》三昧。

——据吴刻本《己亥杂诗》第七八首

手扪千轴古琅玕

（1839年6月4日—21日）

手扪千轴古琅玕，笃信男儿识字难。悔向侯王作宾客，廿篇《鸿烈》赠刘安。某布政欲撰吉金款识，属予为之。予为聚拓本，穿穴群经，极谈古籀形义，为书十二卷。俄布政书来，请绝交，书藏何子贞家。

——据吴刻本《己亥杂诗》第七九首

夜思师友泪滂沱

（1839年6月4日—21日）

夜思师友泪滂沱，光影犹存急网罗。言行较详官阀略，报恩如此疚心多。近撰平生师友小记①百六十一则。

——据吴刻本《己亥杂诗》第八〇首

历劫如何报佛恩

（1839年6月4日—21日）

历劫如何报佛恩？尘尘文字以为门。遥知法会灵山在，八部天龙礼我言。佛书入震旦以后，校雠者稀，乃为《龙藏考证》七卷；又以《妙法莲华经》为北凉宫中所乱，乃重定目次，分本迹二部，删七品，存廿一品，丁酉春勒成。

——据吴刻本《己亥杂诗》第八一首

---

① “记”下，风雨楼本无“百六十一则”五字，自注之尾有邓实校注：“原注有‘百六十一则’六（应为‘五’——编者注）字”。

龙树灵根派别三

（**1839** 年 **6** 月 **4** 日—**21** 日）

龙树灵根派别三，家家椰栗不能担。我书唤作《三桠记》，六祖天台共一龛。近日述天台家言为《三普销文记》① 七卷，又撰《龙树三桠记》。

——据吴刻本《己亥杂诗》第八二首

只筹一缆十夫多

（**1839** 年 **6** 月 **22** 日）

只筹一缆十夫多，细算千艘渡此河。我亦曾糜太仓粟，夜闻邪许泪滂沱。五月十二日抵淮浦作。

——据吴刻本《己亥杂诗》第八三首

白面儒冠已问津②

（**1839** 年 **6** 月 **22** 日—**7** 月 **25** 日）

白面儒冠已问津，生涯只羡五侯宾。萧萧黄叶空村畔，可有摊书闭户人？

——据吴刻本《己亥杂诗》第八四首

津梁条约遍南东

（**1839** 年 **6** 月 **22** 日—**7** 月 **25** 日）

津梁条约遍南东，谁遣藏春深坞逢？不枉人呼莲幕客，碧纱幮护阿

---

① “记”下，风雨楼本无“七卷”二字。

② 据《己亥杂诗》，龚自珍道光十九年五月十二日到清江浦后，稍作盘桓，接着又南下到扬州。六月十五日（1839 年 7 月 25 日），自扬州渡江南下到镇江。以下凡题下注明“1839 年 6 月 22 日—7 月 25 日”者，均选自他在这一时段之所作。

芙蓉。阿，读如人痴之痴，出《续本草》。

——据吴刻本《己亥杂诗》第八五首

鬼灯对对散秋萤

（**1839** 年 **6** 月 **22** 日—**7** 月 **25** 日）

鬼灯对对散秋萤，落魄参军泪眼荧。何不专城花县去？春眠寒食未曾醒。

——据吴刻本《己亥杂诗》第八六首

故人横海拜将军

（**1839** 年 **6** 月 **22** 日—**7** 月 **25** 日）

故人横海拜将军，侧立南天未蒇勋。我有阴符三百字，蜡丸难寄惜雄文。

——据吴刻本《己亥杂诗》第八七首

河干劳问又江干

（**1839** 年 **6** 月 **22** 日—**7** 月 **25** 日）

河干劳问又江干，恩怨他时邸报看。怪道乌台牙放早，几人怒马出长安。

——据吴刻本《己亥杂诗》第八八首

过百由旬烟水长

（**1839** 年 **6** 月 **22** 日—**7** 月 **25** 日）

过百由旬烟水长，释迦老子怨津梁。声闻闭眼三千劫，悔慕人天大法王。

——据吴刻本《己亥杂诗》第九〇首

北俊南孅气不同

（1839 年 6 月 22 日—7 月 25 日）

北俊南孅气不同，少能炙轂老能聪。可知销尽劳生骨？即在《方言》两卷中。凡驺卒谓予燕人也，凡舟子谓予吴人也。其有聚而轇轕者，则两为之舌人以通之。

——据吴刻本《己亥杂诗》第九一首

黄金脱手赠椎埋

（1839 年 6 月 22 日—7 月 25 日）

黄金脱手赠椎埋，屠狗无悰百计乖。侥幸故人仍满眼，猖狂乞食过江淮。过江淮间不困厄，何亦民、卢心农两君力也。

——据吴刻本《己亥杂诗》第九四首

少年击剑更吹箫

（1839 年 6 月 22 日—7 月 25 日）

少年击剑更吹箫，剑气箫心一例消。谁分苍凉归棹后，万千哀乐集今朝。

——据吴刻本《己亥杂诗》第九六首

河汾房杜有人疑

（1839 年 6 月 22 日—7 月 25 日）

河汾房杜有人疑，名位千秋处士卑。一事平生无齮龁，但开风气不为师。予生平不蓄门弟子。

——据吴刻本《己亥杂诗》第一〇四首

少年揽辔澄清意

（1839年6月22日—7月25日）

少年揽辔澄清意，倦矣应怜缩手时。今日不挥闲涕泪，渡江只怨别蛾眉。

——据吴刻本《己亥杂诗》第一〇七首

四海流传百轴刊

（1839年6月22日—7月25日）

四海流传百轴刊，皤皤国老尚神完。谈经忘却三公贵，只作先秦伏胜看。重见予告大学士阮公于扬州。

——据吴刻本《己亥杂诗》第一〇九首

蜀冈一老抱哀弦

（1839年6月22日—7月25日）

蜀冈一老抱哀弦，阅尽词场意惘然。绝似琵琶天宝后，江南重遇李龟年。重晤秦敦夫编修恩复。

——据吴刻本《己亥杂诗》第一一〇首

家公旧治我曾游

（1839年6月22日—7月25日）

家公旧治我曾游，只晓梅村与凤洲。收拾遗闻浩无涘，东南一部小阳秋。太仓邵子显辑《太仓先哲丛书》八帙，起南宋，迄乾隆中，使予序之。

——据吴刻本《己亥杂诗》第一一一首

七里虹桥腐草腥

（**1839** 年 **6** 月 **22** 日—**7** 月 **25** 日）

七里虹桥腐草腥，歌钟词赋两飘零。不随天市为消长，文字光芒聚德星。时上元兰君、太仓邵君为扬州广文，魏默深舍人、陈静庵博士侨扬州，又晤秦玉笙、谢梦渔、刘楚桢、刘孟瞻四孝廉、杨季子都尉。

——据吴刻本《己亥杂诗》第一一二首

诗人瓶水与谟觞

（**1839** 年 **6** 月 **22** 日—**7** 月 **25** 日）

诗人瓶水与谟觞，郁怒清深两擅场。如此高材胜高第，头衔追赠薄三唐。郁怒横逸，舒铁云瓶水斋之诗也；清深渊雅，彭甘亭小谟觞馆之诗也。两君死皆一纪矣。

——据吴刻本《己亥杂诗》第一一四首

荷衣说艺斗心兵

（**1839** 年 **6** 月 **22** 日—**7** 月 **25** 日）

荷衣说艺斗心兵，前辈须眉照坐清。收拾遗闻归一派，百年终恃小门生。少时所交多老苍，于乾隆庚戌榜过从最亲厚，次则嘉庆己未，多谈艺之士。两科皆大兴朱文正为总裁官。

——据吴刻本《己亥杂诗》第一一五首

姬姜古妆不如市

（1839年6月22日—7月25日）

姬姜古妆不如市，赵女轻盈蹑锐屣。侯王宗庙求元妃，徽音岂在纤厥趾？偶感。

——据吴刻本《己亥杂诗》第一一七首

麟趾褭蹄式可寻

（1839年6月22日—7月25日）

麟趾褭蹄式可寻，何须番舶献其琛？汉家《平准书》难续，且仿齐梁铸饼金。近世行用番钱，以为携挟便也，不知中国自有饼金，见《南史·褚彦回传》，又见唐韩偓诗。

——据吴刻本《己亥杂诗》第一一八首

作赋曾闻纸贵夸

（1839年6月22日—7月25日）

作赋曾闻纸贵夸，谁令此纸遍京华？不行官钞行私钞，名目何人饷史家？

——据吴刻本《己亥杂诗》第一一九首

促柱危弦太觉孤

（1839年6月22日—7月25日）

促柱危弦太觉孤，琴边倦眼眄平芜。香兰自判前因误，生不当门也被锄。

——据吴刻本《己亥杂诗》第一二〇首

不论盐铁不筹河

（**1839** 年 **6** 月 **22** 日—**7** 月 **25** 日）

不论盐铁不筹河，独倚东南涕泪多。国赋三升民一斗，屠牛那不胜栽禾？

——据吴刻本《己亥杂诗》第一二三首

九州生气恃风雷[①]

（**1839** 年 **7** 月 **26** 日—**8** 月 **16** 日）

九州生气恃风雷，万马齐喑究可哀！我劝天公重抖擞，不拘一格降人材。过镇江，见赛玉皇及风神、雷神者，祷祠万数。道士乞撰青词。

——据吴刻本《己亥杂诗》第一二五首

陶潜诗喜说荆轲

（**1839** 年 **7** 月 **26** 日—**8** 月 **16** 日）

陶潜诗喜说荆轲，想见《停云》发浩歌。吟到恩仇心事涌，江湖侠骨恐无多！舟中读陶诗三首。

——据吴刻本《己亥杂诗》第一二九首

陶潜酷似卧龙豪

（**1839** 年 **7** 月 **26** 日—**8** 月 **16** 日）

陶潜酷似卧龙豪，语意本辛弃疾。万古浔阳松菊高。莫信诗人竟平

---

① 龚自珍于道光十九年六月十五日（1839 年 7 月 25 日）晚抵镇江（参《己亥杂诗》第一〇八首），之后，相继途经江阴、苏州、嘉兴等地，于七月初九（1839 年 8 月 17 日）返抵杭州（参《己亥杂诗》第一四九首）。以下诸诗，凡题下注明“1839 年 7 月 26 日—1839 年 8 月 16 日”者，均选自其在这一时段之所作。

淡，二分《梁甫》一分《骚》。

——据吴刻本《己亥杂诗》第一三〇首

陶潜磊落性情温

（1839年7月26日—8月16日）

陶潜磊落性情温，冥报因他一饭恩。颇觉少陵诗吻薄，但言朝叩富儿门。

——据吴刻本《己亥杂诗》第一三一首

江左晨星一炬存

（1839年7月26日—8月16日）

江左晨星一炬存，鱼龙光怪百千吞。迢迢望气中原夜，又有湛卢剑倚门。江阴见李申耆丈、蒋丹棱茂才。丹棱，申耆之门人也。

——据吴刻本《己亥杂诗》第一三二首

万卷书生飒爽来

（1839年7月26日—8月16日）

万卷书生飒爽来，梦中喜极故人回。湖山旷劫三吴地，何日重生此霸才？梦顾千里有作。忆己丑岁与君书，定五年相见。君报书云："敢不忍死以待。"予竟爽约。君以甲午春死矣①。

——据吴刻本《己亥杂诗》第一三六首

① 此系误记。顾广圻（字千里）卒于道光十五年（乙未，1835年）二月十九日（参顾广圻《思适斋集》卷首，李兆洛《顾君墓志铭》，道光二十九年刻本）。

今日闲愁为洞庭

（1839年7月26日—8月16日）

今日闲愁为洞庭，茶花凝想吐芳馨。山人生死无消息，梦断查湾一角青。拟寻洞庭山旧游，不果，亦不得叶山人昶消息。

——据吴刻本《己亥杂诗》第一三八首

玉立长身宋广文

（1839年7月26日—8月16日）

玉立长身宋广文，长洲重到忽思君。遥怜屈贾英灵地，朴学奇才张一军。奉怀宋于庭丈作。于庭投老得楚南一令。“奇才朴学”，二十年前目君语，今无以易也。

——据吴刻本《己亥杂诗》第一三九首

太湖七十溇为墟

（1839年7月26日—8月16日）

太湖七十溇为墟，三泖圆斜各有初。耻与蛟龙竞升斗，一编聊献郏侨书。陈吴中水利策于同年裕鲁山布政。郏侨，郏亶之子，南宋人，父子皆著三吴水利书。

——据吴刻本《己亥杂诗》第一四〇首

铁师讲经门径仄

（1839年7月26日—8月16日）

铁师讲经门径仄，铁师念佛颇得力。似师毕竟胜狂禅，师今迟我莲花国。江铁君沅是予学佛第一导师，先予归一年逝矣。千劫无以酬德，祝其疾生净土。

——据吴刻本《己亥杂诗》第一四一首

少年哀艳杂雄奇

（1839年7月26日—8月16日）

少年哀艳杂雄奇，暮气颓唐不自知。哭过支硎山下路，重抄梅冶一奁诗。舅氏段右白，葬支硎山。平生诗，晚年自涂乙尽。予尚抱其《梅冶轩集》一卷。

——据吴刻本《己亥杂诗》第一四二首

温良阿者泪涟涟

（1839年7月26日—8月16日）

温良阿者泪涟涟，能说吾家六十年。见面恍疑悲母在，报恩祝汝后昆贤。金媪者，尝保抱予者也。重见于吴中，年八十有七。“阿者”，出《礼记·内则》，今本误为“可者”。“悲母”，出《本生心地观经》。

——据吴刻本《己亥杂诗》第一四三首

道场䆮䆅雨花天

（1839年7月26日—8月16日）

道场䆮䆅雨花天，长水宗风在目前。一任拣机参活句，莫将文字换狂禅。示楞严讲主逸云。讲主新刻明人《楞严宗通》一书，故云。

——据吴刻本《己亥杂诗》第一四七首

一脉灵长四叶貂

（1839年7月26日—8月16日）

一脉灵长四叶貂，谈经门祚郁岧峣。儒林几见传苗裔？此福高邮冠本朝。访嘉兴太守王子仁。子仁，文肃公曾孙，石臞孙，吾师文简公子。

——据吴刻本《己亥杂诗》第一四八首

只将愧汗湿莱衣

（**1839** 年 **8** 月 **17** 日）

只将愧汗湿莱衣，悔极堂堂岁月违。世事沧桑心事定，此生一跌莫全非。于七月初九到杭州。家大人时年七十有三，倚门望久矣。

——据吴刻本《己亥杂诗》第一四九首

里门风俗尚敦庞[①]

（**1839** 年 **8** 月 **17** 日后）

里门风俗尚敦庞，年少争为齿德降。桑梓温恭名教始，天涯何处不家江？家大人扶杖出游，里少年皆起立。

——据吴刻本《己亥杂诗》第一五〇首

小别湖山劫外天

（**1839** 年 **8** 月 **17** 日后）

小别湖山劫外天，生还如证第三禅。台宗晤后无来去，人道苍茫十四年。

——据吴刻本《己亥杂诗》第一五一首

---

① 此诗在《己亥杂诗》中，次于《只将愧汗湿莱衣》后，当作于作者刚返抵杭州时。下二诗同此。

浙东虽秀太清孱

（1839 年 8 月 17 日后）

浙东虽秀太清孱，北地雄奇或犷顽。踏遍中华窥两戒，无双毕竟是家山。

——据吴刻本《己亥杂诗》第一五二首

家住钱唐四百春

（1839 年 9 月 25 日）

家住钱唐四百春，匪将门阀傲江滨。一州典故闲征遍，撰杖观涛得几人？八月十八日侍家大人观潮。

——据吴刻本《己亥杂诗》第一五六首

乡国论文集古欢[1]

（1839 年秋）

乡国论文集古欢，幽人三五薜萝看。从知阆苑桃花色，不及溪松耐岁寒。晤曹葛民文昭②、徐问蘧楙、王雅台熊吉、陈觉庵春晓诸君。

——据吴刻本《己亥杂诗》第一五九首

---

① 龚自珍于道光十九年七月初九日返抵杭州后，除了在家乡侍亲访友外，还到昆山料理其羽琌别墅。其间，曾于九月初六日（1839 年 10 月 12 日）作有《秋光明媚似春光》诗（即《己亥杂诗》第二二二首，九天后北上，迎接留京眷属）。以下凡题下注明“1839 年秋”者，均为这一时段所作。

② “曹葛民文昭”，原作“曹葛民籀”（扶轮社本、王文濡本、夏田蓝本同），据道光二十年羽琌别墅刻本《己亥杂诗》（以下简称羽琌别墅本）、王佩诤校本改。

如何从假入空法

（**1839** 年秋）

如何从假入空法？君亦莫问我莫答。若有自性互不成，互不成者谁佛刹？为西湖僧讲《华严》一品竟，又说此偈。

——据吴刻本《己亥杂诗》第一六一首

振绮堂中万轴书

（**1839** 年秋）

振绮堂中万轴书，乾嘉九野有谁如？季方玉粹元方死，握手城东问蠹鱼。汪小米舍人死矣，见其哲弟又村员外。

——据吴刻本《己亥杂诗》第一六二首

醰醰诸老惬瞻依

（**1839** 年秋）

醰醰诸老惬瞻依，父齿随行亦未稀。各有清名闻海内，春来各自典朝衣。时乡先辈在籍，科目、年齿与家大人颉颃者五人：姚亮甫、陈坚木两侍郎，张云巢鹾使，张静轩、胡书农两学士。

——据吴刻本《己亥杂诗》第一六四首

我言送客非佛事

（**1839** 年秋）

我言送客非佛事，师言不送非佛智。双照送是不送是，金光大地乔松寺。重见慈风法师于乔松庵。叩以台宗疑义，聋，不答。送予至山门，予辞，师正色曰："是佛法。"

——据吴刻本《己亥杂诗》第一六五首

震旦狂禅沸不支

（**1839** 年秋）

震旦狂禅沸不支，一灯慧命续如丝。灵山未歇宗风歇，已过庞家日眚时。钱△庵居士死矣①，得其晚年所著《宗浧》二卷。

——据吴刻本《己亥杂诗》第一六六首

闭门三日了何事

（**1839** 年秋）

闭门三日了何事？题图祝寿谀人诗。双文单笔记序偈，笔秃幸趁酒熟时。

——据吴刻本《己亥杂诗》第一六八首

礰之道义拯之难

（**1839** 年秋）

礰之道义拯之难，赏我出处好我书。史公副墨问谁氏？屈指首寄虬髯吴。欲以全集一分寄虹生，未写竟。

——据吴刻本《己亥杂诗》第一六九首

---

① "死矣"，风雨楼本作"西归"，自注之尾，有邓实校注："'西归'二字，原作'死矣'。"

少年哀乐过于人

(1839 年秋)

少年哀乐过于人，歌泣无端字字真。既壮周旋杂痴黠，童心来复梦中身。

——据吴刻本《己亥杂诗》第一七〇首

志乘英灵琐屑求

(1839 年秋)

志乘英灵琐屑求，岂其落笔定阳秋？百年子姓殷勤意，忍说挑灯为应酬？乞留墨数行为异日相思之资者，填委牖户。唯撰次先世事行，属为家传、墓表，则详审为之，多存稿者。

——据吴刻本《己亥杂诗》第一七四首

琼林何不积缗泉

(1839 年秋)

琼林何不积缗泉？物自低昂人自便。我与徐公筹到此，朱提山竭亦无权。近日银贵，有司苦之。古人粟红贯朽，是公库不必皆纳镪也。予持论如此。徐铁孙大令荣，论与予合。

——据吴刻本《己亥杂诗》第一七五首

俎脍飞沉竹肉喧

(1839 年秋)

俎脍飞沉竹肉喧，侍郎十日敞清尊。东南不可无斯乐，濡笔亲题第四园。过严小农侍郎富春山馆，觞咏旬日。其地为明金尚书别墅，杭人犹称金衙庄。予品题天下名园，金衙庄居第四。

——据吴刻本《己亥杂诗》第一七六首

藏书藏帖两高人

（**1839** 年秋）

藏书藏帖两高人，目录流传四十春。师友凋徂心力倦，羽琌一记亦荆榛。吊赵晋斋魏、何梦华元锡两处士。两君为予诓正《金石墨本记》者也。

——据吴刻本《己亥杂诗》第一七七首

儿谈梵夹婢谈兵

（**1839** 年秋）

儿谈梵夹婢谈兵，消息都防父老惊。赖是摇鞭吟好句，流传乡里只诗名。到家之日，早有传诵予出都留别诗者，时有"诗先人到"之谣。

——据吴刻本《己亥杂诗》第一七八首

科名掌故百年知

（**1839** 年秋）

科名掌故百年知，海岛畸人奉大师。如此奇才终一令，蠹鱼零落我归时。吊黎见山同年应南。见山顺德人，官平阳令，卒于杭州。

——据吴刻本《己亥杂诗》第一八〇首

惠逆同门复同薮

（**1839** 年秋）

惠逆同门复同薮，谋臧不臧视朋友。我兹怦然谋乃心，君已砉然脱诸口。陈硕甫秀才奂，为予规划北行事，明白犀利，足征良友之爱。

——据吴刻本《己亥杂诗》第一八一首

草创江东署羽陵

（**1839** 年秋）

草创江东署羽陵，异书奇石小崚嶒。十年松竹谁留守？南渡飞扬是中兴。复墅。

——据吴刻本《己亥杂诗》第一九八首

墅东修竹欲连天

（**1839** 年秋）

墅东修竹欲连天，苦费西邻买笋钱。此是商鞅垦土令，不同凿空误开边。拓墅。

——据吴刻本《己亥杂诗》第一九九首

料理空山颇费才

（**1839** 年秋）

料理空山颇费才，文心兼似画家来。矮茶密致高松独，记取先生亲手栽。

——据吴刻本《己亥杂诗》第二〇二首

可惜南天无此花

（**1839** 年秋）

可惜南天无此花，丽情还比牡丹奢。难忘西掖归来早，赠与妆台满镜霞。忆京师芍药。

——据吴刻本《己亥杂诗》第二〇五首

弱冠寻芳数岁华

(**1839** 年秋)

弱冠寻芳数岁华，玲珑万玉嫭交加。难忘细雨红泥寺，湿透春裘倚此花。忆丁香。

——据吴刻本《己亥杂诗》第二〇七首

女墙百雉乱红酣

(**1839** 年秋)

女墙百雉乱红酣，遗爱真同召伯甘。记得花阴文宴屡，十年春梦寺门南。忆丰宜门外花之寺董文恭公手植之海棠一首。

——据吴刻本《己亥杂诗》第二〇八首

空山徙倚倦游身

(**1839** 年秋)

空山徙倚倦游身，梦见城西阆苑春。一骑传笺朱邸晚，临风递与缟衣人。忆宣武门内太平湖之丁香花一首。

——据吴刻本《己亥杂诗》第二〇九首

缱绻依人慧有馀

(**1839** 年秋)

缱绻依人慧有馀，长安俊物最推渠。故侯门第歌钟歇，犹办晨餐二寸鱼。忆北方狮子猫。

——据吴刻本《己亥杂诗》第二一〇首

万绿无人嘒一蝉

（**1839** 年秋）

万绿无人嘒一蝉，三层阁子俯秋烟。安排写集三千卷，料理看山五十年。欲写全集清本数十分，分贮友朋家。

——据吴刻本《己亥杂诗》第二一一首

海西别墅吾息壤

（**1839** 年秋）

海西别墅吾息壤，羽琌三重拾级上。明年俯看千树梅，飘飖[①]亦是天际想。

——据吴刻本《己亥杂诗》第二一二首

此阁宜供天人师

（**1839** 年秋）

此阁宜供天人师，檀香三尺博士为。阮公施香孰施字？徐公字似萧梁碑。造佛像之匠谓之博士，出《摩利支天经》。予供天台智者大师檀香像，徐问蘧为予书扁曰："观不思议境"，书楹联曰："智周万物而无所思；言满天下而未尝议。"

——据吴刻本《己亥杂诗》第二一三首

① "飖"，羽琌别墅本、邃汉斋本、扶轮社本、王文濡本、夏田蓝本同，王佩诤校本作"摇"。

男儿解读韩愈诗

（**1839** 年秋）

男儿解读韩愈诗，女儿好读姜夔词。一家倘许圆鸥梦，昼课男儿夜女儿。时眷属尚留滞北方。近人郭频伽画《鸥梦圆图》，予亦仿之。

——据吴刻本《己亥杂诗》第二一四首

倘容我老半锄边

（**1839** 年秋）

倘容我老半锄边，不要公卿寄俸钱。一事避君君匿笑：刘郎才气亦求田。俭岁有鬻田六亩者，予愿得之。友人来问此事。

——据吴刻本《己亥杂诗》第二一五首

瑰癖消沉结习虚

（**1839** 年秋）

瑰癖消沉结习虚，一篇《典宝》古文无。金灯出土苔花碧，又照徐陵读《汉书》。沪上徐文台得汉宫雁足灯，以拓本见寄，乞一诗。是时予收藏古吉金星散，见于《羽琌山典宝记》者，百存一二。

——据吴刻本《己亥杂诗》第二一六首

回肠荡气感精灵

（**1839** 年秋）

回肠荡气感精灵，座客苍凉酒半醒。自别吴郎高咏减，珊瑚击碎有谁听？曩在虹生坐上，酒半咏宋人词，呜呜然。虹生赏之，以为善于顿挫也。近日中酒，即不能高咏矣。

——据吴刻本《己亥杂诗》第二一七首

随身百轴字平安

（**1839** 年秋）

随身百轴字平安，身世无如屠钓宽。耻学赵家臣宰例，归来香火乞祠官。

——据吴刻本《己亥杂诗》第二一八首

皇初任土乃作贡

（**1839** 年秋）

皇初任土乃作贡，卅七亩山可材众。媪神笑予无贫法，丹徒陆生言可用。吾友陆君献著种树书，大旨言：天下之大利，必任土；“货殖”乃“货植”也；有土十亩，即无贫法。昔年曾序之。

——据吴刻本《己亥杂诗》第二二〇首

西墙枯树态纵横

（**1839** 年秋）

西墙枯树态纵横，奇古全凭一臂撑。烈士暮年宜学道，江关词赋笑兰成。羽琌之西，有枯枣一株，不忍斧去。

——据吴刻本《己亥杂诗》第二二一首

秋光媚客似春光

（**1839** 年 **10** 月 **12** 日）

秋光媚客似春光，重九尊前草树香。可记前年宝藏寺，西山暮雨怨吴郎？丁酉重九，与徐星伯前辈、吴虹生同年，连骑游西山之宝藏寺，归鞍骤雨。重九前三夕作此诗，搁笔而雨。

——据吴刻本《己亥杂诗》第二二二首

莱菔生儿芥有孙

（1839年10月13日—16日）

莱菔生儿芥有孙，藉苏句。离披秋霰委[①]黄昏。青松心事成无赖，只阅前山野烧痕。

——据吴刻本《己亥杂诗》第二二四首

银烛秋堂独听心

（1839年10月13日—16日）

银烛秋堂独听心，隔帘谁报雨沉沉？明朝不许沿溪赏，已没溪桥一尺深。

——据吴刻本《己亥杂诗》第二二五首

空观假观第一观

（1839年10月13日—16日）

空观假观第一观，佛言世谛不可乱。人生宛有去来今，卧听檐花落秋半。

——据吴刻本《己亥杂诗》第二二六首

---

① “委”，邃汉斋本、扶轮社本、王文濡本、夏田蓝本同，羽琌别墅本作“萎”。

剩水残山意度深

（1839 年 10 月 13 日—16 日）

剩水残山意度深，平生几緉屐难寻。栽花郑重看花约，此是刘郎迟暮心。

——据吴刻本《己亥杂诗》第二二七首

复墅拓墅祈墅了

（1839 年 10 月 13 日—16 日）

复墅拓墅祈墅了，吾将北矣乃图南。无妻怕学林逋独，有子肯为王霸惭？料理别墅稍露崖略，将自往北方，迎眷属归以实之。

——据吴刻本《己亥杂诗》第二二八首

从今誓学六朝书

（1839 年 10 月 17 日）

从今誓学六朝书，不肄山阴肄隐居。万古焦山一痕石，飞升有术此权舆。泾县包慎伯赠予《瘗鹤铭》。九月十一日，坐雨于羽琌山馆，漫题其后。

——据吴刻本《己亥杂诗》第二二九首

九流触手绪纵横

（1839 年 10 月 17 日—20 日）

九流触手绪纵横，极动当筵炳烛情。若使鲁戈真在手，斜阳只乞照书城。

——据吴刻本《己亥杂诗》第二三一首

诗谶吾生信有之

（**1839** 年 **10** 月 **17** 日—**20** 日）

诗谶吾生信有之，预怜夜雨闭门时。三更忽轸哀鸿思，九月无襦淮水湄。出都时，有“空山夜雨”之句，今果应。今秋自淮以南，千里苦雨。

——据吴刻本《己亥杂诗》第二三二首

燕兰识字尚聪明

（**1839** 年 **10** 月 **17** 日—**20** 日）

燕兰识字尚聪明，难遣当筵迟暮情。且莫空山听雨去，有人花底祝长生。

——据吴刻本《己亥杂诗》第二三三首

连宵灯火宴秋堂

（**1839** 年 **10** 月 **21** 日）

连宵灯火宴秋堂，绝色秋花各断肠。又被北山猿鹤笑，五更浓挂一帆霜。于九月十五日晨发矣。

——据吴刻本《己亥杂诗》第二三四首

阻风无酒倍消魂①

（**1839** 年 **10** 月 **21** 日后）

阻风无酒倍消魂，况是残秋岸柳髡？赖有阿咸情话好，一帆冷雨过娄门。从子剑塘送我于苏州。

——据吴刻本《己亥杂诗》第二三六首

---

① 此诗当作于作者北上数日后。

少年尊隐有高文①

(1839年10月31日前)

少年尊隐有高文，猿鹤真堪张一军。难向史家搜比例，商量出处到红裙。

——据吴刻本《己亥杂诗》第二四一首

停帆预卜酒杯深

(1839年10月31日)

停帆预卜酒杯深，十日无需逆旅金。莫怨津梁为客久，天涯有弟话秋心。从弟景姚，以丹阳丞驻南河。予到浦，馆其廨中。

——据吴刻本《己亥杂诗》第二四四首

豆蔻芳温启瓠犀

(1839年10月31日—11月11日)

豆蔻芳温启瓠犀，伤心前度语重题。牡丹绝色三春暖，岂是梅花处士妻？九月二十五日，重到袁浦，十月六日，渡河去。留浦十日，大抵醉梦时多，醒时少也，统名之曰《寱词》。②

——据吴刻本《己亥杂诗》第二四五首

---

① 龚自珍此次于道光十九年九月二十五日（1839年10月31日）抵清江浦（参《己亥杂诗》第二四五首）。该诗当作于作者抵清江浦前数日内。

② 龚自珍《为周诒朴书旧作诗卷》（见中华书局影印本《龚定盦诗文真迹三种》与文物出版社2008年版《龚定盦自写诗卷》，以下简称真迹本，所书为《己亥杂诗》第二四五首至二七六首与第二七八首）中，此诗自注移至诗前，作为《寱词》小序，文字改为："己亥九秋，重过袁浦，孟冬六日，渡河去。留浦十日，大抵醉梦时多，醒时少也，赋诗如干首，统名之曰《寱词》。"

风云材略已消磨
（1839 年 10 月 31 日—11 月 11 日）

风云材略已消磨，甘隶妆台伺眼波。为恐刘郎英气尽，卷帘梳洗望①黄河。

——据吴刻本《己亥杂诗》第二五二首

未济终焉心缥缈
（1839 年 11 月 11 日后）

未济终焉心缥缈，百事翻从阙陷好。吟到夕阳山外山，古今谁免馀情绕？渔沟道中题壁一首。

——据吴刻本《己亥杂诗》第二七二首

少年虽亦薄汤武
（1839 年 11 月 11 日后）

少年虽亦薄汤武，不薄秦皇与武皇。设想英雄垂暮日，温柔不住住何乡？②

——据吴刻本《己亥杂诗》第二七六首

阅历天花悟后身
（1839 年 11 月 15 日）

阅历天花悟后身，为谁出定亦前因。一灯古店斋心坐，不似云屏梦

① “望”，羽琌别墅本、邃汉斋本、扶轮社本、王文濡本、夏田蓝本、王佩诤校本同，真迹本作“看”。

② “乡”下，真迹本有自注：“顺河集又题壁两首。”（“两首”之另一首，即次于此诗之前的《己亥杂诗》第二七六首《绝业名山幸早成》）

里人。顺河道中再奉寄一首，仍敬谢之，自此不复为此人有诗矣。寄此诗是十月十日也。越两月，自北回，重到袁浦。问讯其人，已归苏州，闭门谢客矣。其出处心迹，亦有不可测者。附记于此。①

——据吴刻本《己亥杂诗》第二七八首

此身已作在山泉

（**1839** 年 **11** 月 **15** 日后）

此身已作在山泉，涓滴无由补大川。急报东方两星使，灵山吐溜为粮船。时东河总督檄问泉源之可以济运者，吾友汪孟慈户部董其事。铜山县北五十里曰柳泉，泉涌出，滕县西南百里曰大泉，泉悬出，吾所目见也。诗寄孟慈，并寄徐镜溪工部。

——据吴刻本《己亥杂诗》第二七九首

昭代恩光日月高

（**1839** 年 **11** 月下半月）

昭代恩光日月高，烝彝十器比球刀。吉金打本千行在，敬拓斯文冠所遭。谒至圣庙，瞻仰纯庙所颁祭器十事，得拓本以归。

——据吴刻本《己亥杂诗》第二八〇首

少年无福过阙里

（**1839** 年 **11** 月下半月）

少年无福过阙里，中年著书复求仕。仕幸不成书幸成，乃敢斋祓告孔子。曩至兖州，不至曲阜。岁癸未，《五经大义终始论》成；壬辰，《群经写官

---

① 此诗寄出于道光十九年十月十日（1839 年 11 月 15 日），自注则系十二月十日（1840 年 1 月 14 日）补记。又，此诗自注，真迹本作“顺河道中再奉寄一首。”后附跋（参见本书《文选·为周诒朴书旧作诗卷跋》）。

答问》成；癸巳，《六经正名论》成，《古史钩沉论》又成。乃慨然曰：可以如曲阜谒孔林矣。今年冬，乃谒林。斋于南沙河，又斋于梁家店。

——据吴刻本《己亥杂诗》第二八一首

少为贱士抱弗宣

（**1839**年**11**月下半月）

少为贱士抱弗宣，状为祠曹默益坚。议则不敢腰膝在，庑下一揖中夷然。两庑从祀儒者，有拜，有弗拜，亦有强予一揖不可者。

——据吴刻本《己亥杂诗》第二八二首

江左吟坛百辈狂

（**1839**年**11**月下半月）

江左吟坛百辈狂，谁知阙里是词场？我从宅壁低徊听，丝竹千秋尚绕梁。时曲阜令王君大淮，其弟大堉，其子鸿，皆工诗。孔氏则有孔绣山宪彝，宪彝弟宪庚，孔氏之甥郑宪铨，皆诗人也。

——据吴刻本《己亥杂诗》第二八四首

嘉庆文风在目前

（**1839**年**11**月下半月）

嘉庆文风在目前，记同京兆鹿鸣筵。白头相见山东路，谁惜荷衣两少年？酬曲阜令王海门。海门吾庚午同年也。

——据吴刻本《己亥杂诗》第二八五首

少年奇气称才华

（**1839**年**11**月下半月）

少年奇气称才华，登岱还浮八月槎。我过东方亦无负，清尊三宿孔融家。馆于孔经阁宪庚家，题经阁《观海图》。

——据吴刻本《己亥杂诗》第二八六首

倘作家书寄哲兄

（**1839** 年 **11** 月下半月）

倘作家书寄哲兄，淮阴重话七年情。门前报有关山客，来听西斋夜雨声。时经阁兄绣山方游京师。《淮阴鸿爪图》，绣山、经阁所合作也。

——据吴刻本《己亥杂诗》第二八八首

家有凌云百尺条

（**1839** 年 **11** 月下半月）

家有凌云百尺条，风烟培护渐岧峣。生儿只识秦碑字，脆弱芝兰笑六朝。海门《种松图》。

——据吴刻本《己亥杂诗》第二八九首

八龄梦到矍相圃

（**1839** 年 **11** 月下半月）

八龄梦到矍相圃，今日五君来作主。我欲射侯陈礼容，可惜行装无白羽。王海门及弟秋垞、嗣君子梅、孔经阁、郑子斌五君，饯之于矍相圃。

——据吴刻本《己亥杂诗》第二九二首

忽向东山感岁华

（**1839** 年 **11** 月下半月）

忽向东山感岁华，恍如庾岭对横斜。敢参黄面瞿昙句，此是森森阙里花。时才十月，忽开蜡梅一枝，经阁折以伴行。

——据吴刻本《己亥杂诗》第二九三首

天意若曰汝毋北

（1839 年 11、12 月间）

天意若曰汝毋北，覆车南沙书卷湿。汶阳风雨六幕黑，申以东平三尺雪。

——据吴刻本《己亥杂诗》第二九六首

苍生气类古犹今

（1839 年 11、12 月间）

苍生气类古犹今，安用冥鸿物外吟？不是九州同急难，尼山谁识怃然心？北行覆车者四，车陷淖中者二，皆赖途人以免。

——据吴刻本《己亥杂诗》第二九七首

九边烂熟等雕虫

（1839 年 11、12 月间）

九边烂熟等雕虫，远志真看小草同。枉说健儿身手在，青灯夜雪阻山东。

——据吴刻本《己亥杂诗》第二九八首

任丘马首有筝琶

（1839 年 11、12 月间）

任丘马首有筝琶，偶落吟鞭便驻车。北望觚棱南望雁，七行狂草达京华。遣一仆入都迎眷属，自驻任丘县待之。

——据吴刻本《己亥杂诗》第二九九首

房山一角露崚嶒

（1839 年 12 月）

房山一角露崚嶒，十二连桥夜有冰。渐进城南天五尺，回灯不敢梦觚棱。儿子书来，乞稍稍北，乃进次于雄县；又请，乃又进次于固安县。

——据吴刻本《己亥杂诗》第三〇〇首

艰危门户要人持

（1839 年 12 月）

艰危门户要人持，孝出贫家谚有之。葆汝心光淳闷在，皇天竺胙总无私。儿子昌匏书来，以四诗答之。

——据吴刻本《己亥杂诗》第三〇一首

虽然大器晚年成

（1839 年 12 月）

虽然大器晚年成，卓荦全凭弱冠争。多识前言畜其德，莫抛心力贸才名。

——据吴刻本《己亥杂诗》第三〇二首

俭腹高谈我用忧

（1839 年 12 月）

俭腹高谈我用忧，肯肩朴学胜封侯。五经烂熟家常饭，莫似而翁歠①九流。

——据吴刻本《己亥杂诗》第三〇三首

图籍移徙肺腑家

（1839 年 12 月）

图籍移从肺腑家，而翁学本段金沙。丹黄字字皆珍重，为裹青毡载一车。

——据吴刻本《己亥杂诗》第三〇四首

欲从太史窥春秋

（1839 年 12 月）

欲从太史窥《春秋》，勿向有字句处求。抱微言者太史氏，大义显显则予休。儿子昌匏书来，问《公羊》及《史记》疑义，答以二十八字。

——据吴刻本《己亥杂诗》第三〇五首

家园黄熟半林柑

（1839 年 12 月）

家园黄熟半林柑，抛向筠笼载两三。风雪盈裾好持赠，预教诗婢识江南。

——据吴刻本《己亥杂诗》第三〇六首

---

① "歠"，羽琌别墅本、邃汉斋本、扶轮社本、王文濡本、夏田蓝本同，王佩诤校本作"啜"。

从此青山共鹿车

（**1839** 年底）

从此青山共鹿车，断无只梦堕天涯。黄梅淡冶山矾靓，犹及双清好到家。眷属于冬至后五日①出都。

——据吴刻本《己亥杂诗》第三〇七首

六义亲闻鲤对时

（**1839** 年底—**1840** 年 **1** 月上旬）

六义亲闻鲤对时，及身删定答亲慈。划除风雪关山句，归到高堂好背诗。今年七月，蒙家大人垂询文集定本，命呈近诗。

——据吴刻本《己亥杂诗》第三〇八首

论诗论画复论禅

（**1839** 年底—**1840** 年 **1** 月上旬）

论诗论画复论禅，三绝门风海内传。可惜语儿溪畔路，白头无分棹归舷。方铁珊参军饯之于保阳。铁珊名廷瑚，石门人。父薰，字兰士，以诗画名，好佛。君有父风，年七十矣，犹宦畿南。

——据吴刻本《己亥杂诗》第三〇九首

使君谈艺笔通神

（**1839** 年底—**1840** 年 **1** 月上旬）

使君谈艺笔通神，斗大高阳酒国春。消我关山风雪怨，天涯握手尽

---

① “冬至后五日”，即道光十九年十一月二十二日（1839 年 12 月 27 日，是年十一月十七日冬至）。

文人。陈笠雨明府饯之于高阳。笠雨名希敬，海昌人，以进士为令，史甚熟，诗、古文甚富。

——据吴刻本《己亥杂诗》第三一〇首

古愁莽莽不可说

（**1840** 年 **1** 月 **23** 日）

古愁莽莽不可说，化作飞仙忽奇阔。江天如墨我飞还，折梅不畏蛟龙夺。十二月十九日，携女辛游焦山，归舟大雪。

——据吴刻本《己亥杂诗》第三一二首

惠山秀气迎客舟

（**1840** 年 **1** 月 **26** 日）

惠山秀气迎客舟，七十里外心先投。惠山妆成要妆镜，惠泉那许东北流？廿二日携女辛游惠山。

——据吴刻本《己亥杂诗》第三一三首

丹实琼花海岸旁①

（**1840** 年 **1** 月 **30** 日）

丹实琼花海岸旁，羽琌山似崟之阳。一家可惜仍烟火，未问仙人辟谷方。岁不尽五日，安顿眷属于海西羽琌之山，戏示阿辛。

——据吴刻本《己亥杂诗》第三一四首

---

① 依此诗自注所云“岁不尽五日”，此诗似作于道光十九年十二月二十五日（1840 年 1 月 29 日），但龚自珍在其写于道光二十年春的《致吴葆晋书》中明言：“弟去年……腊月二十六日抵海西别墅。”故疑此诗自注有误。

吟罢江山气不灵

（1840年1月30日）

吟罢江山气不灵，万千种话一灯青。忽然搁笔无言说，重礼天台七卷经。

——据吴刻本《己亥杂诗》第三一五首

哭洞庭叶青原昶①

（1840年秋—1841年秋）

黑云雁背如磐堕，蟋蟀酸吟蟪蛄和。欲开不开兰蕊稀，似泪非泪海棠卧。主人对此情无聊，早起脉脉容光凋。果然故人讣书至，神魂十丈为飘飖②。故人叶氏子，家在洞庭东山之东里。孝友缠绵出性情，嗜好卑纨绮。更兼爱客古人风，名流至者百辈同。已看屋里黄金尽，尚恐人前渌酒空。湖山窟宅仙灵地，两度诗人载诗至。料理盘餐料理床，纵横谈笑纵横字。贻我聪明一片心，我诗未成君替吟。此生欲践买邻约，此日犹难息壤寻。君言吾约终难践，人事天心异所愿。有如王家玉茗席家梅，买山不成不相见。山中茶花数王园，梅花数席园。与君分袂时，祝我归来迟。我归可怜十分早，归来睹此难为词。难为词，况寻约，白日西倾花乱落。买山纵成良不乐，放声问君君定哭。东山乌飞飞满陲，西山秋老雨如丝。君魂缥缈归何处？吹裂湖心笛一枝。

——据风雨楼本《定盦诗集定本上》第三页

---

① 此诗，风雨楼本《定盦诗集定本上》系于庚寅即道光十年（王佩诤校本同），王文濡本《全集·定盦集外未刻诗》改系于戊戌即道光十八年，均非。据诗意，只能是作于龚自珍在南方生活的某个秋天。又据《己亥杂诗》第一三八首“山人生死无消息”句及诗末自注“拟寻洞庭山旧游，不果，亦不得叶山人昶消息”，可知道光十九年龚自珍离京南返，途经苏州时，并不知叶昶存亡与否。在他完稿于道光十九年岁末的《己亥杂诗》其他诗作中，也同样没有叶昶的信息。故《哭洞庭叶青原昶》的写作时间，当在其返乡之后的道光二十年秋或道光二十一年秋。

② “飘”，王文濡本、夏田蓝本同，王佩诤校本作“摇”。

题龚藼生倚天图

（1840年11月24日—12月23日）

干将莫邪虹采韬，张雷逝矣不复遭。科头据树仰天笑，天风谡谡飞松涛。江东一官冷如水，八咏量呼沈郎起。临歧遍索阿连诗，梦草春枯秋变紫。庚子仲冬，乞养归田，适藼生哥哥摄篆广文，将有宝婺之行，出示《倚天图》，率缀数语。教之。自珍。

——据龚家尚《听绿山房笔记·家珍拾遗》，
《仁和龚氏集》本（民国间铅印本）

书魏槃仲[①]扇

（1841年9月15日—9月24日）

女儿公主[②]各丰华[③]，想见[④]皇都选婿家。三代以来春数点，二南卷里有桃花。

——据魏彦《书傅青主字册定盦先生跋后》，
载吴昌绶《定盦先生年谱·后记》

失题

未定公刘马，先牵郑伯羊。海棠颠不[⑤]已，狮子吼何狂？杨叛春天曲，蓝桥昨夜霜。微云才一抹，佳婿忆秦郎。

——据李伯元《南亭四话》卷一《定庵轶诗》

① 魏彦（1834—1893），字槃仲，湖南邵阳人。魏源之侄。曾官江苏直隶州知州。

② “公主”，娟镜楼本《定盦先生年谱外纪》卷上所录同，李伯元《南亭四话》（上海书店1985年影印本，以下简称李伯元本）卷一《定庵轶诗》与龚家尚《听绿山房笔记·家珍拾遗》（以下简称龚家尚本）均录作“公子”（王佩诤校本同）。

③ “丰华”，娟镜楼本同，李伯元本、龚家尚本、王佩诤校本作“风华”。

④ “想见”，娟镜楼本、王佩诤校本同，李伯元本、龚家尚本作“争羡”。

⑤ “不”，龚家尚本同，王佩诤校本作“未”。

词选

桂殿秋二首

（1810 年 7 月）

六月九日，夜梦至一区，云廊木秀，水殿荷香，风烟郁深，金碧嵯丽。时也方夜，月光吞吐，在百步外。荡瀣气之空濛，都为一碧；散清景而离合，不知几重。一人告予：此光明殿也。醒而忆之，为赋两解①。

明月外，净红尘，蓬莱幽窅四无邻。九霄一派银河水，流过红墙不见人。

惊觉后，月华浓，天风已度五更钟。此生欲问光明殿，知隔朱扃几万重。

——据吴刻本《词选》第七页《无著词选》第三十九、四十首

水调歌头

（1811 年 7 月 21 日）

辛未六月二日，风雨竟昼。检视败簏中严江宋先生遗墨，满眼凄然，赋此解。

风雨飒然至，竟日作清寒。我思芳草不见，忽忽感华年。忆昔追随日久，镇把心魂相守，灯火四更天。高唱夜乌起，当作古人看。　一枝榻，一炉茗，宛当前。几声草草休送，万古遂茫然。仙字蟫饥不食，故纸蝇钻不出，陈迹太辛酸。一掬大招泪，洒向暮云间。②

——据吴刻本《词选》第九—十页《怀人馆词选》第五首

① 此词亦见《定盦词（抄本，龚橙校并跋，中国国家图书馆藏，以下简称龚橙手校本）·无著词》。小序改为："庚午六月望，梦至一区，云廊木秀，水殿荷香，风烟郁深（王佩诤校本误作"弥"——编者注），金碧嵯丽。荡夜气之空濛，都为一碧；散清景而离合，不知几重。一人告予：此光明殿也。醒而忆之，赋两解。"

② 此词亦见龚橙手校本《定盦词·怀人馆词》。"几声草草休送"，作"词场意气方烈"；"万古遂茫然"之"遂"，作"竟"。

台城路

（1811 年秋）

送姚怡云之江南

平生未信江南好，输君者番归去。明月扬州，古来英丽，端合仙才人住。俊游自许，有载酒词场，吹箫仙侣。艳想秾愁，一齐翻入四红谱。　　西风吟绪正苦，又牵情冶柳，离恨千缕。瘦砚敲霜，古笺啼月，真个销凝无主。相思怨汝。教独自凭楼，冷吟谁语？一掬芙蓉，送君断肠①句。

——据吴刻本《词选》第九页《怀人馆词选》第一首

瑶台第一层

（1811 年）

某侍卫出所撰《王孙传》见示，爱其颇有汉、晋人小说风味，属予为之引，因填一词括之，戏侑稗家之言。

无分同生偏共死，天长恨较长。风灾不到，月明难晓，昙誓天旁。偶然沦谪处，感俊语小玉聪狂。人间世，便居然愿作，长命鸳鸯。　　幽香，兰言半枕，欢期抵过八千场。今生已矣，玉钗鬟卸，翠钏肌凉。赖红巾入梦，梦里说、别有仙乡。渺何方？向琼楼翠宇，万古携将。某侍卫原序：某王孙者，家城中，珠规玉矩，不苟言笑。某氏，亦贵家也，解词翰，以中表相见，相慕重。杏儿者，婢也。语其主曰：王孙所谓都尔敦风古，阿思哈发都。都尔敦风古，言骨格异也；阿思哈发都，言聪明绝特也。再三云，女不应。王孙遘家难，女家薄之，求婚，拒不与。两家儿女皆病。一夜，天大雪，杏私召王孙，王孙衣雪鼠裘至。杏曰：寒矣。为脱裘，径拥之女帐中而出。女方寝，惊寤，申礼防不从。王孙曰：来省病耳。亦以礼自固也。杏但闻絮絮达旦声。旦，杏送之

① “断肠”，邃汉斋本同，扶轮社本、王文濡本、夏田蓝本、王佩诤校本作“肠断”（王佩诤校本此词校注谓“吴刻本……作‘肠断’”，非是）。

出，王孙以赪绡巾纳女枕中，女不知也。嗣是不复能相见，旬馀，梦见女执巾问曰：此君物也？曰：然。寤而女讣至，知杏儿取巾以佐殓矣。王孙寻郁郁以卒，杏自缢。此嘉庆丙寅、丁卯间事，越辛未，予序之如此。又乞浙龚君填词以传之。①

——据吴刻本《词选》第十页《怀人馆词选》第七首

满江红

（1811 年—1812 年）

代家大人题苏刑部《塞山奉使卷子》

草白云黄，壁立起，塞山青陡。谁貌取、书生骨相，健儿身手？地拱龙兴犄角壮，时清鹭斥消烽久。仗征人，笛里叫春回，歌杨柳。
飞鸿去，泥踪旧。奇文在，佳儿守。问摩挲三五，龙泉存否？我亦高秋三扈跸，穹庐落日鞭丝骤。对西风，挂起北征图，沾双袖。苏已逝世七年，哲嗣索题。②

——据吴刻本《词选》第十四页《怀人馆词选》第二十五首

东风第一枝赠曼云

（1812 年前）

琼管含愁，珍珠制曲，安排惆怅无限。春灯一穗猩红，深宵画屏谁剪。

---

① 此词亦见龚橙手校本《定盦词·怀人馆词》。小序改为："某侍卫撰某王孙传，爱其有汉、晋人小说风味，因填一词括之，俑稗家之言。"上片："人间世，便居然愿作"，改作"人间字，最模糊怕识"。词尾自注："某王孙者"之"者"字删；"某氏"，作"某氏女"；"相见，相慕重"，作"相慕重"；"语其主曰"，作"语女曰"；"言骨格异也"之"言"字删；"言聪明绝特也"之"言"字删；"一夜"，作"一夕"；"天大雪"，作"大雪"；"女帐中"，作"帐中"；"女方寝，惊寤"作"女惊"；"杏但闻"之"但"字删；"旦，杏送之出"之"旦"字删；"纳女枕中"之"女"字删；"不复能相见"之"能"字删；"梦见女执巾"之"见"字删；"君物也"之"也"，作"耶"；"知杏儿"之"儿"字删；"郁郁以卒，杏自缢"，作"郁郁卒，杏缢"；"丙寅、丁卯间事"作"初年事"；"越辛未，予序之如此"，作"岁辛未，予为之传"；"又乞浙龚君填词以传之"，作"乞浙龚君为一词"。

② 此词亦见龚橙手校本《定盦词·怀人馆词》。小序中，"卷子"，改"遗卷"。上片："草白"，作"草碧"；"清鹭"，作"清露"。下片："龙泉存"，作"龙泉在"。词尾自注删。

想思深浅，把玉字、连环敲减。恰此时、花雾空蒙，蹴起亚阑月倩。
人人凭、罗幔锦帷幽怨。问月地云阶谁伴？愿载十万红笺，写他名字都遍。
怎能消遣，悄独忖、何时相见。恨无聊、玉漏频催，数彻四更三点。

——录自《西湖》1884 年第 7 期，原载姚文《自赏音斋词存》（稿本），杭州市图书馆藏

湘月

（1812 年夏）

壬申夏，泛舟西湖，述怀有赋。时予别杭州盖十年矣。

天风吹我，堕湖山一角，果然清丽。曾是东华生小客，回首苍茫无际。屠狗功名，雕龙文卷，岂是平生意？乡亲苏小，定应笑我非计。
才见一抹斜阳，半堤香草，顿惹清愁起。罗袜音尘何处觅？渺渺予怀孤寄。怨去吹箫，狂来说剑，两样消魂味。两般春梦，橹声荡入云水。
是词出，歙洪子骏题词序曰："龚子瑟人近词有曰：'怨去吹箫，狂来说剑'二语，是难兼得，未曾有也，爰填《金缕曲》赠之。"其佳句云："结客从军双绝技，不在古人之下，更生小会骑飞马。如此燕邯轻侠子，岂吴头楚尾行吟者？"其下半阕佳句云："一棹兰舟回细雨，中有词腔姚冶，忽顿挫淋漓如话。侠骨幽情箫与剑，问箫心剑态谁能画？且付与，山灵诧。"馀不录。越十年，吴山人文徵为作《箫心剑态图》。牵连记。①

——据吴刻本《词选》第十五—十六页《怀人馆词选》第三十首

鹊桥仙

（1813 年）

同袁兰村、汪宜伯小憩僧寺。宜伯制《金缕曲》见示，有"望南天、倚门人老，敢云披薙"之句。余惊其心之多感，而又喜其词之正也，倚此慰之。

① 此词亦见《同声集》（同治间刻本，下同）本《无著词》，词调作"念奴娇"，词尾无自注。

飘零也定，清狂也定，莫是前生计左。才人老去例逃禅，问割到慈恩真个？　　吟诗也要，从军也要，何处宗风香火？少年三五等闲看，算谁更惊心似我？

——据吴刻本《词选》第九页《怀人馆词选》第二首

惜秋华

（1813年8月）

癸酉初秋，汪小竹水部斋中，见秋花有感。一一赋之，凡七阕。弃稿败箧中，已十一年矣。兹补存其三阕，以不没当年幽绪云。

瑟瑟轻寒，正珠帘晓卷，秋心凄紧。瘦蝶不来，飘零一天宫粉。莫令真个敲残，留傍取、玉妆台近。窥镜，乍无人，一笑平添幽韵。
芳讯寄应准。待穿来弱线，似玲珑情分。移凤褥，欹宝枕，露干香润。秋人梦里相逢，记欲堕、又还黏鬓。醒醒，海棠边、慰他凉靓。右咏玉簪。①

——据吴刻本《词选》第十九页《小奢摩词选》第一首

减兰②

（1813年8月）

阑干斜倚，碧琉璃样轻花缀。惨绿模糊，瑟瑟凉痕欲晕初。　　秋期此度，秋星淡到无寻处。宿露休搓，恐是天孙别泪多。右咏牵牛。

——据吴刻本《词选》第十九页《小奢摩词选》第二首

---

① 此词亦见《同声集》本《无著词》，小序中“补存其三阕”，作“补存其三”，词尾自注无“右”字。

② 此词亦见《同声集》本《无著词》，词尾自注作“牵牛花”。

露华

（1813年8月）

一痕轻软，爱尽日沉沉，禅榻香满。别样珑松，小擘露华犹泫。斜排玉柱停匀，握处兜罗难辨。幽佳地，龙涎罢烧，银叶微暖。　空空妙手亲按。是金粟如来，好相曾现。祇树天花，一种庄严谁见？想因特地拈花，悟出真如不染。维摩室，茶瓯经卷且伴。右咏佛手。

——据吴刻本《词选》第十九页《小奢摩词选》第三首

金缕曲

（1813年秋）

癸酉秋出都述怀有赋

我又南行矣！笑今年、鸾飘凤泊，情怀何似？纵使文章惊海内，纸上苍生而已。似春水、干卿何事？暮雨忽来鸿雁杳，莽关山、一派秋声里。催客去，去如水。　华年心绪从头理。也何聊、看潮走马、广陵吴市？愿得黄金三百万，交尽美人名士。更结尽、燕邯侠子。来岁长安春事早，劝杏花、断莫相思死。木叶怨，罢论起。店壁上有"一骑南飞"四字，为《满江红》起句，成如干首，名之曰《木叶词》。一时和者甚众，故及之。

——据吴刻本《词选》第十六页《怀人馆词选》第三十一首

湘月

（1814年春）

甲戌春，泛舟西湖赋此

湖云如梦，记前年此地，垂杨系马。一抹春山螺子黛，对我轻颦姚冶。苏小魂香，钱王气短，俊笔连朝写。乡邦如此，几人名姓传者？　　平生沉俊如侬，前贤倘作，有臂和谁把？问取山灵浑不语，且自徘徊其下。幽草黏天，绿荫送客，冉冉将初夏。流光容易，暂时著意潇洒。

——据吴刻本《词选》第十六页《怀人馆词选》第三十二首

摸鱼儿

（**1815** 年 **7** 月 **7** 日—**8** 月 **4** 日）

乙亥六月留别新安作

者溟濛、江云岳雨，是谁招我来住？空桑三宿犹生恋，何况三年吟绪？来又去。可题遍、莲花六六峰头路？幽怀更苦。问官阁梅花，谁家公子，来咏断魂句？郡斋梅花三十树，皆余手植。　　眠餐好，多谢濒行嘱咐。吾家有妹工赋。相思咫尺江关耳，切莫悲欢自诉。君信否？只我已、年来习气消花絮。词章不作去。倘绝业成时，年华尚早，听我壮哉语。予有妹嫁新安。

——据吴刻本《词选》第十三页《怀人馆词选》第十九首

卖花声

（**1816** 年春）

舟过白门有纪

帆饱秣陵烟，回首依然，红墙西去小长干。好个当垆人十五，春满垆边。　　如此六朝山，消此鸦鬟，雨花云叶太阑珊。百里江声流梦去，重到何年？

——据吴刻本《词选》第十三页《怀人馆词选》第二十首

百字令

（1816年春）

苏州晤归夫人佩珊，索题其集

扬帆十日，正天风，吹绿江南万树。遥望灵岩山下气，识有仙才人住。一代词清，十年心折，闺阁无前古。兰霏玉映，风神消我尘土。　　人生才命相妨，男儿女士，历历俱堪数。眼底云萍才合处，又道伤心羁旅。夫人频年客苏州，颇抱身世之感。南国评花，西州吊旧，东海趋庭去。予小子住段氏枝园，将之海上省侍，故及之。红妆白也，逢人夸说亲睹。夫人适李，有女青莲之目。

——据吴刻本《词选》第十三页《怀人馆词选》第二十一首

百字令投袁大琴南

（1816年）

深情似海，问相逢初度，是何年纪？依约而今还记取，不是前生夙世。放学花前，题诗石上，春水园亭里。逢君一笑，人间无此欢喜。乃十二岁时情事。　　无奈苍狗看云，红羊数劫，惘惘休提起！客气渐多真气少，汩没心灵何已？千古声名，百年担负，事事违初意。心头搁住，儿时那种情味。

——据吴刻本《词选》第十五页《怀人馆词选》第二十七首

沁园春

（1816年）

同袁琴南游吾园，赠笋香主人，调倚《沁园春》。

牢落江湖，潇洒盟鸥，游踪屡过。笑吟边旖旎，留痕不少，醉中烂漫，选胜偏多。水驿寻烟，山程问雨，入境先应问薜萝。同人指，指城西一角，是水云窝。　　胸中小有岩阿，便十载莼鲈偿得他。问软尘十丈，有谁修到，砑笺三尺，尽尔消磨。艳福输君，狂名恕我，贤主佳宾愧负么。袁丝笑，有乌盐红豆，付与渔蓑。

——据李筠嘉编《春雪集》所附《春雪集诗馀》，嘉庆七年刻本

摸鱼儿

（1818年2月初）

钮布衣话东西两湖洞庭之胜，并出示《山中探梅卷子》，因题。

数东南、千岩万壑，君家第一奇秀。雪消缥缈峰峦下，闲锁春寒十亩。春乍漏。有樵笛来时，报道燕支透。花肥雪瘦。向寂寂空青，潺潺古碧，铁干夜龙吼。　　幽人喜，扶杖欣然而走。酒神今日完否？山妻妆罢浑无事，供佛瓶中空久。枝在手，好赠□[1]、芦帘纸阁归来守。寒图写就。看画稿奴偷，词腔婢倚，清梦不僝僽。

——据吴刻本《词选》第十四页《怀人馆词选》第二十二首

减兰

（1818年春、夏间）

偶检丛纸中，得花瓣一包，纸背细书辛幼安“更能消几番风雨”一阕，乃是京师悯忠寺海棠花，戊辰暮春所戏为也。泫然得句。[2]

---

① “赠”下，原未缺一字（邃汉斋本同），此据扶轮社本、王文濡本、夏田蓝本、王佩诤校本。

② 此词亦见龚橙手校本《定盦词·怀人馆词》，小序改为：“丛纸（王佩诤校本误为“纸丛”——编者注）中花瓣一包，乃戊辰暮春京师悯忠寺海棠花也。泫然得句。”《风雨楼丛书》本《定盦词定本（以下简称风雨楼本）·怀人馆词》此序附邓实校注：“此为孝拱所删改。”

人天无据，被侬留得香魂住。如梦如烟，枝上花开又十年。　十年千里，风痕雨点斓斑里。莫怪怜他，身世依然是落花。

——据吴刻本《词选》第十四页《怀人馆词选》第二十三首

虞美人

（1819年—1820年）

陆丈秀农杜绝人事，移居城东之一粟庵。暇日以绿绡梅花帐额索书，因题词其上。

江湖听雨归来客，手剪吴淞碧。笛声叫起倦魂时，飞过濛濛香雪一千枝。　少年多少熏兰麝，金凤钗梁挂。年来我但写《莲经》，要伴荒庵一粟夜灯青。

——据吴刻本《词选》第十五页《怀人馆词选》第二十九首

水龙吟题家绣山①《停琴听箫图》

（1820年前）

红楼一角沈沈，那厢灯火秋娘院。露寒花重，愁多指涩，酒醒人远。蓦听离鸾，旋来泣凤，累人猜遍。有相思两字，呼之欲出，秋意裂，冰纹断。　两下衷情低按，者沉吟、偿他凄怨。分明不是，山重水叠，几痕纱幔。六曲春星，二分明月，可怜齐转。把芳心整起，兜衾傍枕，倘能寻见。

——据吴刻本《词选》第十二页《怀人馆词选》第十四首

① 家绣山：龚震（1777—?），谱名烛，更名焯，又名凝度，字玉调，一字绣山，浙江仁和人。陈文述内弟。此词写作时间上限当不早于龚自珍开始随父侍任上海之年（1816年）。

南浦

（1820 年 6 月 14 日）

端阳前一日，伯恬填词题驿壁上，凄瑰曼绝，余亦继声。

羌笛落花天，办香鞯、两两愁人归去。连夜梦魂飞，飞不到，天堑东头烟树。空邮古戍，一灯败壁然诗句。不信黄尘消不尽，摘粉搓脂情绪。　　登车切莫回头，怕回头还见，高城尺五。城里正端阳，香车过、多少青红儿女。吟情太苦，归来未算年华误。一剑还君君莫问，换了江关词赋。

——据吴刻本《词选》第二十一页《小奢摩词选》第九首

高阳台

（1820 年 6 月下旬—7 月初）

宫烛凄烟，庭梅妒月，扬州曾记元宵。几度相逢，云萍依旧飘萧。谢娘风格清寒甚，捧红丝、劝写无聊。尽孤他，明月楼台，夜夜吹箫。

明知相约非相误，奈莺期不定，鸾镜终抛。万一重逢，墨痕留认鲛绡。青衫不渍清樽影，只模糊、红泪难销。且禁他，今夜江风，明夜江潮。是词出，有以《金缕曲》见答者。其下阕云：“相逢纵晚年华末，者扬州，潮生潮落，年年春水。不信琵琶弦上语，唤汝春魂不起。谁忆惯前尘影事？删却临歧珍重语，怕寻消问息劳公子。词料在，且休矣。”前半不录。①

——据吴刻本《词选》第二十—二十一页《小奢摩词选》第八首

① 此词亦见龚橙手校本《定盦词·小奢摩词》。上片：“云萍”，作“云屏”；“尽孤他”，作“尽孤它”（“孤”，邃汉斋本、扶轮社本、王文濡本、夏田蓝本同，王佩诤校本作“辜”）。下片：“清樽”，作“清尊”。词尾无自注。

清平乐

（1821年冬）

以北平石墨数种，拓寄顾涧蘋丈，附以小词。

黄尘扑面，蹇了盟鸥愿。问我名场谁数见？冷抱寒[①]陵一片。别来容易经秋，吴天清梦悠悠。梦到一湾渔火，西山香雪归舟。谓辛巳正月探梅之游。

——据吴刻本《词选》第二十二页《小奢摩词选》第十四首

齐天乐

（1821年—1823年7月）

同年生冯晋渔，海南人，曾两梦至江南之弇山，自言两度神游，毫发不异。出《梦游弇山》第五图乞题。予幼信转轮，长窥大乘，执鬼中讯巫阳，知其为元美后身矣。填此阕奉报，蹈绮语戒，虽未知后何如，要不免流转文字海也。

东涂西抹寻常有，精灵可怜如许！兜率天中，修罗海上，各是才人无数。魂兮记取，那半壁青山，我傭曾住。花月濛濛，魂来魂往定相遇。　　多君今世相访，东南三百载，屈指吟侣。花叶书成，云萍影合，沟水无情流去。宾朋词赋，好换了青灯，戒钟悲鼓。翻遍华严，忏卿文字苦。《华严疏抄》云："梦有六种境界。"

——据吴刻本《词选》第二十一页《小奢摩词选》第十首

---

① 此词亦见龚橙手校本《定盦词·小奢摩词》。小序中，"拓寄顾涧蘋丈"，作"拓寄顾君涧蘋"。词尾自注中，"正月探梅之游"，作"正月之游"。又，"寒陵"之"寒"，龚橙手校本、邃汉斋本、扶轮社本、王文濡本、夏田蓝本同，王佩诤校本作"韩"。

长相思二首

（1821 年—1823 年 7 月）

同年生冯晋渔，少具慧根而不信经典，与予异也。尝有买宅洞庭，携鬟吹笛终焉之志，与予同也。软红十丈中，尘福易易，恐践此约大难。两人者，互相揶揄。一日，同过画肆，见旧册山水绝妙，晋渔购之归，乃《莫釐石公图》也。相对欷歔！予作此二词，附册尾，既为祷祝之词，又以见山川清福，亦须从修习而来，殆不可妄得也。藉以勖之。

山溶溶，水溶溶，如梦如烟一万重，谁期觉后逢。　　恨应同，誓应同，同礼心经同听钟，忏愁休更慵。

画楼高，画船摇，君领琵琶侬领箫，双鬟互见招。　　茗能浇，药能烧，别有今生清课饶，他生要福销。

——据吴刻本《词选》第二十一—二十二页《小奢摩词选》第十二、十三首

摸鱼儿

（1822 年 4 月 22 日—5 月 20 日）

题顾树萱《桃叶归舟卷子》，时壬午闰春也。

又漫天、飞花飞絮，一番春事无据。朝朝送客长亭岸，身似芦沟柳树。归计阻。但打叠吟魂，飞过黄河去。输君容与。者双髻吹笙，双声问字，双桨夜呼渡。　　它[①]生约，亦在五湖烟雨。笛床歌板何处？才人病后风情死，负了莫釐龙女。还肯否？重整顿清狂，也未年华暮。幽怀漫诉。要瀹茗烦他，舣舫待我，商略买山句。

——据吴刻本《词选》第二十二页《小奢摩词选》第十七首

① “它”，邃汉斋本、扶轮社本、王文濡本、夏田蓝本同，王佩诤校本作“他”。

绮寮怨

（1823年前）

江铁君近词有云："细慧煎春，枯禅蠹梦，都付落叶哀吟。"读之潸然，因填此解，用宋人史邦卿韵。

一榻茶烟午寂，落花天易阴。何人向、花外吹箫，惹清梦、飞出幽林。江东俊游今倦，被怨曲、拨起情怎禁？种闲愁、容易生苗，怕红豆、绿芜春又深。　　人去休操断琴。他生何许，此生有约难寻。烟锁登临。门巷昼沉沉。天涯美人憔悴，云水外、定伤心。伤心怕吟，要消遣、除听千偈音。①

——据吴刻本《词选》第二十一页《小奢摩词选》第十一首

清平乐题胡鱼门《山居卷子》

（1823年前）

东南词赋，屈指尊前数。雨打风吹潮卷去，依旧能狂只汝。　　叩君画里禅关，忆侬梦里烟鬟。何日两枝玉笛，双双吹入春山？②

——据吴刻本《词选》第二十二页《小奢摩词选》第十八首

百字令

（1823年前）

蒋伯生得顾横波夫人小像，靳予曰："君家物也。"为填一词。

① 此词亦见龚橙手校本《定盦词·小奢摩词》。小序中，"宋人史邦卿"之"宋人"二字删。下片："烟锁"，作"烟销"。又，"消遣"，龚橙手校本、邃汉斋本、扶轮社本、王文濡本、夏田蓝本同，王佩诤校本作"销遣"。

② 此词亦见龚橙手校本《定盦词·小奢摩词》。词题中，"胡鱼门"之"胡"，误作"吴"。

龙华劫换，问何人、料理断金零粉？五万春花如梦过，难遣些些春恨。京师某家剧楼，有楹帖一联曰："大千秋色在眉头，看遍翠暖珠香，重游赡部；五万春花如梦里，记得丁歌甲舞，曾睡昆仑。"相传尚书作也。帐犇春宵，枕攲红玉，中有沧桑影。定山堂畔，白头可照明镜？　　记得肠断江南，花飞两岸，老去才还尽。何不绛云楼下去，同礼空王钟磬。尚书与钱尚书同在秦淮日，赋诗云："杨柳花飞两岸春，行人愁似送行人。"一时传诵。青史闲看，红妆浅拜，回护吾宗肯。漳江一传，心头蓦地来省。忽忆黄石斋先生在秦淮之事，曲终及之。

——据吴刻本《词选》第二十三页《小奢摩词选》第十九首

丑奴儿令

（1823年春）

沉思十五年中事，才也纵横，泪也纵横，双负萧心与剑名。　　春来没个关心梦，自忏飘零，不信飘零，请看床头金字经。

——据吴刻本《词选》第二十二页《小奢摩词选》第十六首

洞仙歌

（1823年夏）

平生有恨，自酸酸楚楚。十五年来梦中绪。是纱衣天气，帘卷斜阳，相见了，有阵疏疏微雨。　　临风针线净，爱惜馀明，抹丽鬘低倚当户。庭果熟枇杷，亲蘸糖霜，消受彻、甘凉心腑。索归去、依依梦儿寻，怕不似儿时，那般庭宇。①

——据吴刻本《词选》第二十页《小奢摩词选》第七首

① 此词亦见龚橙手校本《定盦词·小奢摩词》。下片："抹丽鬘"之"鬘"，作"鬟"（《同声集》本《无著词》同，王佩净校本作"鬘"）。

南乡子

（1825年6月下半月—7月上半月）

相见便情长，只有琅琊大道王。三百年来文物感，苍茫。身到亭亭九友旁。画中九友图，烟客先生之所作也。　梅雨好凄凉，黦我丹青一扇香。袖里珍擎怀里握，收藏。合配君家赋九行。贻予春山美人便面。予所蓄有唐拓王献之《洛神九行》，最为珍秘，为藏帖二千种之冠。今日得紫若扇，取以同置一箧中，故及之。小词一解题奉紫若仁兄，仁和龚自珍倚声。时乙酉夏五①。

——据《龚定盦诗文真迹三种》，

民国二十年中华书局影印本

水调歌头

（1828年）

《黄河归棹图》者，秣陵王竹屿观察凤生之所作也。君老于河防，当局甚向用君，由同知奏擢河北观察矣。君忽移病归，指未可知，聊献感慨之词焉。

落日万艘下，气象一何多？何人轻掷纱帽，帆影掠天过？鄃上通侯如彼，江左夷吾若此，不奈怒鲸何！挥手谢公等，径欲卧烟萝。　当局者，问何似？此高歌！著书传满宾客，馀事貌渔蓑。贱子平生出处，虽则闲鸥野鹭，十五度黄河。面皱怕窥景，狂论亦消磨。

——据龚橙手校本《定盦词·怀人馆词》

第十六首

水调歌头

（1830年）

竹屿病起，遂有都转江淮之命，重晤京师，属赋一词送别，仍

① 此词亦见《集外文》本附录与王佩诤校本《全集》第569页。二书均脱“小词”以下二十二字。

书于《黄河归棹图》卷尾。

当局荐公起，清望益嵯峨。旌旗者番南下，百骑照涛波。帝念东南民瘼，一发牵之头动，亲问六州鹾。宾客故人喜，愁绪恐公多。　　公此去，令公喜，法如何？金钱少府百万，挽入鲁阳戈。公是登场鲍老，莫遣登场郭老，辩口尚悬河。猿鹤北山下，一任檄文过。

——据龚橙手校本《定盦词·怀人馆词》第十七首

洞仙歌

（1832年春）

壬辰春，忆羽琌山馆之玉兰花，用钱谢庵集中“病中梅花开到九分”韵。

江东猿鹤，识人间花事，十丈辛夷著花未？忆春分尚早，梅信才完，花开了，狂蝶痴莺都睡。　　此花开近处，不是朱楼，杰阁三层绝依倚。高与玉山齐，露下遥天，定敕令、井桃回避。又七载、低颜软尘红，向金马词场，讯他荣悴。

——据龚橙手校本《定盦词·怀人馆词》第十九首

庆春泽

（1833年2月19日）

祠灶羊贫，打门客散，羁怀黯黯难收。自踏金门，年华逝水空流，那堪门外《骊驹》唱，有行人、催动征邮。夜何其？起视寒星，脉脉当眸。　　南邻银烛朝天去，正娇嘶怒马，醉拥貂裘。大隐风情，青山未许归休。江南记有亲栽柳，好烦君、替诉离愁。定何年，春水生时，迟我扁舟。壬辰除夕，百忧蝟集之际，登之别驾促作送行诗。走笔应之，已漏冬冬三下矣，胸次拉杂，不知所言皆何等。登之勉旃，勿似此措大怀抱也。调似是《庆春泽》，亦模糊甚。仁和愚弟龚自珍并识。

——据陈延恩辑《罢读楼汇刻赠言》卷二，道光十八年刻本

江城子

（**1834** 年前）

光州吴水部[①]有姬人善制焙青豆，姬亡后，小窗茶话，仍出青豆供客，俊味如昨。而水部霜辛露酸，不可为抱，语余："君如怜此物矜重者，赠我一词。"

不容红豆擅相思，谢芳姿，嫁多髭。长爪仙人，化去已多时。屏角迷藏帘[②]畔景，留客罢，怪来迟。　　小窗梅雨浥空卮，掬芳蕤，播幽篱。疗可枯禅，难疗有情痴。各有伤心茶话在，各焙出，鬓边丝。

——据龚橙手校本《定盦词·怀人馆词》第二十一首

洞仙歌

（**1835** 年 **7** 月 **14** 日）

青阳尚书有女公子与内子友善，贻内子漳兰一盆，密叶怒花。俄女公子仙去，兰亦死，弃盆灶间三年矣。今年夏，灶人来告兰复生，数之得十有四箭，徙还书斋，赋此记异。则乙未六月十九日也。

香车枉顾，记临风一面，赠与琅玕簇如箭。奈西风信早，北地寒

① 吴水部：吴俊民，字醉生，又字嵩少，河南固始人，吴葆晋胞兄。道光二年举人，在工部供职多年，历任主事、员外郎。因其时"水部"是对工部司官的一般称谓，故龚自珍称其为"吴水部"。道光十四年，他被外放浙江知府（参《林则徐全集》第 9 册，第 193 页，《日记·甲午日记》十月初十日记，海峡文艺出版社 2002 年版）。此词自当作于此前其在京时。王佩诤校本以"吴水部"为吴葆晋，非是（吴葆晋平生并无在工部任职的经历）。

② "帘"，王佩诤校本同，风雨楼本作"屏"。

多，埋没了，弹指芳华如电。　　琴边空想像，陈迹难寻，谁料焦桐有人荐？甘受灶丁怜，紫玉无言，惭愧煞、主人相见。只未必、香魂夜归来，诉月下重逢，三生清怨。

——据龚橙手校本《定盦词·怀人馆词》第二十首

凤凰台上忆吹箫

（1836年4月16日—5月14日）

丙申三月，同年徐廉峰编修宝善，招同朝士十八人，宴集丰宜门外花之寺海棠花下，醉赋。

白昼高眠，清瑟[1]慵理，闲官道力初成。任东华人笑，大隐狂名。侥幸词流云集，许陪坐、裙屐纵横。看花去，哀歌弦罢，策蹇春城。　　连旬，朝回醉也，纵病后伤多，酒又沾唇。对杜陵句里，万点愁人。若使鲁阳戈在，挽红日重作青春。江才尽，抽思骋妍，甘避诸宾。

——据《定盦集外未刻词》，《风雨楼丛书》本

百字令

（1836年8月7日后）

江郎老去，又追陪、彩笔多情俊侣。禁苑山光天尺五，西北高楼无数。珂珮晨闲，文章秋横，要祓西山雨。樽前酹起，茶陵来赏诗句。　猛记旧约湖山，长湾消夏，一舸寻幽去。裙褶留仙何处问？目极飞云南浦。易稳鸥眠，难销虹气，且合词场住。桥名相似，醉中错指归路。洞庭西山有香水桥，此间亦有之。丙申立秋后，渔杉仁兄招陪诸同年净业湖秋禊，

① “瑟”，秋星社本《龚定盦集外未刻诗》所附《定盦集外未刻词》、王文濡本、夏田蓝本同，王佩诤校本作“琴”。

枨触五湖旧游，填《念奴娇》，用姜石帚《荷花》原韵。[①]

——据《中国学报》第1册（民国五年一月版）

《定盦书札辑·与吴虹生笺》第一通附词

菩萨蛮

（1840年5月20日）

四月十九日薄暮即事

文窗花雾凄然绿，侍儿不肯传银烛。楼外月昏黄，口脂闻暗香。新来情性皱，未肯偎罗袖。此度袷衣单，蒙他讯晚寒。

——据同治七年吴煦刻本《定盦文集补·词录》（以下简称吴刻本《词录》）第四页《庚子雅词》第二十一首

定风波

（1840年6月11日）

五月十二日即事

十里榴花一色裙，三吴争赛楚灵均。吴舞传芭如楚舞，儿女，中流箫管正纷纷。　　别有高楼人一个，独坐，背灯偷学制回文。许我幽寻[②]凉月下，闲话，去年今日未逢君。

——据龚橙手校本《定盦词·庚子雅词》第三首

---

① “韵”后原有“录呈正拍”四字，系《与吴虹生笺》中语，而非此词尾跋中语，故不录。此词亦见龚橙手校本《定盦词·怀人馆词》第二十二首，文字与之多有异同。上片：“老去”，作“未老”；“又”，作“尚”；“高楼”，作“朱甍”；“要祓”，作“祓禊”；“樽”，作“尊”；“赏”，作“和”；“诗句”下有自注“地为李西涯故宅”。下片：“何”，作“无”；“目极飞云”，作“瑟瑟秋荷”；“销”，作“消”；“醉中错指”（“指”，王佩诤校本误作“措”）作“吟鞭醉失”；“西山”下多“之消夏湾”四字；“此间”作“此地”。后者又将原尾跋移为小序，文字改为：“乙未立秋日，同年庆渔山户部勋招同吴虹生舍人葆晋、马湘帆户部沅、戴云帆水部䌹孙、步香南编修际桐、徐镜溪水部启山，集城北积水潭秋禊，登西北高楼纵饮。”

② “幽寻”，王佩诤校本同，风雨楼本作“寻幽”。

好事近

（1840年9月5日）

八月初十日即事

兰桨昨同游，今日下楼无力。瞋[①]我凌晨来早，道不曾将息。欢容惨黛霎时并，此景最难得。别有神方持赠，为清明寒食。末句，乃谜语也。

——据吴刻本《词录》第一页《庚子雅词》第一首

贺新凉[②]

（1840年8月27日—9月25日）

侨寓吴下沧浪亭，与王子梅诸君谈艺[③]。

一棹沧浪水。一行行、淡烟疏柳，平生秋思。多谢江东风景好，依旧美人名士。有老衲、高谈奇字。使我吴天诗料阔，策蝌文、蝶扁三千事。古香馤，在肝肺。 一箫我漫游吴市。傍龛灯、来称教主，与诸君谈艺，子梅以教主目之。琉璃焰起。病蝶凉蝉狂不得，还许虎丘秋禊。看磨墨人低双髻。绝胜山东驴子背，惨邮亭、麦饭黄沙里。掷笔罢，傲吾子。[④]

——据吴刻本《词录》第四页《庚子雅词》第二十三首

---

① “瞋”，龚橙手校本同，王佩诤校本作“嗔”。

② 此词亦见龚橙手校本《定盦词·庚子雅词》第七首与《同声集》本《无著词》第十九首。

③ 此小序，龚橙手校本改为：“侨寓吴下沧浪亭，与王子梅诸君谈艺，即送子梅游江左，时庚子八月也。”《同声集》本《无著词》所收此词无小序，另有词题为《题王子梅〈沧浪新雨图〉》。

④ 《同声集》本《无著词》此词文字与之多有异同。上片：“平生”，作“平桥”；“风景”，作“风味”；“使我吴天”，作“累我云仙”；“诗料”，作“诗梦”；“策”，作“莽”；“三千事”，作“森无涘”；“在”，作“满”；下片：“漫游”，作“又游”；“傍”，作“对”；“来称”，作“漫称”；“教主”下，无自注（龚橙手校本该自注删改为：“子梅戏以教主目之”）。“凉蝉”，作“寒蝉”；“还许”，作“孤往”；“看”，作“有”；“绝胜”作“差胜”。

丑奴儿令

（1840年8月27日—9月25日）

将返羽琌别墅，留别沧浪亭僧。

赤栏桥外垂杨柳，似我秋心。一阵秋阴，槭槭萧萧秋便深。　　佛前容我摊经坐，细剔龛灯，多谢诗僧，明夜拏舟又羽陵。

——据吴刻本《词录》第一页《庚子雅词》第四首

天仙子

（1840年秋）

古来情语爱迷离，恼煞王昌十五词，楚天云雨到今疑。　　铺玉版，捧红丝，删尽刘郎本事诗。

——据吴刻本《词录》第一页《庚子雅词》第六首

台城路客秣陵①

（1840年9月26日—10月24日）

青溪一曲容人住，钟山黯然如睡。败苇滩西，孤枫巷左，有个江泥萧寺。翛然高寄。也无客来寻，苔平屐齿。昼拥单衾，蒋侯三妹梦中至。　　醒来自涤幽想，一笻飞鸟外，十里五里。寒女担菱，枯僧卖菊，俱是斜阳身世。酸吟倦矣。幸掩却禅关，不闻时事。一任天涯，陆

① 此词原载龚橙手校本《定盦词·庚子雅词》，先后收录于扶轮社本《全集·孝珙手抄词》、风雨楼本《定盦词定本》、秋星社本《定盦集外未刻词》、王文濡本《全集·孝珙手抄词》、夏田蓝本《全集·孝珙手抄词》。王佩诤校本失收。

沉朝与市。

——据龚橙手校本《定盦词·庚子雅词》第二十三首

台城路

(1840 年 9 月 26 日—10 月 24 日)

赋秣陵卧钟，在城北鸡笼山之麓，其重万钧，不知何代物也。

山陬法物千年在，牧儿扣之声死。谁信当年，楗锤一发，吼彻山河大地？幽光灵气，肯伺候梳妆，景阳宫里？怕阅兴亡，何如移向草间置？　漫漫评尽今古，便汉家长乐，难寄身世。也称人间，帝王宫殿，也称斜阳萧寺。鲸鱼逝矣！竟一卧东南，万牛难起。笑煞铜仙，泪痕辞灞水。①

——据吴刻本《词录》第二页《庚子雅词》第九首

卖花声

(1840 年 9 月 26 日—10 月 24 日)

近世菊花，粉红骇绿，无复东篱古意。偶客秣陵，得墨菊二本，甚娟妙，小词赏之。

我住秣陵西，怪鸟秋啼，也无墨客对挥犀。何处寻秋何处醉？小妹青溪。　寒菜两三畦，花不成蹊，折归灯下伴凄迷。忽忆青门人缟袂，淡墨曾题。

——据吴刻本《词录》第五页《庚子雅词》第三十二首

① 此词亦见龚橙手校本《定盦词·庚子雅词》第二十四首。其小序，“钟”下有“钟”字。上片：“楗锤”之“锤”，作“槌”（王佩诤校本同）。下片：“东南”，作“南东”。

卖花声 紫菊有近似墨菊者

（1840年9月26日—10月24日）

谁砑九秋光，玉女玄霜，胭脂队里铁为肠。闻道豪家开夜宴，肯唤秋娘？　　秋味黯然长，不要秾香，纸屏六幅绘江湘[①]。影忒似花花似影，小费评量。

——据吴刻本《词录》第五页《庚子雅词》第三十三首

水龙吟

（1840年9月26日—10月24日）

常州汤太夫人《断钗吟卷子》，哲嗣雨生总戎乞题。

虎头燕项[②]书生，相逢细把家门说。乾隆丙午，鲸波不靖，凤山围急。愤气成神，大招不反，东瀛荡坼。便璇闺夜闭，影形相吊，髽子矮，秋灯碧。　　宛宛玉钗一股，四十年、寒光不蚀。微铿枕上，岂知中有，海天龙血？甲子吟钗，壬申以殉，钗飞吟歇。到而今、卷里钗声，如变徵，听还裂。

——据龚橙手校本《定盦词·庚子雅词》第二十八首

清平乐

（1840年9月26日—10月24日）

朱石梅以红梅四瓷赠行，报谢，即题其画册后。

芙蓉老去，没个销魂处。今雨不来来旧雨，心与亭台俱古。　　青

---

① “江湘”，原作“湘江”（王佩诤校本同），据龚橙手校本改。

② “项”，秋星社本、王佩诤校本作“颔”。

溪一曲盘桓，粥鱼茶板荒寒。多谢画师慰我，红妆打桨同还。

——据吴刻本《词录》第六页《庚子雅词》第三十四首

谒金门孙月坡小影①

（1840 年 9 月 26 日—10 月 24 日）

琴与剑，此是孙郎真面。孙楚楼头邀一见，撑肠三万卷。　别有香奁清怨，禅与风怀相战。除却海天兜率畔，春愁何处遣？

——据龚橙手校本《定盦词·庚子雅词》

隔溪梅令即景

（1840 年 9 月 26 日—10 月 24 日）

林檎叶叶拂僧窗，闪青缸。墨菊如烟，淡与影儿双，吠星何处尨？　梦中词笔小琤瑽，寄吴舣。欲剪芙蓉，生恐负兰茳，不曾轻涉江。

——据吴刻本《词录》第二页《庚子雅词》第十一首

台城路

（1840 年 9 月 26 日—10 月 24 日）

同人皆词知余近事，有以词来贶者，且促归②期。良友多情，增我回肠荡气耳。

吴棉已把桃笙换，流光最惊羁旅。蜡屐寻山，黄泥封酒，小有逢迎

① 此词原次于龚橙手校本《定盦词·庚子雅词》第二十九首与三十首之间，其首尾原有墨笔所加删去符号，右下角还有龚橙墨笔手批“原删”二字，故此词不仅不见于吴刻本《庚子雅词》，且已刊诸本《孝珙手抄词》、风雨楼本《定盦词定本》及王佩诤校本亦均未载。

② “归”，龚橙手校本作“良”。

今雨。怀沙辍赋，梦不到南州，邓林夸父。且逐寒潮，金阊一角饯秋去。　　觉来谁与相遇？有卷中姚合，楼上孙楚。催我归舟，鸳鸯牒紧，莫恋闲鸥野鹭。青溪粥鼓，道来岁重寻，须携箫侣。多谢词仙，低回吟冶句。

——据吴刻本《词录》第二—三页《庚子雅词》第十三首

应天长

（1840年9月26日—10月24日）

移寓①城北之四松庵，溪山幽绝，人迹罕至。晓起倚高阁，赋此。

山僧许我移茶灶，不用当关仙鹤报。松杉杪，钟鱼杳，天际真人相揖笑。　　梦回曾似到，记得卷中秋晓。曩藏李成《溪山秋晓图》，意境仿佛似之。我吞②长虹一啸，吴天落月小。

——据吴刻本《词录》第三页《庚子雅词》第十四首

丑奴儿令

（1840年9月26日—10月24日）

答月坡、半林订游③

游踪廿五年前到，江也依稀，山也依稀，少壮沉雄心事违。　　词人问我重来意，吟也凄迷，说也凄迷。载得齐梁夕照归。

——据吴刻本《词录》第三页《庚子雅词》第十八首

---

① “寓”，龚橙手校本作“居”。

② “吞”，龚橙手校本作“吐”。

③ 龚橙手校本此词小序改为“答人订游”。

定风波

（1840 年 9 月 26 日—10 月 24 日）

燕子矶头撅笛吹，平明沉玉大王祠。无数蛾①眉深院里，晏起，晓霜江上阿谁知？　　山诡潮奔千万变，当面，身轻要唤鲤鱼骑。蓦地江妃催我去，飞渡，樽前说与定何时？

——据吴刻本《词录》第三—四页《庚子雅词》第十九首

鹧鸪天题于湘山《旧雨轩图》

（1841 年 8 月 17 日—9 月 14 日）

双桨鸥波又一时，大堤秋柳梦中垂。关心我亦重来客，牢落黄金揖市儿。　　长铗怨，破箫词，两般合就鬓边丝。兔毫留住伤心影，输与杭州老画师。［辛丑初秋，余客袁浦，颇有盛于己亥之游。正欲制图以寄幽恨，适湘山词兄以《旧雨轩图》属题，即自书其所欲言以报命。自记。］

——据于昌进《旧雨轩剩稿》卷首《旧雨轩图题辞》，光绪四年刻本（词尾自记据王佩诤校本所录褚德彝校录本补）

① “蛾”，龚橙手校本作“娥”。

龚自珍年谱简编*

乾隆五十七年壬子（1792 年）　一岁

七月初五日（1792 年 8 月 22 日），龚自珍生于杭州东城马坡巷。

高祖茂城，长期经商。曾祖斌，增生。初为塾师，后弃儒为商，晚年曾主赵州书院讲席。祖父敬身，乾隆三十四年进士，历官内阁中书、礼部郎中、云南楚雄知府等。本生祖禔身，乾隆二十七年举人，官内阁中书。胞伯叔四人——伯父履正与叔父绳正、京正、守正——均曾为官。其中，叔父守正官至礼部尚书。

父丽正，字旸谷，号闇斋，时年二十六岁。母段驯，字淑斋，江苏金坛人，段玉裁之女，时年二十五岁。

冬，外祖父段玉裁自金坛侨居苏州。

乾隆五十八年癸丑（1793 年）　二岁

英国使臣马戛尔尼等来华，八月十日，于热河行宫觐见乾隆帝。所提要求有：派人驻京，准许英国商船到宁波、舟山、天津贸易，指定舟山附近一处小岛供英商居住、使用以及允许传教等。未许。

乾隆五十九年甲寅（1794 年）　三岁

魏源生。

乾隆六十年乙卯（1795 年）　四岁

父丽正由增生中式浙江乡试第五名举人。

正月，苗民石柳邓起义于贵州松桃，湖南永绥（今花垣）苗民石三保等起而响应。

---

* 本年谱简编以时间先后为序，按年逐条记事；内容以龚自珍生平事迹与著述活动为主线，旁及与其有关的重要时事和主要亲友事迹。

九月初三日，乾隆帝宣谕建储——立第十五子颙琰为皇太子，并以明年为嗣皇帝嘉庆元年。

嘉庆元年丙辰（1796 年）　五岁

父丽正赴京应会试（叔父守正偕行），中进士，以部属用，签分礼部学习行走。

叔父守正在京完婚。

正月初一日，嘉庆帝即位，奉乾隆帝为太上皇帝。

白莲教大起义在湖北宜都、枝江爆发，迅速蔓延于襄阳与四川达州、东乡、巴州、通江，陕西兴安等地。

苗民起义首领石三保被俘，石柳邓牺牲。

嘉庆二年丁巳（1797 年）　六岁

夏，龚自珍随母亲及姑父潘立诚至京。

嘉庆四年己未（1799 年）　八岁

父丽正被补授礼部主事。

得读旧《登科录》，是平生搜辑二百年科名掌故之始。

放学后，从父亲学习《昭明文选》。时住下斜街。

正月初三日，乾隆帝死。初八日，嘉庆帝下大学士和珅于狱，旋赐死，并将其巨额家产查抄。

嘉庆五年庚申（1800 年）　九岁

九月初一日，祖父敬身去世。

九月二十二日，讣闻至京，父丽正奔丧回杭州。时龚自珍随母亲同叔父守正一家移寓门楼胡同。

约于此时，放学后，常于母亲帐外灯前诵读吴伟业、方舟、宋大樽三人作品。吴诗还得到母亲的口授。

叔父守正应顺天乡试，中举人。

嘉庆六年辛酉（1801 年）　十岁

八月初三日，随母亲与叔父守正由水路离京返杭。

八月十五夜，船泊德州时，龚自珍有诗与母亲及叔父唱和。

九月二十三日，抵杭州。

六月，永定河决口，京畿大水。

嘉庆七年壬戌（1802 年）　十一岁

叔父守正赴京，中进士，改翰林院庶吉士。

父丽正将祖父敬身与祖母陈氏合葬于杭州施家村。

三月，英国兵船来泊零丁洋（今广东珠江口外）。两广总督吉庆命其撤离。

嘉庆八年癸亥（1803 年）　十二岁

外祖父段玉裁授以许慎《说文解字》部目，是平生以经说字，以字说经之始。

七月十四日，随父母乘粮船抵京，与叔父守正同寓横街。父丽正旋补礼部主事。

宋璠来龚家，为龚自珍塾师。

十一月，父丽正任军机章京。

嘉庆九年甲子（1804 年）　十三岁

继续从塾师宋璠学习。

作《辩知觉》，是文集之托始。又作《水仙华赋》。

八月初一日，婶母金氏卒。

白莲教起义军馀部首领苟文润被害。席卷鄂、豫、川、陕、甘五省的白莲教大起义，至此最终失败。

嘉庆十年乙丑（1805 年）　十四岁

始考古今官制。

父丽正升礼部员外郎。

叔父守正被授编修。

嘉庆十一年丙寅（1806 年）　十五岁

诗编年始于本年。

叔父守正入赘户部郎中谢扬镇家。

嘉庆十二年丁卯（1807 年）　十六岁

读《四库全书总目提要》，始为目录之学。

识夏璜，是平生交友之始。

父丽正升礼部郎中。

嘉庆十三年戊辰（1808 年）　十七岁

入国子监肄业，师事蒋祥墀。

始收石刻。

闰五月，父丽正以礼部郎中被任广西乡试正考官。

秋，英国兵船擅入虎门，进泊黄埔。冬，清廷调各路官兵防守，英船始于十一月撤离。

嘉庆十四年己巳（1809 年）　十八岁

春，与王昙订交。

嘉庆十五年庚午（1810年）　十九岁

秋，应顺天乡试，由监生中式第二十八名副贡生。时座师为刘权之、朱理、陈希曾，房师为宝兴。

始倚声填词，作《桂殿秋》（明月外、惊觉后）词二首。

嘉庆十六年辛未（1811年）　二十岁

正月初一日，外祖父段玉裁为其取表字爱吾。

六月初二日，作《水调歌头》（风雨飒然至）词，怀念塾师宋璠。本年又作《瑶台第一层》（无分同生偏共死）等词。

嘉庆十七年壬申（1812年）　二十一岁

考充武英殿校录，始为校雠之学。

正月初十日，父丽正由礼部郎中简放安徽徽州知府。

春，全家离京南下。

四月，父丽正就徽州知府任。

同月，龚自珍在苏州与表妹段美贞完婚。时外祖父段玉裁索观所作诗文词。前此，龚自珍已成《怀人馆词》三卷、《红禅词》二卷。段玉裁为作《怀人馆词序》。

夏，与段美贞同至杭州。泛舟西湖，作《湘月》（天风吹我）词。旋由杭抵徽州府署。

嘉庆十八年癸酉（1813年）　二十二岁

在徽州时，外祖父段玉裁曾来函，勉励其向程瑶田问学，研读经史。

四月，入京。在京曾与袁通、汪琨同游崇效寺，作《鹊桥仙》（飘零也定）词。

七月初五日，妻段美贞卒于徽州府署。

八月，应顺天乡试（未中），旋南归。离京后，作《金缕曲》（我又南行矣）词。

本年词作还有《惜秋华》（瑟瑟轻寒）等。

《明良论一》、《明良论二》、《明良论三》、《明良论四》作于本年冬或明年。

九月初七日，以李文成为首领，天理教起义于河南滑县。在此前后，直隶长垣、山东定陶、曹县的天理教徒亦起义。十五日，京畿天理教徒突袭皇宫，旋败。十七日，京畿天理教起义首领林清被捕，旋被害。

十一月二十日，天理教起义军首领李文成牺牲。

嘉庆十九年甲戌（1814 年）　二十三岁

三月，送妻段美贞之柩返杭暂厝。行前，外祖父段玉裁适至徽州，为作《龚自珍妻权厝志》。

同月，泛舟西湖，作《湘月》（湖云如梦）词。

事毕，复至徽州。

秋，段玉裁阅《明良论》四篇，写批语于第二篇后。

父丽正主持重修徽州府志始于本年，龚自珍参与搜集相关文献。

冬，作《与徽州府志局纂修诸子书》。又作《保甲正名》。

《平均篇》作于本年迄嘉庆二十二年六月间。

《徽州府志氏族表》撰于本年冬迄明年六月间。

嘉庆二十年乙亥（1815 年）　二十四岁

春、夏间，作《黄山铭（有序）》。

夏，离徽州，作《别辛丈人文》，又作《摸鱼儿·乙亥六月留别新安作》词。前此，妹自璋已出嫁（妹夫朱祖振，安徽歙县人，廪生，后官江苏石港场盐大使）。

时，父丽正调任安庆知府。其主持重修徽州府志之事中止。

本年，娶池州知府何裕均之从女孙何吉云为继室。

应金应麟所请，作《明按察司佥事金君石阙铭》。

九月初八日，段玉裁卒。

嘉庆二十一年丙子（1816 年）　二十五岁

正月，父丽正升任江苏苏松太兵备道，驻上海。

春，赴上海侍任。中途游江宁，作《卖花声·舟过白门有纪》词。路经苏州，寓段氏枝园，初识归懋仪，作《百字令》（扬帆十日）词。

自本年始，在上海侍任期间，助父甄综人物，搜辑掌故。是时，喜从人借书录副，钮树玉，何元锡助其搜讨。

夏，与李锐商榷《礼经》，著《丙子论礼》一卷。

十一月初五日，王昙来访，留住上海苏松太道署一月。

十二月二十日，父丽正到苏州署理江苏按察使。

本年，又作《宋先生述》、《冷石轩记》。词作还有《沁园春》（牢落江湖）等。

《乙丙之际箸（塾）议》诸篇与《凉燠》作于上年迄本年间。

嘉庆二十二年丁丑（1817 年）　二十六岁

春，夏璜于赴京途中，绕道来上海相访。为作《送夏进士序》以赠行。

五月，父丽正自苏州重返苏松太兵备道任。

八月，王昙卒。助其葬，作《王仲瞿墓表铭》。

秋，与庄绶甲、段骧、吴文徵、朱祖振等同访徐渭仁，留饮终日，观赏其所藏古镎及汉、晋砖，又同游菊社，并嘱吴文徵为绘《沪城秋兴图》。

九月二十七日，长子橙生于苏松太兵备道署中。

将诗、文稿各一册托陈裴之转给王芑孙，向他请教，文稿名为《竚泣亭文》。王芑孙阅后，于十一月初三日复函。

十一月十五日，读完江藩《国朝汉学师承记》。作《与江子屏笺》，建议改书名为《国朝经学师承记》。同时，应江藩所请，为其《国朝汉学师承记》（附录《国朝经师经义目录》）作《江子屏所著书序》。

本年，又作《太仓王中堂奏疏书后》、《钱吏部遗集序》、《江南安庆府知府何公墓表铭》。

年终（1818 年 2 月初），钮树玉在苏松太兵备道署中度岁，相约同游太湖洞庭山。作《摸鱼儿》（数东南）。

嘉庆二十三年戊寅（1818 年）　二十七岁

二月初一日至初六日，与钮树玉、叶昶等同游太湖洞庭山，作词一首、《纪游诗》一卷。

秋，应浙江乡试，中式本省第四名举人。座师王引之、李裕堂，房师向启昌。

撰成《学海谈龙》四卷。作《阐告子》、《跋十三行白玉本》。词作还有《减兰》（人天无据）。《释魂魄》作于上年迄本年间。

嘉庆二十四年己卯（1819 年）　二十八岁

早春，自苏州北上赴京前，吴文徵、沈锡东于虎丘为之饯行。有诗。

三月，应会试。

四月，会试放榜，落第。

闰四月十八日前，饮于吏部侍郎王鼎宅，有诗。

春、夏间，在京曾上书吐鲁番领队大臣宝兴，并录所作《西域置行省议》（初稿）献之。又谒见王念孙、蒋祥墀、姚祖同，从刘逢禄受《公羊春秋》，结识宋翔凤。作《杂诗，己卯自春徂夏，在京师作，得十有四首》。

南返后，十月，在苏州陆氏宋松书屋，与何元锡、江沅同观宋拓孤本汉《娄寿碑》，有跋。

冬，袁廷梼之子携《红蕙花诗》来谒于上海苏松太兵备道官署，为题诗四首于册尾。又据钮树玉所述金德辉事，作《书金伶》。

本年，始作《珠镜吉祥龛心课》（学佛习儒手记）。诗作还有《行路易》等。

二月二十三日，次子陶生。

魏源中顺天乡试副贡生。

嘉庆二十五年庚辰（1820 年）　二十九岁

春，二游太湖洞庭山，补前游所未至。归舟中，录所作诗四首，寄徐宝善。

至京后，因宋翔凤以回避不预会试，作《紫云回三叠（有序）》诗送之出都。

三月，应会试，

四月，会试放榜，仍落第。捐职内阁中书。

五月初四日，于南归途中，因周仪暐填词题于驿壁，故作《南浦》（羌笛落花天）词相和。又于两人同船至清江浦时，为其《夫椒山馆诗》（稿本）题跋。

到上海后，六月初一日，应李筠嘉所请，为《慈云楼藏书志》作序。

秋，到苏州，与赵魏、顾广圻、钮树玉、吴文徵、江沅同集于虎丘，举行秋宴，有诗。其时，曾作《戒诗五章》，戒为诗，但不能坚持。

本年，《西域置行省议》定稿。又作《跋北齐兰陵王碑》、《徽州府志氏族表序》、《东南罢番舶议》。诗作还有《因忆两首》、《又忏心一首》、《咏史》等。词作还有《高阳台》（宫烛凄烟）。

《农宗》与《农宗答问》第一——第五作于本年迄道光三年六月间。

七月二十五日，嘉庆帝去世。八月二十七日，其次子旻宁继皇位，颁诏以明年为道光元年。

八月，大和卓博罗尼都之孙张格尔率兵数百寇边，旋败走。

道光元年辛巳（1821 年）　三十岁

正月，与顾广圻同赴苏州邓尉，作探梅之游。舟中观《白石神君碑》旧拓本，有跋。

春，将前此所作《怀人馆词》选编为《怀人馆词选》一卷，又将前此所作《影事词》选编为《影事词选》一卷。

四月初，赴京途中过扬州，与周仪暐、吴嘉洤、王嘉禄同游筱园。

至京，到内阁就职，得读历朝硃签及丝纶簿。

秋，秦恩复初次来访，此后岁馀，二人过从甚密。是时，每得一异书，与程同文、秦恩复互相借抄。

十一月初一日，作《拟进上蒙古图志表文》。时欲自撰《蒙古图志》，订定义例，拟为图二十八篇，为表十八篇，为志十二篇。

除夕，与彭蕴章同宿于圆通观中。彭蕴章出示诗稿，乃读之竟夜，为题诗于卷尾。

本年诗作还有《夜直》、《能令公少年行（有序）》、《夜读番禺集，书其尾》（二首）、《小游仙词十五首》等。词作有《清平乐》（黄尘扑面）。

自嘉庆二十一年十月迄本年二月，研读段玉裁《说文解字注》共三遍，有题记。并撰《段氏说文注发凡》一卷。

《上国史馆总裁提调总纂书》作于本年迄道光三年六月间。

本年，魏源又中顺天乡试副贡生。

瘟疫流行。七月十五日后，京中大疫。

道光二年壬午（1822 年）　三十一岁

春，从程同文家借录《西藏志》一通，将其中五篇奏文选入《续文断》，并作《最录西藏志》。又将前此所作《无著词》（原名《红禅词》）选编为《无著词选》一卷。

闰三月初九日，与许乃穀、夏宝晋等，参与吴嵩梁邀集的崇效寺小集，作《一萼红》词，夏宝晋次其韵。

闰三月初十日，会试放榜，仍落第。

同月，数阅沈联芳所撰《邦畿水利集说》抄本，有批校，并题跋。

夏、秋间，与包世臣、魏源、张琦时相过从。

八月十五日，应陈沆所请，评阅其《白石山馆诗》稿本，为写批语并题词。

秋末以前，与包世臣、何绍基参与陈沆所设五篡会。

九月二十八日，上海家中书楼遭火灾。时《蒙古图志》已成十之五六，该书稿本之半及为撰写该书而收聚之档册图志，尽毁；所搜罗之七阁未收书，毁者十之八九；所搜罗之千馀种金石拓本亦毁于火。

冬，邓传密赴古北口提督杨芳处时，为之送行。旋又致信邓传密。

魏源其时亦赴杨芳处。

十一月初八日，作《与人笺》（又题《与人论青海事书》）。

十一月初十日，又致信邓传密，解释欲南归省亲之故，并告知相关事宜等。包世臣适在龚寓，阅信后，写附笔一则，要邓传密务必返京，以便为龚自珍照料京寓。时又有信致魏源。

同月，离京。前此，曾被实授内阁中书。

十二月，返抵上海，再次致信邓传密。同月二十八日，作《资政大夫礼部侍郎武进庄公神道碑铭》。

本年应陈奂、陈兆熊所请，作《海门先啬陈君祠堂碑文》。又作《上海张青琱文集序》、《拟厘正五事书》、《刘礼部庚辰大礼记注长编序》。将十九岁以来的词作编为六卷。诗作还有《桐君仙人招隐歌（有序）》、《汉朝儒生行》、《投宋于庭（翔凤）》、《投包慎伯（世臣）》等。词作有《摸鱼儿》（又漫天）。

《陈硕甫所著书序》作于上年迄本年在京期间。

秋，魏源中式顺天乡试第二名举人。

道光三年癸未（1823 年）　三十二岁

二月下旬抵京。

三月，因叔父守正任会试同考官，故未应会试。时母段驯以诗相慰。

春、夏间，作《五经大义终始论》与《五经大义始终答问》一—九。

四月末，重读段玉裁《说文解字注》，有题记。

是时，将嘉庆十九年以来文章编为文集三卷，馀集三卷，又编《少作》一卷（十八篇），附于馀集之尾。

前此一年多时间内，谢阶树、陈沆常来造访，与话古今学术源流并劝购书。

六月二十一日，同陈用光、吴嵩梁、朱方增、徐松、黄安涛、张祥河、潘曾沂等，在吴嵩梁寓所举行诗会，纪念欧阳修生日。

上半年又作《阮尚书年谱第一序》、《记佚塍》、《与江居士笺》。诗作还有《夜坐》（二首）、《漫感》、《人草藁》等。词作有《丑奴儿令》（沉思十五年中事）等。

《壬癸之际胎观》第一—第九作于上年迄本年六月间。

六月，编成《小奢摩词选》一卷。

同月，编成《定盦初集》十九卷。所编《定盦初集》，内有文集三卷，馀集（文）三卷附少作（文）一卷、诗三卷、《梦草》一卷、馀集（诗）三卷附少作诗一卷、《定盦别集》四卷。但同月仅将《定盦文集》三卷，《定盦馀集·附少作》（文）一卷与《定盦别集》四卷付刊。文集三卷原九十八篇，仅开雕四十六篇。《定盦馀集·附少作》（文）也仅开雕五篇。所刊《定盦别集》四卷，即《无著词选》、《怀人馆词选》、《影事词选》、《小奢摩词选》各一卷，付刊时为之各写一跋。

七月初一日，母段驯卒。闻讣后以迄年终，以居忧无诗。

九月初旬，返抵上海父亲官署。

十二月二十八日，致信江凤彝。

道光四年甲申（1824年）　三十三岁

三月，送先母之柩经苏州返杭。葬母于花园埂先祖墓侧。

八月初一日，作《重刊圆觉经略疏后序》。是时，与江沅助贝墉重刊《圆觉经略疏》。

十二月，在上海苏松太兵备道官署收到自苏州寄来的宋拓孤本汉《娄寿碑》，有跋。

本年，又作《金坛方言小记》、《跋簳山草堂诗集》、《助刊圆觉经略疏愿文》、《捕蜮第一》、《捕熊罴鸱鸮豺狼第二》、《捕狗蝇蚂蚁蚤蜰蚊虻第三》。以居忧无诗。在杭州时，与曹籀相识。

道光五年乙酉（公元1825年）　三十四岁

招曹籀往游上海。

夏，与曹籀、王曰申在豫园话月。王曰申为绘《豫园话月图》。

秋，邀集顾王畿、魏源、查冬荣宴集于水仙宫。

十月，服阕。前此，以居忧无诗。

十一月，应李增厚所请，题诗于其《梦游天姥图》卷尾。时客昆山。

十二月十九日，从文鼎处购得汉代玉印一枚，文曰“婕伃妾娋”。

同月，夏璜卒，返杭哭之。

本年，应丁钟杰等所请，作《武显将军福建海坛镇总兵官丁公神道碑铭》，并写出《古史钩沉论》初稿。词作有《南乡子》（相见便情长）。

父丽正奉旨到京，送部引见，旋引疾归里。

道光六年丙戌（1826年）　三十五岁

自上年十二月十九日迄本年正月间，就所获“婕伃妾娋”玉印作《说玉》一文为之说。本年正月又赋诗邀和，以该印为赵飞燕物（近人王献唐指出，该印印文末一字系人名而非姓氏，且非赵氏，故印非赵飞燕物）。

前此，得地于昆山县马鞍山之侧，时拟构宝燕阁以为他日居处（后称其为羽琌山馆）。

春，入京。

三月，应会试。

春、夏间，与吴嵩梁、端木国瑚、周仪暐、管同、魏源等，一同参加由李宗传与姚莹所邀集的尺五庄聚会。

四月，会试放榜。本年刘逢禄任会试同考官，得龚自珍卷，曾力荐。邻房有湖南一卷，刘认为是魏源卷，亦亟劝力荐。但二人均落第，刘乃作《题浙江、湖南遗卷》诗，伤之。龚魏齐名，肇始于此。

夏，作《二哀诗（有序）》，悼念上年去世的谢阶树与陈沆。

六月，将原为《慈云楼藏书志》所作之序改定，并寄李筠嘉。

夏、秋间，祭程同文于城西古寺，有诗。程氏生前，龚自珍曾与之并称程龚。

七月初五日，胡培翚集同人祀郑玄于寓斋，绘为图卷，同人为歌诗。龚自珍作《祀议》一篇、诗一首。

冬，邀请吴嵩梁、姚莹、汪元爵、徐宝善等七人，举行消寒第一集。

岁暮，与汪元爵等参加在徐宝善寓斋举行的消寒第二集。

本年诗作还有《夏进士诗》（六首）、《释言四首之一》、《寒月吟（有序）》（五首）等。

夏，张格尔窜入南疆，旋陷喀什噶尔，英吉沙尔、叶尔羌、和阗三城继之。清廷以长龄为扬威将军，调兵讨之。

道光七年丁亥（1827年）　三十六岁

三月二十七日，同金应城、龚自树等到花之寺观海棠。作《西郊落花歌》诗。

四月初一日，投牒更名易简，有诗。

九月，孝穆皇后梓宫移往东陵宝华峪。龚自珍被派参与其役，作《东陵纪役三首》诗。

春、秋间，作组诗《自春徂秋，偶有所触，拉杂书之，漫不诠次，得十五首》。

十月，从道光元年以来的诗作中，选录一百二十八首编为《破戒草》一卷，又选录五十七首编为《破戒草之馀》一卷，删勿录者尚有一百零五首。十月十五日，《破戒草》、《破戒草之馀》编竣，作跋文一篇。十月二十七日，《破戒草》、《破戒草之馀》由小胥抄竣。

本年，撰成《羽琌山馆金石墨本记》。又作《定盦八箴》、《说卫公虎大敦》、《阙里孙孺人墓志铭》等。又为吴杰作《同年生吴侍御（杰）疏请唐陆宣公从祀瞽宗，得俞旨行，侍御属同朝为诗，以张其事，内阁中书龚自珍献侑神之乐歌》（五首）诗。为姚祖同作《太常仙蝶歌（有序）》诗。为周济所绘《程秋樵〈江楼听雨卷〉》题诗二首。丁履恒离京，为作《常州高材篇，送丁若士（履恒）》诗以赠行。诗作还有《枣花寺海棠下感春而作》、《伪鼎行》、《四言六章（有序）》、《投钱学士（林）》等。

《破戒草》一卷《破戒草之馀》一卷刻于本年或稍后。

长龄等克喀什噶尔，张格尔遁。旋又复英吉沙尔、叶尔羌、和阗。十二月底，俘张格尔于喀尔铁盖山。

道光八年戊子（1828年）　三十七岁

二月上旬，撰成《大誓答问》一卷。

十二月，用伪孔氏本写定《书序》，并作《最录尚书古文序写定本》。

本年，撰成《尚书序大义》一卷，《尚书马氏家法》一卷。又作《最录李白集》，并为王凤生《黄河归棹图》题《水调歌头》（落日万艘下）词。

魏源始为内阁中书。

道光九年己丑（1829年）　三十八岁

三月，应会试。

三月二十八日，参加由黄爵滋，徐宝善所邀集的陶然亭饯春会。与会者还有汪喜孙、管同、吴嘉洤、张际亮、汤鹏、潘曾绶等。

四月初二日，与杨芳相见于西淀军机处直房。次日，作《书果勇侯入觐》。

四月初十日，会试放榜，中式第九十五名贡士。座师曹振镛、玉麟、朱士彦、李宗昉、吴椿，房师王植。

四月二十一日殿试，《对策》力图效法王安石《上仁宗皇帝言事书》。

四月二十五日传胪，中殿试三甲第十九名，赐同进士出身。

四月二十八日朝考，作《御试安边绥远疏》。

五月初七日，被命以知县用。呈准仍回内阁中书任。

十二月初一日，作《上大学士书》。

本年，请于铿重摹宋刻王献之《洛神赋》九行，有跋。

夏，魏源馆于龚寓。

道光十年庚寅（1830 年）　三十九岁

四月初九日，参加由黄爵滋、徐宝善所邀集的花之寺诗会。与会者还有魏源、汤鹏、潘曾莹、潘曾绶等。

六月初二日，邀张维屏、周凯、张祥河、魏源、吴葆晋宴集于龙树寺蒹葭簃。冬，作《最录段先生定本许氏说文》。

本年，作《张诗舲前辈游西山归索赠》（三首）诗。

与王凤生重晤于京，应所请，为其《黄河归棹图》又题《水调歌头》（当局荐公起）词。

秋，浩罕遣玉素普——张格尔之兄率兵入侵，围喀什噶尔、英吉沙尔。清廷以长龄为扬威将军，往讨之。冬，寇敌解围远遁。

道光十一年辛卯（1831 年）　四十岁

夏，曹籀来京，留住于寓所一月。以所撰《大誓答问》书稿相示，并让其携归杭州。

七月二十四日，邀项名达、孙镜生、朱瀚于寓所为曹籀饯行。

张维屏来函，乃于九月十五日回信。时又作《张南山国朝诗征序》。前此，已迁居烂面胡同。

十月初一日，将上斜街旧居售与潘仕成。

本年又作《书文衡山小真书诸葛亮出师表后》、《诵得生净土陀罗尼记数簿书后》。诗作有《题鹭津上人书册》。

《为家大人丙辰同年祭江西巡抚阳湖吴公文》作于本年底或明年。

魏源因父病赴江苏宝山省亲。七月，其父卒，居忧。

道光十二年壬辰（1832 年）　四十一岁

春，邀杨懋建会宋翔风、包世臣、魏源、端木国瑚等应试名士十四五人于花之寺。

夏，京师大旱。六月初七日，道光帝谕令在京各衙门例准奏事人员各抒己见。时大学士富俊五度来访。乃手陈《当世急务八条》。

闰九月初九日，与戴熙、吴清鹏等九人集于吴葆晋、吴俊民寓斋，为展重阳会。

除夕（1833 年 2 月 19 日），作《庆春泽》（祠灶羊贫）词，为陈延恩送行。

本年撰成《群经写官答问》。又作《跋某帖后》、《最录司马法》、《题依隐斋诗》、《最录三千有门颂》。词作还有《洞仙歌》（江东猿鹤）。

《大誓答问》初刻于杭州。该书系由曹籀交汪远孙付梓，曹籀任校雠之役，并为作跋。

正月二十五日，胡夏米等乘英船阿美士德号从澳门出发，在中国沿海从事侦察活动。八月间返抵澳门。

道光十三年癸巳（1833 年）　四十二岁

升任宗人府主事不晚于本年夏。

本年，将《古史钩沉论》一— 四定稿。作《六经正名》与《六经正名答问》一— 五。撰成《左氏春秋服杜补义》一卷、《左氏决疣》一卷。并在朱以升协助下，撰成《西汉君臣称春秋之义考》一卷。

六月初二日，叔父守正升任兵部右侍郎。

道光十四年甲午（1834 年）　四十三岁

游那兴阿之苏园，有诗。寓苏园五日，临去，为那兴阿水流云在卷子题诗二首。时曾预考试差（考差未入选）。

本年，作《干禄新书自序》。

道光十五年乙未（1835 年）　四十四岁

六月十九日，作《洞仙歌》（香车枉顾）词。

九月初九日，与潘谘、徐松、端木国瑚、宗稷臣等宴集于吴葆晋所居宜园之南轩。

冬，应王寿同所请，作《工部尚书高邮王文简公墓表铭》。

本年作《双非双亦门颂》（未定稿）等。

道光十六年丙申（1836 年）　四十五岁

春，王元凤被谴戍张家口军台，以弱小相托。龚自珍嘱其为所撰《蒙古图志》补绘所缺某部落某山图，并请假五日，送之居庸关，逾八达岭而返。乃作《说昌平州》、《说天寿山》、《说居庸关》。

三月，参加徐宝善邀集的花之寺宴集，赋《凤凰台上忆吹箫》（白昼高眠）词。

五月，与程恩泽、徐松、吴葆晋合宴梁章钜于吴葆晋寓斋，并作《送广西巡抚梁公序》一—三。

夏，代阮元作《赠太子太师兵部尚书两广总督谥敏肃涿州卢公神道碑铭》。

立秋后，与庆勋、吴葆晋、马沅、戴絅孙等集于积水潭秋禊，作《百字令》（江郎老去）词，录于致吴葆晋信后。

本年，冯鼎祚（文江）来访，为作《同年冯文江官广西土西隆州，以事得谴，北如京师，老矣，将南归鸳鸯湖，索诗赠行》。又作《陆彦若所著书序》、《说张家口》。

本年，次女阿莼生。

四月二十七日，太常寺少卿许乃济奏请对鸦片弛禁。

秋，内阁学士朱樽、兵科给事中许球分别上奏，批驳许乃济之弛禁论。

十一月初七日，义律任英驻广州商务总监督。

道光十七年丁酉（1837 年）　四十六岁

正月，撰成《龙藏考证》七卷（即《正译》第一—第七）；将《妙法莲华经》重定目次，分为二部，删去七品，存二十一品，又删《药王》半品，并作《妙法莲华经四十二问》。

三月，由宗人府主事改官礼部主事，祠祭司行走。前此，曾充玉牒馆纂修官。

春，致信吴葆晋，约偕廖甡作看花之游，时已接受吴荣光关于代撰《吉金款识》之托。

四月，补主客司主事，仍兼祠祭司行走。

七月，迁居。迁居前，王鹄（子梅）来访；迁居后，为王鹄《盗诗图》题诗。

同月二十二日，致信吴式芬。述及：将“从廿五日起，日立课程”，为吴荣光“办书”。

九月初九日，与徐松、吴葆晋连骑游西山宝藏寺。

同月十七日，在主客司夜直，为《国朝春曹题名·汉册》作序。

同月二十五日，将旧作《双非双亦门颂》改定，题为《重定双非双亦门颂一首》。

十月，作《论京北可居状》，书示其子龚橙、龚陶。

本年，被选授湖北同知，辞不就。又作《主客司述略》、《最录禅波罗蜜门》等。

《书汤海秋诗集后》作于本年冬或明年。

十二月，叔父守正任吏部右侍郎。

道光十八年戊戌（1838年）　四十七岁

正月，作《在礼曹日与堂上官论事书》。

三月二十九日，邀孔宪彝，廖甡、吴葆晋、吴式芬、蒋湘南、梁恭辰集饮，并约次日往崇效寺看海棠。

四月初一日，同昨日所约诸人游崇效寺，看海棠，举行诗会，时将乞养南归。

同月二十一日前，应何绍基所请，为之手书未刊文稿六篇（《尊隐一首》、《非五行传》、《尊史》、《太史公书副在京师说》、《金坛方言小记》、《双非双亦门颂》）以为纪念，有跋。同月二十二日，又补书一篇（《重定双非双亦门颂一首》），又有跋。

六月初四日，将《吉金款识》十二卷稿本送呈阮元审阅。阮元阅后于同月十四日发回。

七月，作《会稽茶》诗，因暂不能离京，发愿明年一定还乡。

八月十四日，与王筠、汪喜孙、陈庆镛、陈金城、何绍基在广恩寺为吴式芬、许瀚饯行。时吴式芬将赴江西任职，许瀚将赴永平。

八月二十七日，与陈庆镛、汪喜孙、何绍基、黄玉阶祖饯阮元于东便门外南河沿之三忠祠。同日，阮元致仕归里。

同月三十日，因叔父守正署礼部尚书，被谕令照例回避。

十一月初十日，林则徐入京。十五日，被任命为钦差大臣，派赴广东查禁鸦片。十八日陛辞，二十三日离京。其在京期间，与龚自珍见过一面。其陛辞后，龚自珍于十一月二十日（1839年1月5日）前后作《送钦差大臣侯官林公序》。其临行前，龚自珍曾致函表示愿一同前往，被其托林扬祖代为劝止。

十一月二十四日（1839年1月9日）后，因生活困窘，赴保定。向直隶布政使托浑布借贷，并向其建议发展蚕桑生产，作《乞籴保阳》诗（四首）。

十二月，林则徐于南下途中复函龚自珍。

本年又作《京师悦生堂刻石》、《重辑六妙门序》，并有信致吴葆晋、吴式芬、何绍基。诗作还有《题梵册》等。编年诗二十七卷终于本年。

《春秋决事比》六卷成于本年前后。

《学隶图跋》作于本年或明年。

九月，叔父守正被命以吏部侍郎署理礼部尚书，十二月，升授都察院左都御史，仍兼署礼部尚书。

闰四月初十日，鸿胪寺卿黄爵滋上奏，主张重治吸食以严禁鸦片。

五月，湖广总督林则徐上奏，赞同黄爵滋重治吸食以严禁鸦片的主张。

八月，林则徐上奏，痛除鸦片输入之害，强调应以重治吸食为先。

道光十九年己亥（1839年）　四十八岁

二月初八日，与陈庆镛、何绍基、黄玉阶、许瀚公饯汪喜孙于德胜堂。时汪被派赴东河河工。

四月初十日，作《致何绍基、何绍业书》，随信附寄前此所作《问经堂记》的重定本，托交陈庆镛。

四月二十三日，离京南返。离京前夕，汤鹏书赠楹帖“海内文章伯；周南太史公”，朱朧为之治装，吴葆晋为之饯行于时丰斋。离京时，不带眷属仆从，雇两车，一车自载，一车载文集百卷。

五月十二日，到清江浦后，作《故人横海拜将军》诗，对林则徐正在广东从事的禁烟斗争深表关切。

六月，到扬州，作《己亥六月重过扬州记》。晤阮元、魏源等。邵廷烈赠所辑刊《娄东杂著》，应所请，作《邵子显校刊娄东杂著序》。

六月十五日晚抵镇江。在镇江作《九州生气恃风雷》诗。

抵苏州，向江苏布政使裕谦陈吴中水利策。

七月初九日到杭州，与父丽正相见。

秋，在杭晤曹籀、徐楙、王熊吉、陈春晓、慈风等。到昆山，修复别墅羽琌山馆。将羽琌山馆初步料理就绪，拟自往北方，迎接眷属来居。陈奂为规划北行事。

九月十五日晨，出发北上。

同月二十五日，重到清江浦。十月初六日，渡河北去。

十月十五日前后，抵曲阜，谒孔庙，孔林。在孔宪彝弟宪庚家留居三日（时孔宪彝在京）。晤曲阜知县王大淮。向孔宪庚表示，愿将次女阿辛许配孔宪彝之子。离曲阜时，王大淮、王鹄、孔宪庚等为之饯行于矍相圃。

北上抵任丘，暂住，遣一仆入京送信并迎眷属。接其子来信，进至雄县。又接其子来信，进至固安。

十一月二十二日，眷属出京。同眷属会合后，经保定、高阳南归。

十二月十日左右，又过清江浦。十九日，到镇江。二十二日抵无锡。二十六日抵昆山，安顿眷属于羽琌山馆。

自四月二十三日迄十二月二十六日，共作诗三百十五首，统题《己亥杂诗》。

本年，又撰《三普销文记》（七卷）与《龙树三桠记》。又作《邓太恭人八十寿序》、《徐泰母碣》等。

《病梅馆记》作于本年或明年。

四月二十二日至五月十五日，林则徐亲自主持将所收缴之鸦片 237 万馀斤销毁于虎门海滩。

五月二十七日，尖沙村民人林维喜被英国水手殴杀，义律拒绝交出凶手。

七月二十七日，义律率英船到九龙海岸进行武装挑衅。

九月二十八日，英船两艘驶至穿鼻，开炮攻击中国水师。

九月二十九日迄十月初八日，与英军在官涌大小交战六次。

十二月初一日，林则徐任两广总督，原两广总督邓廷桢调补两江总督。

道光二十年庚子（1840 年）　四十九岁

春，自昆山羽琌山馆致信吴葆晋。前此，孔宪彝来函，应允双方的儿女亲事。访徐荣于嘉兴南湖，小住五日，为其诗集作序。离别前，徐荣画梅为赠，并题诗送其往游广东（是否成行，待考）。

二月初三日，孙光第生。

夏，《己亥杂诗》一卷付刊，版藏羽琌山馆。时与王鹄同客于苏州沧浪亭。

秋，与王鹄等在沧浪亭谈艺，为王鹄《沧浪新雨图》题《贺新凉》（一棹沧浪水）词。

八月十四日，在苏州作《致孔宪彝书》。

九月，游江宁，小住于青溪某寺。又曾住四松庵。

在江宁期间，访汤贻汾于纱帽巷琴隐园，为作《凤山知县常州汤公父子画像记》。又应其所请，为《断钗吟图》题《水龙吟》（虎头燕项书生）词。又曾与王鹄、陈克家等会于四松庵。为朱坚画册题《清平乐》（芙蓉老去）词。又应周诒朴所请，手书《己亥杂诗》共三十三首（第二四五—二七六首 与第二七八首）相赠，有跋。词作还有《台城路》（山陬法物千年在）、《应天长》（山僧许我移茶灶）、《丑奴儿令》（游踪廿五年前到）等。

本年词作辑为《庚子雅词》。又作《秦泰山刻石残字跋尾》等。

《哭洞庭叶青原（昶）》诗作于本年秋或明年秋。

正月十八日，英国政府向其侵华全权公使懿律与义律发出侵华训令。

五月二十二日，懿律所率舰队到达中国海面。二十九日，封锁广州江面和海口，鸦片战争爆发。

六月初二日，懿律与义律率英军北犯。

七月十四日，英船抵达大沽口拦江沙外。

八月初四日，直隶总督琦善与义律在大沽会谈。二十日，懿律率英船起碇南下。二十二日，清廷以琦善为钦差大臣，派赴广东。

九月上旬，清廷命琦善署理两广总督。林则徐、邓廷桢被革职。

十一月初六日，懿律因病去职。

十二月十五日，英军攻占广州沙角、大角炮台。

道光二十一年辛丑（1841 年）　五十岁

正月初二日，致信吴葆晋。时已就丹阳云阳书院讲席，定于正月初三日出门，前往丹阳。

闰三月初五日，父丽正卒于杭州。继任其生前所任杭州紫阳书院山长之职。

夏、秋之交，抵清江浦。与沈鋆等一同参加万承紫所邀集的延秋会。时又向沈鋆出示所著《庚子雅词》，沈鋆为题词一首。

七月初三日，谒江南河道总督麟庆，应所请，为其《鸿雪因缘图记》第二集作序。

七月，在清江浦应于昌进所请，为《旧雨轩图》题词。

八月上旬，留宿于扬州魏源絜园，作《跋傅征君书册》、《跋王百穀诗文稿》。

同月，致信江苏巡抚梁章钜，论时事，并约定即日辞去丹阳云阳书院讲席，赴上海加入梁的幕府。

八月十二日（1841 年 9 月 26 日），以疾暴卒于丹阳县县署（后归葬杭州翁山）。

讣闻至京，叔父守正为作挽联："石破天惊，一代才名今已矣；河清人寿，百年士论竟何如？"（龚家尚《听绿山房笔记・退庵迂谈》）

十二月，孔宪庚作《题黄梅画帧感吊龚定庵礼部（并引）》悼之。

正月初四日，英军强占香港。初八日，清廷以奕山为靖逆将军，隆文、杨芳为参赞大臣，派赴广东。

二月初六日，琦善被革职。同日，英军攻陷虎门之横档等炮台。初七日，英军攻破乌涌。

三月二十五日，清廷命林则徐以四品卿衔驰赴浙江。

四月初一日，奕山派兵攻击英军。次日，英军反扑。初七日，奕山与英方签订停战协定。初九日—十一日，广州三元里民众严惩英军。

五月初十日，清廷命革去林则徐四品卿衔，与邓廷桢均从重发往伊犁。

六月二十四日，英新任全权公使璞鼎查抵香港。

七月初三日，清廷命林则徐于遣戍途中“折回东河，效力赎罪”。初五日，璞鼎查率英军主力启碇北上。初十日，英军攻陷厦门。

八月十七日，定海失陷。二十六日，镇海失陷。二十九日，宁波失陷。同月，林则徐抵东河工地。

九月初四日，清廷以奕经为扬威将军，命赴浙江办理军务。

十二月十二日，湖北崇阳钟人杰率众起义。

中国近代思想家文库

方东树、唐鉴卷	黄爱平、吴杰　编
包世臣卷	刘平、郑大华　主编
林则徐卷	杨国桢　编
姚莹卷	施立业　编
龚自珍卷	樊克政　编
魏源卷	夏剑钦　编
冯桂芬卷	熊月之　编
曾国藩卷	董丛林　编
左宗棠卷	杨东梁　编
洪秀全、洪仁玕卷	夏春涛　编
郭嵩焘卷	熊月之　编
王韬卷	海青　编
张之洞卷	吴剑杰　编
薛福成卷	马忠文、任青　编
经元善卷	朱浒　编
沈家本卷	李欣荣　编
马相伯卷	李天纲　编
王先谦、叶德辉卷	王维江、李骜哲、黄田　编
郑观应卷	任智勇、戴圆　编
马建忠、邵作舟、陈虬卷	薛玉琴、徐子超、陆烨　编
黄遵宪卷	陈铮　编
皮锡瑞卷	吴仰湘　编
廖平卷	蒙默、蒙怀敬　编
严复卷	黄克武　编
夏震武卷	王波　编
陈炽卷	张登德　编
汤寿潜卷	汪林茂　编
辜鸿铭卷	黄兴涛　编

康有为卷　　张荣华　编
宋育仁卷　　王东杰、陈阳　编
汪康年卷　　汪林茂　编
宋恕卷　　邱涛　编
夏曾佑卷　　杨琥　编
谭嗣同卷　　汤仁泽　编
吴稚晖卷　　金以林、马思宇　编
孙中山卷　　张磊、张苹　编
蔡元培卷　　欧阳哲生　编
章太炎卷　　姜义华　编
金天翮、吕碧城、秋瑾、何震卷　　夏晓虹　编
杨毓麟、陈天华、邹容卷　　严昌洪、何广　编
梁启超卷　　汤志钧　编
杜亚泉卷　　周月峰　编
张尔田、柳诒徵卷　　孙文阁、张笑川　编
杨度卷　　左玉河　编
王国维卷　　彭林　编
黄炎培卷　　余子侠　编
胡汉民卷　　陈红民、方勇　编
陈撄宁卷　　郭武　编
章士钊卷　　郭双林　编
宋教仁卷　　郭汉民、暴宏博　编
蒋百里、杨杰卷　　皮明勇、侯昂妤　编
江亢虎卷　　汪佩伟　编
马一浮卷　　吴光　编
师复卷　　唐仕春　编
刘师培卷　　李帆　编
朱执信卷　　谷小水　编
高一涵卷　　郭双林、高波　编
熊十力卷　　郭齐勇　编
任鸿隽卷　　樊洪业、潘涛、王勇忠　编
张东荪卷　　左玉河　编
丁文江卷　　宋广波　编

钱玄同卷　张荣华　编
张君劢卷　翁贺凯　编
赵紫宸卷　赵晓阳　编
李大钊卷　杨琥　编
李达卷　宋俭、宋镜明　编
张慰慈卷　李源　编
晏阳初卷　宋恩荣　编
陶行知卷　余子侠　编
戴季陶卷　桑兵、朱凤林　编
胡适卷　耿云志　编
郭沫若卷　谢保成、魏红珊、潘素龙　编
卢作孚卷　王果　编
汤用彤卷　汤一介、赵建永　编
吴耀宗卷　赵晓阳　编
顾颉刚卷　顾潮　编
张申府卷　雷颐　编
梁漱溟卷　梁培宽、王宗昱　编
恽代英卷　刘辉　编
金岳霖卷　王中江　编
冯友兰卷　李中华　编
傅斯年卷　欧阳哲生　编
罗家伦卷　张晓京　编
萧公权卷　张允起　编
常乃惪卷　查晓英　编
余家菊卷　余子侠、郑刚　编
瞿秋白卷　陈铁健　编
潘光旦卷　吕文浩　编
朱谦之卷　黄夏年　编
陶希圣卷　陈峰　编
钱端升卷　孙宏云　编
王亚南卷　夏明方、杨双利　编
黄文山卷　赵立彬　编
雷海宗、林同济卷　江沛、刘忠良　编

贺麟卷　　高全喜　编
陈序经卷　　田彤　编
徐复观卷　　干春松　编
巨赞卷　　黄夏年　编
唐君毅卷　　单波　编
牟宗三卷　　王兴国　编
费孝通卷　　吕文浩　编

图书在版编目（CIP）数据

中国近代思想家文库．龚自珍卷/樊克政编．—北京：中国人民大学出版社，2015.3
ISBN 978-7-300-20925-8

Ⅰ.①中…　Ⅱ.①樊…　Ⅲ.①思想史-研究-中国-近代②龚自珍（1792～1841）-思想评论Ⅳ.①B250.5

中国版本图书馆 CIP 数据核字（2015）第 039214 号

中国近代思想家文库
龚自珍卷
樊克政　编
Gong Zizhen Juan

出版发行	中国人民大学出版社		
社　　址	北京中关村大街 31 号	**邮政编码**	100080
电　　话	010－62511242（总编室）		010－62511770（质管部）
	010－82501766（邮购部）		010－62514148（门市部）
	010－62515195（发行公司）		010－62515275（盗版举报）
网　　址	http://www.crup.com.cn		
经　　销	新华书店		
印　　刷	涿州市星河印刷有限公司		
开　　本	720 mm×1000 mm　1/16	**版　　次**	2015 年 5 月第 1 版
印　　张	33.75 插页 1	**印　　次**	2025 年 1 月第 2 次印刷
字　　数	538 000	**定　　价**	119.00 元